祭りと地方都市

――都市コミュニティ論の再興

竹元 秀樹

新曜社

祭りと地方都市　目次

装幀　鈴木敬子（pagnigh magnigh）
地図制作　谷崎スタジオ

＊本文中断りのない写真は著者の撮影・提供による

阿蘇山
熊本空港
大分県
熊本
雲仙岳
長崎県
延岡
八代
熊本県
九州自動車道
熊本県
日向
東九州自動車道
市房山
宮崎県
水俣
西米良
日豊本線
人吉
西都
出水
えびの
日向灘
阿久根
伊佐
小林
綾
国富
宮崎自動車道
鹿児島県
霧島山
高原
宮崎
九州新幹線
宮崎空港
薩摩川内
鹿児島空港
都城
鰐塚山
始良
霧島
三股
いちき串木野
鹿児島
御岳
（桜島北岳）
北郷
曽於
鹿児島本線
日置
飫肥
日南
油津港
桜島
垂水
志布志
南さつま
串間
知覧
志布志港
鹿児島湾
南九州
鹿屋
志布志湾
都井岬
枕崎
指宿
開聞岳
0
50km
N
佐多岬
大隅海峡
西之表
種子島
九州新幹線
JR線
高速道路
国道
県境
市
町・村

平成19年度おかげ祭り本祭り集合写真（都城市神柱宮 2007年７月９日）

平成20年祇園様御神幸行列に参列する中町・上町の山車（都城市街地 2008年８月２日）

序章　本書の目的と方法

第1節　本書の問題認識

1.1　なぜ地域住民による地域活動なのか

宮崎県都城市におけるフィールドワークを開始してから十年が経とうとしている。この地で調査を始めた契機は、地方都市の内発的な自立可能性を探求するという研究企図による。それは、地方の自立は国家的課題であり、これを実現するには、従来から地方の結び目としての役割を担ってきた地方都市の自立に、優先的に取り組むべきであるとの前提に立っている。

今日における地方都市では、自治体財政の悪化、中央商店街のシャッター通り化、若年層の人材流出などの社会現象が、程度の差はあるにせよ共通して重層的に現出している。このような社会現象は、問題視されながらも解決の方向をみいだせないまま現在に至っている。これは、第二次世界大戦後、中央対地方、大都市対地方都市、さらに換言すれば中心対周辺という構図のもとで、「国家の論理」「資本の論理」優先の地域構造が構築されてきた結果であるが（内田2002：本間 1992：町村 1984）、一九八〇年代以降はそれに加え、グローバリゼーションとネオリベラリズムの進展という「世界の論理」が、地方都市を取り巻く環境をいっそう複雑にしている。

ただ、この複雑化のなかで、地方都市は疲弊する一方かといえば決してそうではなく、地域住民がその地で生き抜く「生活の論理」は存立しているようにみえる。特に一九九〇年代以降、自発的な地域活動が活発化しており、地域ガバナンスの実現可能性に一筋の光を投げかけてくれる。

「行政・民間企業・ボランティアそれぞれの部門において多様な主体がダイナミックに連携することで、地域社会の統合や統治が実現する地域ガバナンス」（植木 2000；玉野 2006）が今日的課題として主題化しており、戦後、産業化・福祉化の過程で構築されてきた公共性の再編成が地域ガバナンスの実現にとって不可欠である。人口減少により国家および地方行政の財政が縮小していくなかで、地方都市の内発的な自立を可能にするためには「国家独占型の公共性から市民協働型の公共性への再編」（田中 2002；黒田 2005）が必要であり、それが地域ガバナンスの基軸になると考えられる。

地域住民が地域活動に自発的に参加し、公共性の再編成の一翼を担うには、自発的で自立した地域活動を継続させる運営が鍵になることは自明であり、それゆえに現在、地方都市で行われている地域活動を対象とする研究企図に意義をみいだせる。

ボランティア活動に対しては、国家や市場がもたらす問題への解決策として肯定的な評価がある一方で、ネオリベラリズム的な社会編成と共振するという批判もある（仁平 2005, 2011）。玉野和志は、行政と市民の協働＝パートナーシップと呼ばれる政策傾向について、

「このような政策傾向は、さまざまな形をとって地方自治体のあらゆる領域に浸透してきている。それらはすべて、ある意味では財政の縮減と行政の合理化のつけを住民のボランティアな活動や民間企業の営利事業によって肩代わりをさせようとするもので、行政の責任放棄であるという批判もある。しかし、たとえ状況は逆説的であったとしても、

もはや財政的な事情から公的な役割をすべて引き受けることができなくなってしまった地方自治体のもとで、改めて市民が公的な責任を自治的に受け止める機会が訪れたと考えることはできないだろうか」（玉野 2006：150）と提起する。目前の切迫した現実問題として、現時点で財政力の弱い地方都市の地域ガバナンスを実現するためには、地域住民の自発的で自立した地域活動は欠かすことのできない前提条件となる。

国家イメージが希薄化するとともに、中央の揺らぎがストレートに地方への弊害となり、地方に立ち直りの自助努力が求められる。こうした中央対地方の図式が再生産されていくなかで、外部の社会変動に左右されない地方、とりわけ地方都市の自立は重要課題である。そのために、今日の地方都市において地域住民による自発的な地域活動はどのように生起し、自立的・自律的に成長しているのか、その結果どのような社会的効果が生じ、地域社会にどのような現代的意義（意味づけ）をもたらそうとしているのかを知る必要がある。

本書は、このような問題認識をもとに、宮崎県都城《みやこのじょう》市の地域住民による地域活動の分析を通じて、現代の都市コミュニティの形成要因を探り、将来の地域社会と地域政策がとるべき方向性を示そうとする試みである。

1.2　地域活動に対する原的な問い

鈴木榮太郎は、『日本農村社会学原理』において日本農村における社会集団の素描を試みているが、そのなかで「講」の社会的性格をつぎのように記している。

「講は今日いずれの目的のものでも飲食を共にする慣行を伴っている。信仰のためのものも、全く金融の制度となっているものでも飲食を主にする行事を有している。かくの如きは講が全く村の共同社会の上に、また村の共同社会そのものの行動として存しているからである。講が近代大都市の中に充分に存し得ない理由もそこにある。なお現在における講の一般的性格として、私は次の如き性質を認むるのであるが、ここにたちいって考える余裕をもたぬ。

一、地域的制限を受けている事
二、共同社会的性質を有する事
三、冷徹なる合理性の存する事
四、各自出資の負担を伴う事
五、成員がみな対等の権利を有する事

ここにただ一言いいたい事は、講の組織には冷徹な合理性が存する事である。これは農村の無制限な隣保共助に向かわんとする道義や感情に加えた正しい制限であって、わが国の村における家の権威と独立はこれによって、無統制・無秩序から救われてきたと思われる。農村の結社がみなもっとも多く講の形式をとったのもそのためである。労働力の相互扶助に加えた制限にユイの制度がある。講と全く性格を同じくするもので、ひとしくその冷徹な合理性がこの制度を今日まで存続せしめ、また農村を秩序あらしめてきたものである」（鈴木［1940］1968：347-8）。

コミュニティが衰退しつつある現在、これを悲観して、地域的連帯を根底におく無限抱擁的な伝統的共同体がノスタルジックに描かれるが、それとは違う世界が鈴木の記述から読み取れる。すなわち、戦前においても現在と変わらない「家の合理性」は存在しており、それが「地域の共同性」との緊張関係のなかで現実的に対応することによって生活を存立させていたことがうかがわれる。職住一体の地域内稼得を所与として生活維持を成し遂げるために、「家の合理性」はその表出を抑制して、必然的に「地域の共同性」の成立を優先する。ただし「地域の共同性」による包摂が無制限に広がるのではなく、「家の合理性」がこれを制御して秩序を形成するという、家は防御的ではあるが地域に囲い込まれるだけではない、両者の対等な関係が根底において存立していたと理解される。

しかし、戦後の高度成長期以降その様相は一変する。工業社会化により職住の分離が進み、福祉国家化により社会給付が手厚く行われると、地域において「家」が生活維持を目的として共同性を形成する必要性は低下する。その動きに呼応するがごとく、「家の合理性」はその防御的性格から解放され、「地域の共同性」に遠慮することなく地域社会に表出してくる。それに加えて個人主義や消費文化が浸透すると、その「家」自体も分解して、家族の枠内で家族成員が個人化して「個人の利己主義」が地域社会に表出する。この「家——人格的表現としての家長——の合理性」と「個人——個々の家族成員——の利己主義」の表出から、地域社会において合理性と利己主義が共同性を埋め尽くし、「地域の共同性」が家と個人に包摂される側に反転して、共同性が防御的性格に変容した社会構造が形成される。ただ、ここで「地域の共同性」は家と個人による無統制・無秩序な包摂を内生的に制御して、秩序を形成する術を持たないのである。

それでは、このように共同性形成の枠組みが劣化した現代の地域社会において、なぜ地域住民による地域活動が活発に行われているのか。それが住民側から自発的・自立的・継続的に行われているとすれば、そこにいかなる要因があるのか。また、現代の都市コミュニティの共同性に固有の意味があるとすれば、それはいったい何であろうか。以上の素朴で原的な問いに対する探求から、縮小化を迎える日本社会の分権型地域ガバナンスの実現に貢献する知見を導くことが期待される。

第2節　先行研究との対話

2.1　「地方都市型コミュニティ論」との出会い

本研究の企図の当初、地方都市の内発的な自立を実現するためには地域の経済基盤を確立することが最優先課題であると考えて、方法論としては地域産業論からアプローチしていた。それは、当時筆者が社会学の基礎的知識を持ち合わせておらず、二五年におよぶ民間会社での職歴——マーケティング業務を主とする徹底した市場主義的な知的体験——から、自ずと導かれた選択だったのかもしれない。ただ、考察が進むにつれ、地域ガバナンスを実現するために有効な地域政策を立案するには、まずは地域の生活者群がおかれている社会構造の把握が、もっと基底的な視座として重要であることを認識する。しかし、当然のごとく、それを地域産業論だけでは解明することはできず、その方法論の糸口をみいだすのに手間取ることになる。そこに一つの突破口を与えてくれたのが、鈴木広らが提起した「地方都市型コミュニティ論」（鈴木編 1978）であった。特に、「コミュニティ意識論」から地域社会の特性や構造変容を解明する手法は示唆的であり、それは社会構造の把握にとどまらず、地域リーダーの規範的な人間像を理解することにもつながった。

しかし、地方都市での筆者の調査が進むにつれ――都城市と並行して熊本県人吉市、岩手県八幡平市でも調査を続けてきたが――この地方都市型コミュニティ論に分析枠組みとしての限界を感じるようになる。その限界は、たとえばつぎの問いによって示される。鈴木らの現実的判断によって、多数決的に導き出された、もっとも無理がなく、有効かつ円滑と評価された事象は、現時点においても多数性を保有しているのであろうか。また、鈴木らの現実的判断によって、ユートピア的・建前的としてあらかじめ断念された理念型としての地域像は、現時点においても実現可能性をみいだすことはできないのであろうか。これらの問いに通底する課題は、「都市研究の現代的課題は、都市社会構造の現代的変容に対応する新しい都市コミュニティ論、あるいは従来とは異なる領域的含意を持つ集合的アイデンティティ論を示すこと」（中筋 2005：225）という指摘に通じる。

「戦後三〇数年にわたる日本社会の変化を、地域的構造という局面からとらえてみても、いわゆる『高度成長期』の数年間のもつ大きな比重が浮かびあがってくる。……いずれにしても、このような変化が、人の生活形態にいろいろな問題を提起し、衝撃を与えることとなったのであるが、ここではコミュニティ意識、すなわち一定地域に居住する生活者群が、当該地域における社会生活状態の共同性についてもつ意識の変容・再編の諸相をとりあげ、その面から現代日本社会の変化にアプローチしてみたい」（鈴木編 1978：9–10）

と鈴木が記しているとおり、鈴木らの地方都市型コミュニティ論は戦後の高度成長期に生起した日本社会の変化にアプローチしている。それに対して、現時点での地方都市の内発的自立化の研究においては、自明のことかもしれないが、高度成長期以降の「低成長期・脱産業化」による社会変容も加味して、現代日本社会の変化にアプローチしていくことが使命づけられる。その文脈から、本書の目的が自ずと導かれる。すなわち本書は、鈴木の地方都市型コミュニティ論のコミュニティ意識論を起点におき、それを規範論・政策論としてとらえ直し、かつ現代的解釈によって「地方都市社会構造とその現代的変容に対応する新しい都市コミュニティ論」の構築を試みるものである。

2.2 「都市祝祭論」による事例分析

本研究では、都城市の地域住民による地域活動の事例調査を、三つの祝祭活動を中心にして行った。その調査過程において、いくつかの示唆的な事象と遭遇する。そのような事象の構造的背景と社会的効果、そして現代的意味を解明するためには、フィールドワークを重ねていくことはもちろん重要であるが、並行して先行研究による知見と理論を参考にして分析することが要請される。後者の有用性は、示唆的な事象の構造的解明を助けてくれることはもちろんのこと、先行研究の知見と理論に導かれて経験的な事象を理論的に理解し解釈することが、中範囲理論を構築する懸け橋としての役割を担ってくれることにある。その文脈でいえば、前述のコミュニティ意識論による分析からは、そのコミュニティ意識の類型化にもとづいて、対象とする地域活動にみられる共同性の特徴を包括的に把握することは可能であるが、祝祭活動という事例の特質を理解し、他の地域活動との違いを相対化したうえで分析を掘り下げていくためには、方法論的にコミュニティ意識論だけでは自ずと限界がある。そこで、事例に共通する特質を重視して、都市祝祭の先行研究による知見と理論を参考にして分析を行う。

都市の祭祀組織の事例研究を行った有末賢は、

「都市祭礼の今までの研究動向を概観してみると、社会人類学、民俗学、社会学などの分野で個別のモノグラフが最近二〇年間ほどのうちに少しずつ蓄積されてきている。これらの研究動向は、多様な関心やさまざまな系譜を含んでおり、一面的に整理することは困難であるが、どのモノグラフでもほぼ触れられている視点として、祭礼のシンボルと進行過程を詳細にたどっていく民俗学・文化人類学的な特徴のうえに、社会学的な関心としての『祭りを支える社会組織の問題』と、その方向を拡大して最近になって表れてきた『祭りを通してみる都市の社会関係という問題』がある」（有末［1983］1999：183-4）

ことを指摘する。この指摘が示すように、一九六〇年代後半以降、都市祝祭研究の分野で、社会学的射程からの事例分析による知見が蓄積されてくる。そのなかで、都市社会構造の現代的変容を段階的に理解するうえで示唆的であったのは、松平誠の「都市祝祭論」（松平 1980, 1990, 1994, 2008）である。

松平は、「はじめは歴史の長い、大きな都市マツリを中心に、それを支える氏子の町が変化していく過程をマツリのなかで追うことに専念していたが、やがて、古い都市の生活を支えてきた『町』の仕組みが、現実の暮らしと乖離しつつあることに目をやり、その追求方法だけでは駄目だと気づいた」（松平 2008：v）と問題提起をして、「変化の源には現代都市の生活様式が生みだした個人化と共同の喪失があり、それまでの都市のマツリとの間にギャップを生んでいる。その溝を完全に埋める手立てを探し当てたといえるものは、これらのなかにみあたらない」（松平 2008：158）と論じ、伝統型都市祝祭に準拠して「現代都市化社会の本質的な理解を試みる」分析手法の限界を指摘する。この批判の延長線上で、

「現代の祝祭類型としての合衆型、つまり伝統とは無縁で、不特定多数の個人が自分たちの意思で選択した、さまざまの縁につながって一時的に結びつき、個人が『合』して『衆』をなし、あるいは『党』『連』『講』などを形成してつくりだす祝祭」（松平 1990：4）

の事例分析へと導かれ、松平の研究の視座転換が行われる。この視座転換には、上記の「個人化と共同性の喪失」が含意される「社会解体期」という包括的な社会的概念が基本的背景となっているが、その「社会解体期」について、つぎのように松平は論じる。

「筆者（松平）は、現代を社会解体期の一典型としてとらえている。現代を産業社会の解体がはじまり、脱産業化の時代への志向性も強まりつつある時期としてとらえている。この時期には、過去に人びとは、生活を律してきた生産中心主義の禁欲的な倫理観念から解き放たれ、これまでの効率一辺倒の時間節約的な価値観から、コンサマトリー（自己充足的）な価値を追求する、『楽しみ』を視野に入れた生活の方向へと、変化がおこりつつある」（松平 1990: 3）。

ここでは、社会変容を生起する時代的背景として「高度成長期」から「脱産業化の時代」へ時が刻まれる。さて、この時間軸だけで、地方都市の社会構造とその現代的変容を語ることは充分であろうか。換言すれば、松平が述べる志向性は、脱産業化の源流であったが、現在では新しい潮流の芽生えが生じているのではないだろうか。また、上記の志向性が徹底化されることにより、その反動的な潮流が生まれようとしてはいないだろうか。このような疑問を明らかにしていくために、「日本社会にとってその存立の根底が揺らぎ、同質性が失われていく未曾有の危機の時代であり、経済・文化的にも戦後的体制が急速に崩壊していく時代」（吉見 2009：219-22, 233）である一九九〇年代――戦後体制の転換期として社会構造がアノミー化していく時代――以降の社会変容を抜きにしては語れない。このような時代的推移を背景にして、本書では現在を「徹底化された脱産業化の時代」として位置づけ、松平が「社会解体期」として設定した「脱産業化の時代への志向性も強まりつつある時期」から、さらに時を刻んだ現代的変容まで考察を積み重ねていく。

有末は現代都市論を展望するうえで都市文化論からの接近を重視し、その分析視角として象徴・意味論と名づけた課題を提起している。それは、都市の民俗文化の意味や象徴性を現代都市の中で再生していくということであり、都市に生きる人間たちが創っていく文化を、シンボルを介して意味を読み取ろうとするものである。都市の空間などもそういう意味で解読される必要があるとされる（有末 1999：62）。本書では事例分析の対象として「祭り」という祝祭活動を扱う以上、民俗学的な分析視角からのアプローチも必要になってくるが、本書は、決して祭りの民俗の本格的な解明を意図したものではなく、あくまでも「日本の都市のなかで展開される祝祭的行為をよりどころにして、そこに反映される都市生活の実態のなかから、社会文化的な特性を見出し、現代都市化社会の本質的な理解に役立てる」（松平 1990：2）ものである。本書では、有末や松平が提起する都市文化論や都市祝祭論に依拠して、地域住民による自発的で自立的な祝祭活動の現代的意味を明らかにすることを試みる。

2.3 「現代社会論」からの解読

「どうして日本人はこういつまでも、わずかな人たちの言いなり放題に任せて、黙々として附いてあるくのであらうか？」（柳田 1990：581）。

これは、柳田國男が敗戦の根本理由に対する問い方として呈した疑問である。現代社会を読み解くうえで、これは原的な問いとして示唆に富んでいる。はたして戦後日本人は、国土を覆い尽くしてきた同一性から開放されて、各人の自主自由なる判断において行動できるようになったのであろうか。否、より同一性の道を選んだのではないだろうか。

戦後の全就業者における雇用者（雇用者＋役員）の比率をみると、一九五〇年は39・3％であったのが二〇〇〇年には83・0％までに増加している（表序・1）。この雇用者が増加して非雇用者が減少する趨勢は、戦後高度経済成長を経験した先進諸国では、資本主義的蓄積の過程における必然的な帰結として一般的にみられる現象である。ただ、終身雇用と年功序列という制度を基盤に持つ日本の企業社会は、両義的な社会的効果を生起させる。それは、雇用者に対して雇用の安定性を提供し企業への忠誠心を向上させ、強い運命共同体の構築とその組織への安定的な帰属を実現し雇用者の存在論的不安を解消する。一方で、転職が一般化せず柔軟性のない労働市場が生み出される。職業の選択肢が少ないこと、問題なく過ごせば安定的な帰属が確保できることなどの経験連関を後ろ楯にして、上級者が下級者を評価する内閉的な人事考課によって昇給・昇格が決定する企業内制度は、雇用者に自我の完全性を放棄させ、彼らを拘束力の強い固定的な企業社会の枠組みへ埋め込んでいく。企業に所属する雇用者が増え自営業者が激減するという戦後の職業階層構成の変化は、集団と個人の帰属関係において、新たな同一性に国民が組み込まれていく過程を示している。

表序.1　従業上の地位別割合（%）

	1950年	1960	1970	1980	1990	2000
雇用者	39.3	52.2	61.1	67.1	73.4	77.4
役員		1.7	3.1	4.2	5.4	5.6
雇人のある業主	26.2	2.7	3.2	4.0	3.5	3.3
雇人のない業主		19.4	16.3	13.1	9.9	8.2
家族従業者	34.4	24.0	16.3	11.6	7.7	5.6
総数	100	100	100	100	100	100

（出典）総務省統計局編（2005：360-1）

この構図から思い起こされるのは、エーリッヒ・フロムが以下のとおり論及する「自由からの逃避のメカニズム」が引き起こす社会的事象である。

「近代人は、個人に安定をあたえると同時にかれを束縛していた前個人的社会の絆からは自由になったが、個人的自我の実現、すなわち個人の知的な、感情的な、また感覚的な諸能力の表現という積極的な意味における自由は、まだ獲得していないということである。自由は近代人に独立と合理性をあたえたが、一方個人を孤独におとしいれ、そのため個人を不安な無力なものにした。この孤独はたえがたいものである。かれは自由の重荷からのがれて新しい依存と従属を求めるか、あるいは人間の独自性と個性とにもとづいた積極的な自由の完全な実現に進むのかの二者択一に迫られる」（Fromm 1941 = 1951：4）。

前述の日本における職業階層構成の変化は、自由の重荷からのがれて新しい依存と従属を求める「消極的な自由からの逃避」を示唆していると問いたい。解放された個人は、どのようにして新たな安定を獲得するのか。この問いの文脈から痛切に思い知らされるのは「帰属先の問題」である。自我の完全性を放棄して新しい束縛に逃避する「消極的自由からの逃避」によって帰属先をみつけるのか。人間の自発的な行為によって、自我の個性を確保すると同時に自我を新しい世界に結びつけ、自由に内在する根本的な分裂――個性の誕生と孤独の苦しみ――を、より高い次元で解決する「積極的な自由の実現」によって安定を確保するのか。このような問題を射程において、現代社会を読み解いていくうえで示唆的な概念と言説を提供してくれるのが、バウマン、ベック、ギデンズ、ラッシュら、近年の社会理論家たちの「現代社会論」である（Beck 1986＝1998；Giddens 1990＝1993, 1991＝2005；Lash 1993；Beck, Giddens & Lash 1994＝1997；Bauman 2000＝2001）。

彼らの「現代社会論」のなかから「帰属先の問題」を抽出すると、「再帰性 reflexivity」と「個人化 individualization」の概念、そして「脱埋め込み disembedding」と「再埋め込み re-embedding」の言説が中心に位置づけられる。ベックは、個人が社会階級・家族形態・職業団体などの集合的存在（中間的集団）から切り離され解放されていく過程を「個人化」と呼んでいる。

「すべての豊かな西側産業社会において――とりわけドイツ連邦共和国において――、第二次世界大戦後の福祉国家による近代化のなか、前代未聞の射程範囲と力学をもった社会の個人化が始まった（しかも、社会における不平等の関係は、変わらないままで）。すなわち、高い物質的生活水準と社会的保障の推進を背景にして、人間は、歴史的連続性が断絶されるなかで、伝統的な階級による諸制約や家族による扶養から解放された。そして、ますます自分自身に注意を向け、あらゆる危険やチャンスや矛盾に満たされた労働市場における自分個人の運命に、注意を向けるようしむけられた」（Beck 1986＝1998：138）。

すなわち、近代の内部で社会変動が進むにつれて、「人間は、産業社会の社会形態――階級、階層、家族、男女の性差状況――から解放される」という時代認識を中心において、社会文化的な個人化論を展開する。そして、「身分の代わりに現れるのは、もはや社会階級ではない。社会階級の代わりに現れるのは、もはや家族という安定した準拠枠ではない。個々人が、社会的な生活世界における再生産単位となっているのだ」と言う（Beck 1986＝1998：137-43）。また、

ギデンズは、

「私が『高度 high』あるいは『後期』モダニティと呼ぶ環境――すなわち私たちの今日の世界――においては、自己は、自己が存在する広範な制度的文脈と同様に、再帰的に形成されなくてはならない。しかもこの自己の形成という課題は、多様な選択肢と可能性による混乱のまっただなかで達成されなくてはならないのである」(Giddens 1991 = 2005: 3, 35-6)

と指摘し、現代社会では自己は「再帰的プロジェクト」になったと述べる(1)。

ギデンズは、「脱埋め込み」という概念について、「社会関係を相互行為のローカルな脈絡から『引き離し』、時空間の無限の広がりのなかに再構築することを意味している」(Giddens 1990 = 1993: 35) と説明する。本書で記述する「脱埋め込み」「再埋め込み」の言説は、帰属先（社会集団だけでなく社会観念も含む）との関係性に重きをおいて、既存の帰属先からの「脱埋め込み」と新しい帰属先（既存の社会集団や社会観念の再構築を含む）への「再埋め込み」という意味に単純化して使っている。

このように、彼らの現代社会論から、既存の集団からの「脱埋め込み」化が進み自己を内省的に再構成していく、現代的な「さらなる近代化」の過程がみえてくるわけだが、その過程のなかで、フロムが投げかけた問い――自我の完全性を構築するうえで土台となる「再埋め込み」先の問題、すなわち「新しい帰属先」をみつけるという二律背反の問題が濃厚に生じる。この問題に立ち向かうことは、社会的分業による個人化と社会的連帯の形成の間に不可分の関係があることを「有機的連帯」の概念 (Durkheim 1893 = 1971) でとらえようとしたデュルケム以来の古典的な問いに立ち戻ることになる。この古くて新しい問いを、閉塞感の漂うモデルなき現代において、人々の生活が「こうなる、どうなる」という客観的な現状分析だけでなく、問題提起を企図して、新しい帰属先の問題を「こうすべき、こうなるべき」という規範・政策におき直して、現代都市コミュニティにおける共同性形成の固有の意味を改めて探求していく。この命題こそが本書が背負う課題であると考える。

第3節　調査事例の選定

3.1　地方都市と地域活動

調査対象とする地方都市は、どうして都城市なのか。対象の決定に当たって、頭から離れない選択基準があった。それは、「最も基本的なものを見出すためには、最も平凡な事実を見究める事が是非必要である」（鈴木［1957］1969: 20）という記述に示される。確かに、ジャーナリズムを賑わすような成功事例は、その特異性から調査手法の容易さと際立った分析結果を導出できるかもしれない。ただ既述したとおり、程度の差はあるにせよ、今日における地方都市の、自治体財政の悪化・中央商店街のシャッター通り化・若年層の人材流出などの社会現象が共通して重層的に表出している状況下では、そのような傾向が典型的にみられる地方都市の社会構造を解明することから、広く有効な知見を得られるのではないだろうか。したがって地方の結び目である、地方都市の結節機能の特殊性からも、札幌・福岡などの大都市や県庁所在地の都市は対象としないこととする。都城市は筆者の出身地である。そもそも本研究の契機は、故郷の停滞化――と最初思い込んでいた――に対する危惧の念にある。当初から都城市を調査対象とすることを潜在的に意識していたが、上記の選択基準に合致する地方都市であることも、最終的な決定理由となった。

つぎに、地域住民による自発的、自立的、そして継続性のある地域活動を対象事例とするには、どのような地域活動を起点にすればよいか。地域ガバナンス論、公共性論の文脈からいえば、これらの理論が浮上してきた背景に、地域社会における公共性の再編を担う新しい住民主体の活動として、NPOなどのボランタリーな「ネットワーク型協同システムの市民活動」の成長がある。とすれば、そのような活動を起点とすべきかもしれない。確かに、ボランタリーな市民活動が近年決定的に注目されたのは、一九九五年の阪神・淡路大震災時のボランティアの活躍であり、市民的公共性の体現として賞賛されたとおりである。しかし、この災害都市研究から山下祐介は「専門化やネットワークによる公共性の創出によって、共同性を基礎にした社会の力は不要になるのであろうか」という問いに対して、「こうした災害への対応においては、むしろコミュニティの存在が重要であったのであり、コミュニティを通じた共同性による自律的対応なしには、ボランティアもうまく機能しなかったといってよい」という実証的知見を導いている（山下 2001：60-2）。また、田中重好は「公共性の創出は、地域の共同性が公共性に成熟してゆく過程であり、自治の過程である」との前提に立ち、「あらためて地域的な共同性に関する理論的な整理と実証的な研究が必要となる」ことを提起している（田中 2002：29-30）。

このような地域ガバナンス論、公共性論の議論から、本書では地域社会の共同性形成に直接関わる「地縁的な活動」を調査事例として、その現代的解明をめざすものである(2)。

3.2　祝祭活動からのアプローチ

地域社会の共同性形成に直接関わる「地縁的な活動」を対象として事例を選定するならば、まずは町内会や自治会のような地域住民組織による活動を調査するべき、との指摘がなされよう。ただ、「地域住民による自発的・自立的地域活動」は行政主導ではないという含意があるため、行政組織の末端を補完する機能を保有する町内会・自治会は対象外とした。このように絞り込んでいく前から興味深い地域活動があった。それは、「六月灯（ろっがっどう）」という近隣祭りである。

現在都城市では、七月から八月にかけて、市のほぼ全域にわたり一二〇ヵ所ほどの地域で、六月灯が行われている。六月灯は、旧暦六月（現在は新暦七月）のいずれかの日を選んで行われる産土《うぶすな》神社の夏祭りと説明され、旧薩摩藩内で広く行われている庶民の祭りの代表的なものである。都城地方は旧島津荘に由来する島津氏発祥の地であり、藩政時代は都城島津家を領主とする薩摩藩最大の私領地として、近世を通じて三～四万石の石高を有していた。終始島津氏とともに歴史を経て、薩摩藩独特の民俗文化を保持している。この祭りに興味を引かれた理由は、今では地方都市コミュニティの衰退が問われているなかで、地域単位で行われる祭りの数の多さと継続性である。この近隣祭りの構造を解明していく過程において、運営主体として浮上してきたのは「自治公民館」という地域住民組織である。都城市では、町内会や自治会という住民組織はなく、地域を代表する自治活動は自治公民館活動として行われている。六月灯に関する調査は結果的に、町内会・自治会のような地域住民組織による地域活動との関連性を明らかにしていくことが主たる課題となった。

対象事例の選出作業を進めていくうちに、もう一つの興味深い事例が浮上してくる。それは、毎年七月八日、九日に催される「おかげ祭り」である。都城の総鎮守である「神柱宮」を主たる会場として、この神社の「六月灯」に合わせて行われる。当初、日本の伝統ある祭りを手本にして都城でも本物の祭りをめざそうと、一九九三年に二〇名ほどのメンバーがこの祭りを立ち上げたが、一四年目の二〇〇六年には参加者(3)が六百人にまで成長した。一九九〇年代は、グローバリゼーションが進行してバブル経済崩壊後の不況が長期化し、日本社会が未曾有の危機に見舞われた。経済と文化の両面で戦後体制が急速に崩壊して社会の存立基盤が揺らぎ、同質性が失われていった時代である(吉見 2009: 219-22, 233)。この祭りはその九〇年代前半に立ち上がり、アノミー化の時代を経験してきたにもかかわらず、成長を続けてきたのである。特に興味を引かれたのは、個人主義の時代的潮流のなかで受け入れられがたいと思われる、伝統的で厳格な秩序と規範が追求されているにもかかわらず、現在に至るまで祭りが成長を続けている事実である。「六月灯」も「おかげ祭り」も、祝祭活動という点で同質であるが、その継続性に対象事例としての価値がみいだせる。

さらに、もう一つの祝祭活動を調査することとした。それは、毎年八月一〜三日に催される「八坂神社」の夏祭り「祇園様(ぎおんさあ)」である。起源は明治期までさかのぼり、戦後の最盛期である一九五〇年代には、中心市街地に位置する七つの商業の町が山車を出していたが、今では二つに減少している。「六月灯」を持続型、「おかげ祭り」を成長型とすれば、「祇園様」は衰退型といえる。できるだけ同じ社会的・文化的基盤の条件下で、タイプの違う三つの地域活動を比較するために、この祭りも対象事例に加えた。

何を焦点として「祇園様」を調査すれば、有効な比較分析が可能であろうか。それは、決して衰退した要因の解明だけではない。「六月灯」「おかげ祭り」の継続要因の文脈から、ここではなぜ「祇園様」は二つの町だけ山車が残ったのか、という問いにおきかえられる。現時点まで「祇園様」が存続した要因を解明することにより、三つの祭りの比較が可能となり、「祇園様」の事例としての魅力も導かれる。こうして、都城市で行われているそれぞれの祭りの継続・存続を支える要因の探求に期待がふくらみ、これらを対象事例に選定した。

以上の選定過程を経て、「六月灯」「おかげ祭り」「祇園様」という三つの祝祭活動を対象事例とする調査と分析を実施することとなった。

3.3　調査の方法

本書における事例研究は、現地視察、聞き取り調査、行政文書・歴史資料・関連文献・既存統計資料の分析という三本柱で行った。根源的な探求点は、それぞれの祝祭活動の継続要因の分析である。その解明のために、地域活動の外部構造との関係性と、活動自体の内部構造を明らかにすることに注力した。特に活動（集団）と参加者（個人）の関係性に着目して、地域活動を創出する人々の主体性を取り出すこと、活動の成功の原動力を探り出すこと、地域活動の潜在力を明らかにすることに力点を置くことが要請された。その結果、地域活動の運営主体に対する聞き取り調査と分析にもっとも時間をかけて取り組んだ。

ここでは、調査方法の主力となった聞き取り調査の実施状況について記しておきたい。調査の進め方は、まず電話あるいは予約なしで訪問のうえ、面談依頼と訪問日時の確定を行う。訪問当日は、研究概要・訪問目的・質問項目を記載した調査依頼状を持参して、原則として一時間インタビューを実施し録音を取る。回答のなかで語られた時期や内容をあとで確定させるために、できるだけ関連資料を提供してもらう。資料の予備がないときは近くのコンビニエンス・ス

表序.2　インタビュー実施一覧

2002年（平成14）	8月30日	都城市役所	土木部まちづくり政策課主査 企画部総合文化ホール建設推進室長 都市整備部まちづくり推進室副主幹 産業部商業観光課課長補佐 同上副主幹
		都城商工会議所	振興課
		都城青年会議所	専務理事
2003年（平成15）	10月11日	都城ときわ通り商店街振興組合	理事長
2005年（平成17）	6月28日	都城市議会	議員Ｓ氏
		都城市	市長
2006年（平成18）	7月26日	都城市議会	議員Ｓ氏（再）
	7月31日	都城市教育委員会中央公民館	館長Ｅ氏
		おかげ祭り振興会	会長Ｉ氏
	8月7日	同上	取締役兼実行委員長Ｊ氏
		同上	取締役Ｋ氏
	8月9日	都城市姫城町	青壮年部副部長Ｆ氏夫妻
2007年（平成19）	2月15日	おかげ祭り振興会	Ｉ氏（再）
	2月16日	同上	Ｊ氏（再）
		同上	世話役Ｌ氏＊
	2月24日	同上	Ｋ氏（再）
	3月3日	都城市姫城町	Ｆ氏（再）
	7月13日	おかげ祭り振興会	Ｉ氏（再）
		同上	Ｊ氏（再）
	8月3日	同上	Ｉ氏（再）
	8月6日	同上	Ｊ氏（再）
	12月12日	鹿児島市八坂神社	宮司Ｐ氏
2008年（平成20）	1月22日	都城市教育委員会	文化財課副主幹
	1月24日	都城市姫城自治公民館	館長Ｇ氏
	1月25日	同上	婦人部部長Ｈ氏＊
		都城市中町自治公民館	館長Ｄ氏
	1月30日	都城まちづくり株式会社	事務局長＊
	1月31日	旭丘神社	宮司Ａ氏
		都城まちづくり株式会社	代表取締役Ｍ氏
		上町祇園様	関係者Ｎ氏
		中町祇園様	関係者Ｏ氏
	2月1日	狭野神社	宮司Ｂ氏＊
	2月4日	同上	Ｂ氏（再）＊
	2月5日	都城市牟田町飲食街活性化協議会	会長
	3月7日	都城市上町自治公民館	館長Ｃ氏
	7月31日	おかげ祭り振興会	Ｉ氏（再）
		同上	Ｊ氏（再）
	8月2日	おかげ祭り実行委員会	跳人担当Ｒ氏＊
	8月6日	おかげ祭り振興会	Ｊ氏（再）
	8月7日	鹿児島商工会議所	総務部総務課Ｑ氏
	8月8日	都城市中町自治公民館	Ｄ氏（再）
2009年（平成21）	7月23日	おかげ祭り振興会	Ｊ氏（再）
	7月24日	同上	Ｉ氏（再）
	7月28日	ひめぎ六月燈	演芸出演者２人＊
		おかげ祭り振興会	Ｊ氏（再）
	7月30日	都城市教育委員会中央公民館	館長
		都城市役所	市民生活部コミュニティ課長

（注）＊は女性，Ａ～Ｒ氏は本書の登場者の仮名

トアでコピーを取り、すぐにお返しした。二〇〇二〜〇九年にかけて調査を実施したが、表序・2のとおり、対象者は35人（男性28人・女性7人）でインタビュー回数は延べ51回になった。

第4節　本書の構成

第1章と第2章では、「地方都市論」を展開する。

第1章では、地方都市の地域的性格・地域特性を把握するための方法論について言及する。第1節では、三つの視角から説明される都城市の地域的性格の一般的解釈が、いかに皮相的で短絡的な理解であるかを提起する。三つの視角とは、⑴視野範囲の地域空間、⑵日本資本主義社会における地域社会の系譜、⑶住民によって語られる歴史的言説と地形的特質から蓄積された歴史的系譜である。つぎに本書の方法論のもつ限界を克服するために、三つの次元の客観的な記述——空間的記述（第2節）、統計的記述（第3節）、歴史的記述（第4節）——により、都城市の基礎的な地域特性を明らかにすることを試みる。この予備的作業は、第二章以降の地方都市の再評価を支える基盤となる。

第2章第1節では都市社会学者鈴木広の倉沢・奥田批判を中心として、一九七〇年代の都市コミュニティ論が内包していた論点を俯瞰して、鈴木の主張を明確にした。第2節では鈴木が最初から断念した、理念的な地域社会のモデルを、現代における地域社会形成の規範的方向性を示す概念として再評価を試みる。第3節では第1章で導出した都市化・産業化の遅れた地方都市がもつ地域特性から、「遅れてきたことの特権」という仮説を設定する。第4節では、その仮説が成立する構造的条件を、戦後の社会変動——「資本の論理」と「生活の論理」の対置——との関連で明らかにする。第5節では、高度成長期から低成長期への移行後、さらに社会変動が進むなかで、現在において「遅れてきたことの特権」の妥当性は担保されるのか、その論証を試みる。

第3章では、「都市祝祭論」を展開する。事例分析の具体的記述に入る前に本書の理論的基盤となった、都市祝祭に関する先行研究の到達点とそれに対する懐疑的論点を提起し、批判的に継承することをめざした。

第4章～第6章では、都城市で毎年繰り広げられる三つの祝祭的地域活動――「六月灯」、「おかげ祭り」、「祇園様」――を対象にして、事例分析を行う。第4章で六月灯、第5章でおかげ祭り、第6章で祇園様を扱う。ここでは、第1～3章で展開した地方都市論と都市祝祭論をもとに、地縁的な共同性形成の実相を明らかにするとともに、第2章で設定した仮説や第2～3章の理論的探求点の実証的考察を行う。

第7章では、第1～6章にかけて導いた知見にもとづき、現代コミュニティにおける共同性形成の固有の意味を探り出す。第1節では、高度成長期から、三つの時期に細分化したポスト高度成長期への移行過程において、「『転義化された社会』から『原義的な社会』への希求と再帰的構築」の解明を試みる。そして新しい枠組みへの「再埋め込み」を可能にするためには、中間的しくみを核とする地縁的な活動が重要であることを提起する。第2節では、そのような地域活動は、「原義的な社会」の再帰的構築によって、新たな価値づけと継続性が付与されることを明らかにする。またそれによって協同生活圏が復権、拡大していくための二つの担保要件を提起する。第3節では、現代の社会構造における「利己主義」から「相互主義」への転回を背景に、地域社会の共同性形成の構想について総括を行う。

補章では第7章までの分析結果を踏まえ、つぎの二点を提示・提言して、本書の位置づけを明確にする。一つは地域ガバナンス実現への提言を行うこと、二つは本研究が現代日本の都市社会学やコミュニティ論に対してどのような視野を開く可能性があるのかを提示することである。

注

(1) ギデンズは、「近代という時代の到来とともに、再帰性は異なる特質を呈するようになる」と述べる。それは、「近代の社会生活の有する再帰性は、社会の実際の営みが、まさしくその営みに関して新たに得た情報によってつねに吟味、改善され、その結果、その営み自体の特性を本質的に変えていくという事実に見いだすことができる」と説明する（Giddens 1990

＝1993：55）。

（2）なお、この事例分析を地域社会の共同性形成の研究企図の第一段階とすると、第二段階は前述した、「ネットワーク型協同システムの市民活動」の事例分析を想定している。この二つをとおして、市民セクターによる下からの地域社会の動態を調査するのに対し、第三段階は、地方自治体からの働きかけによる地域住民の「協働型地域活動」を計画している。このタイプの違う三つの事例分析から得られた知見を比較することにより、地域社会における公共性再編の鍵要因をみいだせるのではないだろうか。本書は、このような企図のもとにある。

（3）ここでいう「参加者」は、主催者側として祭事の遂行に関わっている人を指し、単に祭りを見て楽しむ「観客」と区別する。

都城市内地図

（提供）都城観光協会

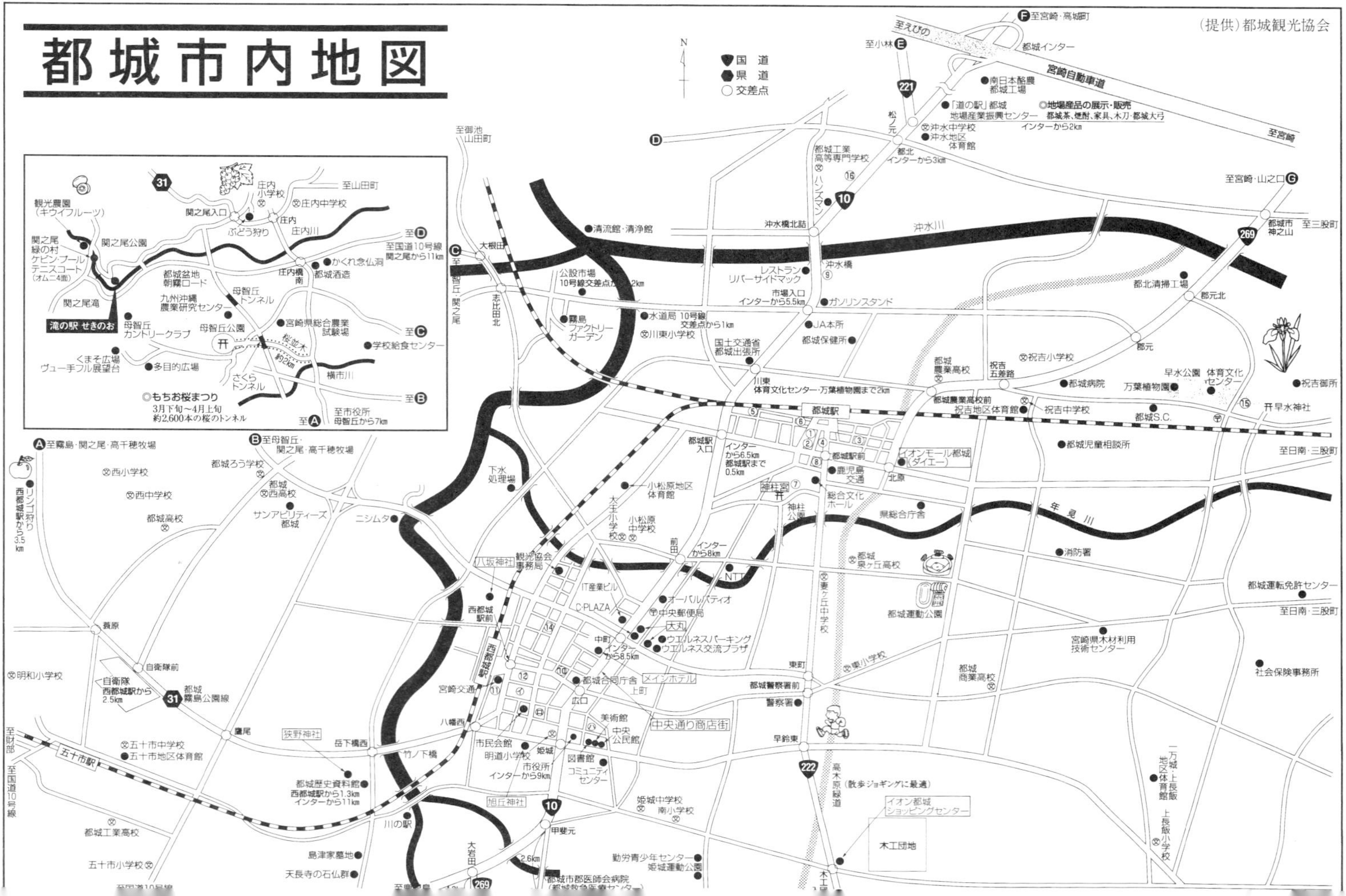

第1章　小盆地宇宙の地方都市

第1節　〝停滞型〟地方都市の外観

1.1　地方都市の典型的風景――メインストリートからみた都城市

都城市は宮崎県の南西端に位置して、宮崎市と鹿児島市の中間点に位置し、東に鰐塚《わにづか》山系、北西に霧島連山を仰ぎ、三方を山に囲まれた都城盆地にある。盆地のほぼ中央を、多くの支流からなる大淀川が南から北に流れており日向灘にそそいでいる。気候は盆地特有の内陸性気候の特徴を保有しており、夏冬や昼夜の気温差が大きく、冬に雪が降ることはほとんどないが、夜の冷え込みは厳しく霜が降りることも多い。市の西端から南端にかけては、鹿児島県霧島市、曽《そ》於《お》市、志布志《しぶし》市と接している。二〇〇六年一月一日に、市の北端から東端にかけて隣接していた宮崎県北諸県《きたもろかた》郡山之口町・高城《たかじょう》町・山田町・高崎町・三股《みまた》町の5町のうち、三股町を除く4町と合併した。都城市の人口は13万3062人から17万955人となる。県内では宮崎市（人口31万123人）に次いで二番目であり、南九州地域では鹿児島市（人口60万4367人）、宮崎市に次いで三番目である。また、面積（653・31平方キロメートル）は、県内では延岡市に次いで二番目である（上記の人口・面積は二〇〇五年国勢調査のデータ。総務省統計局 2007：36）（図1・1）。

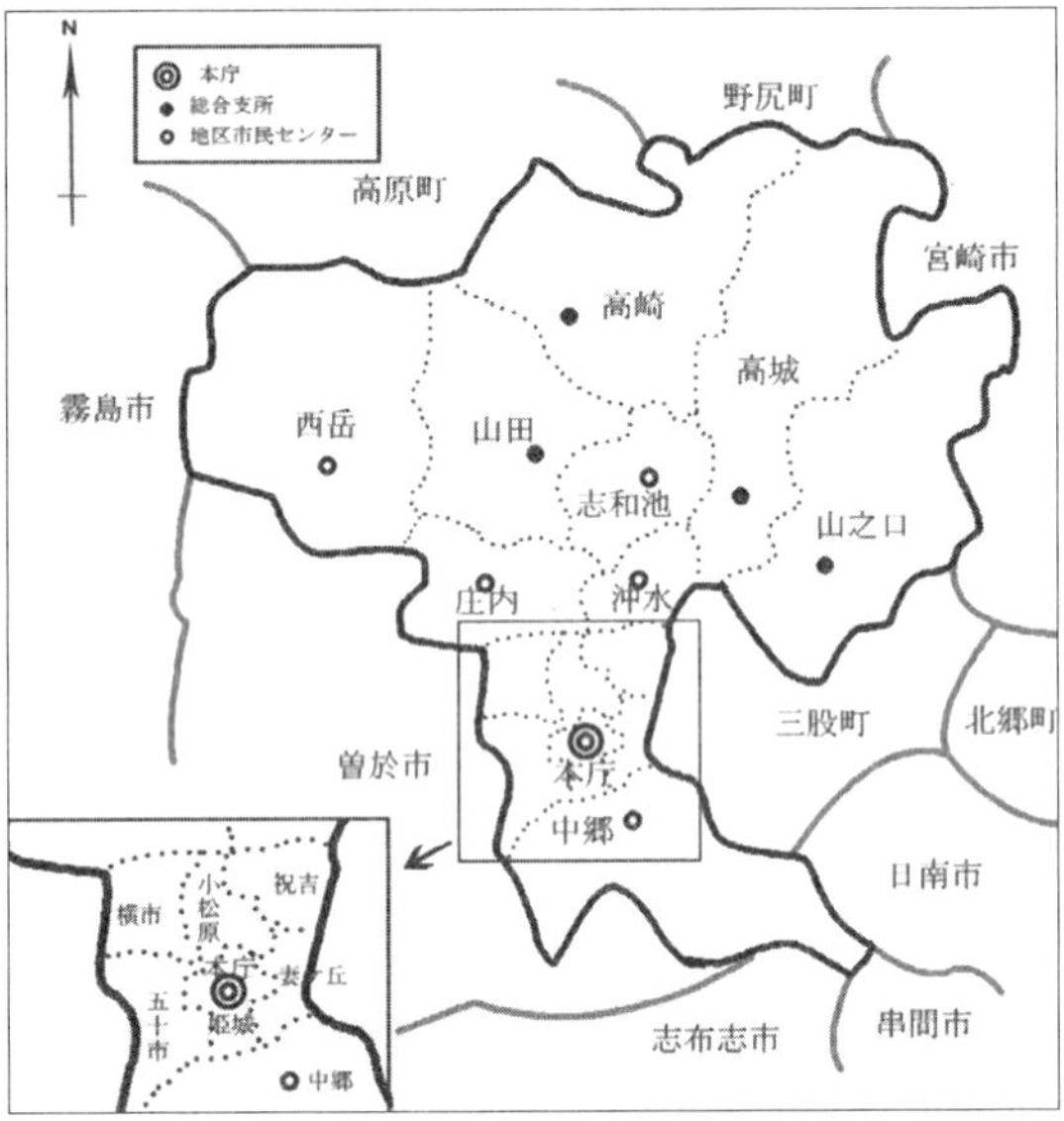

図1.1　都城市略図（出典）都城市総務部編（2009：4）

（注）中心市街地は姫城地区と小松原地区である

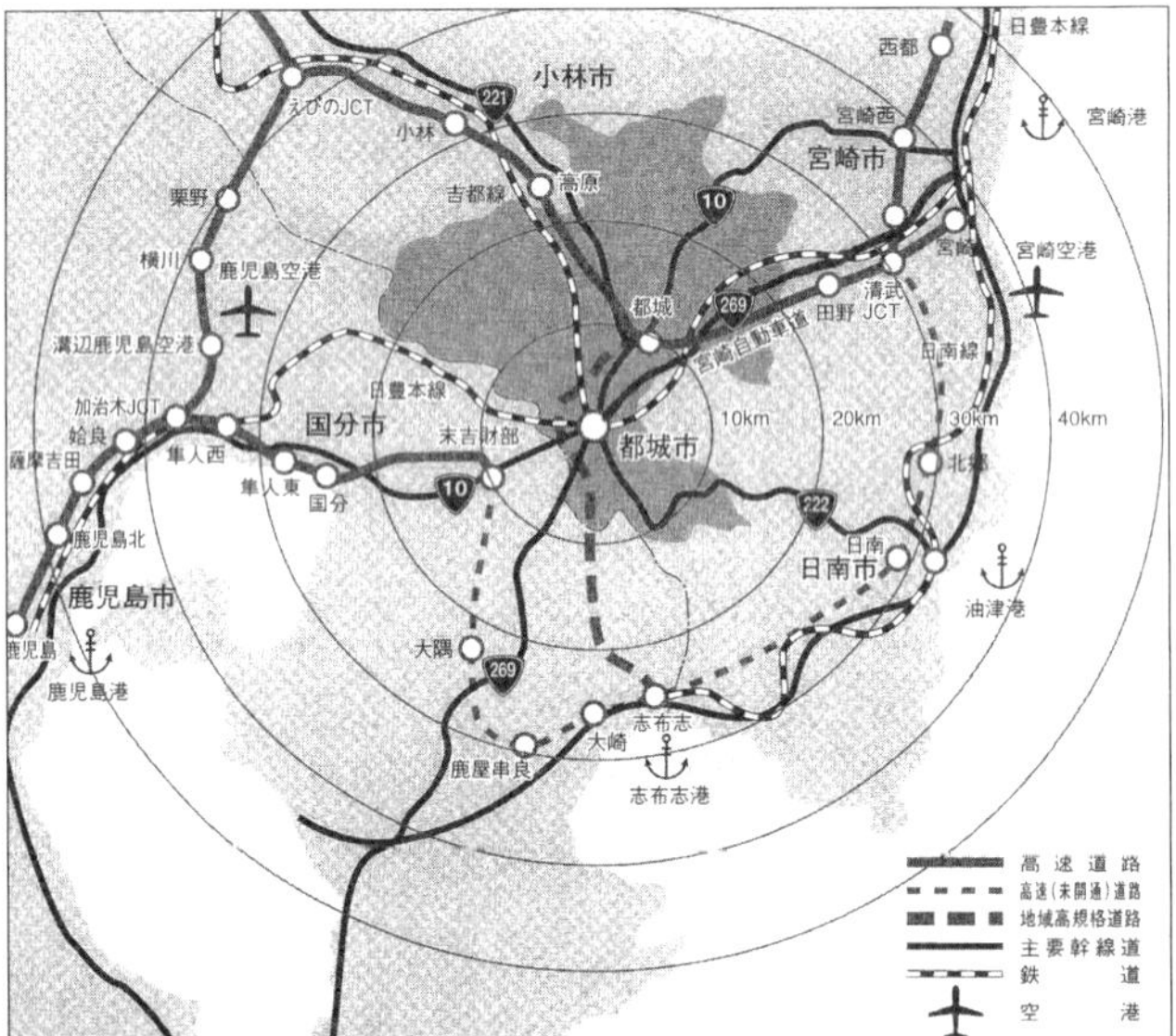

図1.2　都城市の交通図（出典）甲斐監修（2007：222）

都城市、宮崎市、鹿児島市の三地点は鉄道ではＪＲ日豊本線、道路では国道10号線で結ばれている。都城市では国道10号線はメインストリートとして位置づけられ、市の北東（宮崎市方面）と南西（鹿児島市方面）を出入口にして、平地では大きく蛇行することなく市を貫通している。市街地は10号線を中心線にして東西にひろがり、中央商店街に入ると10号線は「中央通り」となり、道の両側に商店街が並ぶ。宮崎空港から都城市へは、10号線を使うと一時間以上かかっていたが、一九八一年に宮崎自動車道が開通してからは約四五分で都城市へ着く。宮崎自動車道の都城インターチェンジを降りると10号線と連結する（図１・２）。ここから、市街地の方向（鹿児島方面）へと車を進め、メインストリートから都城市の外観を眺めてみたい。

都城インターチェンジを降りると、すぐ右に高木工業団地が目に入る。さらに、車を走らせると田園風景が広がり、その右側遠方に目を向けると、神々しくそびえ立つ秀峰高千穂峰がみえてくる。高千穂峰は、時を経ても何ら変わることなく、今でも圧倒的な存在感を持って都城市への来訪者を迎えてくれる。ここから、大淀川の支流である沖水川《おきみず》にかかる沖水橋までは、工場、倉庫、ディーラー、ロードサイド型店舗が道路の両側に連なる。沖水橋を過ぎると市街地となり、ファミリーレストラン、ファーストフード店、郊外型スーパーマーケット、住宅などが連なる。ＪＲ日豊本線の高架下を通過すると中心市街地へと入り、商店以外に金融機関などの業務店舗・施設も目につくようになってくる。

そして、年見川《としみがわ》にかかる前田橋から広口交差点までの約７５０メートルが中央通り商店街になる。入るとすぐに前田橋付近で空き店舗が目に入ってくる。さらに進むと、中央通り商店街の中心であり、かつ市街地の中心地点ともいってよい中町交差点に着く。この周辺が戦後昭和三〇〜四〇年代に賑やかであったことは、今や年配の市民の記憶のなかにしか残っていない。この交差点の左手前に一九五六年に開店した地元資本の「都城大丸」百貨店がある。中央通り（国道10号線）をはさみその対面には、二〇〇二年二月までは県外資本の百貨店「寿屋都城店」（本社熊本市）があり、この二つの大型店が核となって交差点周辺が賑わっていたが、寿屋都城店は親会社の民事再生法申請に伴い閉店となる。そのあと、しばらくの間入居者が決定しなかった影響もあり、周辺の空き店舗化が進んだ(1)。中町交差点を通過すると、

写真1.1　都城盆地
金御岳からの眺望（提供）都城市

写真1.2　霧島山　高千穂峰
都城市街地から望む（提供）都城市

まもなく中央通り商店街のもう一方の出入口である広口交差点に着くが、この区間も空き店舗が多くみられ、商店街としての連続性は欠落している。中央通り商店街にいわゆる、シャッター通りが形成されている(2)。

広口交差点を抜けて約３００メートル進むと、左側に都城市役所、右側に明道小学校がみえてくる。市役所を過ぎると、商店、ファミリーレストラン、コンビニエンス・ストア、住宅などが約６００メートル連なったあと、萩原川にかかる英源寺橋手前で市街地が終わる。それ以降はロードサイド型店舗、工場、自動車教習所、病院が点在して、鹿児島県曽於市へと入っていく。宮崎方面から鹿児島方面へと都城市を単に通過する場合は国道10号線を使うため、誰もがこの風景を目にすることになる。通過する人たちは、このような外観から、都城市をどのように思うのであろうか。また、地元住民であっても、特に地域問題に興味もなく普通に生活を営んでいる人であれば、空き店舗などの背景に潜む構造的な問題について知る由もない。とすれば、このメインストリートからみえる外観を、現代日本の同一性を象徴するような典型的な一地方の風景として、一般化された画一的な評価を下すのであろうか――〝停滞型〟地方都市であると。

1.2　「伝統消費型都市」の典型的変移――先行文献のなかの都城市

前項でメインストリート（国道10号線）から都城市の外観を眺めてみたが、本項では社会学的視座から先行する研究文献において、都城市についての記述を取り上げ、そこから地域的性格を俯瞰してみたい。

写真1.4　都城市中央通り　中町交差点から見た元ナカムラデパート（現メインホテル，中央奥）（2014.1.27）

写真1.3　都城市中心市街地（2006.8.10）

写真1.6　元都城大丸百貨店（閉鎖中）（2014.1.27）

写真1.5　シャッター通り化した中央通り　中町交差点から見た上町地区（2008.8.7）

写真1.7　1982年頃の都城市中央通り 広口交差点から見た市街地
ナカムラデパート（左前）・寿屋都城店（左奥）・都城大丸（右）
（出典）都城市史編さん委員会編（2006：巻頭写真）

表1.1　形成次第による都市分類（倉沢進）

A	城下町または城下町的な形態や性格をもって発達した都市（124都市）
B	港町として発達した都市（29都市）
C	宿場町から発達した都市（25都市）
D	市場町を主体として発達した都市（４都市）
E	門前町・鳥居町・寺内町など宗教的要素によって発達した都市，および行楽的色彩をもって発達した都市（７都市）
F	城下町を除く各種機能の複合型として発達した都市（２都市）
G	特に生産機能によって特徴づけられる都市（10都市）
H	ＡからＧに至るまでの機能をもつ町が数個合併されて市制を施行した都市（９都市）
I	工業都市として発達した都市（14都市）
J	鉱業都市として発達した都市（４都市）
K	交通都市として発達した都市（13都市）
L	軍事的目的のために発達した都市（５都市）
M	地方行政の中心として発達した都市（３都市）
N	大都市の衛星都市特に住宅都市として発達した都市（13都市）
O	温泉観光遊覧都市として発達した都市（３都市）
P	農業地域の中心都市として発達した都市（２都市）
Q	新興の要素によって合併の機運が醸成されて成立した都市（２都市）

（出典）山口（1952：33-56）より倉沢が作成（倉沢 1968：79）

倉沢進は、日本の都市社会を、その形成過程と関連させて類型化し、そのうえで各類型の都市の社会構造を論じた（倉沢 1968：75-123）。はじめに、封建体制下の地域社会の類型を、「われわれは日本の近代都市の類型を、社会構造の角度から扱おうとするのだから、封建都市の型はそれとかかわりをもつ限り問題にすればよい。したがってごく大ざっぱに次の三つを考えればよいであろう」（倉沢 1968：79）との考えから、大別して⑴城下町（宿場・門前町を含む）、⑵農村市街地、⑶むら、の三つに分類する。そして、日本の都市を成立事情によって分類した表「形成次第による都市分類」（表１・１）から、在来都市の大多数は城下町に起源を持つことを示し、「その社会構成は、領主および家臣団、職人層、商人層の三つからなる。ここで領主・家臣団は行政官僚ないし軍隊としての役割をもつけれども、事実上は後背地農村からの高額な貢租によって生活する大消費階層である。職人・商人層はこの消費階層に依存して、日常物資や武器などを供給したのであった」（同）と記す。

表１・１は、山口恵一郎の「形成次第による日本の都市の分類」（山口 1952：33-56）から引用して作成したもの

である。山口は、一九五一（昭和二六）年末現在の市制施行地（1都268市）を、まず在来都市（210都市）と新興都市（59都市）に分ける。前者は、明治以前、厳密にいえば幕末開国以前に起源を有する都市とする。後者は、明治以後において新しく勃興した都市であるが、厳密には幕末開国以後に都市の濫觴を形成したものを含むとする。さらに前者を形成当時の機能によって、A～Hの8グループに分類する。後者の新興都市については、都市を発生させた機能によって、I～Qの9グループに分類する。

都城市は、「A　城下町または城下町的な形態や性格をもって発達した都市」のグループに、その名前が記されている。山口は、このAグループについて、

「純然たる城下町の性格をもつもののほかに、これに類する性格を有する都市、すなわち、かつての首都であった京都や、徳川幕府の府として最大の城下町とも称すべき江戸、城下町・門前町・港町など各種の都市機能をもつのみならず、商業都市として繁華な大都市を形成した大阪などの特殊都市から、挙母や日田のごとく、陣屋や代官所などの所在地として城下町的な傾向をもっていた都市や、麓集落（鹿屋・都城）、館集落（大館）、に根源を有しているものをも包含せしめた」（山口 1952：36 傍点筆者）

と説明して、麓集落に起源を有する都城市の地域的性格にふれている。

さて、近世における封建体制のあとに、明治維新による変革すなわち身分の撤廃、地域的移住と移動の自由によって、新しい原理による地域社会の形成が準備されたわけであるが、倉沢はここでは特に地方行政機構の再編成と政府による近代産業の導入育成の二つの要因に注目して、都市社会の類型化を試みる。それは、近世における封建体制下の地域社会の類型――(1)城下町、(2)農村市街地、(3)むら――が、近代への移行に伴いどのように変移していったのか、という地域社会の系譜を示すものである。さらに、その系譜が主として戦前における都市類型と内部構造であったとすれば、戦後の社会変動による都市類型や内部構造の変移も示されることを期待するわけであるが、倉沢はこの段階では、

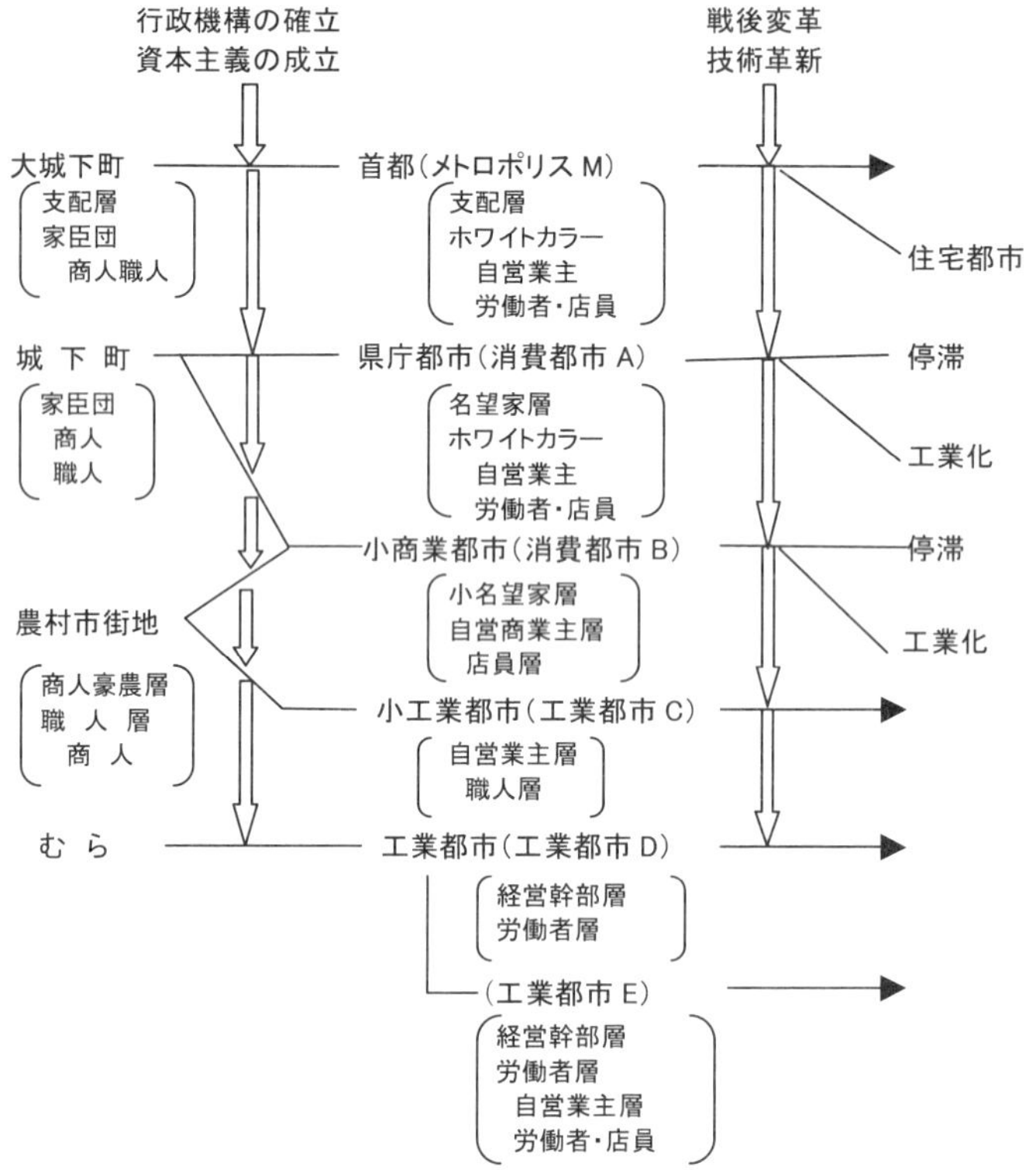

図1.3　地域社会の系譜（出典）倉沢（1968: 83）

「現在進行中のこの変動を統合的に扱うのは困難でもあり、かつまたそれは全体構造の観点からのみ統合的にとらえられるものであるから、ここではこのような変動の結果都市生活の諸側面に現れた変化を現象的に述べるにとどめる」（倉沢 1968: 104）

とする。このような企図のもとで、「近世における地域社会の類型―（行政機構の確立、資本主義の成立）→近代における都市社会の類型―（戦後変革、技術革新）→現代における都市社会の現象的変化」という日本の都市社会の変移過程が示され、それが「地域社会の系譜」として図式化される（図1・3）。

　この図式のなかから城下町の系譜をたどってみると、近世から近代への移行に伴って、「県庁都市」と「小商業都市」に分化する。この変移に関して、倉沢はつぎのとおり説明する。

「城下町から比較的直線的移行をとげるのは県庁都市である。大消費者層としての領主・家臣団はその経済的基盤を失って崩壊するが、これに取って代わるのは県庁に代表される行政機関である。市内唯一の大建築である県庁が旧城郭内に設けられることにいみじくも象徴されるように、県庁をはじめとする行政機関の官僚は、水準の高い消費者層として中小商工業を支えることになる。社会構成はしたがってホワイトカラー、商店主層、零細工業経営者ないし職人層、そしてこれら中小企業の労働者・店員層となる。もちろん全体社会の構成原理が違うのだから単純な比喩は慎むべきだが、機能的にみれば城下町を構成した三つの社会層とほぼ似た構成をとるのである。県庁都市はまた周辺農村部に商品生産が拡がるにつれて卸商業を主体とする商業中心地となる。他方城下町のうち県庁都市になりえなかった小都市、および、農村市街地の大多数の近代産業技術に対抗しえず衰退したものは、ともに小商業都市と化する。これは交通上の地位により大小さまざまであるが、比較的小範囲の商圏をもった小売業主体の商業都市である。社会構成は、商業中心に、職人層や寄生地主層そして中小企業の労働者・店員層からなる」（倉沢 1968：82-3）。

そして、この県庁都市と小商業都市は、「戦後変革と技術革新」との関わり方によって、「停滞」あるいは「工業化」という、二つの現象的変化に分化して、その系譜は閉じられる。

小川全夫は、倉沢の図式と系譜から、都城市の変移を「城下町→県都（一時は都城県の県都であった(3)）→小商業都市→停滞都市」という系譜で明示している。小川は都城市の過去の系譜は、「いわゆる『伝統消費型都市』といわれ、廃藩置県後はどこでも大体同じように停滞しており、定住圏構想のもとで再び陽の目をみようとしている都市である」と述べている（小川 1979：271-2)。都城市は、戦後の「全国総合開発計画」（一全総）と「新全国総合開発計画」（二全総）による工業開発の対象地域には選定されなかったため、この地域での工業化は進展しなかった。ただ、「第三次全国総合開発計画」（三全総）ではモデル定住圏の指定を受ける。しかし三全総は開発戦略として定住圏構想を掲げ、全国土にわたって人間居住のための総合的環境整備を図ろうとしたが、指定・建設過程において、補助金につながる事業が優先されたところからほころびが出て、計画は雲散霧消してしまい、結果はさしたる変化をもたらすものではなかった（本間 1992：1999）。小川が期待した「定住圏構想のもとで再び陽の目をみようとしている」効果がもたらされることはなかったのである。

小川がいう「伝統消費型都市」とは、倉沢が提起した地方都市の類型概念である。倉沢は日本の地方都市に関して、特にその社会関係における特質に注目して、「伝統消費型都市」と「産業型都市」という二類型を提示している。図1・3のなかで、消費都市Ａ・Ｂと工業都市Ｃが前者に、工業都市Ｄ・Ｅが後者に該当する。そして、消費都市Ａの事例（一例として四国の徳島市）を中心として、それらに共通な伝統消費型都市の社会構造を明らかにしている。倉沢は、消費都市Ａの停滞性について、社会移動との関連性からつぎのとおり記す。

「消費都市Ａの主な社会層のうち、上層ホワイトカラーと労働者・店員層は一時的滞留者であり、逆にこのことが都市の停滞性を支える機能を果たしている。つまり、名望家層によって支持される伝統的価値体系は、縁故関係や地域集団などの網の目によって地域社会のいわば受益階級であるホワイトカラーおよび自営業者層を規制し、地域社会の支配的な物の考え方を形造る。そして、ここでの非受益者層である労働者や店員は、当初は家族経営の中にとじこめられ、やがては地域社会から流出していく。このように消費都市Ａの停滞性は、社会的移動が少ないことを意味せず、人間は入れ替っても社会構造が動かないことを意味しているのである」（倉沢 1968：91）。

このような停滞傾向にあった伝統消費型都市も、戦後の社会変動、特に高度成長期に推し進められた中央政府と大資本の主導による拠点開発型の工業化――その代表格が全国総合開発計画――によって、その様相は大きく変わっていく。すなわち、

「大ざっぱないい方をするなら、戦前には主として産業型都市群にのみ集中していた大企業の工場が、これまでの消費都市に進出する傾向がみられる。（中略）だから伝統消費型都市は、大工場群の成立によって大きく変貌するものと、全体社会の工業化の流れにますます取り残されてゆくものとに漸次分かれてゆくことになる」（倉沢 1968：106）

というように、停滞あるいは工業化の二つに分化すると提起されるのである。

小川は、この伝統消費型都市の社会層については、「伝統消費型都市の主要な社会層は、商工自営業主層と小名望家層であり、実際の都市行政の上からは農村部も含むので、農民層も大きな比重を占めるのである。戦前はほとんどそのままに推移するが、戦後の高度成長期にようやく新興の社会層として、工場労働者層とホワイトカラー（主として公務員）が定着しはじめるのである」（小川 1979：272）と説明する。そして、この社会層の階層的な移動と地理的な移動を組み合わせた図式として、倉沢が作成した「消費都市Aの社会構成と移動の仕組み」（倉沢 1968：90）をもとにして、「伝統消費型都市における社会層と社会移動の概念図」（図1・4）を示し、「一九七七（昭和五二）年に都城市で行った調査によれば、ほぼこの図式が検証された」とされる。さらに、つぎのとおり指摘する。

「このような伝統消費型都市の社会層がおこす経済活動は、元来、土着生活を前提として、自給自足的な現物経済と社会連帯的な贈与経済の中に埋没していたといえるだろう。……ところが、伝統消費型都市が特に高度経済成長の中で遭遇したのは、換金経済に対する賃金労働化という適応であり、それは人口流出現象としてあらわれたのである。つまり、現物経済と贈与経済から自助的に脱皮して、換金作物その他の商品開発をなしとげることができないままに、労働力を商品として送り出す以外になかったのである」（小川 1979：274）。

以上の倉沢と小川の記述から都城市の地域的性格を俯瞰してみたが、停滞する伝統消費型都市という都市類型が提示

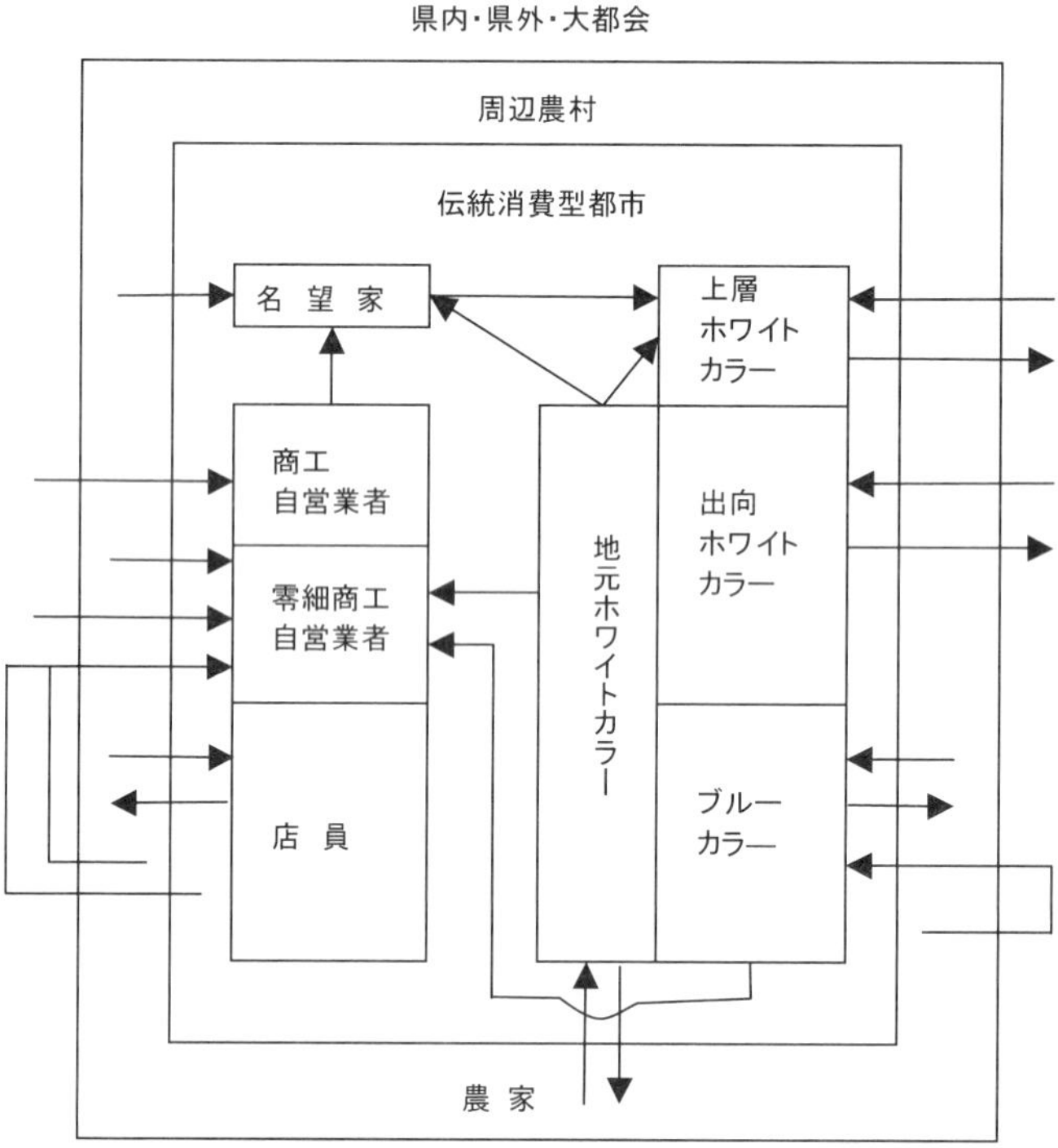

図1.4 伝統消費型都市における社会層と社会移動の概念図
（出典）小川（1979: 273）

される。この脈絡から、もう一つ踏まえておきたい先行研究の記述がある。それは、鈴木広らの「社会移動研究会」が「社会移動の効果にかんする社会学的研究」という課題名により一九七四～七七年に調査を実施した研究成果である（鈴木編 1978）。彼らは、三種類の調査対象地――①土着性の強い都市、②工業化型の流動化を示す都市、③大都市近郊型の流動化を示す都市――を、当初において想定して、その該当しうる都市を、九州各地に山口県も加えて探索する。そのなかでも、考察の基軸は「土着型社会」の流動化におかれるが、そのために、第一に土着型社会と目される典型的な地域を設定しなければならず、いくつかの候補地域のなかから、最終的に熊本県人吉市が選ばれる。なお、これに類似する地域として、都城市も竹田市などとともに検討の対象となっている。そして、

「これがいわば停滞的地方都市の典型（原型という含意を与えつつ）であるとすれば、社会移動の効果を問題とすべき今回調査にとっては、その土着的典型にたいして、基本的ないくつかの方向において流動化特性を示すような事例を求めることが要求される。流動化の基本的な方向類型としては、明らかに、工業化型流動化と、大都市型流動化とが容易に設定される」（鈴木編 1978：155, 167）

として三種類の調査対象地の設定理由が示され、人吉市は「土着型伝統消費都市」に分類される。このように、倉沢や小川、そして鈴木らによって、伝統消費型都市の変移や地域特性が示されるわけであるが、小川がストレートに表現するように、都城市は伝統消費型都市の典型的変移をたどった類型として、〝停滞型〟地方都市のレッテルを貼られるのである。

1.3　「小盆地宇宙」の閉鎖的性格——歴史から語られる都城市

本項では、都城市の地域的性格を歴史的視野から探ってみたい。以下の視角により二つの入口に導かれるが、それは『都城市史』のなかに示される下記の二つの視点と呼応する。

「宮崎県の中での都城市の民俗を位置づけるとすれば、どのような特徴を持つと考えればいいであろうか。これには大きく二つの視点があると言えよう。まず、都城市の歴史を特徴づけるのはこの地が旧島津荘に発した島津氏の発祥の地であり、終始島津氏とともに歴史を経てきたことである。このことは薩摩藩独自の民俗文化を保持していることであり、その多くは宮崎県の旧他藩であった地の民俗とは鮮明な違いを示している。つぎに生態的・地理的な立場から見れば、最もはっきりした特徴は都城盆地という内陸の大きな盆地に立地している点である。都城市を中心に北諸県郡の諸町を合わせて、南北三三キロメートル、東西一三キロメートルの大きな盆地で、南九州の代表的盆地をなしていて、盆地特有の民俗を保ってきている。都城盆地の民俗と他の宮崎平地との民俗とを比較すれば対照的な性格であることがはっきりする」（都城市史編さん委員会編 1996：3）。

前者の視点は、その源流を近世の藩政時代までさかのぼる。都城市都城歴史資料館（写真１・８）の展示室入口に、同市の概要が記されているが、そのなかに、「藩政時代は支藩的性格を保有していた」と記されている。この支藩的性格の意味は、ここには記載されていない。はたして支藩的性格とはどのようなものなのであろうか。藩政時代の都城地方は、都城島津家を領主とする薩摩藩最大の私領地であった。「私領」は、一般的に「藩内で上級家臣が支配する領地のこと」とされ、藩直轄領とは区別される（山下 2007：34-5）。都城島津家は島津本宗家の分家であり、私領地という従属的な領地支配形態からみて、支藩的性格という言説は、その主従関係を端的に表現しているだけかもしれない。とすれば、もしこのような歴史から表出される地域的性格が、本来の企図とは違う別様の解釈によって現在まで語られているとしたら、その歴史的語りをどのように扱えばよいのであろうか。間違った解釈として無視するべきなのか、あるいは別様に解釈する事実にこそ意義をみいだし、その語りの意味と解釈の内容に注目すべきなのだろうか。

写真1.8　都城市都城歴史資料館
都城本丸跡，1989年竣工（都島町 2012.11.25）

「都城は、調べたわけではないんですけど、聞き伝えによると、島津藩が、貧しさもあったのだと思いますが、あまり派手にやりたくない、あるいは一体でどっと地域でやってしまうと、それはある意味、一揆になってしまうので、分散してやる、それが六月灯みたいに小さく分散してしまったということですね。……分散して派手にさせない、だから、みんなでぐっと盛り上げようという祭りを醸成させてきた文化というものはありません」（2006. 7. 31 インタビュー）。

「若い子達はなんでそんなに祭りをいやがるのか聞いた時には、こっちはですね、えっとなんて言ったか、『よか真似しごろ』でしたっけ。若いもん同士がちょっとカッコをつけてなんかやるというのをよか真似しごろ、それがいやなんだ」（2006. 7. 31 インタビュー）。

「薩摩藩の独特なあれで、排他的なところがやはり都城はあるのかなと思われるところがありますけどね。だから、やはり、転勤族の方はそれなりに、やっぱり、そのこうねえ、積極的にパッと飛び込むのも必要なんですけど、やっぱりどうなんでしょうかね。やっぱり、排他的なところが残っているのは見受けられますけどね」（2008. 1. 25 インタビュー）。


これら三つの発話は、前二者が都城市のある地域活動の男性リーダー、最後が女性リーダーの語りである。このように祭りの障害となる地域的性格が、地域住民によって歴史的背景から（時には方言を引用して）否定的に語られる瞬間に出会うことがある。米山俊直は、「江戸時代は各地の藩がそれぞれ独自の政治をおこなうことが可能だったので、相対的には地方が、それぞれの個性的発展を指向することができたといえる。……この近代日本の統合が進められる前には、日本列島におよそ百を数える地方的な社会文化の統合があった」（米山 1989：253）と指摘する。このように、明治以降は近代日本の国家レベルにおける社会文化的な統合が進展したため、地域の歴史的特性は、個性的発展を可能にしていた近世以前の地域的性格として語られることが多い。ただ、この近世から前の地域的性格と、それを背景にして現在において語られる地域的性格との連続性は、どうすれば捕捉できるのであろうか。ちなみに、上記三つの語りが示す歴史的な事実関係を、『都城市史』ほか関連資料から確証を得ようとしても、そのような記述を見つけることはできない。それでは、地域住民が自らそのような歴史的風説を創り出してきたのであろうか。

中筋直哉は、「歴史が現在の社会を築き上げたのではなく、現在の社会が歴史を創り出すのだ」と述べる。そして、その歴史創造の主体は誰かという問いに対して、「この一番の素朴な解答は二つあって、一つはその地域を支配する（しばしば域外の）権力者であるというもの、もう一つはその地域に居住する市民すべてであるというものである」と指摘する（中筋 2008：94, 96）。上記三つの地域リーダーの語りは、歴史決定論的視座から地域住民自身が歴史的風説を創り出している事象ではないだろうか。ただ、それらは多分に語り手の主観的解釈が含意されているとはいえ、決して個人的な語りとは言い切れず、発話の背景には地域での集合的な語りや理解が存在する。その集合的な広がりこそ注目すべきものがある。

幕末から明治にかけての近代国家の構築に当たり、島津斉彬や西郷隆盛、大久保利通など、傑出した人材を多く輩出した鹿児島市域は、旧薩摩藩のなかでも確固たる歴史的な地域アイデンティティがある。ただ、都城地方は島津氏発祥の地であり終始島津氏とともに歴史を経てきた経緯がありながら、薩摩藩の統治の中心地は鹿児島であり都城地方は薩摩藩のいわゆる私領地であった主従関係から、この地域の地域住民には歴史的系譜を知る機会が与えられず地域が保有する歴史的な集合的アイデンティティを肯定的に語る知識を持ち合わせていない。それゆえに、中央（島津本宗家およびその政治体制）の様子をうかがう――自立性を奪う――従属性、そのために目立つことを抑制する――自発性を押さえる――受動性、そのために異質な他者を排除する――開放性を損なう――排他性などの否定的に解釈された歴史的風説によって閉鎖的な地域的性格が語られるのではないだろうか。

つぎに、前述の『都城市史』に示される二つの視点のうち、後者の視点である生態的・地理的な立場から、都城地方の地域特性を解く糸口となる一つの視角が現れる。それは、盆地という地形的特性により蓄積されてきた歴史的系譜の世界である。その代表としてあげられるのが、盆地という地形的特性の歴史的蓄積により形成されてきた空間性に着目した米山俊直の小盆地宇宙論である（米山 1989）。米山は、柳田國男の『遠野物語』を着想の原点にして、遠野の地形が小盆地宇宙のモデルであり、その原型であるとする。その遠野モデルの特徴から、小盆地宇宙をつぎのとおり定義する。

「小盆地を中心とする文化領域は、いわばひとつの世界である。この世界を私は『小盆地宇宙』という名で呼ぶことにしている。小盆地宇宙とは、盆地底にひと、もの、情報の集散する拠点としての城や城下町、市場をもち、その周囲に平坦な農村地帯をもち、その外郭の丘陵部は棚田に加えて畑地や樹園地をもち、その背後に山林と分水嶺につながる山地をもった世界である。典型は遠野のように、孤立して四方が尾根に取り囲まれているが、盆地に集まった水は一方の方角から盆地の外へ流出している。このような地形を特徴とする世界で、住民が構築してきた精神世界を、小盆地宇宙と呼ぶのである」（米山 1989：12）。

米山は小盆地宇宙に対置するものとして平野宇宙を提起するが、平野宇宙は中央集権、広域支配の観念を生み出すのに対して、小盆地宇宙は小地域に密度の濃い文化の蓄積を生み出すと論じる。そして、小盆地宇宙は「相対的にひとつの閉鎖的空間を作っていて、そのため独自の歴史をもち、独自の文化伝統をもちやすい」と、その閉鎖的空間のなかで凝縮された独自の文化を育む地域的性格を指摘するのである。

また、盆地という地形的特性により語られてきた歴史的系譜の文脈でいえば、鈴木広らが地方都市型コミュニティ論のなかで、「土着型伝統消費都市」として紹介する人吉市の地域的性格がある。彼らは、人吉市を、

「人吉盆地の南西部にあり、市の中心部を急流で知られる球磨川が西流している。球磨川の周辺に市面積の10％を占める平地が開け、市の南部は同面積の74％にあたる広大な山林となっている。この地勢から、人吉・球磨地方はきわめて長いあいだ他地域から孤立した『陸の孤島』として、つまり閉ざされたローカル・タイプの地域社会として存立してきた、というよりは、より正確には存立してこざるをえなかったのである」（鈴木編 1978：167）

と説明し、「孤立型の閉鎖的なローカル・タイプの地域社会」として性格づけるのである。そして、都城市についても同じ文脈でいえば、『都城市史』に、「都城盆地が稲作などの古くからの文化をよく残していることを見てきたが、見方を変えれば、盆地が文化的に開放的ではなく閉鎖的な性格を持つことを示しているとも言える」という記述をみいだす

ことができるのである（都城市史編さん委員会編 1996：12）。

1.4 小括

以上において、都城市の地域的性格を探ってきた。それは、視野に収まる範囲の地域空間からの抽出であり（第1項）、日本資本主義社会のなかでの地域社会の系譜からの抽出であり（第2項）、歴史的風説の語りと地形的特質の蓄積による歴史的系譜からの抽出であった（第3項）。調査手法でいえば、順番に〈見る〉〈読む〉〈聞く〉を契機とする抽出である。そこから、〝停滞型〟地方都市という都市類型と、閉鎖的性格という地域特性が抽出された。この二つの特性は、短絡的に結びつけられることによって「停滞しているのは閉鎖的であるから」という一般的な解釈へと着地していく。そして、この解釈は端的であるがゆえに、集合的理解を得やすい。しかし、この着地こそが、地域的性格の皮相的・短絡的理解につながる錯誤の陥穽を示している。各項から抽出された地域的性格を、現在の都城市の地域的性格として定位するには、あまりにも方法論的に問題をはらんでいる。

それは、第1項の場合、メインストリートからの空間的把握だけでよいのかという問題である。そこには、人口分布の変動を踏まえて、全体的な地域空間の把握が要請される。第2項の場合は、戦後の高度成長期による社会変容を背景にして下された評価を、そのまま現在において適用してよいのかという問題である。それは、ここでいう停滞性とは、そもそも何を基準にしているのかという問題提起につながる。高度成長期のみならず、それ以降の低成長期や脱産業化による社会変動も踏まえて――それは倉沢が「停滞」と「工業化」の二つに分化すると指摘した後の系譜を明らかにする意味を含めて――、再評価することが必要ではないだろうか。第3項の場合、現時点において確証できる地域の歴史的起源を正確に把握することである。「地域の歴史的起源を探り当てることは、地域が創り出す歴史に新しい素材を提供する。しかし、逆にその成果が今まで信じられてきた地域の歴史を批判し、その実効性を揺るがす場合もある」（中筋 2008：96）。正確な根拠をもたない歴史的解釈や口承による錯誤が地域社会に負の影響を及ぼしているとしたら、歴史的検証により従来の地域の歴史の批判と新しい素材を提供する作業を通して、「現在の社会を別様に見直したり未知の側面を発見したりする」（中筋 2008：95）考察が要請される。

本章の続く各節で、このような地域的性格の皮相的・短絡的理解の相対化に取り組んでみたい。ただ、第2項の問題として提起した再評価の考察は、本書の全章に通底する基底的行程である。したがって、まず本章では、その予備的考察のために、各種の統計データにより基礎的な社会的・経済的地域特性を明確にする作業に絞り込む。すなわち、本章では三つの次元からの客観的な記述――空間的記述（第2節）、統計的記述（第3節）、歴史的記述（第4節）――により、都城市の基礎的な地域特性を明らかにしていくことを目的とする。

第2節　商業集積空間の位相

2.1　全体的な地域空間の把握――人口分布の変動

前節で、国道10号線から都城市の外観を実際に眺めてみた。これは市の北東から南西に連なる地域空間であるが、都城市の市街地を語るうえで、東西の地域空間を無視することはできない。藩政時代の都城地方においては、国道10号線に相当する高岡街道（日向往還）が、幹線道路として鹿児島城下から宮崎方面に延びていた。すなわち、この道路は今も昔もメインストリートとして重要な路線であり、都城市の地域空間をみていくうえでは、まずこの周辺が優先される。ただし、戦後の市街地は東西へと拡がっていった。人口集中地区（ＤＩＤ）の推移をみると、一九六五（昭和四〇）年当時は、国道10号線、国道２６９号線沿いの市の南北に連なる市街化率の高い地域に分布しているが、一九七〇年には中心市街地からみれば西方向の鷹尾周辺、一九八〇年には同じく西方向の蓑原町と都島町、そして東方向の広原町、一九八五年には西方向の都原町、東方向の一万城町と上長飯町へと分布が拡大していった（都城市都市整備部編 1998：33-5）。これは、庄内町や霧島へと北西へ延びていく県道31号線（都城霧島公園線）と、東へ延びて北諸県郡三股町へとつながる県道33号線（都城北郷線）沿いを中心に市街化が進んでいったといえよう。

そこで、まず西へと目を向け、県道31号線から都城市の外観を眺めてみたい。31号線の起点は、中央通り商店街の南側の出入口として前節で紹介した広口交差点である。前節では、この交差点を南の方向へ直進したが、本節では西方向へ右折する。右折する角地には、「公共施設の集約により拠点地区を形成し、周辺商店街等への波及を促す」（都城市商工部商業観光課編 1999：52）目的で二〇〇三年に完成した「都城合同庁舎」がそびえる。この交差点から約４００メートル続く西駅大通りを進むと西都城駅がみえてくる。この区間も、商店・宿泊施設・業務施設などが所在するが、空き店舗・駐車場・空き地が点在して、中央商店街と同様商店街としての連続性は欠落している。駅前を左折すると八幡町に入るが、この町内に都城市民会館（現在は南九州大学が使用）が所在する（写真１・９）。ここまでが中心市街地として特定化され、ＪＲ日豊本線高架下、西町を通過すると大淀川にかかる岳下橋に着く。

岳下橋を渡ると、鷹尾地区へ入っていく。まずは住宅が連なるが、鷹尾交差点手前から商店や業務施設が目につくようになる。鷹尾交差点を過ぎると、食料品スーパー、衣料品店、美容室、飲食店、コンビニエンス・ストア、和洋菓子店、銀行などの商店が、蓑原交差点までの約１１００メートルの区間に連なる。この道路沿いの商店群に空き店舗は確認できない。なお、この区間の途中、鷹尾交差点から４５０メートル進んだ左側に、自衛隊都城駐屯地がみえてくる。この敷地は４００メートル続く。ここには、人員約一二〇〇名を擁する第四三普通科連隊等が駐屯する。蓑原交差点を過ぎると、蓑原町に入り、商店・ドラッグストアなどのロードサイド型店舗・住宅が連なる。そして、南横市町へと入ると住宅が連なり、所々にロードサイド型店舗が点在する。

今度は、東方向に目を向けて、県道33号線から眺めてみたい。33号線は、前述の広口交差点から東方向へ約１１００メートル直進した都城警察署前交差点が起点になる。ここから、住宅、個人商店、食料品スーパー、病院、ロードサイド型店舗が混在する地域が続く。警察署前交差点から、約1キロメートル進むと花繰町交差点に着くが、一九七五（昭和五〇）年当時の人口集中地域（ＤＩＤ）はここまでを境界線とする。ここから約１４００メートル進むと北諸県郡三

表1.2　都城市の商業者団体・商店街

地区名	団体名・商店街
中央地区	都城中央通り12番街協同組合 都城中央通り３番街協同組合 都城中央通り45番街協同組合 千日通り商店街振興組合 東上町通り会 円頭庵通り会 牟田・宮丸大通り振興会 中町商店街振興組合
都城駅前地区	都城ときわ通り商店街振興組合 都城けやき通り会
郊外地域	鷹尾地区商工振興会 横市商工振興会 大学通り会 一万城通り会

写真1.9　都城市民会館
菊竹清訓設計，1966年竣工（八幡町 2007.2.28）

股町の市街地へとつながっていくが、一九八五年時点ではこの三股町との境界線までが人口集中地域として拡大する。花繰町交差点を約750メートル進むと、広原交差点に着くが、ここから大学通りとなり、飲食店を中心に本屋、美容室、洋菓子店、ドラッグストア、クリーニング店などのロードサイド型店舗が空き店舗なく連なる。そして、左側に南九州大学都城キャンパス[4]が立地し、そこを過ぎると三股町へと入っていく。

人口集中地域の広がりが郊外化を示唆する地域空間を、県道31号線と33号線から実際に眺めることで探ってみた。そこには、国道10号線からとは違った外観が確認できるが、その背景に、人口分布の変動があったことは自明である。そこで、都城市の国勢調査の人口データから確認してみたい。

二〇〇六年合併前の旧都城市域は、中学校区を単位とする11地区（姫城・小松原・妻ヶ丘・祝吉・五十市・横市・沖水・志和池・庄内・西岳・中郷）であり、中心市街地は姫城地区と小松原地区である。一九九五（平成七）年と二〇〇五（平成一七）年の11地区の人口を比較してみると、中心市街地に当たる姫城地区（減少率▲9・3％）・小松原地区（▲2・6％）、中山間地域である志和池地区（▲8・8％）・庄内地区（▲1・6％）・西岳地区（▲16・5％）・中郷地区（▲0・9％）は減少している。一方、中心市街地の西側に位置する五十市地区（増加率0・6％）と、さらにその北西にある横市地区（同11・7％）は増加している。また、増加しているのは中心市街地の東側の妻ヶ丘地区（同0・9％）と北東側にある祝吉地区（同2・3％）、祝吉地区のさらに北東に位置する沖水地区（同10・9％）である。近年の一〇年間においても、中心市街地の空洞化と東西への市街地の広がり――特に北東・北西方向への郊外化――が進行している（各地区の位置関係は図1・1参照）。

都城市には表1・2のとおり14の商業集積区域（商店街）に14の商業者団体がある。そして、県道31号線の鷹尾交差点から続く商店街は、上記郊外地域の「鷹尾地区商工振興会」の商店街であり、県道33号線の広原交差点から並ぶ商店群は「大学通り会」の商店である。各商店街がみせる表情は、決して一様ではない。一つの商店街の集合的空間をもって、商業集積区域全体を包括的にとらえたとみなすことは避けなければならない。

2.2 複合商業施設が創り出す空間――外発的な郊外開発

これまで商店街という商業集積区域を中心に論じてきたが、地方都市を語るうえで、どうしてもみておかなければならない地域空間がある。それは、郊外型ショッピングセンターという複合商業施設が創り出す空間である。都城市では店舗面積1000平方メートル以上の大型店が、二〇〇二年当時二四店舗立地していた。この大型店の売り場面積の合計は8万5405平方メートルあり、市内小売面積が21万2869平方メートルのため、大型店占有率は40・1％となる。昭和六三（一九八八）年以前は、大型店は6店舗であったが、平成に入ってからロードサイド型の郊外出店が増加して地域空間を変容させていった。開店年次をみると、まず平成四（一九九二）～九年に増加し、平成一四（二〇〇二）年以降に第二波が到来する。二〇〇三年四月二五日には、九州ジャスコが建設した「イオン都城ショッピングセンター」（ＳＣ）（写真1・10）が、南九州地域初のイオンＳＣとして開店した。この第二波の状況について、『宮崎日日新聞』は、つぎのように伝える。

「スーパー、百円ショップ、ホームセンター…。都城市にはこの一年、大型店出店の波が押し寄せている。大規模小売店舗立地法が施行された二〇〇〇年六月以降、県内に開店、または開店を予定する店舗面積千平方メートル以上の大型店は一五店。このうち、実に六店が同市に集中。しかもすべて〇二年以降だ。同市商業観光課の志々目孝人課長補佐は『北諸県郡と鹿児島県曽於郡を合わせた人口二五万人に対し、総売り場面積が広過ぎる』と話す。そんな中でのイオン都城ショッピングセンター（ＳＣ）の開店。なぜ同市に集中するのか。同ＳＣ内のジャスコ都城店の黒野英司店長は『都城市は周辺市町からの道がすべて集まってくる。こんな所はほかにない。車がないと不便な場所だが、住民は長時間のドライブに慣れていて、一時間程度の距離なら苦もなく来られる。南九州全体から集客を狙える』と魅力を語る。都城商工会議所中小企業相談所の二反田稔所長は『都城は商圏が三六〇度に広がっており、集客力があるる』と分析。また、志々目課長補佐は『南九州の中心に位置しているうえ、まだ土地も確保しやすい』などを挙げ、さらに『出店業者の話では、都城の人は買い物の仕方が〝豪快〟らしい。（大型店は）排他的な面もある鹿児島県への進出の足掛かり地点とも考えているようだ』とも指摘する。同市は好立地ゆえに、地元商店街の意思の届かないところで、大型店同士の攻防の舞台として選ばれてしまった感もある」『宮崎日日新聞』（2003. 4. 19 きりしま版――連載企画「商が動く　迫るイオンＳＣ」）。

写真1.10　イオン都城ショッピングセンター
（2007.3.4）

写真1.11　イオンモール MiELL 都城駅前
（出典）同店ホームページ

一面田畑であった郊外に一転して巨大な複合商業施設が誕生して、周辺のロードサイド型店舗と相俟っていくつかの商店街に匹敵するほどの商業集積空間を形成する。全国各地で目にする画一的な地方の風景である。中央通り商店街に立地する地元資本の都城大丸百貨店（売り場面積1万4615平方メートル）が、開業以来都城市では売り場面積の第一位であったが、市街地の南側に開業した上記の「イオン都城SC」（売り場面積2万2987平方メートル）がその座を奪う。さらに、都城駅の東側に近接して市街地の北側に位置するダイエー都城店（一九七三年開業、売り場面積1万1921平方メートル）の店舗建て替えに伴い、イオンモールが土地・建物を購入し、新たにモール型ショッピングセンターとして「イオンモールMiELL（ミエル）都城駅前」（写真1・11）を二〇〇八年一二月に全面オープンする。この売り場面積は約3万3000平方メートルであり、「イオン都城SC」を抜く。

以上、都城市の地域空間を商業集積区域および施設を中心にして眺めてきた。地方都市の衰退・空洞化した中心市街地の象徴として、空き店舗と化したシャッター通り商店街と、対照的な郊外の大型ショッピングセンターが報道されることが多い。しかし、そのような地方都市でも生き残っている商店街があることを見落としてはいけない。「中央商店街が衰退しているから、この地方都市は停滞している」という包括的で皮相的・短絡的な評価は下せない。現在の地域空間の諸相には、それぞれに固有な構造的背景があり、この蓋然性を認識しておかなければ錯誤の陥穽にはまってしまうのである。

第3節　〝停滞型〟伝統消費型都市の基盤構造

3.1　日本都市の分類からの解明――倉沢分析

本章第1節で、倉沢らの日本都市の類型化から、都城市の伝統消費型都市としての典型的推移をたどってみた。本項では、まずその類型化とは違う方法論――日本都市の分類――からのアプローチにより日本都市の社会構造を解明する

倉沢の先行研究（倉沢 1968）に依拠して、都城市の地域特性を探ってみたい。倉沢は、都市の「類型化」について、

「類型化は、理念的アプローチに随伴する長所とともに、欠点を併せもっている。それは仮説の提出とその検証という過程をとる実証的研究の枠組としては、必ずしも有効でない点である。類型はある条件群の純粋な結合として示されているために、具体的都市をとるとどの類型に帰属せしめるかが一義的に決定されず、変数間の関係が確定しがたいのである」（倉沢 1968：124）

と指摘する。この実証的研究に着手する際にまず直面する限界を克服するために、「日本の個々の都市の社会構造に関して、乏しいとは言いながらいくつかのモノグラフが集積しつつある現在、そのファインディングスを整序し、一般化を進めるために、都市の分類が要請されることになる」と主張し、日本都市の分類を試みる。そして、「提示しようとする分類は、日本の現在の都市を、主としてその社会・経済的特性によって分類し、都市の社会構造と住民の生活構造とを解明する手がかりに資そうというものである」と意義づけ、ここで意味を持つと考えられる分類の方法は、大別して⑴人口規模ないし都市度による分類、⑵産業機能ないし構成による分類、⑶前記⑴⑵をまとめた総合分類、⑷歴史的分類、の四つになることを示す。

分類の対象単位は、一九五五（昭和三〇）年一〇月一日現在の４９１市として、三つの次元――①都市度、②産業構成、③流動性――の各分類を組み合わせて総合分類が作られる。③の流動性は、従来の都市分類においてまったくといってよいほど無視されてきた次元として、「都市と外部地域社会との関係」という新しい視点を提起する。この外部地域社会との関係とは、「郊外住宅地区としての特性、および逆に中心市としての特性、さらに地域社会としての完結性ないし封鎖性といった諸特性を含む、流動性の次元である」。そして、「流動性はそれ自体として都市住民の生活構造の一側面であるが、市域を単位として流動性を把握すると、都市の社会構造がほぼ市域を境界として完結しているか、または市域外地域に対して開かれているかを示すことになる。市域をもって分析するほかない操作的制約を補う意味を

含めて、流動性の次元を都市分類に加えることを主張したい」として、③流動性を三つめの次元に導入する（倉沢1968：124–76）。

小内透は、この流動性の導入を、倉沢の都市分類の次元や指標の取り方に対する工夫のなかで、とりわけ積極的に評価しうる点としてあげている(5)。その理由として、現段階における地域社会は、それ自体、完全に自立したものとして存在しているのではなく、他の諸地域社会との連関のなかで、いわば〝開かれた〟形で存在しているのであり、それゆえに地域社会の類型化にあたっては、地域社会の開放性・相互連関性を表示しうる指標をも用いることが不可欠となると説明している（小内1996：29, 37）。

さてここで、倉沢の三つの次元それぞれの分類方法や指標の取り方について触れておきたい（倉沢1986：134–139）。まず①都市度は、一九六〇（昭和三五）年の国勢調査のデータを使い、人口集中地区人口を指標として採用し、つぎの四つの都市に分類される。人口集中地区人口1万未満の都市は「零細都市」、同人口1～3万未満を「小都市」、同人口3～10万未満を「中都市」、同人口10万以上を「大都市」とする。倉沢は、人口集中地区について、

「昭和二八年の町村合併促進法以後、多くの市は広大な周辺地域を市域に合併したため、市域人口総数は、地域社会の大きさの観念とのずれを大きくしている。そこで、著者は人口総数にかえて人口集中地区人口を都市度の指標として採択した。人口集中地区は昭和三五年の国勢調査ではじめて実質的都市人口を把握する目的で設定された。それは国勢調査の調査区で４０００人／平方キロ以上の人口密度の調査区が相接して、人口量５０００人以上の地区を構成しているところを指す」（倉沢1968：135）

と解説する。

②産業構成は、「産業分類別比率構成」と「事業所規模別構成」の二つの指標に細分する。この次元の指標として、前者のみでは不十分であり後者を考慮することの重要性を説く。それは、

「都市化の第一段階を脱農化と第二次・第三次産業比率の増大としてとらえるとしても、自営業の分解と大規模事業所群の成立という第二段階を考慮することが、少なくとも日本の都市化過程を考察する上には、必要ではあるまいか。アーバニズム論が規定するような都市社会は、この第二段階を経てはじめて成立しうるからである。この第二段階を考慮することは、経済的には日本経済の二重構造と呼ばれているものを考慮に入れることであろうし、社会学的には官僚制原理の透徹、集団と地域の機能的分化（たとえば職場と住居の分離）等々、社会関係や生活構造の変化の要因を取り入れることを意味する」（倉沢 1968：131-2）

という指摘に含意される。

二つの指標のうち前者の産業分類別比率構成は、従業地による就業者の第一次・第二次・第三次産業分類別の構成比を使用し（データは一九五五、六〇年の国勢調査）、一種の産業において、その構成比が４９１市の構成比の平均プラス標準偏差より大きい市は、産業比率の大きいことで特徴づけられる市であるから、それぞれ「第一次型」、「第二次型」、「第三次型」と名づける。二種の産業比率がともに平均プラス標準偏差より大きいものは、実際は第二次と第三次産業の組合せのみがみいだされるが、この群は都市的産業である第二次・第三次産業がともに大であり、かつそのなかに東京・大阪・名古屋が含まれることに鑑み、「総合型」と名づけられる。それ以外を、「普通型」と呼び、産業比率において際立った特徴がない都市として位置づけられる。後者の事業所規模別構成は、一九六〇年の事業所統計調査から、従業者規模５００人以上の事業所の従業者の全事業所従業者中に占める比率を採用して、この比率が０つまり５００人以上の事業者の存在しない市を仮に「零細事業所型」、この比率が20％以上の市を仮に「大事業所型」とし、それ以外を「中間型」とする。

最後の③流動性の次元については、仮に流動性指数〔（市内に常住し市外で従業する就業者＋市外に常住し市内で従業する就業者）÷市内に常住する就業者総数×１００〕と、流出入比〔市内に常住し市外で従業する就業者÷市外に常住し市内で従業する就業者）と名づけた二つの指標を使い分類を行う（データは一九五五、六〇年国勢調査）。そして、流動性が高く（＝流動性指数が平均値プラス標準偏差より大）、流出入比が1より大きい（＝流出の方が多い）市を「周辺市」とする。流動性が高または中（＝流動性指数が平均マイナス標準偏差より大）で、流出入比が1より小さい（＝流入の方が多い）の市を「中心性都市」とする。流動性が低い（＝流動性が平均マイナス標準偏差以下）市（ここには流出入比に関係なく、1より大あるいは小の両方が含まれる）と、流動性が中でかつ流出入比1より大きい市を「封鎖性都市」とする。

こうして上述の指標の組み合わせにより総合分類表が作られ、各都市の指標の結果も一覧表にて示される。その一覧表のなかから、都城市の分類結果を抜き出してみると、①都市度は「中都市」、②産業構成は一九五五、六〇年ともに「普通型」、規模構成は「零細事業所型」、③流動性は一九五五年が「封鎖性都市」・一九六〇年が「中心性都市」となる。分類の対象となった491市の①都市度の内訳は、零細都市99市（構成比20・2％）、小都市209市（同42・6％）、中都市118市（同24・0％）、大都市65市（同13・2％）となる。都城市は「中都市」118都市のなかの一都市として位置づけられる。②産業構成については、第一の細次元である産業分類別の比率構成から491市の分類結果の内訳を示すと、第一次型80市（構成比16・3％）、第二次型88市（同17・9％）、第三次型79市（同16・1％）、総合型6市（同1・2％）、普通型238市（同48・5％）となる。普通型のみで半数近くの比率を占めるが、都城市は一九五五、一九六〇年ともにこの「普通型」に属し、特に際立った構成比をもつ産業分野は存立していないという結果になる。第二の細次元である事業所規模別構成についても同様に491市の分類結果を示すと、零細事業所型185市、中間型219市、大事業所型87市となる。都城市は「零細事業所型」として、倉沢がいう「自営業の分解と大規模事業所群の成立という都市化の第二段階」には至っていないことになる。同様に、③流動性の分類結果は、中心性都市168市、封鎖性都市252市、周辺市71市となる。都城市は、一九五五年当時は「封鎖性都市」として分類されるが、一九六〇年になると「中心性都市」へ変移する。すなわち一九五五年比流動性が増すか、あるいは流入の方が多くなるという変化を示している(6)。

3.2　新たな地域社会類型の設定――小内分析

前項において、倉沢の日本都市の分類から、一九五五（昭和三〇）年および一九六〇（昭和三五）年当時の都城市の地域特性をみてきたが、さらに別の地域社会の類型設定の試みから都城市の地域特性を探ってみたい。それは、倉沢らの従来の地域社会類型設定の試みをふまえて、独自の方法で新たな「地域社会類型」の設定を試みている小内透の分析である（小内 1996）。

小内は、類型化にあたって、対象単位を都道府県と市町村の二つのレベルに分けて検討する。地域社会類型の設定を行う際、(i)生産力水準、(ii)生産関係、(iii)産業構造の特質を地域社会の基礎的内部構造の特質を示す次元として採用する。まず(i)生産力水準を示す指標として、都道府県を単位とする場合は、従業地による労働力人口（従業地による一五歳以上産業就業人口プラス完全失業者）一人あたり県内純生産を用いる。一方、市町村の場合は、市町村内純生産を推計・公表していない自治体が少なからず存在するため、やむをえずすべての市町村についてその値が公表されている常住人口一人あたり個人所得を、生産力水準を示す代替的な指標として用いる（ただし、一九七〇年以降の数値しか公表されていない）。そして、常住人口一人あたり個人所得の全国値を基準として、それを25％以上上回る地域を「超高位生産力地域」、0～25％未満の地域を「高位生産力地域」、0％未満の地域を「低位生産力地域」とする。

つぎに、(ii)生産関係は、常住地による全労働力人口に占める中間層の割合を厳密に把握するために、〔（雇人のない自営業者＋家族従業者）÷労働力人口×１００〕という指標を用い、階級分解の未成熟度で生産関係の状態を計測する。その値が50％以上、つまり資本――賃労働関係が基本的な生産関係となっていない地域を「後進資本主義的地域」、25～50％未満を「中進資本主義的地域」、25％未満を「先進資本主義的地域」とする。

最後に、(iii)産業構造の次元の指標として、都道府県の場合、従業地に基づく産業（大分類）部門別就業人口ベースでみた産業構成と産業（大分類）部門別生産額ベースでみた産業構成の組み合わせ結果＝総合的産業構造分類を用いる。しかし、市町村を単位とした場合は、「生産額ベースで産業構成を見ることは資料の制約上、現在のところ不可能である。それゆえに、不十分ながら従業地にもとづく産業別就業人口ベースのみで産業構造を明らかにせざるをえなかった」となる（小内 1996：45）。このように都道府県と市町村の場合で指標の取り方が違うが、本節での目的は都城市の地域特性を探ることにあるので、市町村の場合に絞って指標を説明したい。

はじめに、産業別就業人口の部門別構成比を算出して、そのうち最高値を示す部門を取り出す。それがいわゆる不生産部門（商業、サービス、金融、不動産、公務）の場合（＝不生産部門主導型）、その部門が産業構成の特徴を示すものとする。しかし、最高値を示す部門が価値生産部門（農業、林業、漁業、鉱業、建設業、製造業、運輸・通信業、電気・ガス・水道・熱供給業）の場合（＝価値生産部門主導型）、産業構造におけるこれらの部門の重要性に注目し、構成比がもっとも高い部門のみによって産業構成の特徴を把握するといった単純な見方を避ける。つまり、ほかの価値生産部門のなかに、最高値を示す部門の構成比の50％を超える部門があるかどうか検討する。その結果、かかる部門がある場合は、価値生産主導型のなかの複合型とし、それらの基準に合致する各部門のうち、もっとも構成比の高いものを「主軸」部門とする。逆に、最高値を示す部門が価値生産部門にあるが、それ以外に最高値を示す部門の構成比の50％を超える部門がない場合、価値生産部門のなかの単一産業主導型とし、最高値を示す部門を産業構成の特徴を示すものとする。こうして、「価値生産部門主導型・単一産業主導型（農業主導、製造業主導など）」、「価値生産部門主導型・複合型（農業主軸、製造業主軸など）」、「不生産部門主導型（商業主導型、サービス業主導型など）」のいずれかの形でそれぞれ明確になる。

ここまで地域社会の基礎的内部構造の特質を示す次元としての、(i)生産力水準、(ii)生産関係、(iii)産業構造の指標を説明してきたが、小内はこれ以外に二つの次元を導入する。それは、相対的に自立すると同時に基本的に〝開かれた〟定住型の地域社会とほかの地域との関連を示す次元、つまり、(iv)開放性と(v)階統性である。前者はいわば水平的な関連、後者は垂直的なヒエラルキー的上下関係を示すものとなる。このうち、後者は、特に市町村にとって、重要な意味を持つと考えられるため、市町村のみを用いる。(iv)開放性の指標は、通勤人口比率、流出人口比率、流入人口比率、流出入比を用いる。まず、当地に常住する一五歳以上産業就業人口の50%以上がほかの地域（他市町村）に通勤（流出）し、しかも通勤人口（流出人口）が流入人口（ほかの地域からの通勤人口）の二倍を超える地域を「ベッドタウン型地域」とする。逆に、当地に従業する一五歳以上産業就業人口の50%以上が、他地域社会から通勤（流入）し、しかも流入人口が流出人口の二倍を超える地域を「求心型地域」とする。さらに、通勤による流出入人口の和が当地に常住する一五歳以上産業就業人口の100%以上となるにもかかわらず、ベッドタウン型、求心型をとらない地域を「超流動型地域」とする。こうして、以上の三型は特殊形態として位置づけられる。つぎに、これら特殊形態の地域を除く、すべての地域社会を対象とし、通勤人口比率＝（他地域からの通勤者＋他地域への通勤者）÷当地に常住する15歳以上産業就業人口×100を算出する。その値が50%を超える地域を「開放的地域」、50%未満の地域を「閉鎖的地域」とする。

さらに、市町村の場合、階統性の指標として人口規模を用いる。それは現実に、地方自治体の権限・機能の拡大を伴う地域社会の社会的「格付け」の重要な指標の一つとして人口規模が大きな意味を持つ点に注目するからである。その場合、人口の量的増大が地方自治体に重要な質的変化（「格付け」の変化）をもたらす。100万、50万、5万、1万を基準にし、人口100万以上を「超大規模地域」、50〜100万未満を「大規模地域」、5〜50万未満を「中規模地域」、1〜5万未満を「小規模地域」、1万未満を「零細規模地域」とする。なお、(i)〜(v)の各指標の算出に当たっては、国勢調査のデータを使っている。ただ、(i)のみはそれに市町村税務研究会監修『個人所得指標』『個人所得格差表』を加えている。

以上のように、地域社会の基礎的な内部構造を示す経済的な3つの次元と、地域社会の開放性・階統性の次元、およびそれぞれの指標に基づいて、市町村を単位とした地域社会類型の設定を行う。その際対象とする市町村は、一九九〇年ベースの3246市町村（東京特別区は23区あわせて1地域）である。すべての指標が公表されている一九七〇年以

表1.3　地域社会類型（大類型・小類型）

大類型	小類型		
A．農山漁村地域	低生産力農業地域	高生産力農業地域	低生産力林業地域
	高生産力林業地域	低生産力漁業地域	高生産力漁業地域
B．複合型産業地域	産業基盤停滞地域	複合型産業振興地域	
C．「工業」地域	低生産力工業地域 高生産力鉱業地域 低生産力運輸・通信地域	高生産力工業地域 低生産力建設業地域 高生産力運輸・通信地域	低生産力鉱業地域 高生産力建設業地域
D．不生産的産業地域	低生産力商業地域 低生産力サービス業地域 高生産力公務地域	高生産力商業地域 高生産力サービス業地域	管理中枢地域 低生産力公務地域
E．自立性喪失地域	ベッドタウン地域	求心地域	超流動地域

（出典）小内（1996：132-3）

表1.4　都城市地域社会類型（小類型・細類型）

		1955年	1960	1965	1970	1975	1980	1985	1990
	小類型	農業	農業	農業	低農	低商	低商	低商	低商
細類型	iii）産業構造	農業主	農業主	農業主	農業主	商業主	商業主	商業主	商業主
	i）生産力水準				低生産	低生産	低生産	低生産	低生産
	ii）生産関係	後進	後進	後進	中進	中進	中進	中進	先進
	iv）開放性	閉鎖	閉鎖	閉鎖	閉鎖	閉鎖	閉鎖	閉鎖	閉鎖
	v）人口規模	中規模	中規模	中規模	中規模	中規模	中規模	中規模	中規模

（注）用語は以下のとおりである
小類型　農業＝農業地域，低農＝低生産力農業地域，低商＝低生産力商業地域
細類型　iii）産業構造　農業主＝農業主導型，商業主＝商業主導型
　i）生産力水準　低生産＝低生産力地域
　ii）生産関係　後進＝後進資本主義的地域，中進＝中進資本主義的地域，先進＝先進資本主義的地域
　iv）開放性　閉鎖＝閉鎖的地域
　v）人口規模　中規模＝中規模地域
（出典）小内（1996：414）

降と生産力指標が存在しない一九六五年以前に分け、4ないし5の次元・指標を統合する。まず4つの次元・指標を統合した一九六五年以前には127の類型が、そして5つの次元・指標を統合した一九七〇年以降は304の類型が現実に存在したことがわかる。こうして設定された地域社会類型（細類型）を、(iii)産業構造と(i)生産力水準のあり方に注目しながら、大まかに再類型を行うと、表1・3のごとく、26の小類型と5の大類型が設定される。そこで、各市町村の大類型、小類型、細類型の三つの類型結果が一覧表にて示されるが、そのなかから都城市の類型結果を抜き出してみたい。まず、大類型および小類型の推移が、「地域社会類型別市町村一覧」にて一九五五（六五年以前には生産力指標が存在しないため小類型は農林漁業の区別のみ表記）、七〇、九〇年の三時点で示されるが、その推移は一九五五年「A　農山漁村地域――農業地域」、七〇年「A　農山漁村地域――低生産力農業地域」、九〇年「D　不生産的産業地域――低生産力商業地域」となる（小内 1996: 344, 351, 363）。

つぎに、「地域社会類型一覧（都道府県・市町村）」にて、一九五五～九〇年の期間において、小類型と細類型の結果が五年ごとに示されるが、都城市の類型結果は表1・4のとおりとなる。小類型は、一九七〇年まで「農業地域」および「低生産力農業地域」であったのが、一九七五年から「低生産力商業地域」へ変移する。細類型を指標ごとにみていくと、(iii)産業構造は一九七〇年まで「農業主導型」であったのが、一九七五年から「商業主導型」へと変移する。(i)生産力水準は「低生産力地域」でずっと推移する。(ii)生産関係は一九六五年までは「後進資本主義的地域」、一九七〇～八五年は「中進資本主義的地域」、一九九〇年は「先進資本主義的地域」と変移する。(iv)開放性は「閉鎖的地域」で、(v)人口規模（階統性）は「中規模地域」としてずっと推移する（小内 1996: 414）。

これらの推移のなかで、特記しておきたい二つの変移点がある。一つは、小類型における「低生産力農業地域」から一九七五年以降の「低生産力商業地域」への変移である。小内は、

「各地域社会の総合的産業構造を確定する際、留意したことは、価値生産部門のあり方を重視し、価値生産部門と

不生産部門との組み合わせの場合、価値生産部門がその地域社会の産業構造を特徴づけるものとしたことである。それは、産業構造の発展を支えるのは基本的に価値生産部門であると考えたからである」（小内 1996：45）

と述べ、その考え方にもとづき、つぎのとおり指摘する。

「産業基盤停滞地域、低生産力商業地域と低生産力サービス業地域は、いずれも価値生産部門内の単一産業が主導する産業構造をもちえないうえに、生産力水準も低位にあるという意味において、経済基盤が脆弱な地域としての共通した性格を有しているといってよい」（小内 1996：75-76．傍点筆者）

すなわち、ここでは都城市は経済的基盤の脆弱地域として性格づけられるのである。前項の倉沢分析では、一九五五、六〇年の産業分類別比率構成から、都城市の経済的基盤を際立った構成比を持つ産業分野が存立しない「普通型」として分類する。このように倉沢と小内の両分析からは、特徴のない経済的な位相が示されるのである。

特記しておきたいもう一つの変移点は、(ii)生産関係における、「後進資本主義的地域」（一九五五～六五年）→「中進資本主義的地域」（一九七〇～八五年）、→「先進資本主義地域」（一九九〇年）という変容過程である。細類型の五つの指標で、(iii)産業構造は「農業主導型」から「商業主導型」へ変移するが、それ以外ほとんどが同じ類型で推移していくなかで、この(ii)生産関係だけは、高度経済成長期と低成長期の両時期にわたって段階的に変移している。すなわち、中間層（自営業層）の分解が進み、資本―賃労働関係が一貫して進行してきたことを示す。経済的基盤が脆弱になっても、また生産力は低位、開放性は閉鎖的、人口規模は中規模でずっと推移してきたとしても、資本―賃労働関係で代表される資本主義的基盤は一貫してこの一地方都市においても進展してきたといえる。倉沢の②産業構成の第二の細次元である事業者規模別構成の分析結果においては、前述のとおり一九六〇年当時は「零細事業所型」として「自営業の分解と大規模事業所群の成立という都市化の第二段階」に至ってはいないという結論がもたらされたが、その三〇年後は小内のいう「先進資本主義的地域」へと変容するのである。ただ、この傾向は、都城市の特筆すべき事象ということではなく、各市町村全体において進展した事象である。

「したがって、一九九〇年現在、生産関係の地域的差異は全体として小さくなっている。ほんのわずかな後進資本主義的地域を除けば、主として先進資本主義的地域と中進資本主義的地域との違いが見られるだけになってきているのである」（小内 1996：90）

と小内は結論づける。倉沢のいう都市化の第二段階は、確実に一貫して全国の地方都市に進行していったのである。

3.3 近年の数値からみた実相

ここまで倉沢と小内の統計的な分析結果から、都城市の社会・経済的特性をみてきた。ただ、その背後にある時代は、倉沢は一九五五（昭和三〇）年および一九六〇（昭和三五）年という高度経済成長期の初期の段階であり、それを補うごとく小内は一九五五〜九〇年という、高度経済成長期のみならず低成長期への移行段階まで含まれるが、それでも現時点から二〇年前という時間的隔たりがある。現在を語るうえで、戦後の転換期として社会構造がアノミー化していく一九九〇年代以降の社会変容を抜きにして語れないとすれば、また小内の分析が一九七五〜九〇年までの低成長期・脱産業化へ移行した時代を押さえているとしても、現在をさらなる「徹底化された脱産業化の時代」として位置づけるとすれば、一九九〇年代以降の統計的データによる把握を試みることが必要であろう。それと、倉沢と小内の分析は日本都市の分類および地域社会類型の設定を目的としており、一つの地方都市を深く掘り下げていくモノグラフ的研究ではないので、当然のことながら、個々の地方都市の地域特性の情報は不足している。ついては、そのような倉沢・小内研究の不足を補いながら、近年の数値も加味して、都城市の地域特性をみてみたい。なお、数値比較の連続性を確保するために、ここでは二〇〇六年一月一日合併前の二〇〇五（平成一七）年までの数値を使うことにしたい。

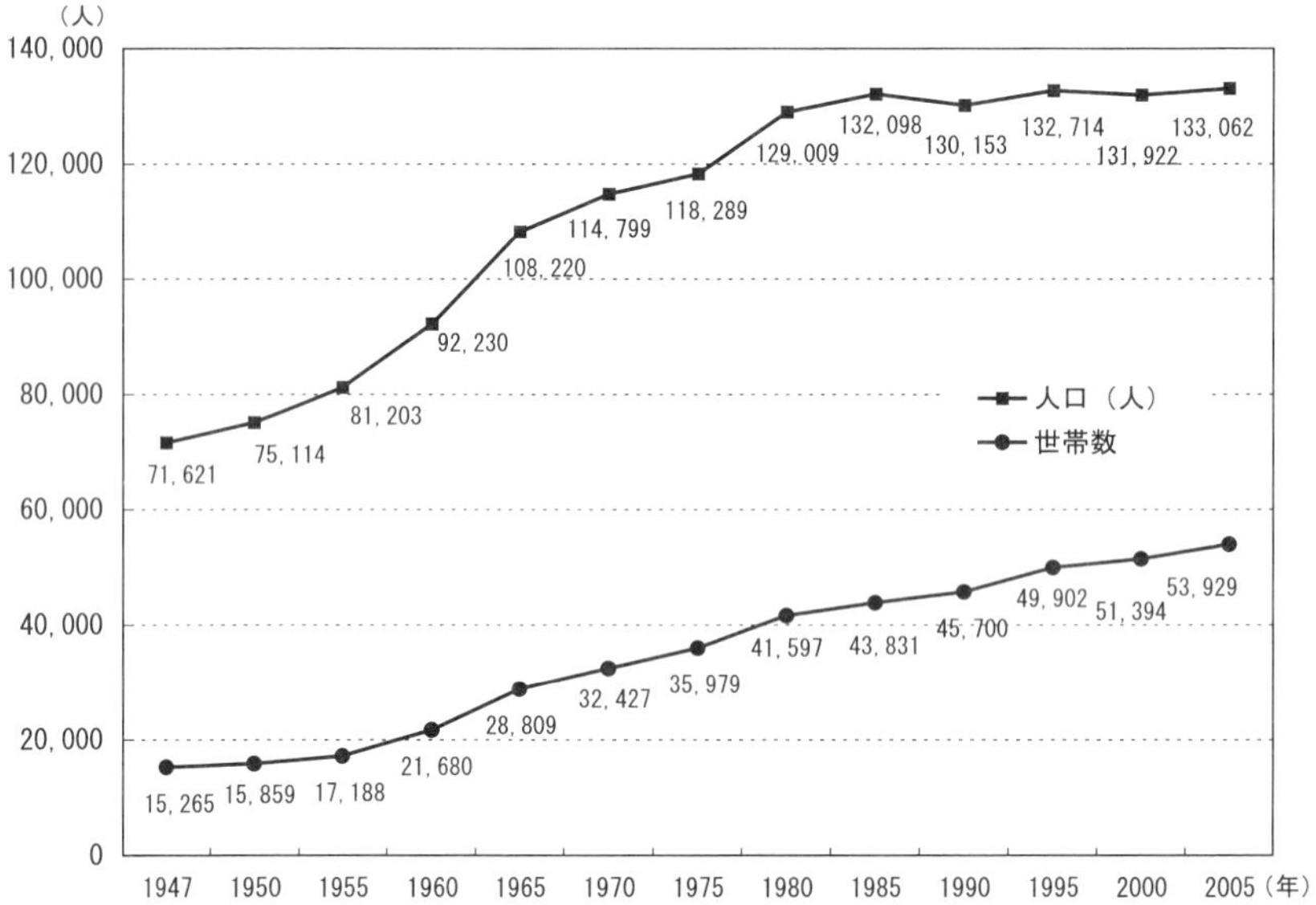

図1.5　都城市人口・世帯数推移（1947（昭和22）年～2005（平成17）年）
（出典）総務省（総務庁・総理府）統計局編『国勢調査報告』各年版より作成

分析にあたっては、社会的側面と経済的側面の大きく二次元に分けてみていくことにする。前者は人口・世帯数などの人口動態の指標を、後者は産業・階層構成などの指標を中心に使う。そして、倉沢と小内がともに積極的に評価した流動性の次元は筆者も同様に重視するが、軸足の置き方が倉沢・小内とは少し違う。もちろん、都市の分類や地域社会の類型設定の場合、地域基盤構造を把握するうえで、日常レベルでの通勤による流出入という行動から解明していく方法論が不可欠であることは、地域社会の流動性が高まってきた現代において倉沢・小内が指摘するとおり自明である。ただし、地域住民による自発的な地域活動に意義をみいだす、本書のテーマからいえば、流動性という次元からは、地域活動を担う人材の地域間移動——社会的効果としてコミュニティ意識の変容に影響を与える社会移動——という視点が浮かび上がってくる。したがって、諸地域社会との連関のなかでの行列空間を広げた流動性について、県内および県外への転居を伴う転出入により把握する社会動態人口の指標も加えて、社会的側面の次元でみていきたい。

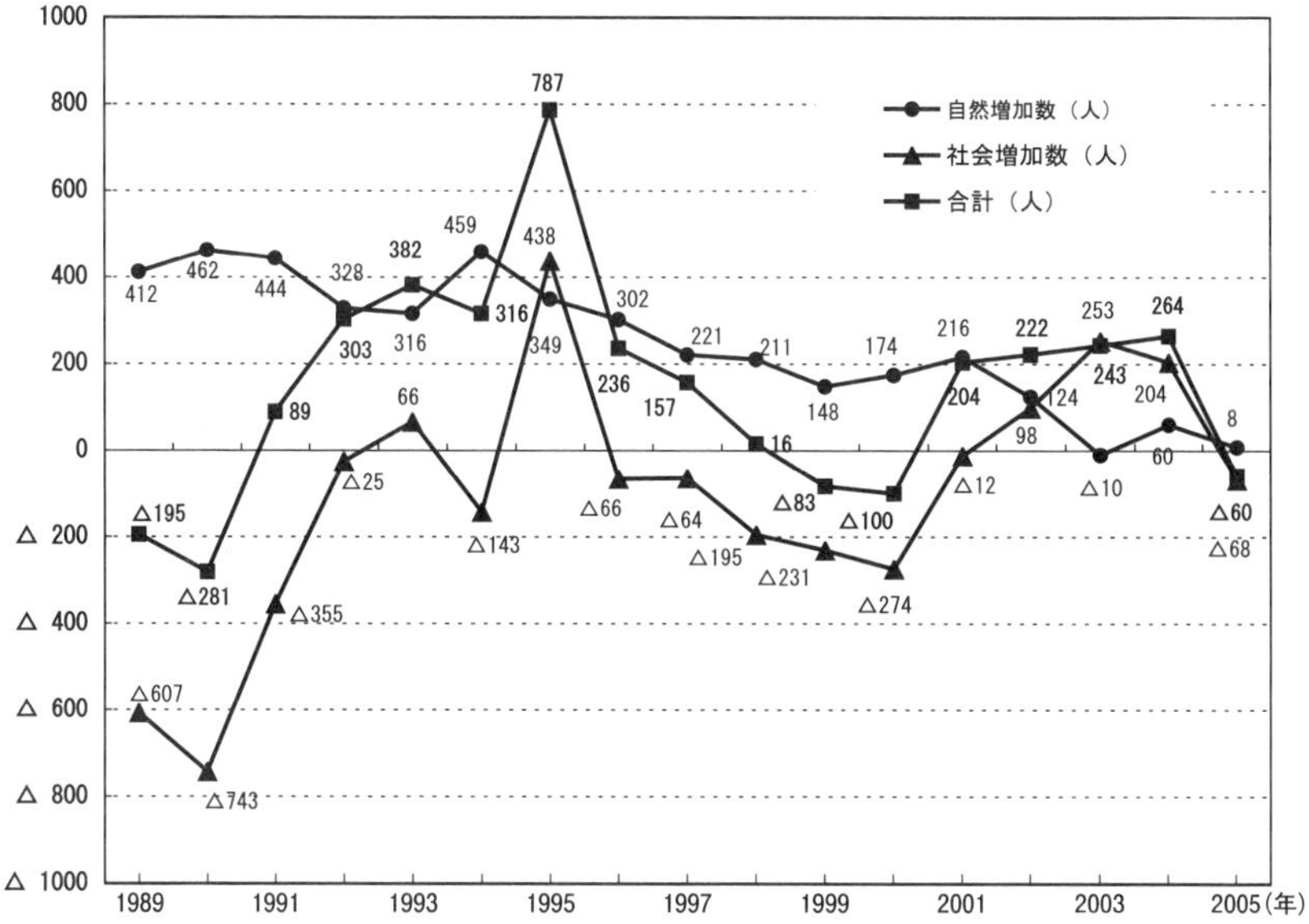

図1.6　都城市自然動態・社会動態人口推移（1989（平成1）年〜2005（平成17）年）

（出典）都城市総務部編（2003: 5）; 同（2005: 16）; 宮崎県総合政策本部編（2007: 53-4）より作成

3.4　社会的側面からみた地域特性

最初に、人口動態の基礎的な推移である、人口と世帯数の数値からみていきたい。第二次世界大戦以降の国勢調査人口・世帯数の推移を示すと図1・5のとおりとなる。まず五年間の総人口の増減をみると、昭和の間は増加の幅に差はあるにせよ一貫して増えている。しかし、平成に入ると減少を記録しその後増減が相互するが、結果的には二〇〇五（平成一七）年の総人口数は過去最高値を記録している。そこで、平成の推移（平成元〜一七年）をみるために、自然動態・社会動態人口を年ごとにつかんでみたい（図1・6）。自然増加数（出生者数－死亡者数）は、現在に近づくほど増加数が少ない傾向があるにせよ、二〇〇三（平成五）年を除いて一貫して増加してきた。一方、社会増加数（転入者数－転出者数）は、動きが激しく増減を繰り返し、減少した年の方が17回中12回と多い。ただ、自然動態の増加数が社会動態の減少数を上回る年が多く、その結果自然増加数と社会増加数の合計は17回中、12回プラスを記録して総人口の増加を下支えしている(7)。

つぎに世帯数をみると戦後一貫して増加している。いったい、どのような世帯が増えてきたのであろうか。一般世

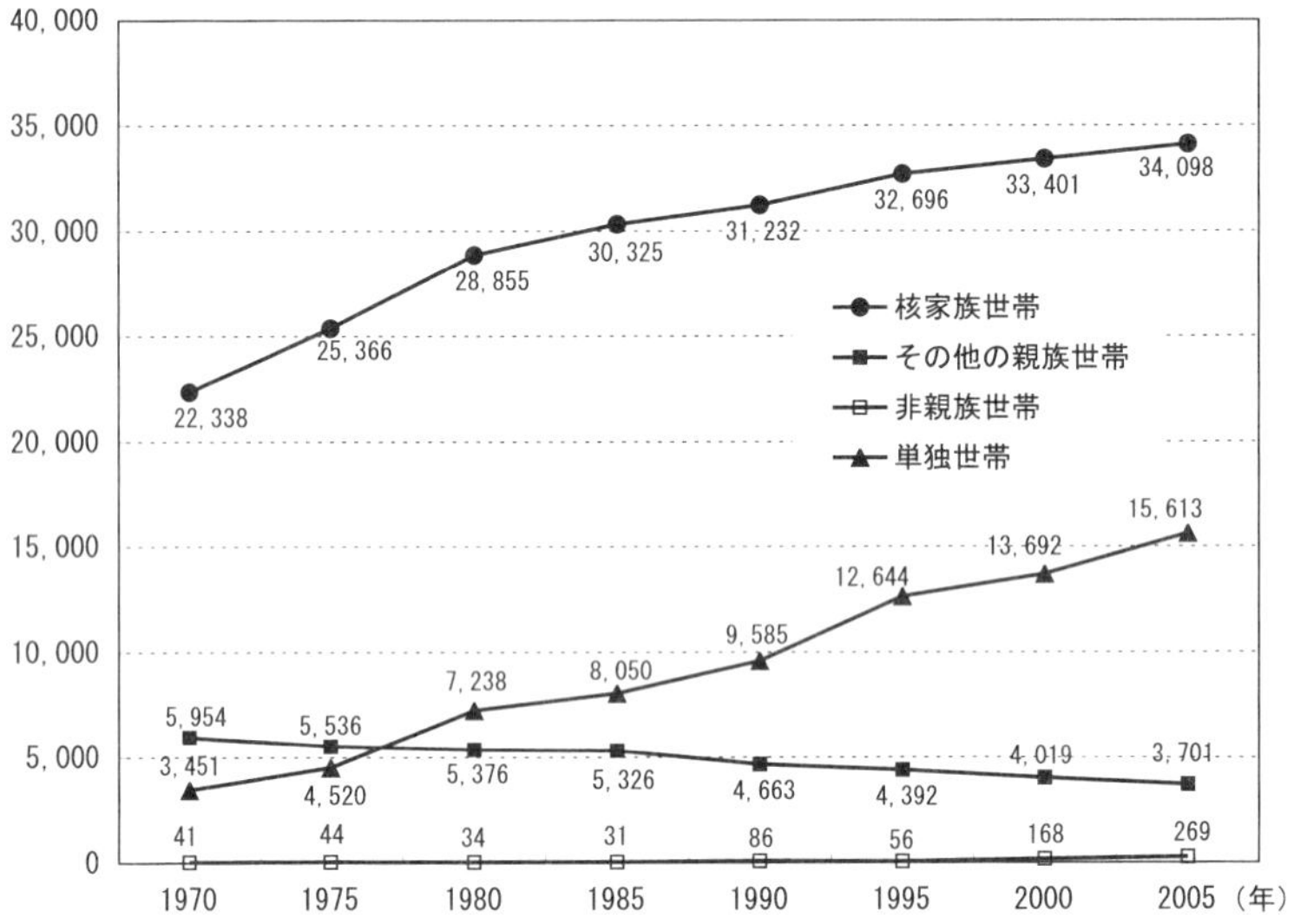

図1.7　都城市世帯の家族類型（4区分）別一般世帯数推移
（1970（昭和45）年～2005（平成17）年）
（出典）総務省（総務庁，総理府）統計局編『国勢調査報告』各年版より作成

帯を家族類型別に一九七〇年からみると（図1・7）、核家族世帯と単独世帯が継続して増加しており、反対にその他の親族世帯が一貫して減少している。非親族世帯も二〇〇〇年から増加している。ただ、構成比率をみると、単独世帯の増加幅が大きいため、単独世帯は一貫して比率を伸ばしているが、一方で親族世帯（核家族世帯＋その他の親族世帯）は実数は増加していても構成比は継続して減少している。二〇〇五年国勢調査による都城市と全国の、①核家族世帯・②単独世帯・③「核家族」的世帯（＝①＋②）の構成比を比較すると、都城市が①63・5％・②29・1％・③92・6％、全国が①57・9％・②29・5％・③87・4％となり、①と③については全国より都城市の比率の方が高い結果となっている。

ここまで人口動態の基礎的な推移をみてきたが、ここから流動性についてみていきたい。まず倉沢・小内ともに流動性および開放性の指標として取り上げた、通勤による流出入人口の推移を追ってみたい。

二〇〇五（平成一七）年の国勢調査によると、都城市に常住する一五歳以上の就業者6万2044人のうち、市内で働く就業者は5万3586人で、残り8458人が市外で就業している。一方、当市で働く一五歳以上の就業者は7万1204人になるが、そのうち市内に常住する就業者は5万3586人になるので、残り1万7618人が市外に常住する。この数値に基づき、倉沢が採用した二つの指標――①流動性指数〔(市内に常住し市外で従業する就業者＋市外に常住し市内で従業する就業者)÷市内に常住する就業者総数×100〕と、②流出入比〔市内に常住し市外で従業する就業者÷市外に常住し市内で従業する就業者〕を算出すると、①42・0％、②0・48となる。同様に、二〇〇〇年の国勢調査の数値から算出すると、①38・1％、②0・50となる。

さらに、倉沢が都城市を流動性の次元で「閉鎖性都市」、「中心性都市」と分類した一九五五年（閉鎖性都市）と一九六〇年（中心性都市）の国勢調査の数値から算出すると、一九五五年は①流動性指数7・7％、②流出入比0・35、一九六〇年は①11・9％、②0・24となる。倉沢は、一九六〇年にデータをそろえて再分類を行った結果に基づき、比較可能な374市の一九五五～六〇年に至る変動の方向を探っているが、そこで

「産業構成の変動と並んで、著しい増加をみたのは、流動性指数である。（中略）全般的に流動性が増大した、つまり市域をこえて通勤する就業者の比率が増大したのである。（中略）郊外住宅地化の傾向の促進と、他の周辺市との出入りの増によるものとみられる。流動性の他の指標である、流出入比についてみると、これが都市のかなり安定した性格であるらしく、流出――流入の間の変位は比較的少ない」（倉沢 1968：174）

と指摘する。この五年間にわたる変動の方向は、都城市の半世紀に近い歩みのなかでも確認できる事象である。すなわち流動性は増大したが、一貫して流入の方が多いという、地方地域圏（広域市町村圏）の中核都市としての中心性を維持してきた。

また、流動性の増大については、小内も倉沢と同様に、開放性の分析において

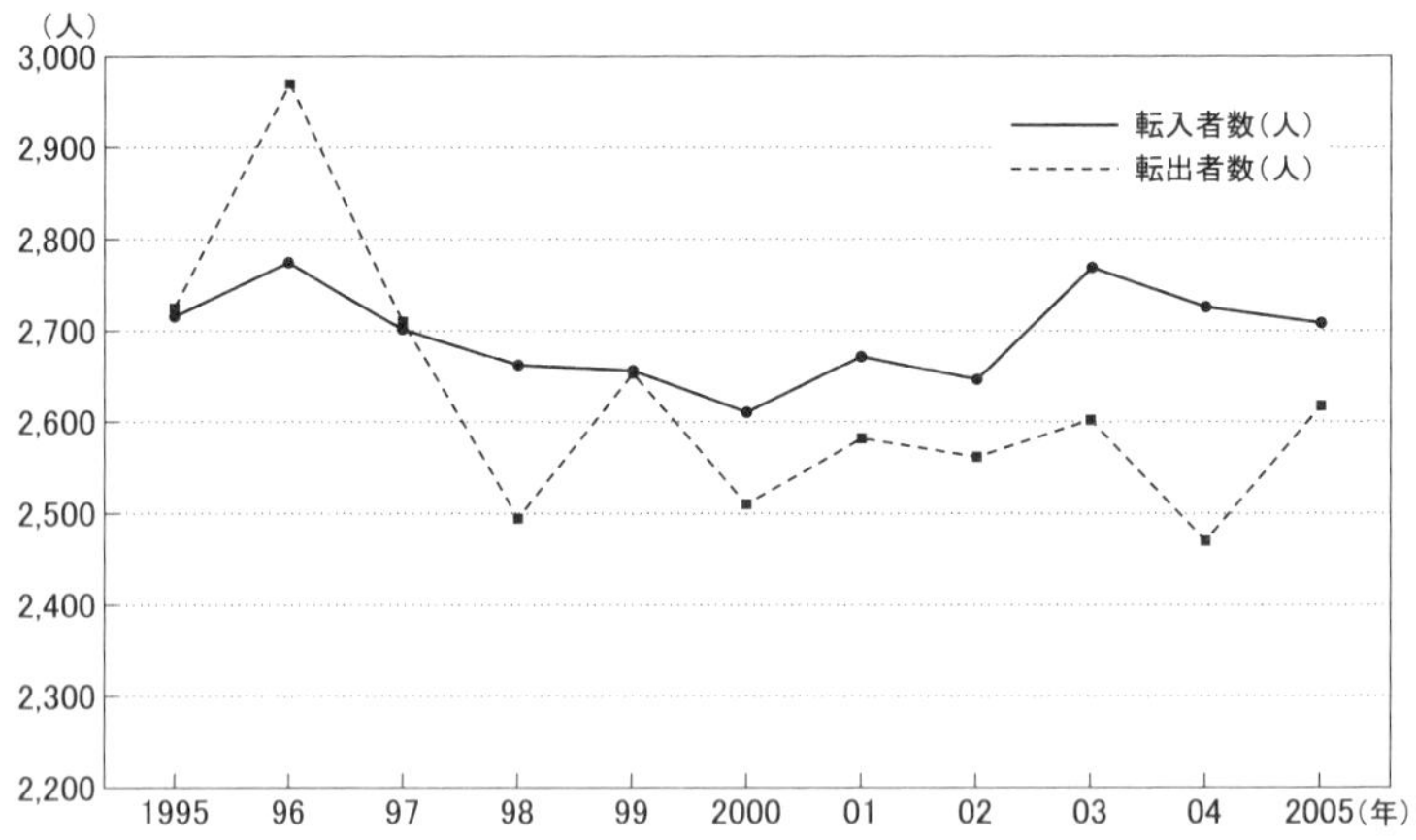

図1.8　都城市県内転出入推移（1995～2005年）

（注）各年1月1日～12月31日のデータ。「職権記載」分は含まない
（出典）都城市総務部編（2002：14;2005：16）；宮崎県総合政策本部編（2007：54）より作成

「通勤人口＝開放性のあり方は一九五五年以降、一貫して開放性の高い市町村が増加する方向で推移してきた。特に低成長期以降の動きにはめざましいものがあった。その結果、一部の県でいまだに閉鎖的な地域が多数派を占める一方、多くの都道府県では開放的な市町村、特殊形態をとる市町村が一般的になった」（小内 1996：105）

と指摘する。小内分析では、都城市はこの開放性の次元において、一九五五～九〇年の間一貫して「閉鎖的地域」として類型化されてきた。小内はこの類型化の分類基準となる指標に通勤人口比率を使うが、この指標は倉沢の流動性指数と同じ数値（計算式）になる。ついては上記の倉沢の都城市の流動性指数が示すとおり、通勤人口比率は一九五五年7・7％であったのが、二〇〇五年には42・0％に上昇している。小内分析では、50％を境にして「閉鎖的」「開放的」のレッテルが貼られるわけだが、今後の上昇度合いによっては、「開放的地域」の範疇に転じることもありうる位置に推移してきたのである。

つぎに流動性について、人材の地域間移動という視点から、県内および県外との転居を伴う転出入という社会移動の推移をみておきたい。まず都城市の一九九五～二〇〇五年の県内転出入の推移を追ってみると、一九九八年に転入超過となり、以後その状態が続いて総人口増加の要因となっている（図1・8参照）。一方、県外転出入は、この期間におい

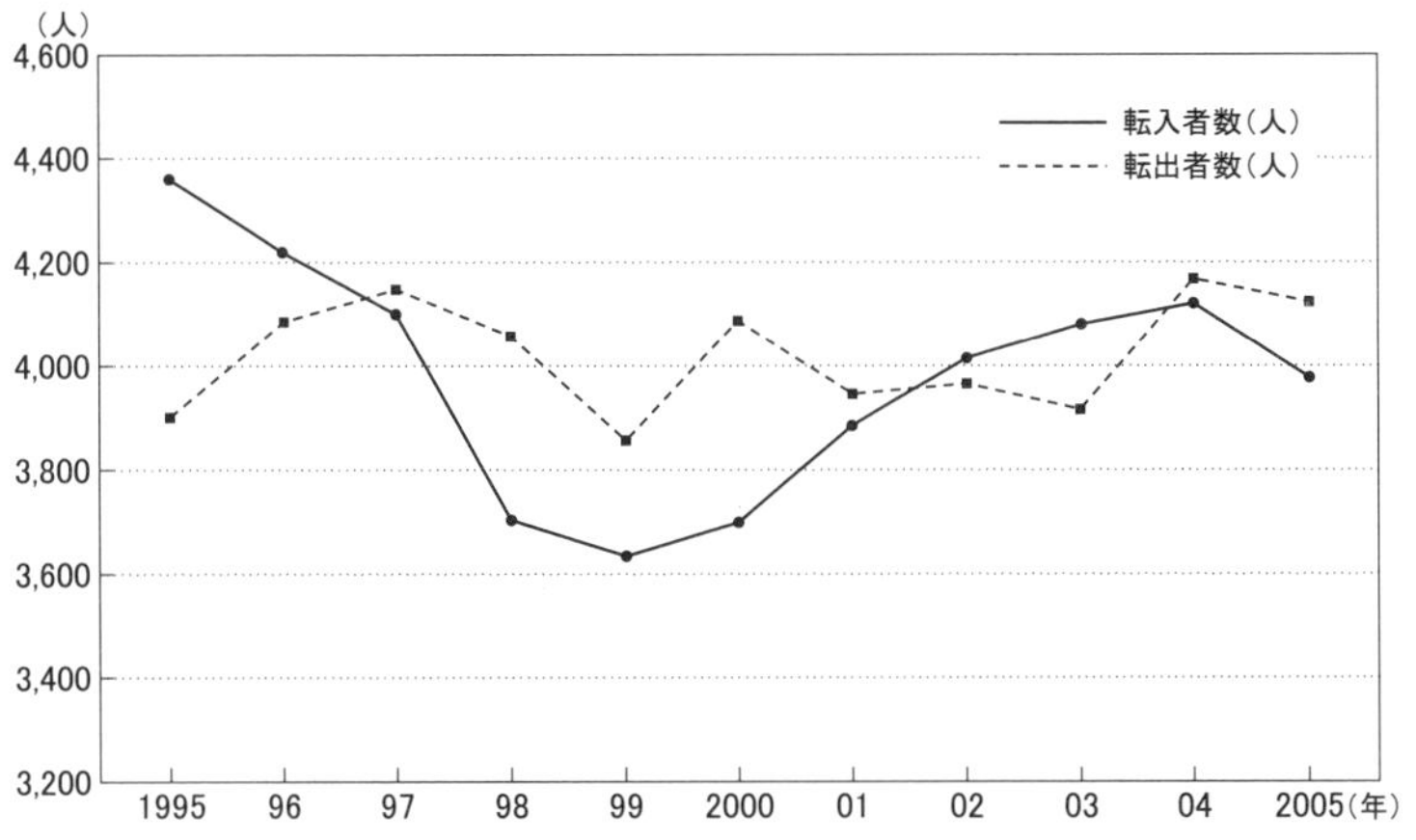

図1.9　都城市県外転出入推移（1995～2005年）

（注）図1.8と同　（出典）図1.8と同

ては転入超過と転出超過が交互に推移してその動向は一定しない（図１・９参照）。この転出入という地域間移動を人材の流出入という文脈からとらえた場合、年齢別動向の分析が必要になる。二〇〇四年と〇五年の都城市五歳階級別社会増加（転入―転出）数をみると、一五～一九歳、二〇～二四歳、二五～二九歳の三階級の動きが激しい。一五～一九歳、二〇～二四歳では県内移動は両年とも流入超過（前者二〇〇四年75人・〇五年78人、同じく後者82人・91人）になっているが、一方で県外移動は流出超過（前者二〇〇四年▲３１３人・〇五年▲２５３人、同じく後者▲１０９人・▲20人）になっており、特に一五～一九歳の流出超過数が際立って多い。二五～二九歳の階級は県内・県外ともに流入超過（県内二〇〇四年９人・〇五年５人、同じく県外90人・１５３人）になっている[8]。

小内は、地域社会類型の内的な特質を学歴水準のあり方から検討しているが、一九九〇年の国勢調査から、特定の類型への高等教育修了者の集中傾向について、つぎのように説明する。

「一九九〇年現在、地域数でわずか七つしかない管理中枢地域（東京特別区、横浜、名古屋、京都、大阪、神戸、広島）が高等教育修了者のシェアで23・5%とトップになっている点に何よりも大きな特徴がみられる。つまり、３２４６市町村のうち０・２%の地域に、全国の約4分の1の高等教育終了者が集中していることになる。しかも、これにシェアで第二位を占めるベッドタウン地域の14・5%（地域数で10・2%）を加えると38%となり、この二つの類型を示す地域（地域数で10・4%）に高等教育修了者の実に4割が集中していることになる。

「現代日本の場合、学歴は諸個人の社会的地位の形成にとって大きな意味をもつだけでなく諸個人の居住地域の決定=地域移動にとっても少なからぬ意味をもち、高い学歴は管理中枢的な大都市やその周辺に位置するベッドタウン地域に人々を居住させる機能をもっているということになる」（小内 1996：227）。

同様に一九九〇年の国勢調査から都道府県単位での分析ではあるが、大友篤は、各都道府県の年齢別流入率・流出率（期間一九八五～九〇年）のパターンの類型化を行っている（大友 1996：110-3）。ここで、宮崎県は、

「流出時に一五～一九歳であった者の流出率が最高で、流入時に二〇～二四歳であった者の流入率が最高である地域で、主として高校卒業後大学などへの進学や新規就職のために、東京や大阪などの大都市地域への流出とみられる移動流と、大学などの卒業後、帰郷や新規就職などのために流入する移動流が顕著な地域」

として類型化される。

さらにこの類型は、上記の流入率と流出率との関係から、「A．流入率＞流出率」、「B．流入率＜流出率」、「C．流入率≪流出率」の三つに細分化されるが、宮崎県は「C．流入率≪流出率」に属する。Cの類型には、宮崎県のほかに、秋田県・山形県・福島県・新潟県・富山県・福井県・長野県・和歌山県・島根県・香川県・愛媛県・佐賀県・長崎県・鹿児島県があげられる。そして、その特徴として大友は、

「AタイプとBタイプは、高校卒業後、大学などへの進学や新規就職のために、東京や大阪などの大都市地域への流出とみられる移動流と、大学などの卒業後、新規就職などのために流入する移動流とが、おおむね均等している地

域であるが、Cタイプは、この年齢層における流出率が極度に高く、島根県の55・3％を筆頭に、各県ともに30％を超えており、流入率（20％未満）を著しく上回ることから、高校卒業後、大学などへの進学や新規就職のために、東京や大阪などの大都市への流出とみられる移動流をもっぱら送り出している地域である。とくに、このタイプに属する県のすべてが流出超過であることから、これらの県における流出の大部分は、この年齢層の流出によっているといえる」（大友 1996：113）

と説明する。

県内および県外との転居を伴う転出入という地域間移動の推移から、流動性についてみてきたが、小内と大友が指摘したように、教育と職業の観点から、まさしく高校卒業後、大学進学と新規就職のために、九州各県や三大都市圏を中心に人口移動圏を形成して県外へ人材が流出していく構図が、二〇〇四～〇五年時点においても都城市では持続されていることが推察できる。ただ、大友によれば宮崎県は一九九〇年当時「C．流入率≪流出率」の類型に属すると指摘され、また一九八一年以降現在に至るまで（一九九四年を除く）県外転出入の社会増加において一貫して流出超過を記録しているが、都城市は流入超過も記録しており（図1・9参照）、流出超過一辺倒ではない流動性を堅持している。

3.5　経済的側面からみた地域特性

つぎに経済的側面から都城市の地域特性をみていきたい。まずアプローチする指標は、産業分類別比率構成である。都城市の産業構造を、倉沢は際立った構成比を持つ産業分野が存立しない「普通型」として、小内は経済的地盤の脆弱な「低生産力商業地域」として分類したが、都城市の産業構造の特徴をもう少し詳しく探ってみたい。まず一九七〇～二〇〇五年国勢調査の産業別就業者数を原資料として、ベーシック・ノンベーシック分析（BN分析）により基盤産業の把握を試みたい(9)。

地域経済基盤分析は、地域の経済活動を、地域の経済基盤を支える活動と、そのような活動に依存ないしは奉仕する活動に区分し、両方がどのような産業部門で比重が高いか、またその活動量はどの程度であるかを計測することによって、地域経済活動の特徴を把握する試みであり、地域経済基盤・非基盤分析（Economic Base-Nonbasic Analysis）、略してＢＮ分析と呼ばれる。

「特定地域の経済活動を、①その地域の自己消費分をこえた余剰分を地域外に移出する活動、②その地域の内部需要を満たすための活動、③地域の自己消費分が充足できず、地域外から移入する活動に区分したとする。その場合、①は地域外から所得を得ることによってその地域の存立発展を支えるが、②は地域内で所得の出入りを生じさせるだけであって、③は①とは逆に地域外へ所得を支出させるものであって、②、③はいずれもその地域の発展を直接可能にするとはいえない。この意味で①は基盤活動、②、③は非基盤活動と呼ばれる」（皆川 1997：123）。

なお、基盤活動と非基盤活動の区別は、あくまでもＢＮ分析の手法に基づき産業構造を把握するためのものであり、これが評価の区分に直接つながるものではない。地域経済の発展を成長神話により構想するならば①は最重要視されるが、サスティナブルな自律を前提におくならば②の再評価が要請されるからである。

この基盤活動と非基盤活動の区分には、都市地理学で考案されている簡便推定法として、残余法、特化係数法、最小必要値法の三つがあるが、このなかから特化係数法により基盤活動就業者を推計して基盤産業を明らかにしてみたい。ここでは、産業別就業者構成比の特化係数を使うことになるが、それは、全国と都城市の「産業（大分類）別一五歳以上就業者数」から、それぞれに各産業分類の構成比（＝産業別就業者割合）を割り出し、都城市の構成比を全国の構成比で同じ産業分類単位で除した係数のことである。その係数が1より大きいときは、超過分だけその産業で都城市が必要とする以上の生産物が生産され、余剰の分が地域外に移出されていることを示す。つまり、その係数から1を引いた残りの分が基盤活動部分をあらわし、他方、残りが0あるいはマイナスのときはその産業には基盤活動がないとみなす。

以上の方法を使い、一九七〇〜二〇〇五年の国勢調査から都城市の産業別就業者数、構成比、特化係数、基盤活動就業者数(10)を示すと表1・5のとおりとなる(11)。総就業者数は、一九七五年から一九八〇年の間で1割強の増加を記録するが、それ以降は一九九五年の6万4千人をピークに6万2千人当たりを前後する。そして、第一次産業は一九七〇年の就業者1万8567人、構成比32・9%が二〇〇五年には5227人、8・4%と一貫して減少し、逆に第三次産業は一九七〇年2万6654人、47・2%が二〇〇五年4万5338人、65・3%と一貫して増加する。第二次産業は一九七〇年1万1269人、19・9%が二〇〇五年1万5772人、25・4%と増加しているが、一九八〇年以降は一九九五年の1万8483人、28・8%をピークに1万6千人から1万7千人、26〜27%前後を推移している。倉沢がいう「脱農化と第二次・第三次産業比率の増大としてとらえる都市化の第一段階」(倉沢 1968: 131)は都城市でも確実に進行していったのである。さらに、産業分類を細かくみると構成比の一位は、一九七〇、七五年「農業」で、その構成比は順に32・5%、23・4%、一九八〇、八五、九〇年は「卸売・小売業、飲食店」で構成比は順に24・7%、23・9%、23・7%、一九九五、二〇〇〇年、〇五年は「サービス業」で24・6%、27・3%、29・1%という推移をたどっている。

つぎに、特化係数から基盤活動就業者が存在する産業を抽出すると、一九七〇〜二〇〇五年の間、継続して他産業よりも際立って多く基盤活動就業者が存在するのは「農業」である。次に多いのが「公務」であり、八〇年を除いて毎回第二位の位置にいる(12)。毎回存在するのが、「卸売・小売業、飲食店」である。毎回ではないが四〜五回存在を確認できるのが、「林業」「建設業」「サービス業」である。この六つの産業のうち、二〇〇五年の数値から修正ウィーバー法(13)により主要な基盤産業を抽出すると、「農業」「公務」「建設業」「卸売・小売業、飲食店」の組み合わせとなる。倉沢が「普通型」として、小内が「低生産力農業地域」から「低生産力商業地域」として分類した都城市の産業構造は、BN分析による基盤産業という視点からみると、「農業」を核にして「公務」、「建設業」、「卸売・小売業、飲食店」が地域の存立発展を支えてきたことが理解できる。

	1980（昭和55）				1985（昭和60）			
	就業者数	構成比（%）	特化係数	基盤活動就業者数	就業者数	構成比	特化係数	基盤活動就業者数
A　農業	11,349	18.3	1.867	5,271	10,421	16.9	2.036	5,303
B　林業	183	0.3	1.000	0	172	0.3	1.500	57
C　漁業	32	0.1	0.125		28	0.0	0.000	
D　鉱業	69	0.1	0.500		42	0.1	0.500	
E　建設業	6,404	10.3	1.073	435	5,472	8.9	0.989	
F　製造業	9,847	15.9	0.671		10,324	16.7	0.699	
G　電気・ガス・熱供給・水道業	256	0.4	0.667		286	0.5	0.833	
H　運輸・通信業	2,852	4.6	0.730		2,806	4.5	0.750	
I　卸売・小売業，飲食店	15,317	24.7	1.083	1,178	14,755	23.9	1.044	617
J　金融・保険業	1,246	2	0.714		1,266	2.1	0.700	
K　不動産業	280	0.5	0.625		283	0.5	0.625	
L　サービス業	11,124	17.9	0.968		12,748	20.7	1.010	123
M　公務（他に分類されないもの）	3,141	5.1	1.417	924	3,058	5.0	1.429	917
N　分類不能の産業	11	0.0	0.000		20	0.0	0.000	
合計	62,111	100.2		7,809	61,681	100.1		7,018
第1次産業	11,564	18.6	1.706	4,787	10,621	17.2	1.849	4,878
第2次産業	16,320	26.3	0.783		15,838	25.7	0.776	
第3次産業	34,216	55.1	0.995		35,202	57.1	0.997	
分類不能産業	11	0.0	0.000		20	0.0	0.000	
合　計	62,111	100.0		4,787	61,681	100.0		4,878

	2000（平成12）				2005（平成17）			
	就業者数	構成比	特化係数	基盤活動就業者数	就業者数	構成比	特化係数	基盤活動就業者数
A　農業	5,502	8.8	1.956	2,688	5,153	8.3	1.886	2,421
B　林業	110	0.2	2.000	55	59	0.1	1.000	0
C　漁業	13	0.0	0.000		15	0.0	0.000	
D　鉱業	25	0.0	0.000		10	0.0	0.000	
E　建設業	6,949	11.1	1.110	689	6,214	10.0	1.136	746
F　製造業	10,209	16.3	0.840		9,548	15.4	0.890	
G　電気・ガス・熱供給・水道業	261	0.4	0.667		198	0.3	0.600	
H　運輸・通信業	3,030	4.8	0.774		2,717	4.4	0.571	
I　卸売・小売業，飲食店	14,630	23.4	1.031	438	15,014	24.2	1.048	682
J　金融・保険業	1,358	2.2	0.786		1,198	1.9	0.760	
K　不動産業	324	0.5	0.417		380	0.6	0.429	
L　サービス業	17,091	27.3	0.996		18,025	29.1	1.021	372
M　公務（他に分類されないもの）	2,993	4.8	1.412	873	3,006	4.8	1.412	877
N　分類不能の産業	115	0.2	0.167		507	0.8	0.421	
合計	62,610	100.0		4,743	62,044	99.9		5,098
第1次産業	5,625	9.0	1.800	2,500	5,227	8.4	1.750	2,240
第2次産業	17,183	27.4	0.929		15,772	25.4	0.973	
第3次産業	39,687	63.4	0.986		40,538	65.3	0.972	
分類不能産業	115	0.2	0.167		507	0.8	0.421	
合　計	62,610	100.0		2,500	62,044	99.9		2,240

（出典）総務省（総務庁，総理府）統計局編『国勢調査報告』各年版より作成

表1.5　都城市基盤活動就業者推移（1970～2005年）

	1970（昭和45）年				1975（昭和50）			
	就業者数	構成比（%）	特化係数	基盤活動就業者数	就業者数	構成比	特化係数	基盤活動就業者数
A　農業	18,349	32.5	1.816	8,243	13,098	23.4	1.857	6,045
B　林業	185	0.3	0.750		221	0.4	1.333	55
C　漁業	33	0.1	0.100		39	0.1	0.111	
D　鉱業	53	0.1	0.250		46	0.1	0.500	
E　建設業	3,736	6.6	0.880		5,046	9	1.011	56
F　製造業	7,480	13.2	0.506		8,188	14.6	0.586	
G　電気・ガス・熱供給・水道業	245	0.4	0.667		236	0.4	0.667	
H　運輸・通信業	2,187	3.9	0.629		2,595	4.6	0.730	
I　卸売・小売業，飲食店	11,276	20.0	1.036	395	12,820	22.9	1.070	840
J　金融・保険業	786	1.4	0.667		916	1.6	0.615	
K　不動産業	143	0.3	0.600		177	0.3	0.429	
L　サービス業	8,702	15.4	1.055	452	9,385	16.7	1.012	112
M　公務（他に分類されないもの）	3,315	5.9	1.788	1,461	3,204	5.7	1.541	1,124
N　分類不能の産業	4	0.0	0.000		89	0.2	0.667	
合計	56,494	100.1		10,550	56,060	100.0		8,233
第1次産業	18,567	32.9	1.705	7,675	13,358	23.8	1.725	5,613
第2次産業	11,269	19.9	0.585		13,280	23.7	0.695	
第3次産業	26,654	47.2	1.013	339	29,333	52.3	1.010	280
分類不能産業	4	0.0	0.000		89	0.2	0.667	
合　計	56,494	100.0		8,014	56,060	100.0		5,893

	1990（平成2）				1995（平成7）			
	就業者数	構成比	特化係数	基盤活動就業者数	就業者数	構成比	特化係数	基盤活動就業者数
A　農業	8,126	13.2	2.063	4,186	6,837	10.7	2.019	3,450
B　林業	126	0.2	1.000	0	105	0.2	2.000	53
C　漁業	33	0.1	0.167		19	0.0	0.000	
D　鉱業	29	0.0	0.000		30	0.0	0.000	
E　建設業	5,771	9.4	0.989		7,106	11.1	1.078	512
F　製造業	11,268	18.3	0.772		11,347	17.7	0.839	
G　電気・ガス・熱供給・水道業	274	0.4	0.800		276	0.4	0.667	
H　運輸・通信業	2,874	4.7	0.783		3,024	4.7	0.770	
I　卸売・小売業，飲食店	14,524	23.7	1.058	797	15,058	23.5	1.031	449
J　金融・保険業	1,375	2.2	0.688		1,425	2.2	0.710	
K　不動産業	327	0.5	0.455		346	0.5	0.455	
L　サービス業	13,813	22.5	1.000	0	15,740	24.6	0.992	
M　公務（他に分類されないもの）	2,843	4.6	1.394	803	2,753	4.3	1.265	576
N　分類不能の産業	28	0.0	0.000		14	0.0	0.000	
合計	61,411	99.8		5,786	64,080	99.9		5,040
第1次産業	8,285	13.5	1.901	3,928	6,961	10.9	1.817	3,129
第2次産業	17,068	27.8	0.835		18,483	28.8	0.911	
第3次産業	36,030	58.7	0.995		38,622	60.3	0.976	
分類不能産業	28	0.0	0.000		14	0.0	0.000	
合　計	61,411	100.0		3,928	64,080	100.0		3,129

二〇〇七年一一月に農林水産省大臣官房統計部が公表した『農林水産統計』「平成一八年（二〇〇六年）農業産出額」によると、都城市の農業産出額は６９８億円であり、これは全国第二位にあたる。その産出額のうち畜産産出額が約八割（五七〇億円）を占め、市町村別畜産産出額では全国第一位（「肉用牛」「豚」「鶏」の三部門で第一位）となる（市町村別産出額の推計は平成一八年で終了）。合併前の一九八五、九五、二〇〇五年における順位の推移をみても、農業産出額が三位・四位・八位、肉用牛が一位・一位・三位、豚が二位・二位・二位、鶏が三位・四位・四位と上位を占めている。このように都城地方では畜産が盛んであり、畜産専業農家の育成が始まったのは昭和三〇年代であるため、約半世紀を経て全国屈指の畜産地域に成長したことになる。都城地方では、農業は一貫して就業者と構成比を減少させてきたが――すなわち倉沢がいう「都市化の第一段階」は都城市でも確実に進行していったが、そのなかでも「農業」の基盤産業としての機能は失われることなく推移してきている。

さて、就業者の産業分類別比率構成からBN分析を用い基盤産業を抽出することにより、都城市の産業構造を探ってきたが、「自営業の分解と大規模事業所群の成立という都市化の第二段階」（倉沢 1968：131）はどのように変移したのであろうか。

小内は、階級分解の未成熟度＝常住地による労働力人口に占める自営業者の割合〔（雇人のない自営業者＋家族従業者）÷労働力人口×１００〕という指標を用い、都城市の生産関係は「後進資本主義的地域」から「中進資本主義的地域」に変移しており、一九九〇年時点では「先進資本主義的地域（＝自営業者の割合が25％未満）」に分類し、資本主義の高度化に伴い都市化の第二段階が、都城という地方都市でも確実に進行したことを示した（本節第二項）。現在も「先進資本主義的地域」の範疇に位置しているのであろうか。上記の小内が用いた式により、都城市の常住地による労働力人口に占める自営業者の割合を、一九九五、二〇〇〇、〇五年の国勢調査から求めると順に21・7％、18・6％、16・3％となり、引き続き「先進資本主義的地域」に位置しており自営業の割合も一貫して減少している。なお同年の全国値は順に15・4％、13・7％、13・1％となっており、全国値よりは高い結果となっているが、自営業層の分解・

解体の貫徹はこの一地方都市においても確認できるのである。

一方で、大規模事業所群の成立という事象から都市化の第二段階は確認できるのであろうか。小内は、『事業所統計調査報告』の従業者規模別統計を資料とし、零細規模事業所従業者比率（＝全事業所従業員に占める従業員1～4人規模事業所従業員の比率）を指標としながら職場組織の地域差を検討している（小内 1996：193-212, 309-21）。「資本主義の発展は同時に、自営業層や零細企業の解体と独占企業への寡占化の傾向をともなうことが多い」とするが、全国ベースでの分析の結果では、零細企業の解体は単純な形では進んでおらず、一九七二～八一年の零細規模事業所従業者比率は17・6％から18・6％へと微増している。しかし、一九八一年以降再びその比率は減少に転じ、一九九一年には15・6％まで落ち込んでいることを示している。

そこで、一九八一、八六、九一年の『事業所統計調査報告』と一九九六、二〇〇一年の『事業所・企業統計調査報告』の従業者規模別（4区分）統計を資料として[14]、都城市と全国の各区分の構成比を比較してみる。小内の零細規模事業者比率に相当する1～4人規模事業所従業員比率の全国値は、小内が指摘するとおり一九八一年以降一貫して減少している。5～19人規模事業所従業員比率の全国値は一九九一年以降横ばいで、20～29人規模事業所と30人以上規模事業所の従業員比率はともに一九八六年以降増加傾向を貫徹している。全国レベルでは資本主義の高度化に伴う零細企業の解体と企業規模の拡大化の継続的傾向が確認できる。一方、都城市の数値をみると、各区分ともに従業員比率の一貫した増加・減少傾向は確認できないが、増減を繰り返しながらも一九八一～二〇〇一年の二〇年間の間に、1～4人規模事業者従業員比率は20・2％から16・0％に減少したのに対して、それ以外の3区分の従業員比率は増加している。

都城市は小内が分類する小類型では、一九七〇年は「低生産力農業地域」に、一九七五～九〇年は「低生産力商業地域」に属するが、両類型の零細規模事業所従業者比率は、上記小内の同比率の類型間格差分析では、一九八一～九一年の期間において全国値以上で一貫している。確かに、都城市と全国の比率を比較しても、零細規模（1～4人規模）事業所従業者比率は、5～19人規模事業所と20～29人規模事業所の従業員比率とともに全国値以上を記録しており、一方、

30人以上規模事業所従業員比率は全国値以下で推移している。この格差を小内は、

「零細規模事業所従業者比率が全国値未満の類型はその多くが高生産力の地域、逆に全国値以上の類型の多くは主に低生産力の類型である点に特徴がある。それは、同じ産業構造をもっている地域の間でも生産力水準が異なれば、零細規模事業所従業者比率の水準が異なっていることを示している。いいかえれば、零細規模事業所従業者比率の違いが生産力水準の違いを生みだす大きな要因の一つになっていると考えることができる」(小内 1996：202)

と指摘して生産力水準の違いに求める。都城市における都市化の第二段階は、近年の自営業者比率と従業者規模別統計の数値からみても、確実に進行していることが確認できたが、全国値よりはその進行度は遅いことが特徴としてあげられる。資本主義の高度化に伴う零細企業の解体と企業規模の拡大化傾向の地域における表出度合は、基礎的な地域産業の構造性に左右されるのではないだろうか。

第4節　城下町としての歴史的条件

地域的性格・地域特性の皮相的・短絡的理解の相対化を試みることと、次章以降の論理展開を支える基盤となる地域情報を抽出することを目的に、三つの次元の客観的な記述——空間的記述、統計的記述、歴史的記述——のうち、空間的記述を第2節で、統計的記述を第3節において行った。本節では、最後の歴史的記述に取り組み、前提作業としての、都城市の基礎的な地域特性の記述を終わらせたい。

地方都市研究における該当地域の歴史的記述には、いくつかの方法論的可能性が考えられるが、ここでは第1節で提起した歴史的問題の相対化——すなわち、もし従属性、受動性、排他性などの否定的な内容の歴史的風説によって地域的性格が解釈され、閉鎖性や排他性が語られているとしたら、「歴史的起源を探り当てる作業を通して、現在の社会を

別様に見直したり未知の側面を発見したりする」（中筋 2008：95）契機を提供すること——に焦点を合わせて、進めてみたい。

それは、自明のこととして語られる、都城市が城下町に起源を持つという歴史的条件を探ることである。地域の歴史的特性として多く語られる近世以前の地域社会の性格、そして伝統消費型都市と小盆地宇宙を形成してきた地域社会の類型としての城下町、このような都城市の歴史的系譜の文脈からは、城下町の歴史的条件を探るという視角から記述することが要請される。都城地方での城下町の形成過程の記述、それはまず統治体制が根づいていく政治的過程を明らかにすることでもあるが、その歴史的起源を探り当てる作業を通して、歴史的風説により解釈される地域的性格を「別様に見直し、未知の側面を発見」する契機を提起してみたい(15)。

4.1 統治体制の形成過程——北郷《ほんごう》氏（都城島津家）と島津本宗家との関係

律令国家以降、都城地方は日向国諸県郡に属していた。平安時代に入ると、都城盆地では万寿年間（一〇二四～一〇二八年）に大宰府大監平季基が諸県郡内島津の荒野を開拓し、当時政治の実権を握っていた関白藤原頼道に寄進した。これが荘園としての「島津荘」の始まりといわれている。源頼朝は、一一八五年八月に、島津荘を領有する摂関家の家司（皇族・上級皇族の家の事務をつかさどった職員）を出自とする惟宗忠久を、島津荘の下司職（荘園の管理人）に任命する。源頼朝は全国を治めるために各地に守護・地頭を置くが、これに伴い、惟宗忠久は日向・大隅・薩摩三か国の守護と島津荘の地頭になる。そして惟宗忠久は、自分が治める荘園の名前をとって島津姓に改めた。これがのちに南九州一帯に勢力を誇った島津氏の始まりであり、都城市が「島津家発祥の地」といわれる由縁である。しかし、頼朝の没後、鎌倉幕府内での主導権争いで北条氏が実権を握ると、島津忠久は一二〇三（建仁三）年に三か国の守護と島津荘の地頭の地位を剝奪される。そののち、島津忠久は薩摩国の守護には復帰するが、日向・大隅国の守護には戻れなかった（都城市郷土歴史読本編集委員会編 2008：14-5, 18-9；都城市総務部編 2009：156）。

その島津氏が日向国へ再度進出する契機となったのが、島津氏の庶子家（分家）である北郷・樺山氏の都城盆地への進出である。観応の擾乱(16)（一三五〇～一三五二年）の時に、島津本宗家四代忠宗の六男資忠が足利尊氏側について活躍した功績から、島津資忠は一三五二（文和元）年四月に足利尊氏から現在の都城市の北西部に当たる北郷《ほんごう》の地を与えられ、同年一二月に薩摩迫（都城市山田町古江）に館を築いたと伝えられている。名字も島津から北郷に改め、ここに「北郷氏――のちの都城島津家」が誕生して、中世から近世に至る長きにわたって都城盆地に君臨した（都城市郷土歴史読本編集委員会編 2008：22）。

室町期の守護島津氏の権力下に包摂される在地領主層は、守護との関係・距離によって、「御一家」、「御内」、「国衆・国方・国之面々」の家格に分類されていた。「御一家」とは守護島津氏の有力庶子家のことであり、守護からは独立した所領を有し、儀礼においては御内の上位に位置する。島津姓をそのまま名乗る場合と、由緒の地を名字とする場合があり、前者は受領名をとって薩州家・豊州家・相州家などと呼ばれ区別される。北郷氏は後者のケースである（都城市史編さん委員会編 2005：165–6）。

当時、島津本宗家と御一家の間には身分の上下はなく、特に和泉・佐多・新納・北郷・樺山の各氏は「御教書」を与えられた家であったため、島津本宗家とはほぼ対等な関係であった。これら五氏は、いずれも島津忠宗（島津本宗家四代）から分出し、貞久（島津本宗家五代）・氏久（島津本宗家六代）とともに南北朝の動乱を乗り切ってきた庶子家である。「御教書」とは、将軍家・幕府・探題から直接発給された知行宛行・安堵状のことを指すと思われる。この五氏が家の由緒を将軍家・幕府との直接的関係に求めており、守護家も少なくとも氏久・元久（島津本宗家七代）の代まではその特異な由緒を承認し、特別な「御一家」として厚遇していたことがうかがえる。確かに北郷家初代資忠は、前述のとおり室町幕府（足利尊氏）から直接「島津庄日向方北郷」の地の知行宛行状を受給しており、これを家の由緒としている。それゆえに北郷氏の方でも、島津本宗家との関係はほぼ対等という意識があった（都城市史編さん委員会編 2005：166–8：山下 2004, 2007）。

一三七五（永和元）年に、北郷家二代義久は、現在の都城歴史資料館のある都島町に城を築いたといわれており、都島にある城ということから「みやこのじょう」と呼び、それが「都城」という地名の由来となる。

戦国時代の南九州地域は、島津一族と、日向国都於郡（西都市都於郡）を本拠地とし山東（鰐塚山以東、宮崎平野の地域呼称）全域を制圧し、その勢力圏を都城盆地あるいは日向南部に拡大しつつあった伊東氏との戦いを中心に進んでいく。一五二〇（永正一七）年になると、都城盆地での伊東氏の軍事行動が活発化し情勢は緊迫した。この時期の北郷家の領主は八代忠相であったが、そのような状況のなかで、忠相は島津本宗家や島津家庶子家の島津豊州家（飫肥）・樺山氏と協力して都城盆地の統一に乗り出す。そして、北郷氏は大永～天文年間（一五二一～五五年）に伊東氏や都城盆地の有力在地領主であった北原氏・新納氏との戦いで勝利をおさめ、北郷家の悲願であった都城盆地の統一を成し遂げることになる（都城市郷土歴史読本編集委員会編 2008：28–30）。

豊臣政権になり、島津氏が豊臣氏に降って、北郷氏の所領支配の保障をなし得なくなると、北郷氏はより強大な権力となって立ちあらわれた豊臣氏にその保障を求めた。このとき北郷氏は、人質を出すことを条件に豊臣政権から所領を直接安堵される朱印を得ている。しかし、豊臣政権の島津義弘（島津本宗家一七代）を中心とした大名権力の強化という政治構想により、北郷氏は島津氏の家臣として位置づけられ、太閤検地後に大幅に所領高を減じられたうえに祁答院《けどういん》（現在の鹿児島県薩摩郡さつま町・薩摩川内市の一部）へ移封されることになる。そののち、一五九九（慶長四）年に都城盆地を舞台に起きた「庄内の乱」での北郷氏の活躍によって、島津氏からの領地の返還という形で北郷氏は旧領都城に復帰する。当初、北郷氏は自らの存続を、第一に豊臣政権との関係に置いていたが、この都城復帰においては、島津本宗家により北郷家の存続が保障されることになり、北郷氏は島津氏との主従関係を結んでいったものと考えられる。これを機に、島津氏と北郷氏は主従関係が確定するだけでなく、北郷氏の領政運営にも島津氏が関与するようになり、北郷氏の島津家内部への包摂＝家臣化が進んだのである（都城市郷土歴史読本編集委員会編 2008：34；都城市史編さん委員会編 2005：717–23；山下 2004）。

島津氏の北郷家に対する統制の動きは、江戸期に入っても継続した。初代薩摩藩主島津家久（島津本宗家一八代）、そして二代目藩主光久（島津本宗家一九代）は、自分の実子を北郷家へ縁組あるいは養子にして都城領主に就かせる。あわせて北郷氏に「島津」姓を名乗ることを指示し、ここに「都城島津家」が誕生する。

豊臣政権から徳川幕府へと中央政権が確立するにしたがって、上位者が圧倒的に優位となる高度に集権化された体制が構築され、大名とその家臣に至るまで包摂されていく。その意味でいえば、北郷氏の島津姓への復姓は、藩による新たな「都城島津家」の創出ととらえることができ、都城領主家も島津家のなかに取り込まれたことを意味している。つまり、島津氏は北郷家に対して、薩摩藩領国に位置する家として「島津家」の一員であることを明確にし、都城島津家の支配する領地は、幕府からではなく、あくまでも島津氏からその運営を委任された「私領」として位置づけられたのである。「都城島津家」の誕生は、代々領主であった北郷家の血筋の者が存在したにもかかわらず、藩主の意向によって、島津本宗家血筋の者に家を継がせたうえで島津姓を名乗らせたというのが実情であり、北郷家にとっては耐え難い事件であった（都城市史編さん委員会編 2005：801–3）。その脈絡から都城地方における統治主体の歴史的アイデンティティを求めるとすれば、都城島津家をさかのぼり北郷氏まで辿ることが要請されるのではないだろうか。

以上のように北郷氏の島津氏への家臣化は進んだが、一方で庄内の乱ののち北郷氏が都城に復帰する際に、島津氏が北郷氏への知行宛行にあたって領地の返還という形をとっていたこと、知行地の支配権までは否定せず、統一政権下における島津氏領国という枠組みのなかではあるものの、北郷氏の領主権を認めたことは、同氏の領主意識の継続を促すことになった。こうしたあり方は、北郷氏にとって質的変化は伴うものの、領主としての立場が連続することであり、さらに豊臣秀吉から直接朱印を受けたことと併せて、大きな由緒となる。これは、近世において、島津領国の枠内ではあっても、自世界を形成し、近世大名島津氏との関係において、領主としての自立性を主張する根拠となっている（都城市史編さん委員会編 2005：722–3；山下 2004）。

薩摩藩では、広域に及ぶ領内を治めるために、外城制という特有の制度がとられており、これは藩領を一一三の区画

（外城・郷）に割り、それぞれに地頭・領主をおいて支配させたものである。外城・郷は直轄領と私領に分けられ、前者を地頭が、後者を領主＝「私領」領主が支配していた。藩内には二一の「私領」が存在し、一般的に「藩内で上級家臣が支配する領地のこと」とされる。私領には、近世期に島津氏によって新たに創出されたものと、中世以来の在地領主の領地が私領として位置づけられたものがある。後者に該当するのは、北郷家（都城島津家）・種子島家・入来院家の三家である。そして、この二一の私領領主のなかで、最大の領地を支配していたのが北郷家であり、近世を通じて三〜四万石の石高を保有していた（山下 2007：21 34：都城市史編さん委員会 2005：741, 784）。領内の支配制度は藩と同様のものを採用していた。近世に入って、島津家への家臣化が進んだとはいっても、太閤検地後の一時移封の時期を除いて、北郷氏（都城島津家）は、中世以来の本貫地を明治期を迎えるまで一貫して知行し自律的な領内支配を維持したのである。

江戸期における北郷氏の自律性の証左としては、一七一四（正徳四）年、領内の役職である「地頭」を名称変更するよう藩から要請されたことに対して領内支配に影響するとして拒否の構えをみせた。また一七〇二〜一一（元禄一五〜正徳元）年、新田開発時における新田の領有をめぐって、藩が都城領内の領地献上を命じた時も、領地の一円性と足利氏・豊臣氏から直接安堵されたという所領獲得の由緒から拒否するなど、藩に対してその自律性を主張する動きを見せることがあった（山下 2007：35）。さらに、明治維新時の藩政改革過程においても、自律性を主張する動きがある。薩摩藩では一八六九（明治二）年の版籍奉還後に、旧体制の解体をめざし、藩治職制が従来の家老座以下の職制から、外城に地方官として地頭・副役を置く職制に改定された。地頭は郷内の政治・文事・武事とも一切を総掌する地方長官である。そして、都城島津家をはじめ私領領主は所領返納を申し出て、従来の私領地は藩直轄となり、地頭の施政のもとに置かれることになった。それに伴い都城島津家は長い間治めていた都城を去り、領主元丸（のちの久寛）は鹿児島へ移住する。この従来の私領地に地頭が赴任するという新体制への移行は、薩摩藩内ではほぼ支障なく進められたが、藩内最大の私領都城だけは例外であった。都城島津家の旧臣たちは数百年の長きにわたる君臣の情誼を述べて、旧主元丸の地頭就任を願い出るが、その嘆願書は棄却される。そして、一八六九（明治二）年九月に都城郷の地頭として、薩摩藩下級武士の三島通庸が着任するが、新地頭に対する反発を受けて三島通庸はいったん鹿児島に引き揚げるという事件が発生したのである（都城市史編さん委員会編 2006：14-7）。

ここまで、都城地方における統治体制の形成過程を中心に記述を進めてきた。その過程において、統治主体の大きな変容は中央政権との関係に規定されていることが確認できる。しかし、契機はそうであったとしても、それぞれの局面において統治の最終的形成を基底において決定づけてきたのは、北郷氏と島津本宗家との関係である。すなわち、北郷氏は、結局は家存続の命運を島津本宗家との関係性のなかで構築しており、ただ近世以降、将軍—大名—家臣という集権化が進むなかで、その全体的な流れには抵抗する術はなく、一六世紀中頃には領主として都城盆地という大規模な地域の領国経営を行っていた北郷氏も、最終的には島津氏との主従関係、家臣化を受容していく。

しかし、そのようななかで、完全なる包摂による従属的・受動的立場を回避するために、中央政権からの所領安堵などを由緒にして、都城領主としての領内経営の自律性を確保することに心血を注いできたこともうかがえるのである。このように近世の安定期以降の都城島津家と島津本宗家の関係だけではみえてこない、都城地方の壮絶なる北郷家（都城島津家）の——決して従属的・受動的ではない——自立志向の強い領地経営の歴史的系譜が浮かび上がってくるのである。これは北郷忠相が都城盆地を統一してから江戸期が終わるまでの約三百年におよぶ。

4.2　城下町の形成過程——唐人町の存在

ここで本節における歴史的記述の本来の目的である、都城市が城下町に起源をもつ歴史的条件を探る考察に移りたい。この考察はそもそも、薩摩藩における城下町という本質的な意味での町場の形成は、島津本宗家が所在した鹿児島城下にしかみられないのではないだろうかという疑問に発している。とすれば、城下町として自明のごとく語られてきた都城市の歴史的系譜が根底から崩れることになり、「伝統消費型都市」や「小盆地宇宙」としての地域特性の相対化と展開が意味のないものとなってしまう。もちろん、薩摩藩でも各外城（郷）に「野町《のまち》」と呼ばれる町場は存在していたが（都城市郷土読本編集委員会編 2008：37）、城下町と野町は同等には語れない。城下町というからには、城の存在は欠くことのできない条件となるが、その町場の形成には城主による編成と領主への権力集中の論理があり、主従制とは別の次元で形成された市などの町場を、主従制の論理へ統合していく過程とみることができる（小島・千田 1994）。つまり、城下町の様態をみることによって、領主の領内統治に対する考え方や力量を理解することができる。ただ、そのためには前提となる統治体制（統治主体）が根づいていく政治的過程をまずは明らかにする必要があり、これまでその記述を行ってきた。そこから明らかになったのは、北郷氏（都城島津家）による都城盆地での長きにわたる領政運営であり、そこには庶子家あるいは私領であったとしても、充分に城下町の条件を感じさせる統治体制の形成過程があった。ついては、北郷氏（都城島津家）の都城盆地における町場形成の過程から、都城地方の城下町としての歴史的起源を探ってみたい。

都城盆地は、古代には島津駅が設けられたように内陸交通の要衝であり、穀倉地帯という歴史的・地理的優位性から、中世初頭より武士の居館が営まれ、南北朝や戦国の動乱期には戦闘の基地として多くの城が建設された。おもな城としては、都城のほかに、それを取り巻く「庄内十二外城」といわれる高城や山之口城などがあった。これらの城の名前は、近世の郷の名称へと引き継がれており、江戸時代にはすでに、城を中心に町場や村落が形成されていたことをうかがわせる。都城は大淀川を見下ろす台地上に築かれ、一六一五（元和元）年の徳川幕府による、大名の居城以外は破却せよという一国一城令で廃城となるまで、主に北郷氏の居城であり、支配の中心地であった。この都城を中心に町場が形成されるが、戦国期段階での町場は「本野原」（現在の鷹尾・南鷹尾町・五十町付近）という台地上にあり、本町、三重町、後町が並んで位置していた。町場は、北郷時久（北郷家一〇代）の代にはすでに形成されている（都城市史編さん委員会編 2005：725–30）。

一国一城令により都城が廃城となると、新たに都城領主館が現在の都城市役所と明道小学校の敷地内の北寄りに建設される。新しい領主館を中心に武家＝家臣の屋敷も造られ、また町場も移動して、いわゆる元和元年の「新地移り」が実施された。新地移り後の新城下を「麓」と称したが、麓には本町（現在の上町）、唐人町（中町）、平江町（平江町）、新町＝後町・三重町（西町・八幡町）という町場が形成された。これらの町が都城の商業の中心地として位置づけられ、特に町場の中心となったのは本町と唐人町である。平江町は三日町と八日町から成っていた。町場には寺院や焼物所、鹿児島へ運ぶ年貢米などを納めておく蔵、さらに本町・唐人町には御用商人をはじめ多くの店が存在した。またここには多様な職人も配置され、都城の生産・流通の中心地としての機能を有していた。麓には都城の政治を担う領主館を中心に各種の役所も置かれ、さらに都城の役人に就任する上級家臣が居住しており、まさに政治・経済の中心地となる。この麓の形成が現在の都城市の中心市街地の原型となる。重永卓爾は、都城島津家の領地高の規模や領主館の構造から、それに敷設する町場を「城下町」と称している。近世の都城の「城下町」は、新たな領主館を中心に、計画的に整備されていったのである（都城市史編さん委員会編 2005：730–6）。

この城下町の形成過程において、気になる一つの事実がある。それは、唐人町と称される町場の存在である。唐人町は、その名称のとおり、唐、つまり中国から渡来した人々が居住していた。天正年間（一五七三〜九二年）の末年、北郷時久（北郷家一〇代）の代に、安永諏訪馬場へ置いたのが唐人町の起源とされている。その後、領主北郷氏の移動とともに唐人町も場所を変えるが、元和元年の新地移りの時に新しくつくられた町場の中心に場所が確定し、明治を迎えるまで存続した。そもそも唐人居住地は城下町から離れた場所に設けられ、城下町経営からは切り離されていたが、新地移りの際に辺地に移転されることもなく、新しい町場の中心に町を構えることができたことは注目される。その期待にこたえるがごとく、唐人町は近世の都城の町づくりと商業の発展に大きな役割を果たす。元和の唐人町ができて間もない時期に、中国から数十名の商業に長けた華僑集団を迎え入れることで、唐人町は本町と並んで、近世江戸期の都城の町場の中心として、たくましい成長を遂げる。そして、彼らの子孫は以後、都城の産業の中心人物として活躍することになる（佐々木 2009：123–38）。

しかし、どうして、港町でもなく海から遠く離れた都城という小盆地宇宙に唐人町が存在したのであろうか。都城唐人町に住む人々は、内之浦港（鹿児島県肝属郡肝付町）に渡来した唐人（明人）である。渡来の原因は、暴虐な国王の圧政からの国外逃亡といわれたりもするが、詳しい事情は定かでない。内之浦は、大隅半島東南沿海部に位置し、宮崎県の都井岬から内之浦火崎を海口とする志布志湾の南部をなす支湾で、太平洋に面した天然の良港である。内之浦に渡来した明人たちを都城唐人町に住まわせることになったのは、当時、内之浦が都城領の飛び地であったからで、本領の都城に連れてきたということである。北郷氏は、一五七三（天正元）年に、大隅の肝付氏との戦いで大勝利を収めるが、島津氏はこの戦功を賞して内之浦を北郷氏に与えており、内之浦は一五七六（天正四）年に都城領になったのである（佐々木 2009: 103-9）。

都城盆地は、島津荘開発以来、南九州においては相対的に農業生産力が高く、地の利もあって流通経済の中心地であった。このため、この地を支配する在地領主層は、恒常的に他地域との交通路、特に国内経済の中心地たる畿内や海外との接点である太平洋沿岸の要港を安定的に確保する必要があった。山東（宮崎平野）全域が伊東氏の領有するところとなり宮崎平野へのルートが確保できなくなると、残された外港は志布志（鹿児島県志布志市）と飫肥の油津（日南市）・外之浦（南那珂郡南郷町）と櫛間（串間市）のみである。北郷氏は早い段階から志布志や櫛間のルートを重視していたと思われが、そのルートでの外港の確保は実現できなかった。ただ、前述のとおり飛び地ではあるが内之浦港を確保する。早い段階から重視していた志布志や飫肥・櫛間のルートではないにせよ、北郷氏は悲願の外港を領地に持つことを実現したのである。しかし、この内之浦も、寛永期に入ってからの島津本宗家の藩政改革と都城領政への介入に関連して、一六三一（寛永八）年に島津本宗家に返還となり、ついに手放すのであった。内之浦を領地として保有したのは、約半世紀と短い期間ではあったが、海外から持ち込まれた品々や知識・技術により、内陸地都城にもたらされた社会的効果は大きいものがあったに違いない。実際、唐人町は元和元年の新地移りの際には、前述のとおり、新しい町場の中心に街並みを構えることができ、その期待にこたえるがごとく近世の都城のまちづくりと商業の発展に大きな役割を果たすのである（都城市史編さん委員会編 2005：826–35）。

このように、都城盆地では北郷氏（都城島津家）の領政運営が確定してくるとともに、町場の形成も進み、それは元和の新地移りののちに、山口恵一郎が指摘した麓集落に起源を有する城下町（本章第1節2項）の構築へと結実する。そして、町場の一つである唐人町の歴史的起源をみていくことにより、決して排他的ではなく開放性を内包した北郷氏の領政運営を確認することができる。都城は内陸にあったが、都城人は海にあこがれ港を求めてやまない長い歴史がある。〝海に開く盆地人〟という開放的性格は、都城市の城下町としての歴史的起源を探る考察から読み取れる（佐々木 2009：257）。歴史的風説によって排他性と解釈される地域的性格を、再評価する契機を提供してくれるのではないだろうか。そして、閉鎖的と語られる地域的性格の要因を、歴史的問題だけに求めるのではなく、ほかの要因の可能性も探り、別様に見直す契機を提供してくれるのである。

注

（1）本章執筆後、中央通り商店街の再生に打撃を与える事象が発生した。それは、前述した「都城大丸」――地元資本の百貨店として唯一都城市で経営を続けていた、そして中央通り商店街の中核的な大型商業施設であった百貨店――が経営破綻し、二〇一一年一月三日に宮崎地方裁判所に民事再生法の適用を申請して、翌日四日から休業に入ったことである。従業員約二四〇名は一月一五日付で解雇された。二〇一二年に破産手続開始が決定し、二〇一四年一月末時点で店舗は閉鎖されたままである。

（2）都城市が二〇〇一年三月に行った「都城市中心市街地活性化区域実態調査」によると、中心市街地の小売業営業店舗数は753店で、空き店舗は148店あり、空き店舗率は16・4％となっている。この調査は町丁目界を基準として調査ゾーンの地区区分を行っているが、空き店舗率がもっとも高かった地区は前田町の34・5％であり、もっとも低かったのは牟田町（含む松元町の一部）の3・6％である。また、中心市街地の商業系空き地は1・98ヘクタールあり、商業用地が31・36

ヘクタールあるため、空き地率は6・3％となっている（都城商工会議所 2002：67-8）。
（3）一八七一（明治四）年七月廃藩置県が断行され、都城市域は鹿児島県の管轄となったが、同年一一月の改置府県により、大淀川以南の日向国と大隅国六郡を県域とした都城県が誕生し、県庁が下長飯村（現市役所）に置かれる。しかし、一八七三（明治六）年一月、日向国一円を宮崎県とする布告が出され、都城県はわずか一年余りでその歴史を終える（都城市総務部編 2009：157）。
（4）南九州大学都城キャンパスは二〇〇九年四月に開校した。ただ、この敷地には、一九九一年四月～二〇〇四年三月の期間、宮崎産業経営大学都城キャンパスが所在していた。宮崎産業経営大学の撤退後、都城市では大学の誘致先を模索していたが、南九州大学高鍋キャンパスを都城市に移転することで二〇〇六年八月に基本合意が成立した。
（5）小内は、積極的に評価しうるとして三つの点をあげている。一つは、既述したとおり「流動性の次元を都市分類に導入したこと」である。残りの二つは、「単一の次元・指標だけでなくいくつかのある程度の体系だった次元・指標によって都市分類を行っていること」と、「産業構成の細次元である部門別産業就業人口比率を把握する際、常住人口でなく従業地人口をもとにしていること」である。後者の従業地人口をもとにすることの自明性は、現在においては疑う余地はないが、「倉沢以前の試みにおいては、国勢調査で従業地の産業別人口が調査されなかったこともあり、常住人口によってのみ都市の産業構造が測定され、その限界についてもそれほど問題とされていなかった」（小内 1996：29, 50）ため、評価しうる点としてあげられるのである。
（6）同節3項で後述しているとおり、一九五五年と一九六〇年の国勢調査のデータから、倉沢の計算式に基づき、流動性指数と流出入比を算出する。一九五五年は流動性指数が7・7％、流出入比が0・35、同様に一九六〇年は前者が11・9％、後者が0・24という結果になる。すなわち、流出入比は両年とも1より小（＝流入の方が多い）であるため、都城市の「封鎖性都市」から「中心性都市」への変移は、流動性指数が低から中に上昇した（流動性が増した）ことによるとわかる。
（7）ちなみに二〇〇六年（平成一八年）一月一日の、北諸県郡4町との合併後の数値をみると、都城市の総人口は、二〇〇六年17万3 9 4人、二〇〇七年16万9 4 5 8人、二〇〇八年16万8 6 7 3人、二〇〇九年16万8 5 0 7人（各年一〇月一日現在）と続けて減少する。そこで、二〇〇六～〇九年までの自然動態・社会動態人口（動態の対象期間は前年一〇月一日から当年九月三〇日まで）をみると、自然増加数は二〇〇六年から順に△１３５人・△１４８人・△１６８人・△２７２人、社会増加数は△４２６人・△７８８人・△６１７人・△１０６人となり、両者合計では△５６１人・△９３６人・△７８５人・△１６６人と各年とも減少を記録しており（宮崎県総合政策本部編 2007：56：2008：58：宮崎県県民政策部編 2009：58：2010：58）、合併前とは違う推移をみせる。

（８）データの出典は、宮崎県ホームページ「五歳階級別移動数（市町村別）」「宮崎県の推計人口と世帯数（年報）」（http://www.pref.miyazaki.lg.jp/contents/org/honbu/toukei/jinko-setai/kako2.html）のページで該当年の「人口動態」からアクセス）。転出入の対象期間は、前年一〇月一日から当年九月三〇日までである。

（９）ＢＮ分析の方法論については、皆川勇一の解説（皆川 1997：118–29）を参照。

（10）基盤活動就業者数の算出式は、〔就業者数×（特化係数—１）÷特化係数〕となる。

（11）二〇〇二年三月「日本標準産業分類」の第一一回改訂に伴い、二〇〇五年の国勢調査の産業分類は二〇〇〇年までの分類と違っている。ついては、二〇〇〇年までの数値との比較の都合上、二〇〇五年の産業部類を第一一回改訂の内容をもとに二〇〇〇年までの産業分類に組み直した。

（12）公務の基盤活動就業者が多い理由の一つとして、自衛隊都城駐屯地の存在が考えられる。

（13）修正ウェーバー法の方法論については、皆川勇一の解説（皆川 1997：129–31）を参照。

（14）資料としては二〇〇六年（一〇月一日現在）の第二〇回『事業所・企業統計調査報告』が存在するが、二〇〇六年（一月一日）都城市と北諸県郡４町との合併後の数値であり、数値比較の連続性を確保するために、ここでの比較検討の対象からは外した。

（15）ここでの歴史的記述において参照・引用した文献は、つぎのとおりである。『岩波講座　日本通史』（小島・千田 1994）『都城市史』（都城市史編さん委員会編 1996：1997：2005：2006）、『都城商工会議所創立七〇年史』（都城商工会議所創立七〇年史編集委員会編 2002）、『立正史学』（山下 2004）、『地方史研究』（山下 2007）、『図説　西諸・北諸の歴史』（甲斐監修

2007）、『〝みやこんじょ〟を知ろう‼　都城の歴史と人物』（都城市郷土歴史読本編集委員会編 2008）、『都城唐人町』（佐々木 2009）、『統計からみた都城二〇〇八』（都城市総務部編 2009：156-7）。

（16）足利尊氏方（北朝方）の分裂により起きた擾乱である。この分裂において、このときの日向国守護畠山直顕は反足利尊氏側についており、一三五二（観応三）年足利義詮（尊氏嫡子、室町幕府二代目将軍）からの畠山直顕追討の命により島津氏は畠山氏と交戦した。この時点で畠山直顕は日向国守護職を解任されたと思われ、その後自分の本拠地での戦いにも負け衰退していく。

第2章　地方都市型コミュニティ論からの示唆

第1節　「コミュニティ意識論」の提起

都城市での事例調査を進める際に、地域社会をとらえる分析枠組みとして筆者が基底に位置づけたのは、鈴木広らが提起した「地方都市型コミュニティ論」（鈴木編 1978）である。この理論の骨格であるコミュニティ意識を「コミュニティ・モラール（士気意識）」と「コミュニティ・ノルム（規範意識）」に区別する把握は、調査当初、地域社会をとらえるのに苦慮していた筆者にとって導きの糸となるものであった。また、地方都市を対象として、かつ都城市と地理的・地形的・文化的な地域特性が類似する人吉市を、土着型社会の典型的な事例とした鈴木らの調査研究は、筆者と対象範域が符合するため、その研究成果と提言はリアリティと示唆に富むものであった(1)。

1.1　大都市型コミュニティ論への批判——モラール分析の欠如

鈴木らの「社会移動研究会」は、「社会移動の効果にかんする社会学的研究」という課題名による調査研究を、一九七四〜七七年に実施する。大都市圏とその中の地域社会についての調査研究の成果にもとづき構築・展開された当時のコミュニティ論に対する一定の疑問や懐疑から、この調査研究は大都市型コミュニティ論に対して地方都市型コミュニティ論を提起するという企図を持っていた。

「従来、コミュニティ意識の研究において中心的にあつかわれてきた主題は、たとえばコミュニティ意識の類型論や、それらを規定する社会経済的属性の追求などであった。そのばあいの問題意識は、やはり、主として『高度成長』＝産業化・都市化の結果現象である新種都会人たる団地住民や、急速に拡大するスプロール地域の住民や、各地域に展開した住民運動や、大都市圏における革新首長群成立などの社会学的説明におかれていた」（鈴木編 1978：13）。

すなわち、日本の一九六〇年代〜七〇年代初めのコミュニティ意識研究は、その多くが流動性の高い地域社会を念頭においた大都市型コミュニティ論であった。しかし鈴木らは地方都市、とりわけ土着型社会を考慮に入れ、その流動化を基軸として考察する地方都市型コミュニティ論を提起する。

ここでまず、大都市型コミュニティ論の代表的なものとして、倉沢進と奥田道大のコミュニティ意識論を取り上げ、それに対する鈴木らの疑問や懐疑を明らかにしておきたい。西澤晃彦は、倉沢・奥田・鈴木の三者の研究上の立ち位置を、つぎの関連性によって評する。「共同性とともに地域性をコミュニティの要件とする点では、奥田は倉沢よりも鈴木の立場に立っていると言える。その一方、地域共同体への否定的評価と普遍的・主体的な共同性のあり様を期待を込めて求める点で、奥田と倉沢の問題意識は近接している」（西澤 1996：51）。奥田と倉沢が期待を込める新しい市民意識や地域的連帯の創出・形成可能性に対して、鈴木は空想的として批判する。

倉沢は一九六六年七月に、東京都下の小金井市で調査を実施している（倉沢 1968：244-66）。倉沢は、「従来の調査研究の多くのばあい、規範としての市民意識を題目にしつつ、実際には郷土愛的地域的連帯ないしローカル・アタッチメントを測定し、これに基づいて、移動性の高い、定着性の低い新住民の市民意識を低いと断じてきた」のは誤りであると考えた。そこで「偏狭なローカル・アタッチメントを離れて、市民社会の市民として、どの地域社会に住もうと、そこに永住する意志の有無にかかわらず、その地域社会を自発的共同によって向上せしめようとする態度を市民意識とした」(倉沢 1968: 263)。そして、それを測定する内容の市民意識尺度を構成して、小金井市の調査を行った(2)。その結果、(1)移動性や定着性は、市民意識と関係がないこと、(2)地域社会との結びつきの少ない、居住歴の浅い人々の方が、また新来住市民のなかでは一般来住者より団地居住者の方が、市民意識が高いこと、(3)団地居住者は地域集団への参与が高いこと、(4)しかしながら、学歴・年齢・職業をコントロールすると、団地居住者と一般来住者の間に市民意識の差はみられず、地域集団への参与が市民意識を高める原因とはいえないこと、などが明らかになったと記す。

この調査結果にも表出しているように、倉沢は団地住民に注目する。新しい市民意識の形成可能性を匂わしつつ、一方で萌芽時期での限界も指摘する。

「新しい市民意識、つまりどこに自分が住もうと、その地域社会を連帯してよくしようとする意識——あるいはコミュニティ意識と言いかえることもできよう——が、団地を中心として形成されつつある。少なくともその萌芽がみられるのである。それは現在のところ多くは権利意識という形でのみ、定着しはじめているといってよい。だから団地エゴイズムと呼ばれるような、自分たちの権利さえ守られればよいといった態度で、地元住民との連帯を拒否するような形をとったり、また積極的な主張や行動としてではなく、権利や利害が浸されていると感じられた時だけ発揮される防衛的性格なものであったりする」(倉沢 1967: 64)。

ただ、この団地エゴイズムに関しても、つぎの問題意識から、期待を込めて方向性が示されるのである。

「合理性・即物性といった態度特徴、移動性や職場と住居の分離などの社会構造上の特性から、地域社会への無関心という態度が生ずるものとみる都会的状況の中で、市民の連帯と自発的共同による地域社会福祉の向上への努力などをその内容とする、社会の規範としての市民意識を、そしてその基盤としてのコミュニティ意識をいかにして確立するか、またその萌芽はどこに見出されるかを問わなければならない」(倉沢 1968: 263)

「団地エゴイズムと呼ばれる権利要求が、現実の壁とのフィード・バックの過程で、地域社会的連帯による共同の解決へと発展したとき、地元の地域社会そのものも、より民主的な共同社会として新しい展開をとげることになろう。そのような方向へのリーダーシップをいかに形成するかが、今後の課題と言わねばならない」(倉沢 1967: 65)。

このような普遍的・脱地域的な「市民」を基盤とする倉沢コミュニティ論に対して、自らの現実認識をたのみに、「新しい土着主義」の立場からコミュニティ論を構築していった鈴木広(西澤 1996: 50)は、倉沢の市民意識論をつぎのごとく厳しく批判する。

「第一に、地域にたいして愛着のない者に、地域をよくする意識を期待することはできない。それは地域をよくするのではなくて、自己の生活条件をよくする意識にすぎない。……第二に、『どこに住もうと』というのは、地域にたいする閉鎖性を突破したコスモポリタンな意識ではなく、むしろ反地域・無地域・脱地域の意識とみられる。なぜなら、実質的にコスモポリタンな普遍主義の意識であるならば、日常的な身近な生活問題とともに全国的・国際的な多くの問題にたいして超局地的に『開放』的であるはずであり、これはむしろどこに住もうとその地域性を無視して自己中心主義を貫徹するという態度のように思われる」(鈴木編 1978: 15-6)。

一方、奥田も、倉沢の脱地域的な市民意識論に対しては同意を示さない。「〈コミュニティ〉は、ミニマムの要件としても、地域性(居住性)を含意しているタームである」(奥田 1973b: 212)として、西澤が指摘したように、共同性とともに地域性をコミュニティの要件とする点で、奥田は倉沢よりも鈴木に近い場に立っている。それでは、鈴木は奥田の何について批判するのだろうか。奥田は、地域社会をコミュニティというタームにおきかえた場合、都市社会学の研

究領域では、少なくとも二つの含意が理論的前提をなしていると述べる。この二つの含意について、

「その一つは、コミュニティは、都市化現象の全体社会的規模の拡大と深化の過程にあって、その存在意義の強調されるターム、ということである。都市的状況のなかで、新しく問われる積極的概念といってもよいかもしれない。……現実には必ずしも明確に区別できないが、概念的混乱を避ける意味から、都市化過程にあって積極的・肯定的意味合いをもつ地域社会を、かりにここでは『コミュニティ』、反対に消極的・否定的意味合いをもつ地域社会を、『地域共同体』と名づけておく。コミュニティと地域共同体とは、都市化過程とのかかわりにおいて、両極端に位置づけられることになる。その二つは、コミュニティは、特定の地理的範域とか生活環境施設の体系というフィジカルな領域にとどまらず、地域住民の価値にふれあう意識や行動の体系を意味するものである」（奥田 1971：135）

と説明する。

この二つの含意を理論的前提とするとしても、なお検討されるべき主要なポイントがのこされているとする。そのポイントの第一は、コミュニティをどの視角において提起し把握するかという、方法論的課題につながるものである。コミュニティは、体制のサイドが先行的に装置した条件のなかで、住民がどう自己回復しうるかというメカニズムに、ポイントがあるのではなく、体制との構造的緊張関係の実践過程にあって、住民自身に内在化され、相互に共有される価値として認識されるものであると指摘される。そして、「手みじかにいえば、住民サイドにおいて提起されるコミュニティは、住民の主体化が、主要な与件となる。いわば、住民自身に主体化された価値の創出が、コミュニティの主体化につながることになる。主体化は、体制とのかかわりにおいて対象化された、客体化とは一方の極をなす」（奥田 1971：136–7）として主体化─客体化の視角が提起される。

さらに、コミュニティ主体化の視角を明らかにしておく企図から、主体化との関連において導かれる第二のポイントは、普遍化の与件にあることが主張される。コミュニティの普遍化とは、コミュニティに関わりあう住民の価値が、特

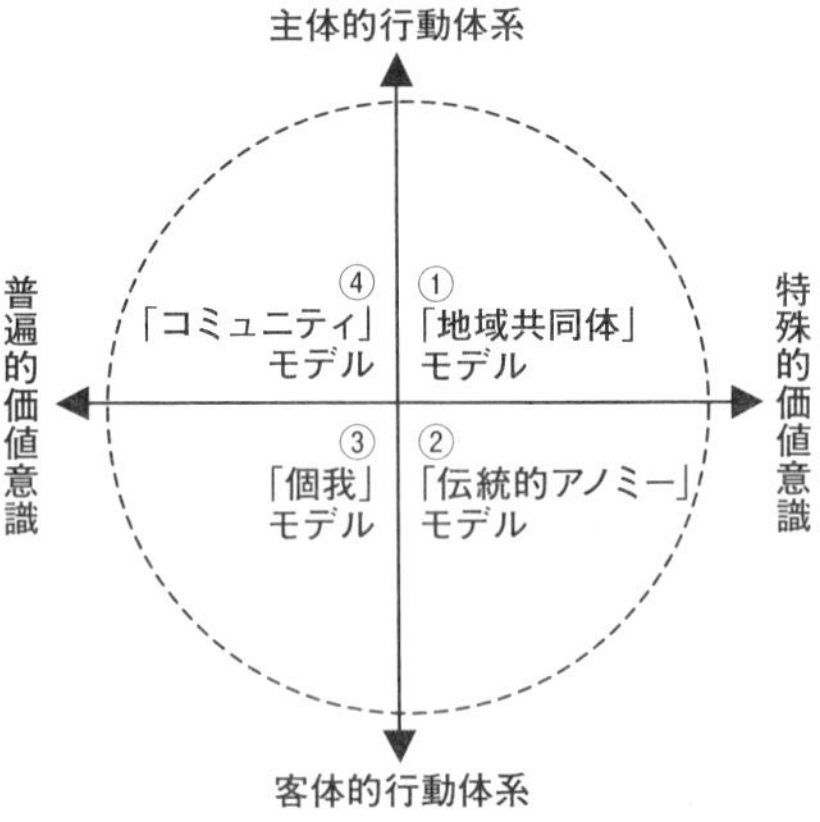

図2.1　地域社会の分析枠組
（出典）奥田（1971：139）

殊主義的価値（particularistic value）ならぬ普遍主義的価値（universal-istic value）に支えられることを意味する。そして、「かりに主体化の与件が、普遍化の与件との対応関係をみいだせない場合、それは、他との断絶された地域小宇宙での〝われわれ行動〟（地域埋没的なぐるみ的連帯行動）や〝われわれ意識〟（排他的な地元共同意識、郷土愛）を強調するものでしかない」と説明する（奥田 1971：138）。この主体化と普遍化の二つの与件を、奥田は調査の分析枠組みに以下の方法で組み込む。「コミュニティを分析モデルとして再構成するさいの与件を、さきの主体化と普遍化にもとめる場合、ここでは分析枠組を、行動体系における主体化—客体化、意識体系における普遍化—特殊化に設定することにしたい」（奥田 1971：138-42）。

そして、主体化—客体化、普遍化—特殊化の二つの軸を交差させると、四つの象限が図式化されることになるが、それぞれを「地域共同体」モデル、「伝統型アノミー」モデル、「個我」モデル、「コミュニティ」モデルと名づけ、「地域社会の分析枠組」として提起する（図２・１）。そして、モデルとしてのコミュニティは、行動体系における主体化、意識体系における普遍化の極においてとらえられることになる。各モデルのトータル・イメージは、東京の近郊都市住民を対象にして行われた調査（一九七〇年一月に東京都八王子市対象、その後一九七一年九月に東京都府中市において追調査）結果で、その仮説的特性をかなり裏づける諸事実が明らかにされたとする。

ここでの奥田の議論の焦点は、コミュニティ・モデルにあくまでも合わせられており、奥田コミュニティ論の歩みは、コミュニティ・モデルの内実の終わりなき探究であるといってよいと思われる（西澤 1996：51）。それは、「特定の住民運動の展開過程のなかに『コミュニティ』形成の具体的可能性をさぐる」（奥田 1973a：99）と述べるように、コミュニティ・モデルの構成は、住民運動論をコミュニティ形成論に結びつける思考をベースに形づくられていく。そこには、自然過程的（時間経過的）に醸成されるのではなく、住民主体による能動型の運動過程的（状況変革的）社会化により新しい価値（地域的連帯）を創出する「運動モデル」としてのコミュニティが描かれるのである。

鈴木は、この奥田の「地域社会の分析枠組」を、「コミュニティ意識の質と量とが、意識的に分析されているとはいえないので、たとえば類型間の移行過程などの動態分析に適用することが困難である。いいかえれば、モラール分析なしの平板なノルム分析に終始せざるをえないので、……意識分析と行動分析、それらと要件分析や構造分析とが連動的に関連づけられるにいたっていない」（鈴木編 1978: 17-8）と批判する。そして、これらを連動的に把握するためには、モラール視点の導入が不可欠であり、同時にコミュニティの要件分析および社会（行動と構造）分析との接合が要請されると結ぶ。

1.2　地方都市型コミュニティ論の内実——新しい土着主義

これまで鈴木の倉沢と奥田に対する批判点を記述してきたが、その内実をより明確にするためには、ここで鈴木のコミュニティ意識論について触れておかなければならない（鈴木編 1978: 1-3, 9-31）。鈴木は、従来の慣例では、アソシエーションのみに限っていわれてきたモラール概念を、コミュニティにも拡張するという意図から、コミュニティ意識をモラールとノルムに区別することを提起する。コミュニティ意識といわれるものの具体的イメージを検討してみると、コミュニティの士気意識と規範意識がその重要な側面を形成しているが、前者がコミュニティ・モラール、後者がコミュニティ・ノルムとされる。コミュニティ・モラールは、感情・統合認知・参加意識の三側面からその内容が構成され、コミュニティ意識の大きさ（量・水準・強度）をあらわすものである。コミュニティ・ノルムは、「主体主義—客体主義」（voluntarism-nonvoluntarism）、「特殊主義—普遍主義」（localism-cosmopolitanism）、「格差肯定—平準志向」（discrimination-equalization）の三要素でその内容が説明され、コミュニティ意識の当為意識・規範意識（質・方向性）

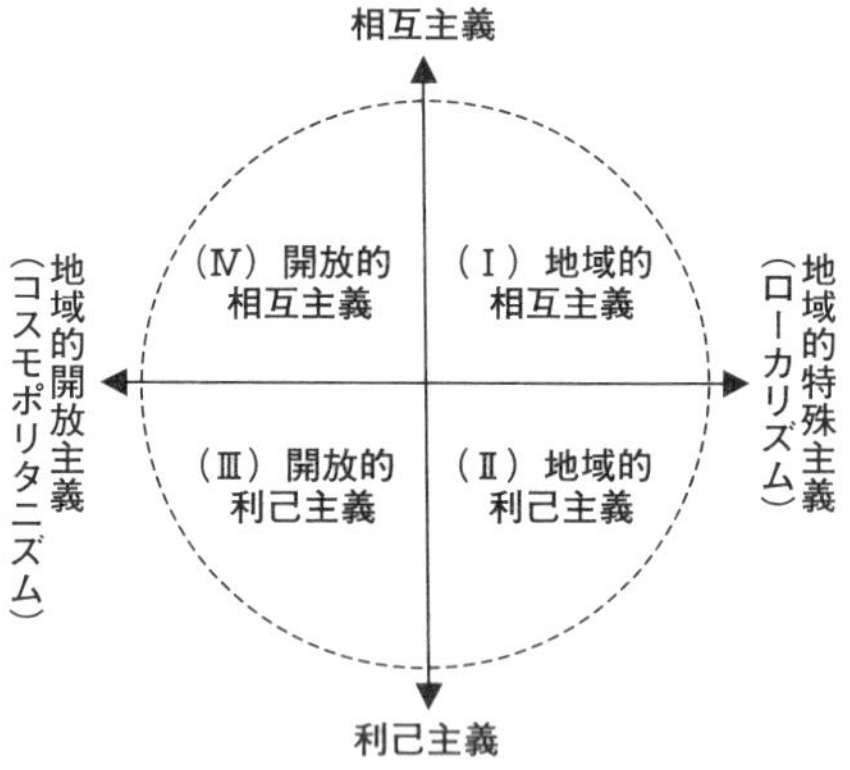

図2.2　コミュニティ意識の類型
（出典）鈴木編（1978：10-3）より作成

をあらわすものとなる。いうまでもなく、「主体主義・普遍主義・平準志向」の組み合わせが、理念型的なノルム形成であることを含意している。そして、コミュニティ論の通説といってよいであろう共同体の契機である共同性と地域性を、意識次元におき直すと、共同性（共同社会性）が相互主義―利己主義を両極とするモラール次元をあらわす軸として設定され、地域性（社会封鎖性）が地域的特殊主義（ローカリズム）―地域的開放主義（コスモポリタニズム）を両極とするノルム次元をあらわす軸として設定される。

この二つの軸の直交によって得られる組み合わせから、（Ⅰ）地域的相互主義、（Ⅱ）地域的利己主義、（Ⅲ）開放的利己主義、（Ⅳ）開放的相互主義という四つの意識形態が措定される（図２・２）。そのなかから、「相互主義」と「地域的特殊主義」との複合として把握される（Ⅰ）をコミュニティ意識の原型として、（Ⅱ）（Ⅲ）（Ⅳ）へ変容しうるとする。各意識形態の評価については、「現実的なコミュニティ意識の変域の提示を試みることを目的とする」企図から、（Ⅰ）は「日本のばあいコミュニティ意識の最頻型でもあり、大部分の正常生活者にとってももっともむりのない、また有効かつ円滑なあり方である」と肯定的に説明され、「相互主義」と「地域的開放主義」との複合である（Ⅳ）は、「あらゆるコミュニティ意識にとって、現実的にはほとんどつねにモデル（模範）としてユートピア的、たてまえ的にのみ機能するような類型と考えるべきであろう」とされる。その理由として、鈴木は、つぎのことをあげる。

「資本主義的生産諸関係の『物質的』要請に適応した『利己主義』を、それに逆向して相互主義へと価値変革することは、はなはだしく抵抗の大きい困難な方向である」（鈴木編 1978：13）「原型が破壊されたところには、地域的か開放的かにかかわらず自己中心的主義が帰結するほかなく、これら類型Ⅱ・ⅢからⅠに再帰することさえはなはだ困難であり、モデル型Ⅳが全面的に現実化することは不可能に近い」（鈴木編 1978：21）。

鈴木は（Ⅰ）→（Ⅳ）の変化は従来「市民意識」と呼ばれてきたと述べるが（鈴木編 1978：12）、倉沢の「市民意識」に近似する（Ⅳ）への変化は、上述のとおり現実的にはユートピア・建前としてのみ機能する類型として、最初から否定的評価をくだす。「新しい土着主義」の立場からコミュニティ意識論を構築してきた鈴木にとって、偏狭なローカル・アタッチメントを離れて普遍的・脱地域的な自発的共同性に期待する倉沢の市民意識論は、「地域にたいして愛着のない者に、地域をよくする意識を期待することはできない。それは地域をよくするのではなくて、自己の生活条件をよくする意識にすぎない」として、モラール視点の欠如が指摘されるのである。

また、「共同性とともに地域性をコミュニティの要件とする点では、奥田は倉沢よりも鈴木の立場に立っている」とはいえ、奥田の新しい地域的連帯の可能性――すなわち「個我」モデルを前提として運動過程的（状況変革的）社会化によりコミュニティ・モデルへ移行する可能性については、鈴木が指摘する（Ⅲ）→（Ⅳ）への近似的な変容パターンとして、現実的判断から疑問符がつけられる。ここでは、地域社会のみならず、全体社会構造――資本主義的生産諸関係を基底におく――からも影響を受けるモラールの動態分析の欠如（甘さ）が指摘されるのである。

コミュニティ・モラールの概念は、鈴木らの独自の概念であり、一九七三年に鈴木広を中心に行われた福岡県直方市調査によって先鞭がつけられ、福岡市調査で展開され、「社会移動の効果にかんする社会学的研究」調査で整理を試みられている。それは、従来――特に大都市型コミュニティ論――のコミュニティ意識研究が、もっぱら人々の意識の質や方向、すなわちコミュニティ・ノルムの差異や類型のみを取り扱ってきたことへの批判を内包した概念であった（鈴木編 1978: 119, 441)。

このように地域社会の分析枠組みに、コミュニティ・モラールの視点を導入すれば、当然のごとく、倉沢と奥田の近接する問題意識である「地域共同体への否定的評価と普遍的・主体的な共同性のあり様を期待を込めて求める点」は批判され、団地住民の市民意識や住民運動による価値変革の展望は、現実的判断として空想的という否定的評価がくだされるのである。この否定的評価の源流には、(Ⅰ) 地域的相互主義を積極的に貶めて意図的に破壊するような思考に対する批判が含意されている。

「最小限、その貶価や破壊によるコミュニティのありうべき機能障害に対抗して別の『望ましい』意識類型が、必要なだけ形成されることが確実に見込まれるのでなければ主張するべきでない。なぜなら、上の原型が破壊されたところには、地域的か開放的かにかかわらず自己中心的主義が帰結するほかない」(鈴木編 1978: 21)

と鈴木が述べるように、モラール視点を重視し、自己中心的主義の普遍化を危惧する鈴木の論理的立場は、「社会移動の効果にかんする社会学的研究」の出版の標題である『コミュニティ・モラールと社会移動の研究』(傍点筆者) からも理解できるのである。

第2節　規範的方向性としての「開放的相互主義」

2.1　現実的評価と規範的評価の違い――妥当性の理論的根拠

前節での倉沢・奥田・鈴木のコミュニティ意識論の提起を受けて、つぎのようないくつかの問いが浮かぶ。現実的にはほとんどつねにユートピア的・建前としてのみ機能する類型として、鈴木があらかじめ断念した (Ⅳ) 開放的相互主義への変容可能性は、現代においても開かれていないのだろうか――これは、鈴木の倉沢と奥田に対する批判を乗り越えていく論点となる。鈴木が指摘するように「利己主義」から「相互主義」への変容は現実的には困難とすれば、（Ⅳ）への到達は（Ⅰ）地域的相互主義からの変容可能性がもっとも高いということになる。これは、地域閉鎖性が開放化される方向性であるが、鈴木は（Ⅰ）から（Ⅲ）開放的利己主義への変容ケースを引いて「このばあいの『開放性』は、さしあたり積極的であるより消極的であって、むしろ地域主義の壊滅形態という含意で理解されるべきである」（鈴木1978：12）とする。すなわち、前述したように、（Ⅰ）から（Ⅳ）への変容、換言すれば地元意識から市民意識への変容は現実にはほとんどありえないことになり、「大都市型コミュニティ論」で従来語られてきた「市民意識」は、「空想的性格」「希望的観測」として断念される。

しかし、「Ⅰ→Ⅲの方向は一口にいって都市化と産業化の、もっとも一般的な効果」（鈴木編 1978：11）と説明される当時と、「脱産業化」の進行のただなかにいる現在では、この「開放化」の意味は同定されるものであろうか。開放化を積極的に評価できる社会構造の変化が生じていれば、開放化に向かっても必ずしも地域主義の壊滅形態に至らない、すなわち「相互主義」を維持できる社会構造が成立していれば、（Ⅰ）から（Ⅳ）への変容可能性が現実のものとして浮上する。戦後の中央政府と大資本の主導による地域開発の対象外となり、結果的に都市化・産業化が遅れてきた地方都市は、（Ⅰ）の意識を保持する住民が残存している可能性が高く、とすれば（Ⅳ）への変容の潜在的可能性を保有しているといえる。

鈴木は、現実的判断に基づき（Ⅰ）をコミュニティ意識の原型、最頻型で、大部分の正常生活者にとってもっとも無理のない、また有効かつ円滑なあり方であるとして、これが破壊されたところには自己中心主義が帰結するしかないと述べる。そして、

「理念としてはⅣが設定されながら、現実の選択としてはⅠ・Ⅱ・Ⅲのいずれか、またはそのくみあわせでしかありえないとして、やや具体的にいえば、基軸構成員がⅠ型、その周辺にⅡ・Ⅲ型住民が介在し、それらがⅠ・Ⅳ型

リーダーシップを支持するという組み合わせが、現実的で無理のない形である」(鈴木編 1978：21)と指摘する。それは、「多数派の動向に依拠した鈴木の『現実主義』的な判断によれば、コミュニティの中核的な担い手は『地域的相互主義』者なのである」(西澤 1996：52)と評される。

しかし、序章の冒頭で既述した、公共性の再編成により地域ガバナンスを具現化して、地方都市の内発的な自立化を実現するという本書の基底的な問題関心からみた場合、(Ⅰ)はどのように評価されるのだろうか。そして、モデルなき不透明な現代において、地域社会の共同性形成が要請されているとすれば、(Ⅰ)をその規範的方向性として提起する妥当性は担保されるのであろうか。

なお、本書で記述する「規範的方向性」は、「あるべき方向性・めざす方向性」としての方向観を示す意味で使っており、「一つの社会目標としてのコミュニティ・モデル」(江上 2002：148-9)を企図するものではなく、逆にそのような画一的設定を批判するものである。特に地域活動については、活動ごとにその内容は違い、活動が展開される場の地域特性も違うため、活動ごとに地域住民が固有の規範的方向性を設定しなければならないことは自明であり、そうでない限り効果は望めない。ただ、そのような規範的方向性の設定の際に参考になるものとして、地域社会における共同性形成の規範的方向性の基本的枠組み——方向性の基本概念や実現のしくみなど——は要請されていると考える。

ここでは、いったん、鈴木の現実的判断を相対化して、規範的評価との次元の違いを自覚的にとらえてみたい。現実的判断では断念された(Ⅳ)開放的相互主義が「望ましい意識類型」として、「必要なだけ形成されることが確実に見込まれる」可能性が開かれているのであれば、鈴木が理念として設定する(Ⅳ)を地域社会の共同性形成の規範的方向性として浮上させ、同時に(Ⅰ)は変容可能性がもっとも高い意識類型として評価し直すことができるのではないだろうか。

そこで、上記仮説の検討と考察に入るまえに、予備的な問いと考察を整理しておかなければならない。そもそも(Ⅳ)

表2.1　コミュニティ・ノルムの３つの社会化

社会化の３局面	類　型	質問文
1．当該コミュニティへの社会化	主体（A）	私は地域の人とは進んで協力し，住みやすくするよう，できるだけ努力している
	客体（P）	私は地域のことはあまりわからないので，よく知っている熱心で有能なリーダーにまかせたほうがかえってうまくいくと思っている
2．広域コミュニティへの社会化	平準（U）	自分の住む地域の利益だけを考えるのではなく，非常に困った問題のある他の地域のことをまず考えるようにすべきだと思う
	格差（E）	やはり自分の地域の利益を第一に考えるのが本当で，他の地域のために自分の地域が犠牲になる必要はないと思う
3．全体社会への社会化	普遍（G）	地元のことも大切だが，やはり今のような時代には，日本全体をよくするほうが先決である
	閉鎖（S）	日本全体がよくなることも重要だが，何よりもまず自分の住んでいる地元をよくしていきたい

（出典）鈴木編（1978：438-9, 455-6）より作成

開放的相互主義を地域社会における共同性形成の規範的方向性とする根拠は、どこにみいだせるのか。また、現代においても、それは担保されうるのであろうか。

「コミュニティ・モラールは、人びとのコミュニティにたいする寛容のていどを知るための概念装置である。したがって、コミュニティ・モラールは高いほど，コミュニティ形成にとっては望ましいといえる。しかし，コミュニティ・モラールの高さがそのまま望ましいコミュニティ形成にむかうとはかぎらない。そこで、コミュニティ・モラールを方向づける規範意識が問題となる」（鈴木編 1978：437）。

すなわち、コミュニティ形成にとってのモラールの方向的妥当性は「利己主義」ではなく「相互主義」が要請されることは論を俟たないが、それと合わせてモラールを方向づけるコミュニティ・ノルム、すなわち規範意識の質が問われることが、当然のごとく示される。

コミュニティ・ノルムについては「主体主義―客体主義（Active-Passive or Voluntarism-Non Voluntarism）」「平準志向―格差肯定（Universal-Egoistic or Equalization-Discrimination）」「普遍主義―特殊主義（General-Special or Cosmopolitanism-Localism）」の

三要素で説明されることは既述したとおりであるが、下記の三つの社会化の局面で質問文を作成して各要素を把握する調査が行われた（鈴木編 1978：438-9, 455-6）（表2・1）。

「コミュニティ・ノルムについて、以上の三要素をみていくと、ここでプラスの、高い、望ましいあり方は主体的で平準的で開放的な規範意識だといえる」と指摘される（鈴木編 1978：439）。市民や地域住民組織が地域エゴを克服し真に地域的連帯を広げていくには、「客体主義・特殊主義・格差肯定」によって形成される、閉じられた「地域的特殊主義」ではなく、「主体主義・普遍主義・平準志向」という理念型的なノルム形成を含意する、開かれた「地域的開放主義」の規範意識の方が方向的妥当性は担保される。

ここに、相互主義と地域的開放主義の複合として把握される（Ⅳ）のコミュニティ意識が、地域社会の共同性形成における規範的方向性として妥当性を持つことの根拠が示される。ただ、規範的評価は高いが現実的評価は低い規範的モデルが、その実現に向けて声高に叫ばれた場合、得てして「論理の飛躍」とか「現実との乖離」という批判を受けることになるがこのような批判を正当化できる根拠が二つある。

一つは、蓮見音彦が玉野井芳郎らの「地域主義」を批判したように（蓮見 1978：6）、規範的モデルの議論および実現性が破たんした時、そのモデルが持つ正当な理念的価値そのものの評価を同時に低くしてしまうおそれがあることである。もう一つは、鈴木が「原型が破壊されたところには、自己中心主義が帰結するほかはない」と指摘するように、正の側面が除去され負の側面のみが全面的に顕現化するおそれがあることである。したがって、（Ⅳ）が望ましい意識類型として必要なだけ形成されることが、確実に見込まれる可能性が開かれていることを確証したうえで、提起していくことが要請される。

2.2 事例からの評価――人材育成・組織運営の局面から

地域活動の継続性には、人材育成や組織運営の問題があるが、（Ⅳ）の方向性は、その規範としても存立する。筆者は、二〇〇二～〇三年にかけて、地域間移動による社会的効果をテーマにして、大村市（長崎県）・人吉市・都城市の三都市間比較分析を行った。各都市を訪問・調査し、地域活動のリーダーとして典型的な人材の三類型を抽出できた。それは、Iターン・Uターン・土着である。彼らは居住の移転を伴う地域間移動を経て、自己のコミュニティ意識を無自覚のうちに（Ⅳ）に昇華していると想定できる。

特に大都市からのIターンは、（Ⅲ）のコミュニティ意識を保有している可能性が高いが、移動先での定着志向が高まることにより、地域社会に対する「利己主義」的意識が「相互主義」に変容して、その結果（Ⅲ）から（Ⅳ）へ変容する。Uターンは、特に大都市への地域間移動により（Ⅰ）が（Ⅲ）へ変容するが、地元に帰ることで「利己主義」的意識が「相互主義」に変容して（Ⅳ）へ昇華する。土着の場合、前二者のような（Ⅳ）の意識を保有する人材との交流によって、「地域的特殊主義」が「地域的開放主義」に変容し（Ⅰ）が（Ⅳ）へ昇華する。このように、（Ⅳ）への変容は、一人でも多くの地元住民が地域活動を支え、そこから地域リーダーを輩出していく際の重要な変容過程である。

（Ⅳ）を存立させるもう一つの理由は、（Ⅳ）の内容を筆者が説明したあとに「おかげ祭り振興会」会長が発したつぎの言葉に代表されよう。「始動期はモラールをいかに高めていくかが課題であったが、現在はノルムの再構築を図り向上させていく必要がある」（2007.2.15 インタビュー）。これは、地域活動の始動期は参加者不足を、継続期は既存参加者のグループ化による排他的な弊害を課題としてとらえ、組織運営面の解決の方向性を示している。すなわち、前者は士気の向上を、後者は閉鎖的傾向を打破して開放的雰囲気の醸成を意識したものである。ちなみに、おかげ祭り振興会の活動は、始動時に「基本概念・理念・基本方針」を掲げ、明確な方向性を提示して成功している事例である。

このように（Ⅳ）を地域活動の規範的方向性として目標化すると、活動の組織運営上の問題性が明確になり、モラールを高めていくのか、もしくはノルムを向上させていくのか、あるいは両方とも改善していくのか、問題解決の方向性が自ずとみえてくる。ここに、（Ⅳ）の意識類型を共同性形成の規範的方向性とする理由をみいだせる。

第3節 「遅れてきたことの特権」の仮説

前節では、戦後の中央政府と大資本の主導による地域開発の対象外となり、結果的に都市化・産業化が遅れてきた地方都市は、（Ⅰ）地域的相互主義の意識を保持する住民が残存している可能性が高く、とすれば（Ⅳ）開放的相互主義に変容する潜在力を保有するという論点を導出した。したがって地方都市は、上記の論点から、相対的な優位性としての「遅れてきたことの特権」を保有する、という仮説を設定できる。

3.1 後進性の特権——進化の可能力の概念

エルマン・サーヴィスは、文化人類学者であるソースタイン・ヴェブレンの「借用のメリット」やレオン・トロツキーの「歴史的後進性の特権」を引用して、「後れていることの特権（the privilege of backwardness）」という「進化の可能力」の概念を提起している（Sahlins & Service 1960＝1976：131–69）。サーヴィスは、進歩の性質が直系的ではないことを強調するために、二つの原理を提示する。一つは、「進歩の系統発生的不連続性」である。これは、一つの進んだ形態は通常つぎの前進段階を生みださず、つぎの段階は異なったラインで始まることを意味する。もう一つは、「進歩の地域的不連続性」と呼べる、種が一定の領域を持続的に占拠する傾向を持つことから、連続する進歩の諸段階が、一つの種から同じ場所でおこりそうもない。そして、これらの法則のどれかについて、完全にないしは簡潔に公式化したものはいないとしながらも、いくらか似た考えを論じかつ使用しているとして、ヴェブレンとトロツキーをつぎのとおり紹介している。

「ヴェブレンのドイツ帝国の分析では、以上の考察を暗示させる二つの考えがかなり用いられている。一つは、ドイツが『借用のメリット』のゆえに、先行者のイギリスよりも産業化の点で効率がよかったという考えであり、一つは逆に、イギリスが『先頭に立つことのペナルティー』のゆえに、最終的には、ドイツよりも効率がよくなかったという考えである。それより後に、トロツキーは、『ロシア革命史』のなかでもっと適切にこの考えを公式化しており、『歴史的後進性の特権』という非常に明快な語句を用いている。彼の考察の脈絡では、これは、『未発達』の文明が進んだ文明にはないある種の進化の可能能力をもつことを意味する。彼はつぎのようにのべている。

『後れた国は進んだ国の後を追うよう強いられてはいるが、物事を同じ順序でやるのではない。歴史的後進性の特権というものがあり、この特権が、はっきりきめられた期日に先立ってなんでも手に入るものを採用させ、一連の中間的諸段階全体を跳び越えさせ、あるいはむしろそう強いるのである』」（Sahlins & Service 1960＝1976：139–40）。

サーヴィスは、科学の発展を事例に、後進性の特権は、たんに地域的（あるいは国家的）不連続のみではなく、一種の系統発生的不連続であり、その場合、より正確には世代の不連続性として提起する。「後れていることの特権」という進化の可能力は、その法則性が「場所」のみではなく、その場所を構造化する「人」に対しても適用されることを示唆するのである。

「もちろん頭脳というような他の事柄が同じだとした場合のことであるが、若い科学者は先輩たちを追い越してゆく傾向をもつ。名声を確立したものは、特定の思考のラインに深くかかわり合い、適応しているため、引き続き重要な貢献をするという具合にはゆかないのが普通である。若い科学者は特殊化しておらず、ある意味では不安定であり、したがって『後れていることの特権』をもつ。だから彼らは、古い世代の業績の中から、より実りのある進歩的なものだけをとり入れることができるし、自分たちより先に行なわれた仕事の多くを無用な屑として無視し、捨てさることができる」（Sahlins & Service 1960＝1976：145–6）。

紹介する。

3.2　柳田國男の社会変動論――「つららモデル」という時間概念

鶴見和子は、第二次世界大戦後、近代化の国際比較論の流行とともに、ふたたび進化論の再検討が、社会学者・文化人類学者の日程にのぼるようになったと指摘して、そのなかでサーリンズとサーヴィスが注目すべき発言をしていると紹介する。

「サーリンズとサーヴィスの議論のもっとも際立った部分は、一つの種のなかで、もっとも分化したものが、つぎのより高次の種へと発展する可能性よりも、より未分化なもの、すなわち同種のもののうちでより未発達のものが、かえって、より高次の段階へと発展する可能性が大きいというところである。このことをサーリンズとサーヴィスは『おくれたものの特権』と呼び、現在もっとも高度に近代化された社会が、つぎの段階（それはなんだとはっきりいっていない）に発展する可能性よりも、『おくれてきたもの』の方に、つぎの段階への発展の可能性が大きいことを示唆した」（鶴見 1977：25）。

鶴見は、サーリンズとサーヴィスの仮説を、ヨーロッパの古典社会学と現代アメリカの社会学による社会変動論――「階段モデル」という時間概念――と、柳田國男の社会変動論――「つららモデル」という時間概念――に結びつけて、日本の社会変動の把握においては、「価値に対して中立である」方法論が重要であることを説く（鶴見 1977：24-8）。鶴見は、階段モデルについてつぎのとおり説明する。

「階段モデルというのは、時間に区切り目をつけることである。より上段に登るほど進んだもの、より下段にあるほどおくれたもの、という価値づけがされる。もちろんこれはモデルである以上理想型を示す。……もしそこに前近代的構造がのこれば、それは理想型と現実型とのずれとして分析され、理想型としての近代化の促進のためには、現実型としての前近代のすべての遺制は一掃されることが好ましいということになる。そこでは、原始も古代も中世も、近代に対してマイナスの価値しかない。そのような現実型としての前近代遺制の残存をなくしてゆくことが、真のいみでの近代化だということになる。これは、歴史における切れ目意識である」（鶴見 1977：25-6）。

この「階段モデル」では日本の社会変動をつかまえることは難しいという、つぎのような柳田の力説を、鶴見は紹介する。

「ただ私などの考えているのは、これ（モダン：引用者注）を過去三百年間ときるからいけない。前代というものは垂氷のように、ただところどころにぶら下がってきているのではないか。たとえば松の火を燈火にしている山村は、現に今度の戦争中まであった。松の火より以前は考えられないから、これは上代の生活形態だというと、それは足利時代をずっと通りこして、土地によっては昭和の世まできている。燈火の時代別などはできるものでないが、それは決して物質生活に限らず、婚姻でも氏族組織でも、ある土地はすっかり改まり、他のある土地では以前のままでいる。時代区分などはなく、ただ順序があるのみである」（柳田 1965：66）。

すなわち、現在の日本を広く渉猟すれば、そこに原始も、古代も、中世も、近代も、ごちゃごちゃと入り細工のように存在しているので、ヨーロッパ社会のように原始―古代―中世―近代というはっきりした時代区分は、日本社会にはあてはまらないと柳田は考えるのである。階段モデルを日本の社会変動にあてはめると、大事なことがら――常民＝未開に近い人々の生活と考えと感じの変化――がとりおとされてしまい、より原始に近い人々の立場で日本の社会変動を考察しようとすれば、つららモデルがもっとぴったりするというのである（鶴見 1977：27）。そして、鶴見はつぎのことを提起する。

「つららモデルによれば、原始や古代の構造は、かならずしも価値の低いものではないし、近代のそれが必ずしも高いものでもない。初めからきめてかからないで、人間の幸福という尺度ではかればよいという是々非々の態度につながる。階段モデルにくらべて、つららモデルは、価値に対して中立である」（鶴見 1977：27-8）。

3.3 〝遅れてきた〟地方都市の進化の可能力

サーヴィスと鶴見の提起を受けて、〝遅れてきた〟地方都市の、二つの「進化の可能力」が措定される。一つは、戦後の近代化の遅れから、地方の住民は地元の資産を否定的に語ることが多いが、逆に遅れているからこそ進化の可能性が大きく、自信を持って歴史的資産や習俗の秩序などの地域の文化的個性を再評価して、地域社会の自立化に取り組んでいけばよいという「未開発の進化」の可能力である。

もう一つは、（Ⅰ）地域的相互主義から（Ⅳ）開放的相互主義への進化の可能力である。鈴木は、「（Ⅰ）から（Ⅲ）の方向は一口にいって都市化と産業化の、もっとも一般的な効果といってよい」（鈴木編 1978：11）と述べ、この方向の開放性により原型が破壊されたところには自己中心主義が帰結するほかないと指摘する。近代化による古い価値観からの開放という肯定的啓蒙のなかで、当時のほとんどの住民にとっては自己中心主義の帰結が無自覚のままに底深く進行していった。しかし時間が経過して、都市化・産業化の先行事例で諸問題が顕現化すると、それが遅れてきた地域社会住民にも明確に対象化（客体化）されるようになる。すなわち（Ⅲ）への開放化が進んでも利己主義への帰結を抑制して、（Ⅰ）の相互主義を維持しながら――あるいは質を変化させながら、（Ⅳ）への変容を成し遂げていく可能性が開かれるのである。この対象化構造は遅れてきた住民に、自己中心主義の問題性を相対化しながら開放化に自覚的に適応していく可能力を、結果的にもたらす。

この二つの可能力には、発展してこなかったことが結果的に歴史的資産・文化的個性の再評価につながり進化の可能性が大きく開けるという意味と、後ろにいるものが先行事例を客観的に観察し主体的に取捨選択もしくは修正しながら適応できることで、より良い変容可能性が開けるという意味が含まれる。都市化・産業化を理想型として目標化すれば、階段モデルで示されたように、「進んだもの」「遅れたもの」という上下の価値づけがなされるが、これをいったんつらモデルが示すように「価値に対して中立」の状況に措定し直し、新たな目標に対して新たな価値づけを行い、それによって地域資産を評価し直して、新たな目標に結合させていく方法と理解することができるのである。

しかし、都城市での調査が進むにつれて、「遅れてきたことの特権」の仮説のリアリティを疑問視せざるをえなくなる。それは、「地方都市型コミュニティ論」の行き詰まりが認識できるほど、地方都市といえども、社会構造が変化していることにある。自明のことかもしれないが、鈴木が「高度成長期・産業化」による変化にアプローチしているのに対して、現時点では、それ以降の「低成長期・脱産業化」による現代日本社会の変化にアプローチしていくことが使命づけられる。

中筋直哉は、大都市研究にやや偏った視点ではあるが、「都市社会構造の現代的変容に対応する新しい都市コミュニティ論、あるいは従来とは異なる領域的含意を持つ集合的アイデンティティ論」(中筋 2005：225)を指摘するが、この点を地方都市研究においても、その固有の位相を踏まえたうえで検討していくことが課題づけられる。そこで、戦後を一九七〇年代前半までの「高度成長期」と一九七〇年代後半以降の「ポスト高度成長期」に大きく二分して、地方都市の現代的変容の様相を踏まえながら、上記仮説の検証、すなわち「遅れてきたことの特権」の現代における妥当性を明らかにしたい。

第4節　二つの論理からみる地域社会の構図

4.1　「資本の論理」からの地域構造

「遅れてきたことの特権」と表裏をなす仮説として、「進んできたことの限界」を設定することができる。そこでは、近代化過程における地域社会の変容を評価する価値判断がなされている。この正と負の価値判断の構図の根底にあるのは、高度成長期に展開された中央政府と大資本の主導による地域開発である。その代表格である「全国総合開発計画」は地域格差の是正を目標に掲げていたが、実際には地域間の「不均等発展」がさらに進展する結果を招いた。これが、「中心／周辺」という図式と結びついて社会構造と社会変動の解明がなされ、その問題性は「過密―過疎」「東京一極集中」という言説に集約されていく。

「過密―過疎」や「東京一極集中」という言説に支えられた地方の問題性は、現在に至るまで声高に叫ばれつづけている。ただ、ここで行う論考は、それらの言説に含意されている収奪・支配関係を明らかにすることではなく、その効果として地方都市の地域開発と未開発地域の社会格差をみていくことにある。まず高度成長の進行過程における「開発―未開発」間の関係をみると、「進んできたことの特権―遅れてきたことの限界」という構図が成立していたといえる。それは、戦後の経済的な国土復興を最優先課題とする「国家の論理」に支えられ、欧米型近代化をモデルとして市場社会すなわち「資本の論理」を積極的に受容していく構図である。そして、その価値基準は都市的生活様式への憧れとして表出され、中心／周辺の収奪・支配関係が解消されない限り、地方都市の社会変動を促す要因となっている。

そもそも「不均等発展」という概念の基礎には、マルクスやエンゲルスが『ドイツ・イデオロギー』『資本論』で言及したように、資本主義の下での農工間、すなわち都市と農村間の対立問題がある。ただ、都市と農村という二分法では、戦後日本資本主義の発展に伴う地域社会変動の現実を十全に説明することが困難になる。そこで、産業（工業）都市化を社会変容の中核において地域社会や都市を類型化・分類化することにより、地域間の不均等発展を説明する試みが行われる。

小内透は、一九七〇年代以降、さまざまな分野において、都市と農村の視点とは異なる角度から、戦後日本のマクロな地域社会変動のいくつかの異なった捉え方が提示されてきたと述べる（小内 1996: 3–55）。そして、それらを整理すると三つのアプローチに大別されると指摘する。

一つは、概括的・概念的に地域社会の変動のあり方を説明しようとする見解であり、都市化社会論・都市型社会論

〈奥田・副田・高橋 1975；高橋 1984；奥田 1983, 1993〉、〈都市と農村〉の解体論（島崎編 1978）、混住化社会論（二宮・中藤・橋本編 1985）があげられる。これに対し、二つめは、具体的なデータに基づく地域社会のマクロな全体構造に関わる検討を進めてきた、経済地理学の地域構造論的アプローチである。これは、一九五〇～六〇年代に財政学の分野で展開された地域的不均等論への批判として生みだされた。そして、三つめが、いくつかの地域社会類型を設定し、それを通してマクロな地域社会変動を実証的に明らかにしようとする試みである。それは、①全国規模の地帯類型設定、②全国の市を基本とする都市類型・都市分類の設定、③農山漁村類型の設定、の三つの試みに大別されると説明される。

上記①は、一九六〇～七〇年代に数多く存在したが、小内は、比較的まとまったものとして古城利明の試みをあげる。古城は、農工間の地域的不均等発展という視点を基礎にして、各都道府県の農業粗生産額と工業出荷額の全国比率をクロスさせることによって地帯類型の設定を試みる（古城 1977）。②は、地理学者や社会学者によってもっとも盛んに行われてきた分野であるが、小内は、比較的優れたものとして、倉沢進の総合的都市分類と島崎稔の都市類型設定の試みをあげる。倉沢は、全国の市を対象にして、具体的には都市度・産業構成・流動性の三次元からのアプローチを採用して60の型からなる総合都市分類を行っている（倉沢 1968）。島崎の場合、繊維産業都市としての本質をもつ近代都市が二重の展開をとげて、重化学工業都市と行政都市へ歴史的に発展するという理念的仮説を有しているが、そうした仮説の実証を行い、さらに現存するいくつかの都市類型の構造的特質を、日本資本主義社会の構造論の一環としてマクロにとらえようとする（島崎編 1978：1-53）。小内は、このような従来の地域社会類型の設定の試みは、いずれの場合にも、類型設定にあたって採用される次元や指標に少なからぬ弱点があり、類型の対象となる単位がすべての地域社会を含み込んでいないという欠点を指摘する。そこで、独自の方法で新たな地域社会類型の設定を試み、地域的不均等・差異を内包する地域社会のマクロな全体構造の変化を明らかにしようとする（小内 1996, 2005）。

地域社会や都市の類型化・分類については、近代化論に基づく歴史的アプローチやマルクス主義理論に基づく構造的アプローチなど、認識や視点によって当然のごとく相違する。ただ、このような相違があったとしても、当時の日本の都市研究に通底する社会発展論は、人口増加による産業（工業）都市化を発展の基準とする、人口（移動）論から語られることが多く、社会衰退あるいは停滞を雇用減や人口流出など、経済力の格差で説明することが主流を占めた。

小内は、この論点を発展させて、「従来、マクロな地域構造分析に関する研究を一つの領域として有している経済地理学や地域社会学においては、地域社会の経済的な側面や人口等の基礎的な側面が主として問題とされ、日常生活における家族、職場、学校など『社会的な領域』に関する地域格差の構造についてはほとんど注意が払われてこなかった」ことを指摘する。そして、「そこには、『社会的な領域』は地域社会の経済的な側面や基礎的構造に全面的に規定され、基礎的経済的側面を解明すれば『社会的な領域』の問題は自動的に解明されるという、いわば『経済一元論』的発想が存していたと考えられる」と述べる。そして、「たしかに、地域社会の基礎的経済的側面の重要性を軽視することはできないが、それだけでは説明しえぬ事態が存在することも事実で、その意味において、『社会的な領域』の独自性もまた重視する必要がある」と提起する。地域社会を基礎的経済的側面からだけではなく、「社会的な領域」の側面から見ていくことの重要性を主張するのである（小内 1996: 18–9）。

4.2 「生活の論理」からの構図の反転

地域経済の不均等発展は、資本主義的蓄積過程において必然的に進行するが、それに加えて戦後日本の国家政策によって、経済成長を最優先する国土の空間的再編成が行われたために、急激な不均等発展が惹起された（中村 1990: 151–6）。不均等という言葉には否定的意味が含まれており、国家による不均等な地域配分の結果、相対的剥奪感を発生させる配分構造への批判が内在する。「国家の論理」「資本の論理」からいえば地域経済の発展は産業化・都市化の進展という肯定的な意味合いをもつが、それは「人が生まれ、死にゆく場所」という「生活の論理」からみれば、否定的意味を帯びるかもしれない。それは、「開発―未開発」の関係が、高度成長期の「進んできたことの特権―遅れてきたことの限界」の構図から、ポスト高度成長期の「進んできたことの限界―遅れてきたことの特権」の構図に反転して、時間が経過するにつれて表出することを意味する。

ここで、本書における「生活の論理」の含意を明確にしておきたい。というのも、「生活の論理」が内包する意味・視角は多義的であり、その内容次第――たとえば「疲弊した地方」という言説で声高に叫ばれる開発型経済成長主義――では、上記の「進んできたことの特権―遅れてきたことの限界」という構図が、ポスト高度成長期に移行しても反転するどころか、さらに強調されて語られるからである。そもそも、「生活」とはどのように説明されるものなのだろうか。この世に生を享けた者はすべて何らかの形で生活をしている。生活主体と生活行為の範域の広さから、生活の意味は包括的、抽象的にならざるを得ない。『新社会学辞典』によると、「生活は、①生命、いのち、生存、②生計、暮らし、暮らしむき、③人生、生涯、生き方、生きざまという三重の構造をもっている。それは絶えざる生命の維持、更新の過程から、自己実現、生きがいといった高次の人間的諸活動を含む無数で多様な活動（行為）の束として成立している」と説明される（森岡・塩原・本間編 1993：827）。

「生活の論理」という概念も、生活主体と生活行為について多様な立場から語られてきた。たとえば、時系列的に振り返ってみると三つの視角――①貧困層・労働者階級の生活時間の配分構造や家計構造に焦点をあてる、日本の伝統的な生活構造論の文脈（籠山 1943：中鉢 1956）→②高度経済成長後半期に「国家の論理」「資本の論理」の対置概念として主張される、住民運動論や地域主義論からの文脈（奥田 1983：玉野井・清成・中村 1978）→③一九七〇年代低成長期以降のジェンダー平等の問題や子供・高齢者・障害者などの周辺的生活主体の権利問題などを内包した、アイデンティティやライフスタイルを争点とする新しい社会運動論や生活者運動論の文脈（松原・似田貝編 1972：佐藤編 1988：矢澤編 1993）――が思いうかぶ。

このような多義的な文脈のなかで、本書における「生活の論理」の含意を定立させるために、天野正子の生活者論（天野 1996）を糸口にして整理してみたい。天野は、日本社会が高度経済成長期をひたすら走っている頃には、生活者という言葉を今ほど広範に聞くことはなかったと述べ、「生活者」が頻繁に用いられるようになるのは、一九八〇年代末～九〇年代であると指摘する。そして、その理由を示唆する事象として、戦後日本の奇跡的な経済発展の秘訣を探るために来日した外国人留学生に関する新聞記事を紹介する。

「来日した外国人学生が真っ先に体験するのは、毎朝の電車の我慢できない混みようだ。その後、日常的に感じる外国人への特別扱いや差別が、日本人の同一性へのこだわりによるものと分かったころ、帰国してしまう学生も多いが、さらに高い言葉の壁を乗り越えた学生のなかにはそうした怒りが同情に変わっていく複雑な心境を味わう者がいる。狭い住宅、高い物価、それにしては低い一般の所得、そんな日本人の生活の実情が見えてきて、日本が成功したのはこんなに厳しい環境でも文句を言わず、皆が毎晩遅くまで働いてきたからなのだと分かってくる。成功の秘密は以外にもこんなに単純なものだったのかと理解できるようになるのだ」（岸田理恵「なぜ、日本への留学生は減るのか」『朝日新聞』1995. 9. 26）。

そして、生活者という言葉が多用されはじめた背景には、明らかに日本社会のしくみが「生産者」優位に偏りすぎてきたことへの反省があるとして、つぎのようにつなぐ。

「生産面でみれば欧米先進国に追いつき、追い越すほどの力をつけた日本の私たちの生活に、なぜ、ゆとりが感じられないのかという疑問、ゆとりどころか、『豊かな社会』のなかに、都市問題、環境・安全・資源問題など、課題が山積みしていることへの不安、さらには効率や生産性を中心に組み立てられた経済社会の構造自体のきしみがあちこちで聞こえはじめたという実感もある。日本社会の『豊かさの自明性』がほころびはじめたことへの確かな予感といってよいだろう。『生活者』とは、日本社会に対するそうした反省や疑問、不安や予感の入り交じった混沌のなかから生み出された、人びとの願望や期待のこめられた、新しい人間類型のラベルとみるべきなのかも知れない」（天野 1996：10–1）

天野は、「生活者」という概念は時代により、さまざまな意味を込められ、一つの理想型として使われてきたが、それらに通底しているのは、それぞれの時代の支配的な価値から自律的な、いいかえれば「対抗的」（オルターナティヴ）な「生活」を、隣り合って生きる他者との協同行為によって共に創ろうとする個人――を意味するものとしての「生活者」概念であると指摘する。そして、「私たちは、いまその生活者概念の原点に立ち戻って、大衆消費財化しつつある『生活者』をとらえなおし、みずみずしく力強い響きをとりもどすことの必要な、時代を迎えているのである」（天野1996：236）と結ぶのである。

天野の生活者論と本書の「生活の論理」の問題認識には「豊かさの自明性」への疑問という共通点がある。一つは、戦後の高度経済成長期以降の産業（工業）社会化・消費社会化による社会変動を問題の起点としていることである。天野の生活者論は、一九九〇年代当時の大衆消費社会に対置させて「生活者」を構想していたが、本書も産業（工業）社会化・消費社会化を推進してきた「国家の論理」「資本の論理」に対置する概念として「生活の論理」を位置づける。もう一つは、前述した「生活」の三重構造と「生活の論理」の三つの視角である。すなわち、「生活する」とは、生命→生計→人生、あるいは生存→暮らしむき→生きざまのように、生命の維持、更新過程として高次の次元に移行するものであるならば、「生命→生計」あるいは「生存→暮らしむき」後の生活をさらに高次の次元――「人生、生きざま」――に移行することが重要である。これはアイデンティティやライフスタイルを「隣り合って生きる他者との協同行為によって共に創ろうとする」次元ととらえられる。

このような問題認識によって、「高度成長期・産業化」から「低成長期・脱産業化」への社会変動だけでなく、現代を「徹底化された脱産業化社会」と位置づけ、その地域社会構造の現代的変容を「生活の論理」からとらえていくことが要請される。結論を先取りしていうと、「転義化された社会」から「原義的な社会」への現代的希求のなかで現出する「生活の論理」の固有性である（第7章第1節1項参照）。

写真2.1　都城島津邸（早鈴町 2012.11.25）

4.3　地域資産の存続事例

前述したとおり、本書は「遅れてきたことの特権」と、表裏をなす概念として「進んできたことの限界」を仮説として設定した。この「進んできたことの限界」の具体的事象は、バブル経済崩壊後の一九九〇年代以降全国で一気に表出した。これは高度成長期に構築され、ポスト高度成長期に移行した後も延命措置が施されてきた開発型成長システムの限界が露呈したものである。地域の生命維持の観点からみると、高度成長期の途中においても、水俣病に代表される切実な公害問題として、発展の限界が表出してきた。一方、「遅れてきたことの特権」の具体的事象は、停滞、衰退したとされる地方都市にみいだせる。急激な地域開発や人口流入がなかった地域では、地域住民の「集合的記憶」を支える建造物や共同性に寄与する社会制度が存続しており、それらを地域資産として再評価することによって、何かしら特権を発見できると思われる。

たとえば、都城市では「都城島津邸」（写真2・1）は前者の建造物、「公民館制度」は後者の社会制度の事例としてあげられる。「都城島津邸」は、市内に唯一残る都城島津家の建造物であるが、都城地方の地域的アイデンティティのシンボルの一つにあげられる。このような建造物は、地元住民に意識されずに生活のなかに溶け込んでいることが多い。悩ましいことに、これが他者の目から再評価され、地元で地域資産として自覚されると、観光客誘致と利益誘導の装置に転化され、地域経済の「市場の論理」に組み込まれていく。それまで住民の精神生活を豊かにしてきた「遅れてきたことの特権」が住民の生活から乖離して「進んできたことの限界」の側に取り込まれる危険性をはらんでいる。都城市は当初、観光スポットとして「都城島津邸」の整備活用策を計画していたが、市民の意見が分かれ、結局文化財の継承と歴史学習を重視した計画に変更された。こうして整備事業が進められて建物は幸運にも現状のまま保存され、二〇一〇年三月に一般公開された。

都城市の公民館活動は、中央公民館（1館）―地区公民館（15館）―自治公民館（300館）という公民館制度の体系のもとで行われている。都城市では町内会や自治会という地域住民組織はなく、どの地域でも地縁的な住民自治活動は自治公民館活動として行われている。南九州地域では、住民に「自治の心」を取り戻してもらうことにより地域再生に成功した事例として、宮崎県綾町の「自治公民館運動」がある（郷田 2005：浜田 2002：147-92）。この事例が示すとおり、また都城市の自治公民館活動からも読みとれるように、地域住民組織の制度体系を活用した地域再生は可能性が高い。一方で、南九州地域でも急激な開発に伴う人口流入を経験した鹿児島市は、自治会や町内会、そして公民館が混在しており、地域住民組織の制度体系は残存しておらず、いまから体系的な再編成を行おうとすれば、根づいている既存組織の解体にもつながり、その意義と実現性が問われるであろう。

以上、都城市における「遅れてきたことの特権」としての地域資産の存続事例を記した。ここでもっとも明確にしなければならない課題は、「遅れてきたことの特権」の仮説設定における原的な問いである、都市化・産業化が遅れてきた地方都市における「地域的相互主義」としてのコミュニティ意識の存続可能性を明らかにすることである。地域住民のコミュニティ意識を「内的資産」、社会的な建造物や制度を「外的資産」とすれば、前述のとおり「外的資産」の「遅れてきたことの特権」の潜在力は確認できるが、はたして「内的資産」の存続可能性はあるのかという問いである。

第5節　二つの同一化潮流からみる位相

5.1　〝停滞型〟地方都市に住む意味――「外的資産」の存続

都市化・産業化が遅れてきた地方都市において、「内的資産」の存続可能性への問いに対する解を導き出すためには、従来地域経済力の格差から「停滞型」と称されてきた地方都市に住む意味を問い直す必要があろう。高度成長期に展開された開発戦略は、工業化を核とする外発的な生産型の拠点開発であったが、ポスト高度成長期へ移行すると、郊外型の大型ショッピングセンターなどに代表される消費型の空間開発へと大きく舵を切っていく。この転回は、工業を中心とする産業社会から情報・知識・サービスが重要性を増していく社会へ、財貨生産経済からサービス経済へ、あるいはこれまでの物的資本に代わって知的資本が中心的な役割をなす社会へと説明される、産業（工業）化社会から脱産業（工業）化社会への変容の動きとも符合する。生産型から消費型へという開発の転回は、開発―未開発に絞っていえば、生産型開発が差異化、消費型開発が同一化を促進する決定的な違いによって説明できる。それは、高度成長期における開発―未開発間の社会格差が、時間の経過とともに希薄化する過程を示している。そしてその過程は、地方都市の二つの局面における同一化潮流の加速と一般化として説明できる。

一つは、経済的局面での同一化の潮流である。一九八〇年代以降の「東京一極集中」に示されるように、中央から周辺への配分が減少する一方で中央／周辺の収奪・支配関係が固持され、グローバリゼーションにより生産拠点が国内から海外へ移転する限り、国内の地域経済は空洞化が進み、成長型を持続できない地域が拡大していく。開発―未開発の関係からいえば、高度成長期の開発地域を含めて外発的な生産型開発の縮小と、東京を除くマイナス成長の地域経済の拡大であり、その延長線上に地方都市の同一化潮流が加速化する。

もう一つは、文化的局面での同一化の潮流である。高度成長期は国民の総中流意識や耐久消費財の普及が生活様式の標準化を促進し、生活水準が平準化していく時代として説明されるが、開発―未開発、あるいは大都市―地方都市の関係からみると、都市的生活様式における両者の文化格差は歴然としていた。それが、消費型の地域開発による物流革命と、IT革命による個人の通信手段の飛躍的な伸張により、モノと情報が空間的拘束から解放され、都会のサブカルチャーのモノ自体が一気に地方になだれ込み、地方都市においても個人消費の選択肢が増大する市場環境が形成されていく。このようにして各地方都市に都市的生活様式が浸透し文化格差が縮小し、同一化が進むのである。開発―未開発の関係からいえば、消費型開発の網羅的拡大による大衆消費文化の浸透と未開発地域の文化的衰退であり、その延長線上に地方都市の同一化潮流が一般化する。

この二つの潮流が交差する地平に「停滞型」と称されてきた地方都市に居住する意味が浮かび上がる。そもそも地方都市に限らず、現代において、「いま・そこに住む」意味とは何か。地縁的拘束性の強い伝統社会では、居住には必然性が伴っていた。しかし地域間移動が自由になると、いま・そこに住むのは選択あるいは偶然の結果である。それが強いられた偶然か望んだ選択であったのかは別にして、ある程度まで自己決定の結果である。もはや成長型を期待できない地域経済の範域が拡大する社会的効果として、相変わらず地方都市から大都市への人口流出、特に雇用を求める若年層の移動が続いている。なぜ経済格差の明らかな地方都市に人々は居住するのであろうか。それは自明なことかもしれないが、たとえ地域経済が停滞しても、そこで生活が成立するからである。戦後、昭和一桁生まれ以前の世代が、地元で生活基盤を構築し、高度経済成長期のフローの時代に蓄財を進めて日本全体の生活水準の底上げを可能にした。それがポスト高度成長期に移行すると、フローの経済はマイナスでも社会的・経済的基盤のストックが破壊されていない地方都市では、決して裕福ではないにせよ、適正な人口規模によるサスティナブルな生活圏が形成されているのである。

平成以降の国勢調査のデータから都城市の人口推移をみると、一九九〇（平成二）年が13万1５３人、二〇〇五（平成一七）年には13万３０６２人となり、その間は増減が交互する（図１・５参照）。参考指標として、二〇〇五（平成一七）年の国勢調査のデータを使い、持ち家世帯比率（＝持ち家世帯数÷一般世帯数×１００）と完全失業率（＝完全失業者÷労働力人口×１００）を、都城市と宮崎市（県内人口第一位）・福岡市（九州圏内人口第一位）の三都市間で比較してみると、前者は都城市65・７％、宮崎市52・５％、福岡市37・７％となり、後者は同じ順で６・２％、６・４％、６・９％となる。いわゆる都市化が進んでいない都市ほど、持ち家比率は高くなり、完全失業率は低くなる傾向を示しているが、この事実は、適正な人口規模を持つ地方都市がサスティナブルな生活圏を形成している証拠ではないだろうか。これこそ「生活の論理」からみて「外的資産」の存続が「遅れてきたことの特権」であることをもっとも直截に示すのではないか。

5.2　利己主義の基調――「内的資産」の喪失

一方で、各地方都市における都市的生活様式の浸透と文化格差の縮小による同一化潮流は同時に、消費社会がサスティナブルな生活圏に網羅的に覆いかぶさっていく過程を示している。この同一化の源流をたどると、高度経済成長を実現してきた「国家の論理」があり、これが行き詰まると「資本の論理」が新自由主義とグローバリゼーションの進展による「世界の論理」の枠組みに乗じて、国内外の未開発地域に市場社会を拡大・深化させてきたのである。高度経済成長の終焉後、生活必需品としての耐久消費財を作れば売れる、という大量生産・大量消費から、市場が繁栄を維持する前提条件を自ら創出し、消費・需要領域に侵入するようになる。すなわち、市場が消費者の欲望を生みだし、需要の有限性を自ら打開する「自己準拠的な資本制システム」（見田 1996：31）として、消費社会が構造化されていく。そこには、高度成長期の資本主義的生産諸関係に「物質的」に適応した「利己主義」（鈴木広）から、ポスト高度成長期の市場主義的消費諸関係に「欲望喚起的」に適応する「利己主義」への変容がみてとれるのではないだろうか。高度成長期からポスト高度成長期を通じて、「コミュニティ意識の原型（地域的相互主義）が破壊されたところには、地域的か開放的かにかかわらず自己中心的主義が帰結するほかない」と鈴木が指摘する地域が、確実に拡大していったのである。

確かに、第一章で小内透が示した地域社会類型の第二の次元・指標である生産関係（資本―賃労働関係）の地域差は、二〇〇〇年現在全体として小さくなり、多くの市町村が先進資本主義的地域としての性格をもつようになっている（小内 2005：19–21）。すなわち、市町村全体において中間層（自営業層）の分解傾向が急速に進展して、後進資本主義的地域（＝自営業者が就業人口の50％以上）が一九五五年83・0％から二〇〇〇年0・7％にまで減少し、逆に資本―賃労働関係が優位な地域（先進資本主義的地域（＝自営業者が25％未満）＋中進資本主義的地域（＝同25～50％未満））が一九五五年17・0％から二〇〇〇年99・3％（前者70・1％＋後者29・3％）に達している。

倉沢進は次のように指摘する。

「都市化の第一段階を脱農化と第二次・第三次産業比率の増大としてとらえるとしても、自営業の分解と大規模事業所群の成立という第二段階を考慮することが、少なくとも日本の都市化過程を考察する上には、必要ではあるまいか。アーバニズム論が規定するような都市社会は、この第二段階を経てはじめて成立しうるからである」（倉沢 1968：131）

この都市化の第二段階は、資本主義的社会基盤が根づく過程として、全国の地方都市で一貫して進展したといえる。参考指標の一つとして、都城市と、筆者の居住地であり大都市の範疇に入る神奈川県横浜市の住民自治組織の世帯加入率をみると、二〇〇九年四月一日現在都城市は63・5％、横浜市は現在77・6％(3)であり、都城市の加入率が決して高いわけではない(4)。

このように、自己決定と競争を強いる市場社会が拡大・深化した帰結として、自己中心主義（利己主義）が確実に拡大している。消費社会化が進行していくことにより、モノに媒介機能が代替され「顔の見える」対面的相互関係が減少する。適正規模の人口でサスティナブルな生活圏に住む人々も、消費社会の効用を相応に享受する構造が存立しており、都市化・産業化が遅れてきた地方都市でも、住民のコミュニティ意識は相互主義より「利己主義」が基調となっていく。地方都市にはいまだに「地域的相互主義」のコミュニティ意識が広範囲に存続して「内的資産」になりうるという、本書の「遅れてきたことの特権」の仮説設定は、事例分析によって打ち砕かれた(5)。

西澤晃彦は、「原型としての地域的相互主義に特徴づけられた『地域』は、現実を価値的に評価する基準として鈴木コミュニティ論の中核に据えられるのであるが、そうした『地域』像と、『地域』の流動化や『溶解』といった現実との乖離は埋めがたい」（西澤 1996：55）とする。かつては地方都市において「多数決的に導き出された『最も無理のないまた有効かつ円滑な』地域的相互主義を基調とするコミュニティ」が存立していることを、リアリティをもって語ることが可能であった。しかし、ポスト高度成長期以降は消費型開発によって開発─未開発の社会格差が希薄化し、鈴木が都市化と産業化のもっとも一般的な変容効果として示した（Ⅲ）開放的利己主義を基調としない限り、「多数決的に導き出された最も無理のないまた有効かつ円滑な」コミュニティは、リアリティをもって語れなくなった。

したがって、現代の地域社会における（Ⅳ）開放的相互主義への変容は、（Ⅰ）地域的相互主義からではなく（Ⅲ）開放的利己主義からの展開を構想する方が有効かつ現実的である。すなわち、鈴木が「はなはだしく抵抗の大きい困難な方向」と指摘した「利己主義」から「相互主義」へ転換する難事業に取り組まなければならないのである。西澤は、この論点に対して、

「『他者の利害との不整合・対立を容認して貫徹される「利己主義」』とは即ち、民主主義的な仕組みを導く現実的根拠そのものであり、民主主義的規範の共有を介して合意に向け実現される地平もまた、社会的共同のあり様のひとつである」（西澤 1996: 55）

と提起する。もちろんこの提起には、あくまでも現実的根拠としての「利己主義」を前提とした共同性のありようが想定されており、「相互主義」への転換は意図されていない。また、「民主主義的規範」の内実も、西澤がここで主張するものと、本書が主張するものとは、決して軌を一にするものでもない。ただ、論理的枠組みとして、つぎの論点を主張しておきたい。現代都市における「利己主義」から「相互主義」への転回を現実的根拠として軸におき、「民主主義的規範の共有を介して合意が実現される地平」を構想する理論的探求こそが、「地域社会構造の現代的変容に対応する新しい都市コミュニティ論」の構築につながるものであると考えている。

注

（1）鈴木らは調査対象とする地方都市を九州各地から選定しているが、典型的な土着型社会と目される地域としては、いくつかの候補都市のなかから最終的に熊本県人吉市を設定する。その選定過程においては、当初、人吉市の類似都市として都

城市も大分県竹田市などとともに検討の対象となっていた（鈴木編 1978：155）。

（2）ただ、この小金井調査は、市民意識の調査だけが目的ではなかったこともあって、「市民意識尺度を構成した質問項目数も少なく内容的にも問題を残しており、厳密にいえば尺度としての要件を十分に充たしていないこと、また市民意識の中の細次元を設定していないことも、分析を不十分にしている」と倉沢自身、調査内容について内在的に批判している（倉沢 1968：265）。

（3）出典は都城市役所市民生活課コミュニティ課作成「平成二一年度地区別自治公民館加入率・高齢化率」（2009）と横浜市ホームページ「横浜市統計ポータルサイト」http://www.city.yokohama.lg.jp/shimin/tishin/jitikai/tyosa/pdf/kanyuritsu.pdf

（4）ただ、これは行政の政策効果が影響しているかもしれず、必ずしもこの指標でコミュニティ・モラールの高低を語ることはできない。都会ではゴミ問題などで近隣の相互監視の目が厳しく、住民自治組織に加入していないと排除を受ける可能性があり、逆に地方都市では近隣関係がゆるやかで地域的排除のリスクが少なければ住民自治組織には加入しないかもしれない。しかし筆者は当初、地方都市の方が当然モラールが高いと信じて疑わなかったので、注3のデータは従前の大都市と地方都市の二分法的理解の限界を知らしめてくれた。

（5）地方都市も利己主義を基調にするようになった質的変容に気づく契機を与えてくれたのは、都城市「おかげ祭り」の四人のメンバーであった。一人は福岡市からのIターン、残り三人が東京と福岡市からのUターンを経験していた。彼らは相対化の視点から「利己主義」の浸透度は地元と都会でさほど差はないことを指摘していた。それどころか、彼らの地域活動はこの「利己主義」との闘いといっても過言ではなかったのである。

その後、都城市での自治公民館活動のフィールドワークを進めていくなかで、若年・中年層や賃貸・集合住宅居住者に住民自治活動への距離感があり、都城市において「地域的相互主義」のコミュニティ意識が広範囲に存在する可能性について、筆者にリアリティ感が欠如していたと確認するに至る。

第3章　都市祝祭論へのアプローチ

第1章で、〝停滞型・閉鎖的〟と語られてきた地方都市の実相を、三つの次元からの客観的記述——空間的記述、統計的記述、歴史的記述——により追ってみた。そして、地域的性格の把握において初期段階の錯誤の陥穽にはまらないために、「地方都市を見誤る印象論＋類型論＋歴史的決定論のセットからの離脱」という方法論的提唱を行った。それは、歴史的資産や文化的個性などの地域資産を、いったん価値中立的な状態に定置し直すことを意味する。

第2章では、「地方都市型コミュニティ論」からの示唆により、現代の地域社会における共同性形成の規範的方向性（価値目標）として、コミュニティ意識の一類型である「開放的相互主義」を措定した。それを基調とする地域社会の共同性形成の検討において、都市化・産業化が結果的に進展しなかった地方都市は「遅れてきたことの特権」を保有するという、相対的優位性の仮説を紡ぎ出した。そして、戦後の地方都市を取り巻く社会変動の内実を通して、上記仮説の検証を試みた。「外的資産」——歴史的建造物や社会制度——はその妥当性を確認できるが、この仮説の原的問いである「内的資産」——コミュニティ意識——は、現時点でリアリティをもって語ることはできない。それは、遅れてきた地方都市といえども、住民のコミュニティ意識において「相互主義」が減少し「利己主義」を基調とするような地域社会構造の現実的根拠があるからである。

このような第1章・第2章の考察から、「現代都市における『利己主義』から『相互主義』への転回を現実的根拠として軸におき、民主主義的規範の共有を介して合意が実現される地平を構想する理論的探求こそが、地域社会構造の現代的変容に対応する新しい都市コミュニティ論の構築につながるものである」という、本書の中間的帰結としての論点を導出した。そして、その理論的探求の糸口を与えてくれたのが、都城市の祝祭活動の事例分析から得られた知見である。そこで、その具体的記述に入る前に、本書の理論的基盤となった都市祝祭の先行研究の到達点を、見極めておきたい。

第1節　都市祝祭研究の系譜

1.1　都市人類学の構想――フィールドとしての都市祝祭

現代におけるわが国の実証的な都市祝祭研究のなかで、本書の事例分析とその問題意識や方法論が近接するものを列挙すると、中村孚美の「川越祭り」「秩父祭り」（中村 1972a, 1972b）、米山俊直の「祇園祭」「天神祭」（米山 1974, 1979, 1986）、松平誠の「氷川神社大祭」「秩父神社大祭」（松平 1980, 1990）、和崎春日の「左大文字送り火」（和崎 1987）、有末賢の「佃・住吉神社大祭」（有末［1983］1999：163–261）、田中重好の「津軽地方ネブタ祭り」（田中［1983, 1986］2007：67–138）(1)があげられる。一九六〇～七〇年代の段階では、都市人類学分野での研究実績が多いが、松平誠は「これらのうち、とくに、米山・中村の研究は、都市人類学分野からする実証的な成果として、大きな意味をもつ」（松平 1990：29）と評価する。

中村孚美は、「川越祭り」の研究における問題意識について、「これまで、この種の都市の祭りの研究というと、とかく、山車の起源とか、芸能のやり方や系統の研究が主であって、祭りを支えているものは何か、市民にとって祭りとは何か、都市の祭りの特質は何か、というような問題は、見落とされがちであった。小論では、小江戸の祭りと言われる川越祭りをひとつの素材にして、これらの問題を考え、祭りと都市がどのような係わりあいをもつのか、論じてみたいと思う」(中村 1972a：353)と述べる。また、その問題意識を、中村は「秩父祭り」における研究視角の説明において、つぎのごとく敷衍している。

「秩父祭りについては、すでに故浅見清一郎先生の詳細な報告が公にされている。先生はそのなかで、秩父祭りの形成と変遷、屋台・笠鉾の沿革と現状、秩父祭りの神事と付祭り、などについて述べておられる(浅見 1960, 1970)。しかし、先生の御研究の主眼は、笠鉾・屋台の起源と形式、そこに残された古い信仰的要素、近世における笠鉾・屋台の発達などにおかれ、たとえば、1．準備の手順、2．町内間のスケジュールの調整、屋台の組立の手順、役割の分担、3．笠鉾・屋台の運行技術、4．屋台の解体、収納の手順、すなわち、祭り全体の設計と計画、実施への手順、人々の参加のしかた、祭り全体の構成のしかたの面については、――地元の人としては、当然わかりきったことであるかも知れないが――かならずしも、深くたちいられなかった。しかし、人口六万二〇〇〇人の都市の祭りともなれば、こういうことが、かならず必要となるはずである。そこで、私は、むしろそのような点に注目しながら、秩父祭りがどのような特徴をもつのか、秩父という都市の性格が祭りにどのように反映されているか、などの問題を考えてみたいと思う」(中村 1972b：152)。

米山俊直は、この中村の都市祝祭の研究をつぎのように評する。

「これまで祭りの研究といえば、その由来や古い形式の伝承に力点をかけがちだった。中村さんの研究は、この従来の視点をこえて、祭りの過程を軸に、それを支える人々の文化、社会のシステムを追求した。都市という、複雑な構成をもち、多様な要素をふくむコンプレックスを、人類学の立場から本格的に解明してゆこうとするときに、この中村さんの〝秩父祭調査〟は、ひとつのモデルになる。つまり祭をひとつの切り口にして、都市の複合体に接近するという、たいへんな有力な手法になるのではないか」（米山 1974：13）。

それまでの都市祝祭研究において見落とされがちであった問題に焦点をあてて、民俗学的記述を超えた文化人類学的研究として、祭りという複合的集団行動や協力のシステムを、都市との関わり合いにおいて明らかにしていくのである。この研究手法は、「都市研究の手がかりに祇園祭を研究する」あるいは「祇園祭を通して京都を学ぶ」という、米山の「祇園祭」研究へとつながる。そして、「日本では、一九六〇年代の米山や中村の研究によって、日本都市人類学の方向が提示され、アフリカなどの開発途上国における研究だけでなく、国内の研究でも成果を挙げている」（松平 1990：31-2）と指摘されるようになる。

米山は、戦後ますます著しくなった全国的な都市化の傾向を踏まえ、つぎのとおり、都市人類学の構想を提起するのである。

「こうなると、人類学の研究対象も、おのずから変わらないわけにはゆかない。いままでのように、伝統的な農村の姿をとりあげて、それが典型的な日本人の生活であり、日本社会、日本文化の代表例だということはむつかしくなった。今日では、日本の都市についての理解を前提にしないかぎり、日本社会や日本文化を論じることも、日本文明を批評することもできなくなってしまった、といえるだろう。伝統的な側面だけを追って、その現代における意味をとらえないでは、人類学的研究としては片手落ちであろう。……これまでの文化人類学は、もっぱら伝統的な狩猟民や、農耕民牧畜民の社会に研究を集中してきたために、都市の研究はどちらかといえば手薄であった。むろん、いくつかの先駆的な業績はあったけれども、大勢は都市への関心が低かったといってよい。そのために、今日の世界の状況に対して、文化人類学の側からの発言は、どうしても過去関心的なものになりがちだった。人間の科学を標榜している文化人類学が、このありさまではふがいない。なんとか、文化人類学における都市研究——都市人類学の研究をさかんにする必要があるのではないか」（米山 1974：9–11）。

松平誠は、都市人類学が、世界的にみて学問分野の一つとしてその姿を現したのは、一九六〇年代以降のことであると記し、都市人類学の国内における研究には、都市祝祭にフィールドを求めるものが多いと指摘する。そして、それを求める意味として、つぎの米山の記述を紹介する（松平 1990：30-2）。

「都市民、ないし都市生活者は、平常の社会の場においては状況に応じて部分的にしか参加してこない。かれらと直接に接触してその本音が聞けるのは、なにかの危機的状況か、さもなければ祭礼のような機会だけと考えられる。前者の場合、たとえば個人が危害を受けたり、事故にあったりした場合には、普通は医者や警察官しか外部から立ち入ることは許されない。あえて立ち入ろうとすると、たとえば新聞記者などのように非難される。しかし後者、すなわち祭礼の場合には、人々は大抵心を開いて外部の訪問者にも応対している。その意味で祭礼は都市社会の研究者にとって、貴重な参加観察の機会になる。注意深く観察するならば、その社会のもっている人間関係や集団の構造を理解し、人々の意識を知ることができ、さらにそこに内在する葛藤や緊張関係なども発見することが可能になるであろう」（米山 1986：17）。

1.2　社会学的射程からの蓄積――現代都市化社会の本質的な理解

この記述について、松平は社会学的射程から、「このような視点は、都市社会学者（地域社会論）からの発言としても、違和感はないであろう。シカゴ学派の台頭以来、これまで、都市社会学が求めてきたもののなかで、都市における『人間関係や集団の構造』や『そこに内在する葛藤や緊張関係などの発見』は、その主要な課題を占めてきたからである」と述べる（松平 1990：32-3）。都市化社会の主要命題への取り組みという文脈において、都市社会学と都市人類学の都市祭礼分野における近接を匂わすのである。松平は、日本の都市生活の持つ社会文化的特性の解明を目的とした実証的研究の成果に基づいて、『都市祝祭の社会学』（松平 1990）を上梓する。そして、「この研究の特色は、日本の都市のなかで展開される祝祭的行為をよりどころとし、そこに反映される都市生活の実態のなかから、社会文化的な特性を見出し、現代都市化社会の本質的な理解に役立てようとするところにある」（松平 1990：2）と説明する。この「現代都市化社会の本質的な理解」の前提には、現代を社会解体期の一典型としてとらえる包括的な社会的概念が基本となっており、全体社会構造の現代的変容を解明する、社会学的射程からの実証的研究が試みられる。和崎は松平の「氷川神社大祭」の研究（松平 1980）に対して、「町内の社会構成と祭りの社会構成をオーバーラップさせて都市の社会関係を明らかにしており、すぐれて社会学的なアプローチと捉えることができる」（和崎 1987：43）と評する。

このように、社会学的射程から都市祝祭研究への近接が進むが、有末賢は都市民俗研究が都市社会学の立場からも重要性をもつようになってきた理由として、生活の場としての「都市」という認識と、伝統と近代に対する価値の相対化という二つの背景があることを指摘する。「生活の拠点としての都市という考え方は、新しい地域社会の形成としての『コミュニティ』という概念を生み出したが、このコミュニティ論は都市の生活の実相を本当に描き出しているだろうか。そこに都市民俗への関心のひとつの契機があったと思われる」と前者の背景が説明される。後者の背景としては、一九六〇年代の高度成長後の日本社会の伝統的景観の喪失や自然破壊の進行に対して、生活の基盤を取り戻そうとするコミュニティ運動、反公害住民運動などが生起した。これらの人々は伝統と近代に対する従来の価値観に異議を唱え、伝統の復権をめざすようになってきた。こうした背景から、伝統的な民俗文化の積極的な意義が見直されていると説明される（有末 1999：164-5）。

そして、民俗学内部からの都市民俗学の研究動向を踏まえ、都市人類学・都市社会学の視点から都市民俗研究の新たな分析視角を模索するなかで示唆的な言及がなされる（有末 1999:166-80）。それは、四つの分析視角にまとめられる（表３・１）。

「都市民俗研究を考えるうえで、都市および都市化をどのように理解していくかという問題は基本的な課題である」（有末 1999：174）が、⑶と⑷の社会学的射程からの分析視角をもつことにより、都市化に関する都市民俗研究の知見

表3.1　都市民俗研究の４つの分析視角（有末賢）

⑴民俗をとらえる３つの方向	従来の民俗学が村落社会を対象としてみいだした民間の習俗（「民俗」）に対して，（a）継承性，（b）消滅と代替，（c）新生とその推移の３つの方向からとらえなければならない
⑵都市住民の移動と民俗	都市民俗の伝承の母胎は，都市における常民を考えなければならないが，その際，社会変動の担い手としての定住者—漂泊者の関係が重要になる。都市住民の移動の観点から，民俗事象との関わり方を考察していく必要がある
⑶都市的生活様式と民俗	都市民俗文化を規定するもっとも大きな枠組みは，都市的生活様式である。これは素人の相互扶助的ないし共助的システムに依存する村落的生活様式とは区別される，専門機関による専門処理のシステムを原則とする共同処理の様式である。しかし，専門的処理システムの限界が露呈されると，都市民俗文化の持つ相互扶助的ないし共助的システムが再評価されることになる
⑷都市民俗の伝承	都市民俗の伝承とその形式は，都市住民の社会関係と密接にかかわる。都市では，個人の選択的行動が拡大していくと同時に，自己の所属集団に対する愛着やアイデンティティという意味でのエスニシティが存在している

（出典）有末（1999：160-80）より作成

の深みと拡がりを抽出できるのではないだろうか。

ここまで、都市民俗学、都市人類学、そして都市社会学の射程から、戦後日本の都市祝祭の先行研究動向を概観してきたが、その系譜は有末のつぎの記述により概括される。

「都市祭礼の今までの研究動向を概観してみると、社会人類学、民俗学、社会学などの分野で個別のモノグラフが最近二〇年ほどのうちに少しずつ蓄積されてきている。これらの研究動向は、多様な関心やさまざまな系譜を含んでおり、一面的に整理することは困難であるが、どのモノグラフにでも以下の四点はほぼ触れられていると言えよう。第一に、伝統的都市祭礼のシンボルとしての『山車』『山鉾』『神輿』などについてである。……第二点として、祭礼の進行過程を詳細にたどっていく方向がある。……以上のような民俗学、文化人類学的な特徴の上に、第三には、祭りを支える社会組織の問題という社会学的な関心も指摘できる。……そして第三の方向を拡大した第四点として、最近になって表れてきた方向であるが、祭りを通してみる都市の社会関係という問題がある。例えば、秋田県角館町の飾山囃子に見られる丁内同志の対抗や、若者達の参画、また左大文字の祭祀組織における土着集団の内部性、町内の社会構成と祭りの社会構成を重ね合わせて、都市の社会関係を浮き彫りにしていく手法など、さまざまな視角から、対立と緊張をはらむ都市の社会関係を祭礼を通してみていく方向が挙げられる」（有末 1999：183-4）。

有末は、以上の都市祭礼の研究動向のなかで、とりわけ第三、第四の祭祀組織や祭礼を通して見る都市の社会関係の研究を継承して、都市民俗文化の実相を社会構造――重層的構造――との関連で分析することを試みる。そこでは、伝統的な民俗文化が社会変動の過程とどのように対応するかが重要な分析視角となる。有末は社会学的射程と民俗学の先行研究の成果を結ぶ都市民俗研究の課題を提起する（有末 1999：184-5）。

1.3　都市住民と所属集団との関係――帰属先の揺らぎの問題

本書の祝祭活動の事例分析の方法論も、有末が提起するこの分析視角を重視する。ただ、本書では、都市住民と所属集団との社会関係に力点をおくところに特徴があると考える。先行研究の成果に依拠しながらも、問題認識や対象事例の性格から、これまでとは違う新しい分析視角や、あるいは特定の視角に絞り込んだ分析手法が必要となってくる。本書における原的な問いの一つが、序章でも論じたように、現代社会における「帰属先の揺らぎ」の問題である。自我の完全性を放棄して新しい束縛に逃避する「消極的な自由からの逃避」によって帰属先をみつけるのか、個人の自発的な行為によって、個性を獲得すると同時に自我を新しい世界に結びつけ、自由であることに内在する根本的な分裂――個性の誕生と孤独の苦しみ――を、より高い次元で解決する「積極的な自由の実現」によって帰属先を確保するのか。個人の生活履歴を充実していくニーズが高まるなかで、帰属先の揺らぎの問題の本質を、祝祭活動における都市住民と所属集団との社会関係をとおして解き明かすことを試みるものである。

都市における社会関係は、関係主体を住民と集団の二つに集約すれば、①集団対集団、②住民対住民、③住民対集団という三つの関係性によって規定される。有末が指摘する第四の分析視角――「都市の社会関係」では、対立と緊張をはらむ集団対集団の社会関係の事例が例示される。もちろん、集団性は住民同士の相互作用によって形成されるので、集団対集団の社会関係には、集団を規定する住民対住民の社会関係が内包されているともいえる。これまでの都市祭礼研究が、上記の三つの関係性のなかで相対的に①と②の社会関係に比重がおかれていたとすれば、本書での事例分析では、①と②の社会関係に現れる集団の性格や構造を糸口にして、③住民対集団の社会関係――たとえば選択の自由な社会において、住民はなぜその集団と継続的につながっているのか――の分析にむしろ力点をおく。その意義は、

「都市民俗の伝承とその形式は、都市住民の社会関係と密接にかかわっている。都市において、個人の選択的行動が拡大していくと同時に、自己の所属集団に対する愛着やアイデンティティという意味でのエスニシティが存在している。この異質なものとの出会いを通して、自己の覚醒と民俗文化の活性化が行われる過程は、『心意現象』論として柳田民俗学の核心とも言える部分につながっていくものと考えられる」（表3・1(4)、有末 1999：179）

という指摘に通じる。

以上において、都市人類学や社会学的射程から都市祝祭研究の系譜を概観してきた。そこに共通する知見として読みとれるのは、都市祝祭を「都市的生活様式を特徴づけるひとつの指標」（中村 1972a：382）として取り上げること、都市化社会における都市的生活様式の特質と限界を問題認識の基底において、都市民俗文化の「共同体的な生活原理」（松平 1980：166）を再評価することであろう。そして、この研究群の対象事例の多くが、祭りの生成過程で対抗し緊張関係にあった個々の社会組織が、最後には集合して地域の共同性を形成していく構図に則って描かれており、この構図から先の共通の知見が引き出されている。「都市の祭礼が、町内会を下属単位とし、多様な参加者を包摂しながら、ひとつの複合的集団行動を形成することを明らかにした」（和崎 1987：43）ように、対象事例のほとんどが、「それぞれの町の人々の祭から、より大きい広い範囲の社会の中の祭への移行」（米山 1974：58）を前提としている。

このように偏向しつつあった都市祝祭の研究動向に一つの矢を放ったのが、松平の「高円寺阿波おどり」（松平1990：241–320, 1994：95–112, 2008：25–67）と「ＹＯＳＡＫＯＩソーラン祭り」（松平 2008：155–79）の事例研究である。

第2節　松平誠「都市祝祭論」の到達点

2.1　都市祝祭の新しい分析視角――通時的分析への傾斜

前節の都市祝祭研究の系譜において、都市人類学の新しい試みと社会学的射程からの近接による研究成果の蓄積、最後に新たな分析視角による研究の可能性を示した。その文脈をつないで、松平の「高円寺阿波おどり」と「ＹＯＳＡＫＯＩソーラン祭り」の事例研究に含意される新たな分析視角を明らかにしてみたい。

前節で既述した都市祝祭の先行研究群の事例分析は、共時性と通時性の両方のアプローチにより行われている。前者の「共時的分析」は、祭りに関係する各々の社会主体が、祭りの生成過程でどのような関係性によって共同性を形成するのか、というアプローチにおきかえられる。後者の「通時的分析」は、祭りの変容や異質性に注目して、その要因を社会変動の趨勢において明らかにすることで、都市化社会の本質をとらえるアプローチといえる。実際の分析では、二者択一ではなく両方のアプローチにより行われるが、一九六〇～七〇年代の中村、米山らの研究は「共時的分析」が主体となっていた。それは、都市人類学における視座の転換――歴史的関心から共時的関心へ――から、当然の帰結かもしれない。

しかし、都市化が進展した地域社会構造を把握するためには、「共時的分析」を前提としながらも、全体社会構造の現代的変容を視野に入れた社会学的射程からの「通時的分析」の重要性が増すようになる。この「通時的分析」に相対的な力点を移した事例研究として、松平の「高円寺阿波おどり」と「ＹＯＳＡＫＯＩソーラン祭り」が考えられる。松平は現代を、産業社会の解体が始まり、脱産業化への志向性が強まりつつある時代ととらえ、「この時代の特徴が、『コンサマトリーな価値を追求する、〈楽しみ〉を視野に入れた生活の方向』にあるとすれば、現代の祝祭は、現代生活文化の在り方を見据える重要な指標の一つとなりうるであろう」（松平 1990: 3）という問題認識を提示する。そこでは都市住民の生活観が重視され、集団対集団の「都市集団の社会関係」――集団の社会的性格――の把握を糸口にして、住民対集団の「都市住民の社会関係」の通時的分析に力点をおく。これは、既述した本書の事例分析の特徴――都市住民と所属集団との社会関係に力点をおく――とも呼応する方法論的有用性を抽出できる。ここに従前の先行研究群との方法論的差異を確認できるのである。

2.2 日本の都市祝祭の類型――「伝統型」と「合衆型」

松平は、「祝祭」について、つぎのとおり指摘する。

「これ（祝祭）を『日常世界の反転、それからの脱却と変身によって、日常的な現実を客観化・対象化し、それによって感性の世界を復活させ、社会的な共感を生みだす共同行為』としてとらえる。このような視座にたつと、都市祝祭には、従来考えられていたよりは、もっと広い内包と外延とが浮かび上がってきて、神社祭礼にみる伝統的な都市祝祭だけでなく、今日、日本の都市、とくに大規模な都市のなかで急激に盛んになりつつあるさまざまな『祝祭的』行為を広くつつみこんだ、広範な概念としての『祝祭』を取り上げることができる。このようなとらえ方によってはじめて、伝統を欠き、カミを欠き、そして共同体的な社会統合を欠く都市の人びとのなかにも、祝祭の存在を認めることができる」（松平 1990: 13）。

こうした観点から日本の都市祝祭を表3・2のように分類して、それぞれの類型の特

表3.2 日本の都市祝祭の分類（松平誠）

時間集約的祝祭	閉鎖系	伝統型 管理志向型（A）
	開放系	合衆型 管理志向型（B）
空間集約的祝祭		

（出典）松平（1990: 13）より作成

徴を示す。さらに、このなかで日本都市の主要な祝祭類型として取り上げられるのは、「伝統型」と「合衆型」である。ここでいう伝統とは、主として近世以後の都市社会において練り上げられた制度、信仰習俗などのしきたりを意味している。その伝統を祝祭の基盤に据え、核となる伝統を保持する社会集団によって運用されている都市祝祭を、伝統型としてとらえる。そして、その基本的な特徴は、つぎのように記される。

「この種の祝祭は、社会統合が保たれ、秩序が安定している社会安定期の存在を前提としている。今日のように、社会統合が緩み、社会関係が複雑化して、生活の共同が崩壊している社会解体期には、類型としての伝統型祝祭を典型的な姿でみることはできないが、今日においても、観念的な意味で都市祝祭の一つの類型を形成している。その基本的特徴は、核となる伝統保持の共同組織をもって運用される生活共同の祝祭だという点にある」（松平 1990：16）。

このような祝祭は、「江戸時代に形成され、二〇世紀初頭に完成された凝集的・集団的な社会安定期の祝祭としての伝統型（伝統的都市祝祭）、つまり近世の伝統のうえに開花しながら、産業化のなかでその基本的性格を体現してきた都市祝祭」（松平 1990：3-4）と時期を明示して説明される。

松平は、伝統型都市祝祭の対象事例として、埼玉県秩父市の「秩父神社例大祭」と東京都府中市の「大国魂《おおくにたま》神社例大祭」を取り上げ（松平 1990：71-239）、秩父神社例大祭の調査から、つぎの特徴を明らかにする。

「日本の高度資本主義経済への展開が進む一九三〇年代まで、伝統型の都市では、その存在理由をカミにことよせ、神社祭礼に依拠して生活共同の認知がはかられ、そこに共同帰属原理が求められてきた。祭礼費を決める『等級制』に明示される身分階層制、祭礼役職の基準となる『筆順』に基づく集団の組織編成によって示される威信構造が、神社祭礼のつど氏子集団のなかで強化・再編成され、それがそのまま町内の社会構成としてはたらいていた。このような仕組みのもとで、生活共同は『本町民』層の戸主と後継者の集団によって形成され、基本的に排除的・閉鎖的性格

をもつ強固な求心性、凝集性をもって機能していた。これが本書にいう『伝統型』の類型である」（松平 1990：4）

つぎに、大国魂神社例大祭の調査では、「東京都府中市を典型的な実例として、この類型が日本の重化学工業化とともに伸展していく産業社会のなかで性格を変容させていく過程に着目し、とくにその共同の内包と外延に焦点をあてて分析をおこなった」と述べる。

松平は、「伝統型の祝祭類型では、それを特徴づける共同の外延（概念が適用される範囲）と内包（それに属するものが共通にもつ性質の全体）の基本的性格がみられる」ことを示すが、ここでは共同の内包と外延を「互いに同一の生活集団に帰属していることを確認しあうことのできる家々、ないしは世帯の連鎖がすなわち共同の内包であり、共同の内部にいる人びとだけがみることのできる価値の世界の境界が、その外延なのである」と定義する。「大国魂神社例大祭」は、もともとは府中四ヵ町（本町・番場宿・新宿・八幡宿）の祭りが結集したものである。この四ヵ町は、基本的には閉鎖的な対応として共同の内包と外延を維持して祭りの運営にあたってきたが、町の拡大や新住民の増大などの社会変動によって維持が困難になると、柔軟な対応が生まれる。このように、「都市共同の内包と外延とは、都市化の進展するなかでつねに変化し、社会的な対応をくりかえしてきた」。そして、「現代では、伝統的共同は、そうした変化のなかで、観念化しつつ生きつづけている。そして現代においても、伝統的な神社祭礼は、そうした共同認知の表出の場として、都市祝祭の重要な類型を構成している」ことが提示される（松平 1990：169–239）。

松平が日本都市の主要な祝祭類型として取り上げる、もう一つの都市祝祭――「合衆型」は、「伝統型」とは際立った対照をなす現代の祝祭類型として位置づけられる。つまり、「伝統とは無縁で、不特性多数の個人が自分たちの意志で選択した、さまざまな縁につながって一時的に結びつき、個人が『合』して『衆』をなし、あるいは『党』『連』『講』などを形成してつくりだす祝祭」（松平 1990：4）である。「現代に即していえば、それは、個人に解体され、集団帰属性を欠如した都市生活における祝祭の類型」であり、「『集団』の対極にある『集合』的な祝祭の性格」を保有している。

表3.3　合衆型都市祝祭の特徴（高円寺阿波おどり）

1．地域からの離陸	祝祭の母体が地域住民も包み込んで地域集団から離陸し，地縁・血縁と無関係な社会縁の単位集合（連・講・党）を生み出し，それらが祭礼のための合衆となる
2．見る・見せる両義性	氏子集団の閉鎖的な〈スる行為〉中心の祭礼にかわって，観衆も包み込む〈ミる―スる〉の相互関係が重要になり，しかもそれらが独立でなく，両義性をもって機能している
3．柔軟な内包・開放的な外延	祝祭の構成単位は，特定の固定的な氏子集団や家ではなく，個人の集合であり，単位集合への加入脱退は自由で，単位集合の相互交換も活発に起こる
4．開放型ネットワーク構成と増殖性	祝祭のための合衆は，開放型ネットワーク構成をとり，その結び目は無限に広がる可能性をもつ。また単位集合自体が簡単に分裂・合併し，増殖する可能性ももつ
5．脱産業化と「楽しみ」の価値追求	祝祭のための合衆はきわめて短期間の結合で，日常世界とのつながりに乏しく，強固な生活共同や生活組織が形成されにくい

（出典）松平（1990：4-5）より作成

松平は、東京都杉並区高円寺の「高円寺阿波おどり」を対象事例として、伝統型と対比させながら、基本的特徴を提示する（表3・3）。

上記の「伝統型」と「合衆型」のほかに、松平は「管理志向型」という祝祭類型を提起している。この類型は、閉鎖系と開放系の両領域に分類される。前者の閉鎖系「管理志向型」（A）は、閉鎖的に特定の集団のなかでつくられながら、伝統とは無縁の祝祭である。その例として、「社縁、つまり同じ企業で働くことを縁にして結ばれた人びとが、そのグランドで行うスポーツ・フェアや、特定の宗教集団・友誼団体・学校団体などで縁を結んだ人びとが、いっしょになって実施する記念祭的な性格の祝祭など」があげられる。「これらは特定の団体の企画ないし管理下にあり、しかも特定の日時を限って実施されるものであるところから、これを時間集約的な閉鎖系の管理志向型とよんだのである」。後者の開放系「管理志向型」（B）は、不特性多数の人々が自由意志で集まって、ごく一時的な結びつきが形成される「合衆型」と共通性をもつ点で、開放系として位置づけられ、特定団体の管理のもとで実施される点で管理志向型と措定されるものである。

「その代表的な例は、企画専門企業の手による膨大な規模のイベントであり、商工団体や地方自治体が計画する『まつり』である。これらは、閉鎖系管理志向型祝祭とは異なり、形態上、合衆型祝祭に酷似しているため判別しにくいが、そこではミる―スる関係は事業者や企画者の事業企画のなかに吸いとられ、自由な『楽しみ』は、産業社会的な目的志向にすりかえられてしまう点が特徴である」（松平 1990：5）。

これまで、時間集約的な各種祝祭類型の特徴について概説してきた。これらに対置するものとして、松平の祝祭分類では、空間集約的祝祭というジャンルが設けてある。これについては現実の事例は存在しないが、「現代において空間集約型の祝祭の端緒となるものは、古くからある縁日や、新しい繁華街などのいわゆる盛り場のなかに、見出すことができる」と記される。ある特定の時間帯に集約的に祝祭空間をつくりだすものではなく、ある特定空間のなかにいつでも祝祭の場が存在する、という開かれた祝祭空間を意味するものである。松平は、

「祝祭の日常化とでもいうべき現象は、禁欲的で効率を重んじる時間的節約型社会から脱し、時間消費によってその過程を楽しもうとする時代への移行を行おうとする時代に対応する動向として注目される。祝祭の日常化とは、いつでも、どこでも、『楽しみ』の対象として、充分選択に耐えられるほどに多種・多数の祝祭が、同一空間上に並列する状況をさす。これは、いうならば、時間集約的な祝祭の空間集約的祝祭への転化である」（松平 1990：359）。

と述べる。空間集約的祝祭は「時間節約志向の効率優先社会から脱却したとき、未来形として想定される類型であり」、時間集約的祝祭からの転化は、「日常と非日常との障壁を取りはらい、労働のための時間と余暇や楽しみのための時間との産業社会区分を取りさろうとする動向とみることができる」と指摘されるのである（松平 1990：20, 359）。

2.3 現代の都市祝祭類型「合衆型」――脱地縁的という到達点

以上の松平の祝祭分類のなかで、批判的示唆として筆者が注目するのは、現代の都市祝祭類型としての「合衆型」で

ある。この祝祭類型が生成する基本的背景には、「社会解体期」——そこでは社会的な統合が緩み、集団の解体と個人への回帰がみられる——という包括的な社会概念が存在する。この「社会解体期」について、松平は序章第2節2項の引用のように述べる。

前節で既述した都市祝祭の先行研究群が「伝統型」の分析に集約されていたとすると、現代都市社会の生活・文化の構成原理を繙いてくれる、脱地縁的でコンサマトリー（自己充足的）な価値を追求する「合衆型」の事例分析にこそ、松平祝祭論の真骨頂があるともいえる。それは、「YOSAKOIソーラン祭り」の分析への転換である。この研究方向の転換は、

「はじめは歴史の長い、大きな都市マツリを中心に、それを支える氏子の町が変化していく過程をマツリのなかで追うことに専念していた。だが、やがて、古い都市の生活を支えてきた『町』の仕組みが、現実の暮らしと乖離しつつあることに目をやり、その追求方法だけでは駄目だと気づいた。少なくとも、明治期までの都市生活は、『町』に明け、『町』に暮れていた。ところが、二十世紀も後半の当時、都市で暮らす人々の多くは、ほとんど『町』と無関係な生活をしている。……これでは都市をマツリから読み取ろうとしても、それまでのようなやり方では通用しない」（松平 2008：v）

「変化の源には現代都市の生活様式が生みだした個人化と共同の喪失があり、それまでの都市マツリとの間にギャップを生んでいる。その溝を完全に埋める手立てを探し当てたといえるものは、これらのなかにみあたらない」（松平 2008：158）

という問題認識に基づく。そして、伝統型都市祝祭分析の限界をあげ、その批判の延長線上に、「『高円寺阿波おどり』は、京都の祇園や博多山笠のような、これまでの都市のマツリを彩った地縁の生活共同にとらわれない、二十世紀後半に相応しい都市マツリであった」（松平 2008：182）との結論を導き出す。すなわち、「地縁のつながりを破って、新た

な都市生活のつながりを探ろうとするマツリ」の探求を主眼とするのである。このように転換の根源には、現代において地域社会の共同性形成と地縁性との関係を、どう読み解いていくかという根本問題が存在する。松平は、この問いを脱地縁という枠組みから読み解き、現代都市祝祭研究の到達点を示すのである。

第3節　脱地縁的都市祝祭の継続性

3.1　地域社会における地域性と共同性――共同性重視の基底的潮流

地域社会における共同性形成と地縁性との関係は、これまでどのように論じられてきたのであろうか。社会学は、産業化・都市化によるコミュニティ変容の問題に、一貫して取り組んできた。その結果、都市コミュニティの社会変容に関する理論化が進み、特に先行理論を批判的に継承してきた研究群のなかから、多くの成果が生まれた。ジョージ・ヒラリーはコミュニティを成立させる概念として、「共同性」と「地域性」という二つの重要な要素を提起する（Hillery 1955＝1978）。上述の古典的な先行研究群の議論を追うことで、この二つの要素の関係性を読み取ることができる。そこで、地域社会における共同性形成と地縁性との関係を、日米の都市コミュニティ論の研究動向より明らかにしてみたい。

その記述に入る前に、地縁性の意味・位置づけを明確にしておきたい。この予備的作業は、地縁性を、共同性と地域性のどちらの範疇でとらえればよいかという、自明な問いをあらためて整理するものである。「地縁」という言葉は、「一定地域での居住に基づく縁故関係」と定義できるが、「地縁性」と概念化すると、その縁故関係に共通してみられる態度・生活習慣・価値観などの意味合いが含意されて多義的になる。そのために、共同性と地域性の意味を確認しておきたい。

江上渉は、つぎのように論じる。

「コミュニティは非常に多義的な概念であるとされる。……地域性とはコミュニティが一定の空間的範域を表現する概念だということであり、もうひとつの共同性はコミュニティが人々の社会的共同生活を表現する概念だということである。しかし、コミュニティ概念が多義的にならざるを得ないのは、地域性を強調すると地域、近隣、居住地などの、〝場所〟を指示する『地域社会』に関わる意味合いが強調され、一方の共同性を強調すると同じ信条や関心を共有している人々がつくる『共同社会』の意味合いが強調される点にある」（江上 2000：26）。

この江上の記述に倣って、ここでは「地縁性」を「一定地域での居住に基づく縁故関係を表現する概念」と限定的に定義し、〝場所〟との関連性において「地域性」と近似性が高いことを確認しておきたい。

さて、古典的なコミュニティ論者の代表的地位にあるロバート・マッキーバーは、

「人間の諸関心はすべての社会活動の源泉であり、その関心の変化は社会進化全体の源泉であると思われる。関心は増大しかつ分化する。そのなかには永遠のものもあり、また変化し消滅するものもある。さらに関心の強弱の変化にともない、関心が創り出すアソシエーションも変容する。先行するものは常に関心である。関心は共同生活のなかでのみ実現できるために、コミュニティも存在するようになる」（MacIver 1917＝1975：127）

と述べる。「のちに、マッキーバーはチャールズ・ページとの共著（MacIver & Page 1949＝1973）において、この論点をさらに展開する。二人は、コミュニティを範域性とコミュニティ感情に基礎づけられるとする。だが、近代的自我(2)の成熟を信頼する立場からすれば、重点はむしろコミュニティ感情によっている」（鈴木編 1978：115）。近代的自我の形成という視点から、範域性（地域性）よりコミュニティ感情（共同性）の方に相対的な重要性をみいだすのである。

つぎに都市化の文脈から、共同性と地域性の関係について探ってみたい。ルイス・ワースの「アーバニズム理論」

（Wirth 1938＝1978）の批判的継承理論として、バリー・ウェルマンの「コミュニティ解放論」（Wellman 1979＝2006）やクロード・フィッシャーの「下位文化理論」（Fischer 1975＝1983, 1976＝1996）が主張され、都市コミュニティの社会変容に関する理論化が進む。ウェルマンは、社会システムの大規模な分業が、第一次的な絆の組織と内容にどのような影響を及ぼしたか、という問題に対して、三つの回答――「コミュニティ喪失論」、「コミュニティ存続論」「コミュニティ解放論」――を用意する。ワースの「アーバニズム理論」は「コミュニティ喪失論」に呼応するものと位置づけられ、多くの論者がこの立場をとってきた。「コミュニティ存続論」は、ウィリアム・ホワイト（Whyte 1943＝2000）やハーバート・ガンズ（Gans 1962＝2006）が代表的論者としてあげられる。これらに対し、ウェルマンは「コミュニティ解放論」の立場をとり、人々がとり結ぶ親密な絆は、交通・通信手段の発達や、頻繁な社会移動・居住移動などによって、空間的な基礎から解放され、広域にわたる分散的なネットワークのかたちをとるようになったと主張するのである。すなわち、ウェルマンにとって、コミュニティは地域を基礎とする社会関係ではなく、親密な絆のネットワークであり、「ネットワーク論」によってとらえ直されるのである。

また、フィッシャーも「下位文化理論」のなかで、「ネットワーク論」を展開する。フィッシャーによると、都市度とは日常的に接触可能な人口量であり、ある場所の都市度が高ければ高いほど、その場所における日常的に接触可能な人口量は多くなる。下位文化理論の基本仮説は、居住地の都市度が社会的ネットワークの選択性を増大させ、ネットワークを構造的に分化させることによって、それを基盤として下位文化が生成するというものである。ここで、下位文化とは、外社会（あるいはネットワークの総体）から相対的に区別された社会的ネットワークと、それに結びついた特徴的な価値・規範・習慣であると定義される。それでは、社会的ネットワークの選択性が増大したとき、人々はどのような関係を選びとるのであろうか。関係選択の原理として二つのものがあげられる。一つめは、交換原理であり、人々は最少の費用で最大の便益（満足）が得られる社会的諸関係のセットを選択するというものである。かつてコミュニティのなかに埋め込まれていた社会的交換は、選択性の高い状況のもとでは、貨幣を媒介とする経済的交換として自立化するとされる。二つめは、同類結合の原理であり、社会的・心理的特性が同じ行為者同士は、親密な関係を形成しやすいというものである。生活機会、生活課題、ライフスタイル、価値観などの共有から同類結合が促進されるとする（松本 1995：30-6, 2002：41-2, 46-9）。

マッキーバーから始まり、ウェルマン、フィッシャーへと、共同性と地域性の関係性に焦点を絞り、コミュニティ理論をみてきたが、基底には地域性より共同性を重視する思考的傾向が存在してきたことが理解できる。この動向について、江上渉はマッキーバーとウェルマンの理論を引用して、つぎのように結ぶ。

「このような議論をもとに考えると、コミュニティの本質は社会的相互作用ないし共通の（親密な）絆にあることが理解できよう。すなわち、コミュニティとは社会の統合を表現するひとつの概念なのである。（中略）人びとの共同関心が共同生活の基礎にあり、その広がり・領域は多様である。したがって、コミュニティ概念にとって共同性が本質であり、それが拡がる範域という意味で地域性は副次的であることがわかるだろう」（江上 2002：144-5）。

それでは、わが国の場合、共同性と地域性の関係性については、どのように論じられてきたのだろうか。戦後日本では、高度経済成長期に進展した産業化・都市化による社会変動を背景にして、一九六〇年代後半から一九七〇年代にかけて「都市コミュニティ論」の研究が進んだ。その代表的な理論として、倉沢進、奥田道大、鈴木広の都市コミュニティ論を第2章で取り上げた。ここでも、彼らの理論を起点にして探ってみたい。

倉沢は、「従来の調査研究が、多くのばあい、規範としての市民意識を題目としつつ、実際には郷土愛的地域的連帯ないしローカル・アタッチメントを測定し、これにもとづいて、移動性の高い、定着性の低い来住市民の市民意識を低いものと断じてきた」ことを批判して、「偏狭なローカル・アタッチメントを離れて、市民社会の市民として、どの地域社会に住もうと、そこに永住の意志の有無に拘らず、その地域社会を自発的共同によって向上せしめようとする態度をもって市民意識とした」（倉沢 1968：263）。すなわち、普遍的・脱地域的な市民意識を基盤とするコミュニティ論を主張する。

奥田は、倉沢の脱地域的な市民意識論に同意しない。奥田は第2章第1節1項で述べたように、共同性とともに地域性をコミュニティの要件とする。倉沢と奥田では、共同性形成の要件としての地域性評価は分かれる。しかし、二人に共通しているのは、伝統的コミュニティ（奥田はこれを「地域共同体」と呼ぶ）への回帰ではなく、脱地域的ではあるが新しい市民意識、あるいは地域性を要件とする新しい地域的連帯である、規範的コミュニティをめざす試みにある。

このような倉沢と奥田のコミュニティ論を、当時の社会状況・社会構造の現実的判断から、空想的性格・希望的観測であるとして批判したのが、鈴木の「地方都市型コミュニティ論」である。地域性をコミュニティの要件とする意義づけについては、三者のなかでは鈴木がもっとも重要視する。脱地域になるほど自己中心主義（利己主義）を帰結するしかなく、それに逆行して相互主義へと価値転換することは、はなはだしく抵抗の大きい困難な方向であるとされる。倉沢と奥田の新しい市民意識と地域的連帯は、まさしく困難な方向へ逆行する試みであり、現実的にはほとんどユートピア・建前としてのみ機能する類型として否定的評価が下されるのである。そこには、倉沢と奥田の「大都市型コミュニティ論」がコミュニティ解放論として基底に持つ、地域共同体に対する否定的評価への批判がある。

シカゴ学派の社会解体論を鋭く批判した、ホワイトやガンズの「コミュニティ存続論」や、大都市型コミュニティ論を現実的判断から厳しく批判した、鈴木の「地方都市型コミュニティ論」からは、共同性形成の必要不可欠な条件としての「地域性」が強調された。しかし、地域社会を大きく変容させてきた産業化・都市化の影響もあり、コミュニティ解放論の文脈から地域性を副次的にとらえる研究動向が、基底的潮流を形成してきた。一九八〇年代以降の日本における都市コミュニティ論の研究は、おもな舞台を「ネットワーク研究」と「エスニシティ研究」に移して進められていく。

この脈絡からいえば、脱地縁という枠組みから現代都市祝祭を読み解き、到達点を導き出した松平の方法論は、時代的潮流に沿ったものであり、それゆえに主張には説得力があり、示唆に富むものであった。

3.2　脱地縁性に対する懐疑——消費社会化が貫徹された時代背景から

しかし、地域活動の継続性を重視する本書の原的な問いからすれば、ひとつの疑問点が浮かんでくる。それは、はたして地縁の祭りから抜け出すことが、現代の都市祝祭の成長・持続要因となりうるのであろうか、という問いである。「合衆型」的な性格をもつ都市祝祭は、これからも成長・持続していくのであろうか。松平が社会解体期の一典型としてとらえた「現代」は、前章で既述したとおり、消費社会化の進行という形で社会構造を変容させている。「都市社会構造の現代的変容」の内実を、「脱産業化の時代への志向性も強まりつつある時期」から「脱産業化がさらに徹底化された時代」へ、換言すれば「消費社会化が貫徹された時代」へと、今一歩、時を進めてとらえなければならない。松平は、

「政治にも経済にも、社会にも閉塞感が充満し、若年層の未来への期待はしぼんでいる。そんな時代だから、若者の手が届く範囲の世界で、何とか生きがいを見つけようとする。その一つのあらわれが、『よさこい系』のマツリとなって噴出したのが、今日の状況ではないだろうか」（松平 2008：198-9）

と指摘し、しがらみを断ち切って、「合衆型」という新たなマツリのなかに未来をみつけようとする若い力に日本の未来の活路をみいだす。

産業化社会というものを「生産中心主義の禁欲的な倫理観念」のなかに個人が埋没する社会だとすると、脱産業化の時代はこうした社会から個人を解放する時代であるといえる。そして、この時代は、「生産中心主義の禁欲的な倫理観念」から、その対概念である「消費中心主義の欲望的な社会観念」へと、個人の行為を規定する社会観念が、反動という形態をとって入れ替わっていく過程を示す。それは、前章で既述した、地域社会に対するモラール意識が「資本主義的生産諸関係の『物質的』要請に適応した『利己主義』」から「資本主義的消費諸関係の『欲望的』創出に適応した『利己主義』」へ、進化という形態をとって変容する過程と共振していく。

さらに、今度は脱産業化のなかでの変容過程として、消費社会化が貫徹していくことにより、上記の社会観念とモラール意識の変容過程も貫徹されていく。そこには、過剰な消費社会化により、過剰な欲望が浮遊する「徹底化された脱産業化社会」が登場してくる。「脱産業化の時代への志向性も強まりつつある時期」では、「消費中心主義の欲望的な社会観念」は「生産中心主義の禁欲的な倫理観念」から個人を解放する観念として意味づけられていたものが、「徹底化された脱産業化社会」では「消費中心主義の欲望的な社会観念」は変質し、そのなかに個人が埋没する拘束観念として個人の行為を規定していく。こうした拘束社会が生起してきた問題性を振り返ってみるに、現在こそ、この社会構造から個人を解放する時期が到来していると考えられるのではないだろうか。

ジョック・ヤングは、アンソニー・ギデンズが後期近代の生活の特徴として記述した「選択可能性が高まったこと（消費の機会と雇用の柔軟化への要求が増大したことによる）、信念や確実性がつねに疑われるようになったこと、自己反省が強まったこと、はっきりした人生コースが消滅したこと、社会の多元化がさまざまな信念のあいだに葛藤を引き起こすようになったことなど」（Giddens 1991＝2005：76–97）を引用して、「このような状況から、存在論的な不安とでも呼ぶべき感覚が生まれる。そこでは、自己のアイデンティティが一貫した人生に根ざしたものではなくなり、私たちの確実性の感覚に脅威やリスクが侵入することを食い止めていたはずの防壁もなくなった」と論じる（Young 1999＝2007：48–52）。また、ウルリッヒ・ベック、アンソニー・ギデンズ、スコット・ラッシュ、ジークムント・バウマンらの近年の社会理論家たちも、「再帰的近代化論」や「個人化論」の主張において同様の指摘を繰り返す（Beck 1986＝1998：Giddens 1991＝2005：Beck, Giddens & Lash 1994＝1997：Bauman 2000＝2001）。この存在論的不安の日本における増幅は、「日本社会にとってその存立の根底が揺らぎ、同質性が失われていく未曾有の危機の時代であり、経済・文化的にも戦後的体制が急速に崩壊していく」（吉見 2009：219–222, 233）バブル経済崩壊後の一九九〇年代以降に顕著にあらわれてきたと考えられる。それは、家庭や学校や会社など、それまでの帰属先との結合が急速に希薄化していく「帰属先の揺らぎ」の問題として現象化してくる。このように現在は、過剰な消費社会化により構築された「徹底化された脱産業化社会」の構造から個人を解放する時代であるという意味での「脱埋め込み」の時期であると同時に、個人化の進行や帰属先の揺らぎの問題から生じる存在論的不安を解消するために、「再埋め込み」をどのようにしていくかという問題も突きつけられている時代なのである(3)。

このような時代背景を踏まえて、「はたして地縁の祭りから抜け出すことが、現代の都市祝祭の成長・持続要因となりえるのであろうか。『合衆型』的な性格をもつ都市祝祭は、これからも成長・持続していくのであろうか」という問いに対する解を探ってみたい。これは、これからの地域社会における地域活動の継続要因を探ることでもある。第4・5・6章で、序章で紹介した方法に則り、都城市で行われている祝祭活動の実証的分析を行い、そこから抽出した知見をもとに、第7章で結論につなげたい。

注

(1) 田中は、『共同性の地域社会学』(田中 2007) に所収されている「津軽地方ネブタ祭り」(第二部「共同性の発見」第4章〜第6章) の記述にあたって、田中重好・池上・丹野・田中二郎 (1983) と田中 (1986) を基に再構成したと紹介している (田中 2007: 450-1)。

(2) 小川全夫は、近代的自我の権利意識が市民意識であることを記している (鈴木編 1978: 111)。

(3) ギデンズは、「脱埋め込みメカニズム」について、「モダニティの制度的再帰性に加え、近代社会生活は深いレベルでの時間と空間の再組織化過程、そしてそれに伴う脱埋め込み disembedding メカニズム—社会関係を特殊な位置付けの呪縛から解放し、広範な時間・空間のなかに再統合するメカニズム—の特徴がある」と定義するが (Giddens 1991 = 2005: 2)、本書で記述する「脱埋め込み」「再埋め込み」の概念は、帰属先 (社会集団だけでなく社会観念も含む) との関係性に重きをおいて、既存の帰属先からの「脱埋め込み」と新しい帰属先 (既存の再構築を含む) への「再埋め込み」という意味に単純化している (序章第2節3項)。

第4章　近隣祭りの持続と変容——「六月灯」の事例分析

本書は「地域社会における（地縁的な）共同性形成に直接関わる地域活動」を分析の対象とする。調査事例として「六月灯《ろっがっどう》」には当初から興味を持っていた。今では地方都市といえどもコミュニティの衰退が問われているなかで、祭りの数の多さと、その継続性に理由がある。六月灯は、都城市の地域単位で行われる近隣祭りであり、旧薩摩藩領のみで広く行われている「産土神社《うぶすな》の夏祭り」であると説明される。もしそうだとすれば、現代の都市社会においてはにわかに信じ難い、産土神への信仰すなわち強い地縁的つながりを軸にして生活共同体を形成する、氏子的住民意識が市の全域にわたって残存していることになる。

それが事実だとすれば、これこそ戦後の中央政府と大資本の主導による地域開発の対象外となり、結果的に都市化・工業化が遅れてきた地方都市が、急激な開発にともなう人口流入や社会変動を経験しなかったために保有する「遅れてきたことの特権」の事象であるのだろうか。そこには、第2章第2、3節で示したとおり、本書で地域活動の規範的方向性として提起するコミュニティ意識——「開放的相互主義」——への変容可能性を相対的に持つ「地域的相互主義」が、強固に残存しているといえるのだろうか。本書の仮説では地域住民のコミュニティ意識を「内的資産」とおいたが、「遅れてきたことの特権」を強く表出する「内的資産」といえるのだろうか。とすれば、結果的に都市化・工業化が遅れてきたがゆえに、都城市は「生活の論理」にもとづく地域活性化の実現可能性を保有しているといえる。

本章は、この仮説が本当に立脚しうるものなのか、もしくはこれ以外にこの近隣祭りを支えてきたものがあるのかを解明するために、六月灯の数の多さとその継続という、両事実を成立させている要因を浮き彫りにしていく。そこでは、持続するものと変容するものが交錯しながら、この祝祭活動を支えてきた構図がみえてくる。

第1節　六月灯の特徴

まず、六月灯の起源、祭事構成、開催場所、運営主体をみていくことで、この近隣祭りの特徴を明らかにしていきたい。

1.1　起源――島津家の祭り(1)

都城地方は旧島津荘に由来する島津氏の発祥の地であり、藩政時代は都城島津家を領主とする薩摩藩最大の私領地(2)として、終始島津氏とともに歴史を経ており、薩摩藩独特の民俗文化を保持している。この六月灯も、旧薩摩藩領に伝わる「産土神社の夏祭り」として説明される。この祭りは本来夜間に執り行われ、七月に入るとほとんど毎晩のように、都城地方のどこかで花火が打ち上げられる。六月灯は百ヶ所を超える地区で行われ、数の多さが特徴となっている。明治以前より旧暦（太陰暦）の六月に当たる七月に行われたため、明治初期に太陽暦が採用されて新暦になった後、現在まで旧暦呼称の六月灯で通っている。

六月灯は、地方によっては「ツロトボシ」（灯籠灯し）などと呼ばれ、武者絵などを描いた大小の灯籠を神社に奉献し、祖霊・御霊を慰撫する祭りである。昔は、武家においては木枠の角型の灯籠を作り、それに武者絵を描き、土地の人々は竹ひごの丸灯籠に夏の野菜を描いて献じた。都城市の六月灯は、七月二日平江町の秋葉神社を皮切りに、七月三

○日都島《みやこじま》町の兼喜神社をもって、神社における六月灯は終了する。ただ現在では、それ以降も自治公民館など各地区の公共施設で「六月灯（夏祭り）」が開催され、八月中旬ごろまで続く。なかでも、都城地方の総鎮守である神柱《かんばしら》宮（神社）（写真4・1）の六月灯は七月九日に行われ、最大規模を誇る。大鳥居から神社階段までの参道両側に露店が並び、数十発の花火が打ち上げられ、浴衣姿の家族連れなど多くの人出で賑わう。六月灯に欠かせない灯籠は、「壇の浦合戦の源義経八隻飛び」や「屋島の戦・弓の名人那須与一」「宇治川の先陣」「牛若丸と弁慶」などの武者絵が色彩豊かに描かれ、長さ六メートルの本格的な三間灯籠が奉納される。

古くからどの神社の六月灯でも、子供たちが自作の灯籠に武者絵や西瓜などの絵を描いて、神社に奉納する習わしがある。灯籠に武者絵を描くのは、不幸な死を遂げ成仏できないでいる人の霊を慰める御霊の信仰である。灯籠に西瓜やなす、きゅうりの絵を描くのは、初物は水神にお供えするという水神の信仰である。また、先祖は、なすやきゅうりにまたがって帰ってくるといわれ、祖霊の信仰である。ずっと古くから庶民はこれらの御霊を鎮めるために、神社・仏閣に灯籠を奉納してきたのである。

写真4.1　神柱宮（都城市前田町 2007.2.24）

六月灯の由来については二説ある。一つは、島津家初代当主島津忠久が鎌倉で逝去したのが一二二七（安貞元）年旧暦六月一八日で、この日を「御忌日」と称して島津家やその家臣たちが供養していたが、その際に灯籠を灯したことから起こったとする説である。もう一つは、島津家一九代当主島津光久（薩摩藩第二代藩主、生没年一六一六〜一六九五）が鹿児島の城山の山下にあった上山《うえやま》寺の観音を修造したが、これが竣工したのが旧暦六月一八日で、光久はこれを非常に喜びこの日に灯籠を寄進し、家臣もこれにならって灯籠を寄進したところから始まったとする説である。上記のとおり六月灯の起源は島津家に由来し、神仏の降誕や示現など特別な縁があるとして祭典や供養を行う、宵祭りの縁日とは本質が異なる。そのためか、六月灯は士族の祭りともいわれ、「むかしの六月灯は、士族が主となり灯籠を上げたあと、夜半まで正座して過ごし、静かなものだった」と語る古老もいたという。

「産土神社の夏祭り」と説明される六月灯であるが、上記の上山寺の六月灯で示されるように、江戸期には寺院でも行われていた。ただ薩摩藩では、明治時代の初めに廃仏毀釈が激しく行われ、寺院はすべて廃された。一方で新しい神社が多く作られ、破壊を免れた寺院は神社に衣替えした。それと同時に庶民の土俗信仰や祭りも国家神道のなかに統合されていった。寺院で行われていた六月灯も、「産土神社の祭り」へと変容していったのである。

1.2 祭事構成——三要素の持続と質的変容

六月灯の祭事構成の核となるのは献灯行事であるが、それ以外の神賑行事の存在を看過するわけにはいかない。鹿児島県「加世田《かせだ》市(3)の日新寺(島津忠良(4)を祀る。廃仏毀釈後は竹田神社)では、昼間、士＝さむらい＝踊と稚児踊をし、夜、六月灯をしていた(『加世田市誌』から)。高山町(5)の日新院でも、六月一三日に忠良の弔い踊(太鼓踊)を昼間にし、夜は灯籠を飾っている(『守屋舎人日帳』文政九(一九二六)年から)」(所崎 2001:㊤)。都城地方でも、第二次世界大戦以前あるいは以後から、その地で継承する民俗芸能を奉納している六月灯がある。たとえば、七月二五日、馬頭観音祭りでもある都城市下長飯町の六月灯ではジャンカン馬踊が演じられ、同市吉之元町折田代地区では、氏神荒嶽神社に修練した虚無僧踊を奉納する(都城市史編さん委員会編 1996:762)。郷土芸能の奉納行事も、祭事を構成するうえで重要な要素であった。

また、花火も欠かすことのできない要素であり、都城盆地内の神社のなかには、とくに仕掛け花火の奉納が伝承されていて、昔から村の若者たちが秘術を競った。都城市上水流町科長《しなが》神社のカラクリ(網火)花火、野々美谷町諏訪神社のヂシュ(流星)、高木町南方神社のセンツロ(千灯籠)、山田町花舞神社のチギリ牡丹の花火は、古くからその名を競って有名であった。科長神社の六月灯では、若者たちのなかのオセンシ(年長者)がニセンシ(年下)を指導して各

写真4.2　旭丘神社六月灯
奉納された灯籠（姫城町 2008.7.28）

写真4.3　同上　鳥居に掛けられた灯籠
（2008.7.28）

種の花火を製作した。これは七家の長男の世襲制で、すべて口伝か符合文書によって伝授されてきたが、戦後は専門の花火師によって製作されている（都城市史編さん委員会編 1996：435）。このように奉納物からみると、「灯籠」を核にして「芸能」「花火」という三要素により、祭事が構成されていた。

それでは、現代の六月灯の祭事構成はどのようになっているのか、都城市姫城《ひめぎ》町にある「旭丘《ひのお》神社」の事例をみてみよう。旭丘神社では、毎年七月二八日に六月灯が行われるが、この日は神社の夏祭りの祭典日であるため、一五時から「神事」、一六時頃から「直会」、夜に入って六月灯が行われる。奉納する灯籠は昼間から境内に飾られ、日が暮れると灯される（写真4・2、4・3）。一九時になると神社の駐車場に設営された舞台で、地域住民による演芸が始まり（写真4・4）、演芸が終わる二〇時三〇分頃に花火が上がる。最後に抽選会があり（写真4・5）、二一時頃に終了となる。もちろん、夜店が出て夏の夜祭りの風情を添える。

以上の祭事構成は、都城地方の六月灯の一般的な構成である。開演・終了時間や演芸の数、そして抽選会の有無など地区によって違いはあるが、「灯籠」「芸能（演芸）」「花火」の三つの要素は現代の六月灯においても持続している。ただ、そうであっても、「現在では六月灯は灯籠が中心になっていず、出店（露店）や舞台上の踊や歌、奇術、ロックバンドが華やかになり、夏祭り化してきた」（所崎 2001：㊦）との記述にあるように、祭事内容に質的変容があったことも事実である。

写真4.4　同上　演芸会の子供太鼓（2008.7.28）

写真4.5　同上　抽選会（2006.7.28）

1.3　開催場所——庶民への広がりと量的拡大

六月灯は島津家の祭り、士族の祭りに起源を持つため、一部の階級や格式のある社寺に止まったかもしれないのだが、この祭りが広く農村地帯の神社や小社《やしろ》・小祠《ほこら》まで行われるようになったのは、それなりの理由があった。農民にとっては、年間の労働の中でもっとも重要な「田植え」を済ませたあとに、安堵・休息の機会が欲しかった。藩政下では盆・正月しか休みのなかった農民も、この六月灯だけは公然と休むことができたため、暑気の厳しい時期の唯一の機会として、どんな小さな社祠でもそれぞれの日を設け、六月灯を催すことになったのだという。六月灯は、夏季に際して人畜の疫病、田畑の病虫害、台風などによる風水害などの悪霊群を封じ、祓うために神に祈願するのが本来の目的であったが、その目的とは別に、若者や子どもたちをはじめ一般の庶民・集落の人々にとって、朝から休むことができ、花火は上がり夜店は立ち並ぶといった夏祭りの賑わいは最大の楽しみであり、六月灯は農村の娯楽的行事でもあったのである（都城市史編さん委員会編 1996: 66, 412-3）。

六月灯は多くの地域で催されるようになったが、都城市では戦後もほとんど変わることなく各地域で継続されていった。鹿児島市の例であるが、六月灯の戦後の変遷についてつぎの記述がある。

「第二次大戦に伴い、六月燈も一時中止の、已むなきに至ったが、新憲法の発布や、講和条約の締結等に依り、人心が安定するやいつとなく復興し、年とともに、往時をしのぐ程に、盛大に行われる様になった。特に、鹿児島市内は、急激なる人口増に依る、県・市当局の施策方針に依り、周辺山野の開発が行われ、団地の造成となり、五十万都市が目前に迫りつつある。六月燈も時代の変遷と共に、少しづつ形をかえ、従来の神社仏閣のものに加え、神輿又は〇〇〇を中心に、団地六月燈・町内会六月燈・通り会六月燈と多種多様化しつつあり、極端なのは燈だけを点し、露店を陳べる様になった」(6)。

この記述からは、急激な人口流入によって新たに地域社会が形成され、それと同時に地域住民組織が立ち上がり、性格は違うものの各々六月灯を引き継いでいった関連性が読み取れる。都城市の場合も、都城市役所商業観光課で入手した「平成二〇年度各地域六月灯・夏祭り開催日等一覧表」に記載されている会場名で単純に区分すると、神社・小社・小祠42ヶ所、(自治)公民館52ヶ所、その他公園・広場・駐車場・小学校運動場などの地域施設が24ヶ所となり、神社ではなく公民館を会場とする六月灯がもっとも多い結果となっている(表4・1参照)。なお、同一覧表には、二〇〇六年一月合併前の旧都城市の区域で118ヶ所、旧北諸県郡四町で36ヶ所、合計154ヶ所の会場名が記載されているが、本章における事例分析の対象とする地域は、過去の資料との整合性を図るため、旧都城市域に限定する。表4・1はその基準のもとで作成したものである。

1.4　運営主体と開催場所――自治公民館との関連性

前項で戦後の地域社会形成にあたって、地域住民組織(都城市の場合は公民館)と六月灯の関連性を示唆した。都城市での調査を開始するに当たって、まず「下長飯《しもながえ》馬頭観音」(7)と「旭丘神社」の六月灯の視察を行ったが、運営主体者のテントには確かにその地域の自治公民館の名称が記してあった。序章において、一機能ではあるが行政の末端を補完する機能を保有する町内会や自治会のような地域住民組織は当初、本書の事例研究の対象外としたことを記した。しかし、都城市六月灯の調査において、結果的に町内会・自治会と同様の性格を持つ「自治公民館」という地域住民組織と

表4.1　2008年都城市六月灯　開催日・会場・町名（旧北諸県郡4町を除く）

月　日	曜日	会場	町名
7月2日	水	秋葉神社	平江町
7月3日	木	ワンパーク公園	中町
7月5日	土	御年神社	豊満町
7月7日	月	小鷹神社境内	上長飯町
7月8日	火	今町大江公民館	今町
7月9日	水	神柱宮	小松原町
7月10日	木	上安久営農研修館	安久町
7月11日	金	甲斐元自治公民館	甲斐元町
		黒尾神社	梅北町
7月12日	土	八坂神社	庄内町
12～18日	土～金	各分館で開催	乙房町
7月13日	日	早水神社	早水町
		有里公民館	今町
		瀬之神神社	野々美谷町
		乙房神社	乙房町
		吉尾公民館	吉尾町
		千草公民館	菓子野町
14・15日	月・火	小組合別に祭りがある	丸谷町
7月15日	火	狭野神社	都島町
		払川自治公民館	梅北町
		平長谷自治公民館	平塚町
7月16日	水	雄児石公民館	梅北町
		千町えびす神社	千町
		北鷹尾公民館	鷹尾4丁目
16・17日	水・木	高野原公民館	豊満町
7月18日	金	乙戸神社	下川東3丁目
		早水神社	早水町（女）
		大年神社	丸谷町
		熊野神社	立野町
		上川崎公民館	関之尾町
		今房公民館	横市町
		出水公民館	横市町
7月19日	土	久保原街区公園	久保原町
		久保原西公民館	久保原町
		広原自治公民館	広原町
		稲荷神社	郡元町
		大根田馬頭観音	志比田町
		巌興神社	宮丸町
		関之尾公園	関之尾町
		下安久営農研修館	安久町
		姫城公民館	姫城町
		早鈴自治公民館	早鈴町
		寿公園	宮丸町
7月20日	日	鮮度市場駐車場	花繰町
		馬場公民館	横市町
		羽山神社	太郎坊町
		中尾公民館	五十町
		一万城第3児童公園	一万城町
		菖蒲原児童公園	菖蒲原町
		万ヶ塚公民館	丸谷町
		祝吉自治公民館	祝吉町
		神之山プール広場	神之山町
		豊幡神社	庄内町
		黒尾神社	梅北町
		大浦公民館	梅北町
		梅北運動公園（麓神社）	梅北町
		嫁坂公民館	梅北町
		興玉神社	安久町
7月21日	月	松之元自治公民館	都北町
		千足神社	美川町
7月22日	火	水分神社	丸谷町
		宮地嶽神社	栄町
7月23日	水	母智丘公園	横市町
7月24日	木	林田神社	金田町
		南鷹尾公民館	南鷹尾町
		愛宕神社	今町
		南州神社	庄内町
		藤田農村公園	安久町
7月25日	金	都島公民館	都島町
		荒武神社	吉之元町
		天神山	下水流町
		天満宮神社	丸谷町
		菓子野	菓子野町
		菅原神社	庄内町
		西牛之脛公民館	夏尾町
		木ノ前公園周辺	下長飯町
7月26日	土	東第3児童公園	若葉町
		山野原自治公民館	太郎坊町
		旭自治公民館	都北町
		原村公民館	五十町
		竹町自治公民館	上長飯町
		東部公民館	一万城町
		王子神社	岩満町
		川東第5児童公園	上川東2丁目
		志比田馬頭観音	志比田町
		上町公民館	上町
		東町自治公民館	東町
		神柱公園	妻ヶ丘町
		中妻自治公民館	妻ヶ丘町
7月27日	日	社日神社	蓑原町
		加治屋公民館	南横市町
		南方神社	高木町
		鷹尾公民館	鷹尾1丁目
		狐塚公民館	平塚町
		小鷹自治公民館	上長飯町
		上東児童公園	上東町
		水流神社	下水流町
		下川崎公民館	関之尾町
		西町小国神社	西町
7月28日	月	諏訪神社	野々美谷町
		諏訪神社	庄内町
		旭丘神社	八幡町
7月29日	火	科長神社	上水流町
7月30日	水	都鷹公民館	鷹尾1丁目
8月3日	日	大王自治公民館	大王町
		石原公民館	安久町
8月14日	木	川東第3児童公園	下川東2丁目
		下川東自治公民館	下川東3丁目
		御池小運動場	御池町
8月15日	金	八反公民館	大岩田町
		川内公民館	梅北町
8月16日	土	南部公民館前広場	一万城町
		女橋納骨堂前	梅北町
8月17日	日	妻ヶ丘地区公民館	上東町
		横尾原公民館	大岩田町
8月23日	土	総合庁舎駐車場	北原町
8月24日	日	天神第2児童公園	天神町
		早水公園多目的広場	早水町

神社・小社・小祠42　公民館　52　その他（公園・広場・駐車場・地域施設）24　　合計118

（出典）都城市役所商業観光課「平成20年度各地域六月灯・夏祭り開催日等一覧表」（2008）

の関連性を明確にすることが中心的な主題となった。

現在における都城市各地域の六月灯は、祭りの名称―主催者の組合せから表4・2の①～③の三類型に大別できる。この類型化は、六月灯11ヵ所の現地視察および聞き取り調査と、それぞれの六月灯の変遷を六つの資料を使ってたどった調査から判明したものである。

類型①の神社は、社殿を持ち宮司が駐在して、祭典日を設けその日に神事を行う神社である。したがって①の六月灯は、宮司が中心となり神社が主催し、継続して神社境内で開催されてきた。また、開催日も神社の例祭あるいは夏祭りの日、すなわち毎年同じ日に曜日に左右されることなく行われており、開催日や開催場所の変化はほとんど見られない。ただ、神社主催といっても、演芸部分は自治公民館が分担するなど、実質は神社と自治公民館との協同運営のもとにこの近隣祭りは成立している。②の小社・小祠とは、馬頭観音や田の神・火の神などを地域の守護神として、地域の人たちが近隣で祀ってきたものである。この六月灯は、現在ではその地域の自治公民館が主催し、例年決められた日に行われることが多い。その特徴としては、開催場

表4.2　六月灯の開催場所・運営主体別の3類型

名称	主催者
①神社	神社
②地域の小社・小祠	自治公民館
③自治公民館あるいは地域施設	自治公民館
現地視察した六月灯（11ヶ所）	
旭丘（ひのお）神社	御伊勢講社
科長（しなが）神社	秋葉神社
狭野（さの）神社	蛭子（ひるこ）神社
諏訪神社（庄内）	姫城（ひめぎ）自治公民館
下長飯（しもながえ）馬頭観音	狐塚自治公民館
	中蓑原自治公民館

資料	場所数
1. 灯ろうゆれて夏涼し　六月灯 (1)	86
2. 都城市内の六月灯と開催地（平成4年調べ） (2)	97
3. 平成17年都城六月灯・夏祭り日程一覧 (3)	115
4. 平成18年都城六月灯・夏祭り日程一覧	120
5. 平成19年度各地区六月灯・夏祭り一覧	113
6. 平成20年度各地区六月灯・夏祭り開催日等一覧表	118 (4)

（注1）宮崎県企画調整部地域振興課（1989：105-7）
（注2）都城市史編さん委員会編（1996：413-5）
（注3）平成17～20年度夏祭り一覧は都城市役所商業観光課にて入手した
（注4）旧都城市域内

所の変化が多く見られることである。③は、ほとんどが戦後自治公民館活動の一環として新規に立ち上がったものであり、地域住民が参加しやすい土・日曜日の開催が多い。また、開催場所は自治公民館などの地域施設であり、変化は見られない。

第2節　六月灯個別事例の変容過程

前節において、都城市の六月灯は、自治公民館との関連性が高いことが示された。それでは、どのようにして関連性は高まっていったのか。その過程から、いったい何がみえてくるのか。前節4項で示した三類型の個別事例の変容過程を通して明らかにしていきたい。

2.1 「旭丘神社六月灯」――類型①の個別事例その1

旭丘《ひのお》神社は歴史的にも格式のある神社である。旭丘神社のある丘は、昔は大きな椎・イチイ・老杉・雑木・笹が茂り、昼も薄暗い大きな山であった。古くから氷室天神の社が頂上にあり、天神山と呼ばれていた。一六一五年六月に徳川幕府から一国一城令が発せられると、同年八月に都城領主北郷氏の居城であった都城が廃城となる。そのため、時の都城領主北郷忠能（北郷家一二代）は、当時宮丸村と下長飯村の境にあった台地に、天神山を中心にして東西約360メートル・南北約270メートルに敷地を定め、天神山の南側に姫城川を隔てて木之前方面を見渡すように、都城領主館を構えた。旭丘神社はその都城領主館の跡地内に所在する。明治維新後、氷室神社は菅原神社に改められ、一八七一（明治四）年六月、付近に常備隊の操錬場が設けられると、菅原神社のかたわらに軍神社が建てられた。このときから軍人山と呼ばれるようになる。一八七三（明治六）年一月には、その軍神社を菅原神社に合祀し、同時に岩輿権現（宮丸町）・春日神社（梅北町）・湯田八幡などの神社を合祀して、菅原神社のかたわらに社を建て旭丘神社と称した。一八八五（明治一八）年の暴風で菅原神社に合祀し、現在に至っている（都城市史編さん委員会編 1996：680, 1041）。旭丘神社は姫城町の北西の角に位置するため、八幡町と隣接し、甲斐元町とも近接する。

旭丘神社役員会は、宮司が「代表役員」となり、その下に「責任役員」二名、その他に各地区の代表としての「総代」一〇名で構成される。総代一〇名の中から責任役員が二名選出される。任期は三年であるが、健在でいる限り留任するようである。旭丘神社総代は姫城町・八幡町・甲斐元町・蔵原町・東町を対象町区として選出されるが、各町の自治公民館の館長もしくはその役員が町区代表として就任している。なお、二〇〇八年一月時点での責任役員は、甲斐元自治公民館館長と姫城公民館役員の二名である。ここに、近隣の公共的な地域活動における地域リーダーの存在が垣間みえる。

旭丘神社の社務所には、宮司が常駐している。一九七七年七月に発行された『全国神社名鑑〈下巻〉』の「全国神社名簿」の都城市の欄には、28の神社と金光教都城教会が集録されている（全国神社名鑑刊行会編 1977b：253）。『全国神社名鑑』（上・下巻の二分冊）は、各都道府県宗教法人名簿にもとづいて作成された(8)。主要部分である「著名神社名鑑」編では、伝統を守り続けた著名神社約6千社を紹介しており、「全国神社名簿」編には全国8万3800余の神社の社名と鎮座地が都道府県ごとに付載してある。現在でも都城市の宗教法人登録神社は上記28社で変更はなく、現在登録されている社名は表4・3のとおりとなる(9)。このなかで、現在宮司が常駐しているのは、旭丘神社と神柱宮《かんばしらぐう》の二社のみである。

旭丘神社の主たる祭典日は、表4・4のとおりである。旭丘神社六月灯は、この神社の夏祭りの祭典日に行われる。この祭典日の祭事構成は、昼に「神事」「直会」、夜に六月灯を行う(10)。日が暮れかかると地域住民が参拝に訪れ、奉納された灯籠に灯りがともされ、露店と演芸（表4・5）が賑わいを演出し、夜もふけると花火が打ち上げられる。これが、現在行われている祭事構成であるが、以前は地域住民による演芸は行われていなかった。それでは、どうして演芸が行われるようになったのであろうか。

旭丘神社宮司A氏の「今までは、氏子、各戸からなんかしらのお金をお願いしていたんですが、今はその、この辺はですね、なくなりました。……あちこちから入りまじっておられますから、そういう（氏子の）意識づけというか、意識もないみたいです」（A宮司 2008. 1. 31 インタビュー）との発言にもあるように、地方都市といえども近代化・都市化による地域社会の変容過程において、近隣神社の産土神に守られているという氏子的な土着意識は住民の間で希薄化していく。そして、近隣神社の社会的機能自体も減少していく。またA宮司が、「今、地域のコミュニケーションとか何とかいって、どこ行っても（六月灯を）やってますからね。でもねえ、その公民館単位でやるもんだから、そこをと

表4.3　都城市宗教法人登録神社（2012年11月現在）

神柱宮	早水神社	王子神社
八坂神社	小鷹神社	豊幡神社
小国神社	羽山神社	諏訪神社
蛭児神社	南方神社	千足神社
乙戸神社	大将軍神社	黒尾神社
旭丘神社	林田神社	早馬神社
八坂神社	母智丘神社	御年神社
狭野神社	科長神社	興玉神社
兼喜神社	水流神社	
島津稲荷神社	諏訪神社	

（注）太字は宮司が常駐
（出典）旭丘神社宮司A氏提供（2012.11.26）資料より作成

表4.4　旭丘神社の祭典日

春祭（祈年祭）	2月28日
夏祭	7月28日
例祭	10月28日
秋祭（新嘗祭）	11月28日

表4.5　2008年旭丘神社六月灯演芸プログラム

順序	種目・演目	出演者
1	子供太鼓	下長飯保育園児童
2	挨拶	T．Y．旭丘神社六月灯総括
3	合唱　ぼくのひこうき	南小学校児童（甲斐元町）
4	合唱　宝島	明道小学校児童（甲斐元町）
5	ダンス　羞恥心	明道小学校児童（八幡町）
6	演舞	沖縄剛柔流都城敬武館（姫城町）
7	しあわせばやし	K．M．ほか1名（八幡町）
8	いもがらぼくと	N．R．ほか1名（八幡町）
9	三味線演奏	T．A．ほか2名（姫城町）
10	アコーディオン演奏	F．I．
11	ギター演奏	アイアンピースビックバンド
12	カウアロク	K．T．ほか4名（八幡町）

（注）イニシャルは出演者氏名，（　）は出演者の居住町名
（出典）「平成20年旭丘神社六月灯」パンフレット

りまく氏神様の六月灯という、本来の形が薄れてきてるということはあるのかなと思いますけどね」(2008. 1. 31 同インタビュー)と説明するように、戦後都城市では地域住民が公民館活動の一環として、おもに自治公民館を会場にして独自に六月灯(夏祭り)を立ち上げていく。この動きからも、六月灯の「産土神社の夏祭り」という伝統的性格は希薄化していく。それに伴って、旭丘神社六月灯の参拝者も漸減していく。

そして、旭丘神社六月灯が行われる七月二八日には、神社に隣接する八幡町が、道路を挟んだ対面の場所で、独自に自治公民館主催の六月灯を開催していた。会場が旭丘神社に近いこともあり、参加住民が参拝のため旭丘神社を訪れていた。ところが雨天の対策として、八幡町自治公民館は六月灯の会場を、同じ町内にある明道小学校の体育館に移した。明道小学校は旭丘神社に隣接しているとはいえ、体育館は以前の会場より離れたところにある。そうすると旭丘神社六月灯の参拝者がさらに減少して、露店も一店舗、二店舗と撤退していき、格式ある神社の六月灯の衰退ぶりが問題化してきた。

そこで、A宮司がこの問題を神社の役員会に相談したところから、この祭りの再生活動が始まった。

八幡町と同様に、姫城町と甲斐元町も各自治公民館が独自に六月灯を開催していた。旭丘神社は姫城町に所在しているため、姫城町の自治公民館が独自で開催する六月灯を「旭丘神社六月灯」に統合して再生していく案が考えられる。しかし、姫城町の南あるいは東地区の住民にとっては、隣町の早鈴町自治公民館が開催する六月灯の会場の方が近いという事情があった。それを解決するために、町の中央に位置する自治公民館を会場とする「ひめぎ六月燈」が一九八三(昭和五八)年に立ち上がった背景があり、旭丘神社に統合して六月灯を行うことに簡単に踏み切れなかった。一方、旭丘神社としても、姫城町内に社が所在するとはいえ、五つの町区から「総代」として代表を選出しているため、神社本来の支援体制を維持していくためには、特定の町との関係性を強めていくことは難しいという事情があった。このような状況を踏まえ役員会で検討を重ねた結果、旭丘神社六月灯は二〇〇三年から姫城町・甲斐元町・八幡町の三町合同の祭りとして神社を支えていくことになった。そして、三町の当番制として、当番町の自治公民館が中心となってその年の演芸や出店などを取り仕切ることとなる。

なお、八幡町の自治公民館は、この3町による協同運営を契機にして、町区の六月灯を旭丘神社六月灯に統合させるという現実的な対応を行った。前述のとおり、八幡町は毎年旭丘神社六月灯と同じ日、違う場所で独自に六月灯を開催していた。この町は、姫城町・甲斐元町より面積が狭く、かつ半分以上が中心市街地であり、住民の郊外流出など3町の中ではもっとも人口減少と高齢化が進んでいた。二〇〇八年二月一日現在の3町の世帯数と高齢化率は、姫城町が811世帯・26・16％、甲斐元町が534世帯・29・39％、八幡町が187世帯・32・40％となっている（図4・5）。八幡町はそれゆえに、旭丘神社六月灯を三年に一回担当するとはいっても、独自開催も含めて六月灯を二ヶ所で行う体力はなく、「旭丘神社六月灯」に統合することを選択する。その結果、3町の中ではもっとも住民が少ないが、「八幡は一発（旭丘神社六月灯一本）でやりますので、参加者というのは、結構八幡町の方が多いんですよ」（A宮司 2008.1.31 インタビュー）という状況になっている。

3町協同運営に当たっては、「旭丘神社夏祭り奉賛会」という組織を作っている。その理由は、「その形を取らないとですね、公民館が一宗教法人に加勢をしているていう、その取られ方もするんですよね。なかなか、今は難しいですね。ですから、一応、奉賛会という形を作ってやってるんだという風に、持っていってますね」（A宮司 2008.1.31 インタビュー）。

その組織は会長二人・総括一人・宮司が代表する形をとっており、会長は神社役員会の責任役員二人、総括は当番町の自治公民館館長が就任している。地域住民の動員では、自治公民館の主導のもとで青壮年部・婦人部・PTAなどの地域住民組織に頼らざるを得ない構図が見えてくる。このように神社主催で神社の境内で行ってきたほとんどの六月灯が、神社主催で継続していても、今では自治公民館との協同運営なくしては成立しなくなっている。ただ、経費は主催者である神社がすべて負担している。二〇〇七年の旭丘神社六月灯では、三六の会社・病院・商店から、抽選会の景品提供などの協賛があったが、すべて神社が集めている。

2.2 「狭野神社六月灯」——類型①の個別事例その2

狭野《さの》神社は、都城市都島町の城山公園のなかにあり、都城市都城歴史資料館の西側の丘に隣接している。城山公園一帯は、一三七五（永和元）年に北郷家（のちの都城島津家）二代義久が城を築いた地である。本丸跡に現在都城市歴史資料館（写真1・8）が建てられ、本丸から割堀を渡った西城跡に狭野神社が建立されている。この城は、都島《みやこじま》にある城ということから「都之城《みやこのじょう》」と呼ばれるようになり、それが「都城」という地名の由来となる。

狭野神社の創立年月は不詳である。初め宮古神と称して都島の地にあったが、北郷義久が都之城を増築する際に、神祠がその城内に位置し庶民の参拝に不便であったので、城外の岳ノ下川左岸に社殿を建立して遷宮が行われ、須久塚大明神と称した。一五二六（大永六）年の火災により社殿・神像などをことごとく焼失するが、北郷忠相（北郷家八代）の嫡子である忠親（北郷家九代）が、僧の重円に命じて再興に取り組み、同年九月一五日に竣工した。そのとき、重円が奉納した神体が今も鎮座している。一八六九（明治二）年には、神武天皇の幼名狭野ノ命にちなんで狭野神社と改号した。初代天皇である神武天皇が即位したとされる年を元年とする神武天皇即位紀元（略称皇紀）によれば、一九四〇（昭和一五）年は皇紀二六〇〇年に当たる。この盛典に際し、皇紀二六〇〇年都城市奉祝会が設立され、記念事業として狭野神社の移転改築を行うこととなり、現在の地に工を起こす。一九四二年一〇月に社殿・鳥居・社務所などが竣工し遷宮を行い、今に至っている(11)（写真4・6）。

ここで狭野神社の組織・運営体制をみておきたい。狭野神社の内規第一条（組織）は、「この神社は宮司、権祢宜、祢宜、氏子総代をもって組織し、運営にあたる」となっている。神社の役員会は、宮司が代表役員となり、その下に責任役員二名、会計一名、監査二名で構成される。氏子総代（以下総代）は、周辺10地域——竹ノ下・都島・南鷹尾・原村・平長谷・狐塚・中尾・中今町・今町大江・大岩田玉利——の自治公民館の館長が就任する。役員会の責任役員は総代、すなわち上述の自治公民館の館長のなかから選ばれるが、選ばれた自治公民館からは副館長がもう一人総代に就任することになっている。ただ、一つの自治公民館から総代に二名就任することは続かず、現在はほとんど一名である。

写真4.6　狭野神社（都島町 2012.11.25）

表4.6　狭野神社の祭典日

春祭（祈年祭）	２月25日	歳旦祭	１月１日
夏祭	７月15日	七草祭	１月７日
例祭	10月15日	紀元祭	２月11日
秋祭（新嘗祭）	11月25日	天長祭	12月23日
		大祓	12月30日

責任役員の任期は三年であるが、後任者が見つからない場合は、十数年継続することもあるという。

狭野神社の祭典日は、表４・６のとおりである。狭野神社六月灯は夏祭りの七月一五日に行われる。

「ここ（神社の境内：筆者注）に舞台を建てまして、そこに各公民館から、そこの婦人部の人、有志の人たちが踊りとか太鼓を奉納して下さるのです。当社は抽選会とか、そういうのはないんですよ。古くから奉職されている宮司さんは、地域の人たちとも交流があって、その景品なんかを集めたりできますけど、当社はそれがないのです。各自治公民館には馬頭観音が祀られて、そこで、独自に六月灯をされます。合同でできればね、もっと賑やかになるんですけど。昔は、賑やかだったらしいですよ。なにか、夜店もずっと出てたという話ですけどね」（狭野神社B宮司 2008.2.1 インタビュー）。

狭野神社B宮司は女性である。B宮司のご主人の父親が狭野神社の宮司を務めていた関係で、二〇〇二年から当神社の宮司に着任する。それまでは、関西圏の都市にある神社で十数年間神職の仕事をしていた。関西では女性の神職は多いが、都城市では珍しい。狭野神社と「狭野神社六月灯」の再生の過程は、「女性、よそ者」というまなざしのなかでのB宮司の奮闘記でもある。都会の神社には、地域性を超えて、まさしくその神社を熱心に崇敬する人々だけのグループがあり、地縁にこだわることなくそのグループのなかから総代が選ばれるところもある。一方、神社と周辺地域の地域住民組織との関係性が強く、その組織の長が総代になる神社は、必ずしもその神社を崇敬する人々の支援グループが形成されるわけではない。それだけに、神社は周辺の地域社会とのつながりの強化に尽力することが要請されるのである。

狭野神社六月灯は、主催者である狭野神社すなわちB宮司が全体を取り仕切っている。ただ、地域住民が奉納する演芸については、責任役員が各自治公民館の館長に依頼して、各公民館の会報で参加を募り、各館長が自地域の演目を固める。旭丘神社六月灯のように奉賛会の体制はとっていないが、演芸部分は自治公民館が演出を凝らしている。なお、自治公民館による出店はない。また、経費は神社の方ですべて負担するが、神社では現時点で寄付や協賛が得られていないので、抽選会は実施せず、花火も金額を押さえて打ち上げている。演芸を奉納してくれた地域住民に対するお礼や、子供たちが楽しめる仕掛けができていないことに対して、B宮司は悔やむ。「どうぞ来て下さいって。とにかく、ここに足を運んで下さるというのがね、一番神様が喜ばれるからね」（2008. 2. 1 インタビュー）とB宮司が言うように、神社に来てもらわないと神社の繁栄が成立しない構図が読み取れる。その意味でも、自治公民館との関係は重要で、「一番大切にしなければならない方たちですね」「協力がないと、神社の運営は難しい状態です」（2008. 2. 1 インタビュー）というB宮司の発言につながる。

手元に「初詣・七草祝・厄除は地元の氏神様　狭野神社へどうぞ」という一二月二日付の回覧物がある。これは、狭野神社が初詣と一月七日に行う七草祝い(12)・厄除の案内であり、年末に各自治公民館に回覧を依頼する。申込先は、「各公民館長又は宮司B氏」となっている。

「まだ、(この土地に来て) 新しいから公民館長さんにどこまでお願いすればよいかとか、その遠慮があるからね。気を使いながらの段階ですからね。とにかく、私が一生懸命しているのを、ほっとけないと感じて下さったからね。よくして下さいますね。また、最近崇敬会が発足する予定がありまして、その夏祭り担当者が子供たちのために夜店を出す計画を立てられてます」(B宮司 2008. 2. 1 インタビュー)。

狭野神社六月灯は、年々賑やかになっている。

2.3 「下長飯馬頭観音六月灯」——類型②の個別事例その1

都城市の六月灯では、格式のある神社はもちろん、小社や小祠、はては田の神までも灯籠を奉納する地区さえある。田の神とは稲作の豊穣を祈る神、つまり農神である。田んぼが一望に見渡せるところや、村外れの田の口などに据えてある石像を「田の神様」と呼ぶ。田の神像は旧薩摩藩領内に広く分布する石像であり、高さ50センチから1メートルほどで、普通は露座のままである。『都城市史　別編民俗・文化財』の「都城市　田の神石像一覧表」には、市内83ヶ所の田の神像が記録されている。一般的には田の神像は、「神像型田の神」「仏像型田の神」「田の神舞型田の神」「文字碑田の神」の四つに大きく分類される。都城市域では、「神像型」と「田の神舞型」が多くみられる。田の神像を中心に、集落の人々が集まって行うのが田の神講である。都城地方では、春秋彼岸のうち、特に春彼岸に行う講が多く、石像に供え物をした後集まって会食をした。農村の生活共同体の象徴として田の神を安置し、産土神と同等に扱ったのである。田の神を中心として、村人の心を一つに結ぼうとした知恵でもあった（都城市史編さん委員会編 1996：4, 92–3, 218–9, 466–80）。

写真4.7　下長飯馬頭観音（下長飯町 2008.8.7）

また、都城盆地は畜産が盛んであるため、その守護神である馬頭観音は、至るところに祀られている。馬は、盆地内の平地と山地をつなぐ運搬の主力であり、どの農家も馬を飼っていた。そのためにこの地方では、馬の病気を防ぐための守護神として三種の神がみられた。馬頭観音、早馬神、大将軍社である。馬頭観音は、正式には馬頭観世音菩薩といい、八大明王の一つで、人身馬頭または宝冠に馬頭をいただき、憤怒の形相をした観世音菩薩である。江戸時代、馬の守護神として民間に広く信仰された。馬頭観音の信仰は神仏習合の姿をよく伝えており、もともとは仏であるのに、しめ縄を張り鳥居を立てて神として祀っている。かつて都城地域ではどこでも馬頭観音講が開かれ、馬頭観音祭りが盛んであったが、時代が変わって牛馬の運搬力を機械が肩代わりするようになると、あまり開かれなくなった（都城市史編さん委員会編 1996：10, 88, 496-7）。

そういった状況のなかでも、下長飯《しもながえ》町の馬頭観音（写真４・７）の祭りは例年七月二五日に行われ、この地区の「下長飯六月灯」として賑わっている。この祭りは「下長飯自治公民館」が主催して、馬頭観音の祠に隣接する「木ノ前公園」を会場にして行われている。「都城市内の六月灯と開催地（平成四年度調べ）」(13)によると、馬頭観音の六月灯は18ヶ所で開催されており、前述の田の神の六月灯は４ヶ所で開催されている（都城市史編さん委員会編 1996：413-5）。

2.4 「御伊勢講社六月灯」「秋葉神社・蛭子神社六月灯」――類型②の個別事例その２

六月灯は、前項で示した馬頭観音や田の神などで代表されるような農村部の庶民の間で広まったのみかといえば、決してそのようなことはなく、江戸期から商人の町としてその伝統を受け継いできた都城市の中央通り商店街の上町《かんまち》や中《なか》町《まち》でも、六月灯は現在もっとも重要な年間行事となっている。

まず、上町の「御伊勢講社六月灯」をみていきたい。江戸時代になって生産力が向上し、貨幣経済が発達して民衆の生活が豊かになり、一方で街道や宿場など交通施設が整備され、船や馬・駕籠など交通手段の発達によって、ようやく旅は庶民のものになった。とはいっても、当時庶民の移動には厳しい制限があった。しかしながら、宗教行為である社寺参詣ならば禁止することはできず、ここに伊勢信仰の浸透と相まって、「伊勢参り」が飛躍的に増加する。ただ、参宮には多くの費用を必要とするため、一般の庶民には容易なことではなかった。そこで、参宮の費用を頼母子講や無人講で貯蓄して交互に代参するようになり、このしくみを伊勢講と称した。参宮を目的としない伊勢講もあったが、参宮する場合は月日を決め、講宿に集まって神事を行い、酒食を共にして親睦を図ったのである（都城市史編さん委員会編 1996：90；相蘇 1996：79-110）。馬頭観音講や田の神講がおもに農山村で盛んであったのに対し、伊勢講はおもに町方

写真4.8　御伊勢講社
上町自治公民館内（2008.3.7）

の商人たちの間で行われた。

上町では古くから「御伊勢講」が行われており、一八九三（明治二六）年の大火後の記録によれば、講員は一四人、掛け金は一人三円、くじが当たったあとの掛け金は三円五〇銭であった(14)（都城市史編さん委員会編 1996：90）。この「御伊勢講」は、現在でも奇数月の二四日に行われている。

「御伊勢神社というのは、結局昔から金持ちの人たちが、お伊勢さんの講を作って。昔の講ごば、地主さんが一杯いるんですよ、上町には。そういう有名な上町の偉い人たちがですね、お金をものすごく貯めて、誰のものか分からんようになって、分けられぬそれを、〇〇醤油のじいちゃんが管理して、あまった金を上町に寄付して(15)。もう大きいところ（商店）も潰れてなくなったりとかしたけど、その名残りが今も二四日に二ヶ月に一回集まりが、三〇名ぐらいですかね、飲み会があるとですよ。歴史が今も続いちょっとですよ」（上町自治公民館館長C氏 2008. 3. 7 インタビュー）

「御伊勢神社を公民館に作ったとですよ。前は小さいお宮を各家庭で廻し持って、講があるたんび、それを持って移動しよったです。僕なんかも車がない頃は、自転車に積んで、講があるところに持って行きよったですよ。そうしよったけど、もう面倒くさいから、もう神社をつくろうということで、自治公民館に小さい神社をつくったとですよ」（同上）。

このように上町自治公民館の敷地内に御伊勢講社がつくられ（写真4・8）、この地区の六月灯は、自治公民館を会場かつ主催として御伊勢講社の夏祭りとして行われている。開催日は、御伊勢講が二四日に行われていたので、六月灯も七月二四日に曜日に関係なく行っていたが、子供の参加を優先して、七月の第四あるいは第三土曜日に変更した。

「PTA関係があって、子供さんの踊りとか、出し物があって。各通りから、舞台を自分たちで作ってですね、パイプを組んで、しよっとです。これが最高のイベントちゅう、みんなが集まって。各通りの奥さんたちが、フラダンスを踊ったり、いろんな踊りをしたり。もう、独特な踊りを、あんなおとなしい人がこんな芸をすったろうかいちゅうくらいですね。盛り上がっちょとですよ」(上町自治公民館館長C氏 2008.3.7インタビュー)。

また、都城市中央通り商店街の一角を占める中町の場合は、つぎの説明に集約されている。

「中町の場合はですね、駐車場のところに、一応二つの神社があるわけですよ。火の神様と商売の神様が。で、六月灯はその駐車場のところで大体していたんだけど、こちらはちょっと賑やかにやりたいもんだから、こっちの大丸モールがあるでしょ。あそこん向こうに公園が出来ちょっですよ。あれが出来たもんやから、あそこでやったんですよ」(中町公民館館長D氏 2008.1.25インタビュー)。

写真4.9　秋葉神社・蛭子神社
中町商店街振興組合共同駐車場内(2008.8.2)

中町は、自治公民館の隣に町営の駐車場を保有している。そこに「秋葉神社」(火の神)と「蛭子《ひるこ》神社」(商売の神)という二つの小祠が祀られており(写真4・9)、中町地区の六月灯は、この二つの神社の夏祭りとして会場を町営駐車場、主催を中町自治公民館として行っていた。そして、中町に所在する地元資本の百貨店都城大丸がショッピング・モールを新設した際に、そこに隣接する形で「ワンパーク公園」が作られた。現在、中町地区の六月灯をさらに盛り上げていくために、この広く開放的な公園で行われており、雨天時は屋根のある町営の駐車場に変更となる。開催日は例年七月三日で、神社の夏祭りの祭典日である。ただ、この時期はまだ梅雨時のため、七月後半の開催希望が住民からあるが、小祠といえども神社の祭典日に行うべきとの意見から変更されていない。

このように小社・小祠の六月灯を昔から支えてきた地域住民組織〈講〉の性格の違いはあっても、現在では「下長飯馬頭観音六月灯」「御伊勢講社六月灯」「秋葉神社・蛭子神社六月灯」の三事例とも自治公民館が六月灯を主催している。戦後都城市で公民館制度が導入され、その後共同的な地域活動がいかに自治公民館の活動に集約されていったか、そしてその集合的しくみが今も継続していることが理解できる。このような六月灯は会場・開催日も自治公民館の判断で変更可能であるがゆえに、三類型の中では通時的な変動がもっとも大きい類型となっている。伝統を保持しながらも、六月灯を継続するために、時代の変化に応じて内容を変質させる工夫がみられるのである。

2.5 「ひめぎ六月燈」――類型③の個別事例

「ひめぎ六月燈」は、姫城町の地域住民組織である「姫城自治公民館」が活動の一環として一九八三（昭和五八）年に新しく立ち上げた近隣祭りである。それ以前は、姫城町の住民は旭丘神社六月灯に参加していた。しかし、本節1項で既述したように、この神社が姫城町の北西の角に所在するため、姫城町の南あるいは東地区からは遠かった。当時、姫城町に隣接する早鈴町と甲斐元町は、それぞれ六月灯を開催していた。両町の自治公民館を会場として独自に六月灯を行っていたのである。上記の姫城町の南あるいは東地区の子供たちは、旭丘神社六月灯よりも早鈴自治公民館の六月灯の方が近いため、そちらに行っていた。このような事情から、また地域の子供たちに夏の思い出を残してやりたいという趣旨で、姫城町の青壮年部から声が上がり、町の中央に位置する自治公民館を会場として、姫城自治公民館主催の「ひめぎ六月燈」が立ち上がったのである。

ひめぎ六月燈の開催日は、住民の参加しやすさへの配慮から、七月の第三土曜日である。そして、上述の趣旨に沿って当日子供神輿を繰り出している。また、地域住民の減少により、この自治公民館の最大の行事であった運動会が廃止されたいま、もっとも重要な行事として位置づけられている。各家庭に配布される趣意書（資料4・1）には、「ひめ

資料4.1　「ひめぎ六月燈」趣意書

趣意書

謹啓　梅雨の侯、皆様にはますますご清祥のこととお喜び申しあげます。

さて、姫城町内の子どもたちに「夏の思い出」を残してあげようという発想のもとに開催しました『ひめぎ六月燈』も今年で第二十六回を迎えることになりました。今日まで地域の夏祭りとして継続できたのも、皆様のご支援の賜と心から厚くお礼申しあげます。

開催当初から『手作りの六月燈』を目標に進めてきましたが、夜店の運営などＰＴＡをはじめとする各団体のご協力をいただき、何とかご期待にこたえうる『ひめぎ六月燈』となってきました。子どもみこしを繰り出し、舞台周辺を各協賛商店の「のぼり旗」で飾り立て、祭りにふさわしい装飾等が施せるようになってきました。

本年は、実行委員会一同、力をあわせ、皆様に喜んでいただける『ひめぎ六月燈』を創り出したいと考えております。

つきましては、本年、第二十六回の『ひめぎ六月燈』を開催するにあたり、皆様の格別のご援助とご協力を賜わりますようよろしくお願い申し上げます。

暑い夏はすぐそこ！　七月十九日（土）の『ひめぎ六月燈』には、こぞってお出かけいただきますよう心からお待ちしております。

謹言

平成二十年七月吉日

ひめぎ六月燈実行委員長　Ｙ・Ｙ
姫城自治公民館長　Ｙ・Ｒ
姫城青壮年部長　Ｋ・Ｙ
姫城婦人部長　Ａ・Ｋ
明道小ＰＴＡ地区委員長　Ｎ・Ｙ
南小ＰＴＡ地区委員長　Ｔ・Ｓ
姫城中ＰＴＡ地区委員長　Ｈ・Ｙ

ぎ六月燈実行委員長」「姫城自治公民館長」「青壮年部長」「婦人部長」「明道小学校ＰＴＡ地区委員長・南小学校ＰＴＡ地区委員長・姫城中学校ＰＴＡ地区委員長」の連名で、この近隣祭りへの参加を呼びかけている。実動部隊の核になる姫城青壮年部の二〇〇八年度六月灯の日程をみると、七月に入る頃から事前準備が本格化し、同自治公民館が支援している「旭丘神社六月灯」まで、七月一ヶ月間の活動は六月灯一色となる。

当日の祭事構成は、昼に子供神輿が町内を回り、一七時三〇分から神事が始まる。姫城自治公民館は、姫城児童公園に隣接しているが、この公園は、南北朝時代の武将肝付《きもつき》兼重が築城した姫木

写真4.10　「姫木城舊跡」石碑
姫城公園内（2008.8.4）

城があった地である。ゆえに、表に「姫木城舊（旧）跡」、裏に「明治三六年九月建○　姫城馬場中」と書かれた石碑が公園内に立っている（写真4・10）。この石碑自体は決して神性を表象するものではないが、周囲にしめ縄を張り旭丘神社の宮司による神事が行われる。そして、一八時から演芸が始まる。二〇〇八年の演芸は、明道小学校・南小学校の児童や青壮年部代表・婦人部代表など全部で七組が演技した。そして、花火が上がり、最後に抽選会があってお開きとなる。

抽選会の抽選券は、自治公民館に加入している家庭には、一枚ずつ配布される。抽選会の景品は、「ひめぎ六月燈実行委員会」のメンバーが、一〇人ほどで地域を分担して各家庭や商店・企業を回り集めた寄付金で購入する。その際、寄付者に対して、寄付金五百円につき一枚の抽選券を配布する。「ひめぎ六月燈」を立ち上げるとき、隣町の早鈴町や甲斐元町の六月灯との違いを出すために、「手作りの六月燈」を目標に掲げた。その一環として、出店は露店業者に依頼することなく、青壮年部が焼きそば、婦人部がだんご・いか焼き、ＰＴＡがかき氷を取り仕切るなど、まさしくすべての行事を手作りで行っている。

市の全域で行われる六月灯の数が減るどころか、神社や小社・小祠に限定せず開催地の数だけをみていくとむしろ増えていることは、都城市役所商業観光課で入手した「平成二〇年度各地域六月灯・夏祭り開催日等一覧表」（前掲表4・1）からもわかる。記載されている会場名で単純に区分すると、公民館を会場とする六月灯がもっとも多い結果となった。前節3項でも述べたこの量的拡大は、つぎの二つの事実に大きく起因する。一つは、戦前から行われてきた六月灯が、会場・主催者・支援者を変化させながらも、その多くが継続されてきたことであり、もう一つは「ひめぎ六月燈」のように、戦後自治公民館が自分たちの近隣祭りを新しく立ち上げてきたことである。

また、「現在では六月灯は灯籠が中心になっていず、出店（露店）や舞台上の踊や歌、奇術、ロックバンドが華やかになり、夏祭り化してきた」（所崎 2001：㊦）ように、祭事内容にも質的変容が起きてきた。ただ神社・小社・小祠を起源に持たず戦後に立ち上がった、すなわち歴史的な継承基盤を持たない「（名称）自治公民館名あるいは地域施設名

―（主催者）自治公民館」の類型でも、祭事内容は「灯籠」「演芸」「花火」の三要素と「神事」で構成されており、六月灯の伝統的な基本形態を保持している

2.6　小括――関連性強化につながる三つの構図

本節で、六月灯の三類型の個別事例の変容過程をみてきた。まず旭丘神社六月灯と狭野神社六月灯に示される①の類型（神社―神社）では、地域住民を動員するには自治公民館の主導のもと、地域住民組織や社会教育団体に頼らざるをえない構図を描いた。下長飯馬頭観音六月灯、御伊勢講社六月灯、秋葉神社・蛭子神社六月灯など②の類型（地域の小社・小祠名―自治公民館）では、戦後の共同的な地域活動がいかに自治公民館活動に集約されていったか、その変容過程を描いた。ひめぎ六月燈に示される③の類型（自治公民館あるいは地域施設名―自治公民館）では、地域住民が自治公民館のもとで新しい地域活動を立ち上げていく様相を描いた。このような過程を経て、六月灯は自治公民館との関連性を高めていったのである。

第3節　公民館制度と自治公民館の実相

六月灯は旧薩摩藩領に伝わる「産土神社の夏祭り」であるとの認識を前提に、調査を開始した。そこでは、六月灯を支える強い地縁的つながりと近隣の氏子的住民意識が存在するという仮説を検証する作業を行った。換言すれば、それは「地域的相互主義」的コミュニティ意識の残存という「内的資産」の「遅れてきたことの特権」を確認する作業であった。しかしながらその可能性は、前節の旭丘神社六月灯、狭野神社六月灯の事例でみたように打ち砕かれる。実態は、自治公民館が支援、維持し、新しく立ち上げてきた近隣祭りであった。そこには、地域住民の動員、地域活動の集約と生成という側面から、自治公民館との結合性を高めていった過程があった。それでは何ゆえにそのような変容過程

は生みだされてきたのか、何か社会的な構造的基因が存在するのか。このような問いがつぎの段階として設定される。

前節で描いたように自治公民館との結合を高めていった変容過程は、これを自明のごとくみせている構造的基因を根底に持っているはずである。しかも、これらの基因は単独ではなく、互いに交差するなかで生じた社会的効果かもしれない。本節以降で、本章における現象的帰結――六月灯の多さと継続性――を支えている構造的基因を明らかにして、その基因間の相互作用から生まれた社会的効果が、いかにこの現象に影響を与えているかを探っていきたい。その解を求めるための実証的考察として、まず都城市の公民館制度と、個別事例として姫城町の自治公民館活動をみていきたい。

3.1　都城市の公民館制度――公立公民館と自治公民館

昔の村落・集落には、相互扶助のための十数戸からなる単一組合である「郷中《ごうちゅう》」という組織があった。祥事・不祥事に限らず何事か起こると郷中で助け合い、それでも不足して人手を要するときは隣の郷中にも依頼して処理した。諸県地方(16)以外の日向国内では、講ごとの集まりである「講中」というものがあり、この郷中と類似した機能を持っていた。宮崎郡佐土原村の大炊田集落は一〇ないし一八戸を一組にして、集落全体を八組の講中組織に分けて運営した。当該集落に居住すれば、自然と講中に組み入れられて、いったん講中になれば転居する以外に脱退はできない。一年交代の輪番制で講費を取り立て、連絡事項をふれ歩き、酒席におよぶまで、輪番が講中の運営をまとめていた。これらの講中は、祝儀・不祝儀から田畑の共同作業、家普請の手伝い、親睦の会食など集落生活の万般にわたり関与していた。北諸県地方(17)における郷中も、この講中の組織と運営面において変わることなく、郷中の不祥事に当たっては、たとえば郷中が神社に団体参詣して、その消滅祈願をしたりなどした（都城市史編さん委員会編 1996: 40-1）。

明治時代に入ってからは、人口が増加し食料の生産も多くなり、社会の変化に即応して郷中も何々馬場とか何々集落などの小村落を形成していく。一八八九（明治二二）年四月の町村制施行後、旧来の小村は大字と称するようになった。また、その大字内の戸数が多ければ、さらに複数の区に分割して長を置き、自治組織による運営を行った。明治の中期以降都城地方各地でも区長を選び、自治組織が生まれて活動を行っていた。区民の集会用建物の建設は大きく遅れ、たとえば祝吉地区の場合、初めは区の役員たちの集会場所は青年たちの夜警詰所であった。一九二三（大正一二）年になって、区で敷地を借り区有林の材を用い、青年会の資金と区民の労力奉仕によって、八畳二間と土間一間の集会所を建てた。これを公会堂と称して、祝吉地区の自治活動の拠点としたのである。太郎坊地区の公会堂は、明治三〇年代に建てられた。志和池地方の四間と三間ぐらいの茅葺きの民家を買って、原の村に移転改築したのが最初で、区民の集会所・夜学校などとして三〇余年利用したが、移転して一九二二（大正一一）年に新装改築した。これら公会堂を拠点とする区の活動は、区長を中心に各地区でも活発に行われるようになっていった（都城市史編さん委員会編 1996：41.46-7）。

一九四一（昭和一六）年太平洋戦争が起こると、国は「国家総動員令」を発して、全国の各区に隣保班を組織させ非常時として戦争に対応させた。これは、今までの小集落（ムラ・集落・馬場）を隣保班と改称し、幕藩時代における郷中の組織と運営を引き継ぐ結果となった。戦時中は国の方針に協力し、戦後は日本再生の原動力としての役割を担ったのである。一九四五（昭和二〇）年八月の終戦を機に、戦後の日本は平和国家・文化国家および福祉国家の建設に向けて国民の総力をあげて邁進し、今日の繁栄をみるに至る。一九四九（昭和二四）年六月には、「社会教育法」の制定により各市町村で公民館を設置し、行政の指導と協力のもとに民主主義思想の普及徹底を図り、生活文化の振興と社会福祉の増進に取り組むことになった（都城市史編さん委員会編 1996：41-2）。

公民館は、社会教育法では「市町村その他一定区域の住民のために、実際生活に即する教育、学術および文化に関する各種の事業を行い、もって住民の教養の向上、健康の推進、情操の純化を図り、生活文化の振興、社会福祉の増進に寄与することを目的とする」と規定している。この目的を達成する具体的事業として、(1)青年学級の実施、(2)定期講座の開設、(3)討論会、講習会、講演会、実習会、展示会などの開設、(4)図書、記録、模型、資料などの常備と利用、(5)体育、レクレーションなどに関する集会の開催、(6)各種の団体、機関などの連絡、(7)住民の集会その他の施設の公共的利用、とされている（奥田 1989：123-4）。

都城市では、一九五〇（昭和二五）年に「都城市公民館条例」を告示し、社会教育の総合拠点である都城市公民館を、神柱神社境内の旧社務社に設置した。上記条例に基づき、地域住民の福祉と充実を図り住民の要望に応えるため、一九五一年度には分館を設置し、一九五七年までに設置された分館は60館を数えるまでになっている。そして、「都城市公民館運営審議委員会」や「分館長会」を設置して、公民館活動の発展・充実に努めている。また、従来の公会堂に代わって市内全域に自治公民館（社会教育法では「公民館類似施設」という）が設立され、建物は従来の公会堂を利用したり、または個人宅を借用したり、あるいは建造物を持たない組織中心の活動を「青空公民館」と呼ぶなどして自治活動が続けられた。戦後は、文部省の指導により各区に自治公民館を設置して、従来の慣習的運営から脱皮し、新たに規則や規約などを文章化して作成し、組織も総務部・教養部・安全部・環境衛生部・体育部・広報部など、各館に応じた組織を設けて運営し、それらの活動は年とともに活発となり多岐にわたった（都城市史編さん委員会編 1996：42, 47-8, 2006：1032-3：社会教育推進全国協議会編 1999：26）。

それでは、現時点で、都城市の公民館制度はどうなっているのだろうか。都城市では、町内会や自治会という形での地域住民組織はなく、地縁的な地域住民活動は自治公民館活動として行われ、現在でも公民館制度は継続されている。この公民館制度の体系は、大きく「公立公民館」と「自治公民館」の二つに分かれる。公立公民館は「中央公民館」と「地区公民館」で構成され、市の教育委員会に所属し、学校・図書館・美術館と同様に教育機関の一つとして位置づけられる。中央公民館は、公立公民館の総合拠点である。昭和四〇年代に入って建設を推進した地区公民館は、中学校区ごとに15館設置されている。内訳は、二〇〇六年一月合併前の旧都城市域内の11館（姫城・小松原・妻ヶ丘・祝吉・五十市・横市・沖水・志和池・庄内・西岳・中郷）と旧北諸県郡四町域内の4館（山之口・高城・山田・高崎）である。

一方、各地域の自治公民館は、その所在地区によって各々の地区公民館管内の自治公民館として位置づけられる。自治公民館は、市街地では行政区域の町ごとに原則として一つ、郊外の面積の広い町には二つ以上おかれ、都城市では３０

0館（旧都城市域内に170館、旧北諸県郡4町域内に130館）が存在する。

ここで、公立公民館と自治公民館の違いを明確にするために、それぞれを定義しておきたい。まず大きくは、公立公民館は行政が地域住民のために作った施設であるが、自治公民館は地域住民が自主的に作り運営している組織であるという違いがある。宮崎県では、町内会、自治会、あるいは商店会など、さまざまな名称で呼ばれてきた地域住民の自治組織を、一九七二（昭和四七）年に統一して「自治公民館」と呼ぶことを申し合わせた。公立公民館は、前述したとおり、一九四九（昭和二四）年「社会教育法」が制定され、この法律に基づいて作られた。その定義は社会教育法の規定とおりであるが、自治公民館については、宮崎県公民館連合会で申し合わせた定義によると、

「地域住民の創意により、地域住民のために、住民の手によって自主的に運営される組織であり、施設である。住民の生活向上と自治能力を高め、明るく住みよい地域づくりを目的とする組織であり、施設である。住民の心の拠所であり、住民の学習や交流活動の場・地域活動の拠点としての組織であり、施設である。地域住民の親睦と融和を図り、相互理解と連帯感を高め、コミュニケーションを深める組織であり、施設である」（浜田 2002：148-54）。

続いて都城市の公民館の活動内容について、中央公民館と地区公民館は、公立公民館経営の基本方針をつぎのとおり掲げている。

「都城市公民館は、教育基本法の理念と都城市市民憲章の精神を基調として、相互の連携を保ちながら、逞しい身体、豊かな心、優れた知性を備えた人間の育成と、真の民主的な国家社会の形成者として、人づくりをすすめることを本旨として経営にあたる。都城市公民館は、市民の生涯学習体制の確立をめざすとともに、社会教育の中核機関としての運営充実、生涯各時期に対応した学習条件の整備に努める」（都城市教育委員会中央公民館編 2009：36）。

中央公民館の事業と地区公民館の活動目標（姫城地区公民館の例）をあげると、表4・7のようになる。

表4.7　都城市公民館事業と地区公民館の活動目標

中央公民館の事業	1．生涯学習の推進 2．協働のまちづくりの推進 3．市民を対象とする主催事業の開設 4．多様な学習と機会の提供 5．生活と学習に関する情報を収集し，市民の利用に供する 6．地域社会において指導的役割を果たす者の育成及び市民の自治能力の向上並びに社会的参加の促進 7．地区公民館または学校，その他の教育的機関，施設との連携 8．社会教育関係団体に対する活動の場の提供 9．その他，市民の文化・学術に関する理解の深化，教養の向上に資する事業
姫城地区公民館の活動目標	1．社会教育関係諸団体等の育成と拡充を図るとともに，連携を密にしながら事業に取り組む体制づくりを行う 2．子どもの居場所と安全を目指し，都城市放課後子ども教室の充実を図る 3．自主的な学習や活動を奨励し，支援する 4．青少年健全育成活動の推進と充実を図る 5．多様な広報活動を創意工夫して，生涯学習に関する情報提供に努める 6．高齢化社会への対応と実践について，高齢者クラブや高齢者学級で計画的な研修を実施する 7．人権学習の推進と姫城地区社会福祉協議会の活性化を図る 8．社会教育や地域福祉を推進する人的資源の発掘と養成を図る 9．環境美化運動を推進する 10．館報「姫城地区だより」をより充実させ，広報活動の推進を図る

（出典）都城市教育委員会中央公民館編（2009：36, 45）より作成

最後に、自治公民館の活動内容について、市発行の『広報都城』二〇〇七年一〇月号「特集 自治公民館って何？」では、自治公民館の機能をつぎのように説明する（都城市企画部秘書広報課編 2007：2-5）。

「都城市の自治公民館は、各種学級の開設や講座の開催、交流の場などを提供する社会教育施設としての自治公民館と、地域の課題を自ら解決し、良好な地域環境をつくり出していく団体（全国的には『自治会』『町内会』といわれる自治組織）の機能を兼ね備えています」。

また、二〇〇八年七月に自治公民館館員世帯に配布された都城市市民生活部コミュニティ課作成の自治公民館加入促進パンフレット『都城市の自治公民館』では、

「自治公民館とは、自分たちの課題を自分たちで取り組む『自治会』としての機能を持ち、また社会教育の拠点として『公民館』の機能をあわせもっています」

と説明する。自治公民館活動は、「住民自治機能」

表4.8　都城市自治公民館の活動内容

①安全・安心なまちづくり	防犯灯の設置と維持管理	夜道を照らす防犯灯の設置や電球の交換，電気代の負担等による維持管理
	地域の防災活動	日ごろからの防災訓練などを行い，いざというときの炊き出し等の被災者支援
	交通安全パトロール	子どもの通学路の見守り，防犯活動や，交通安全のパトロール
②快適ですみやすいまちづくり	町内の清掃，街路整備などの環境美化	定期的に町内の清掃や草刈り，街路に花を植えるなどの環境美化活動
	道路の維持，補修についての連絡等	道路に開いた穴等をいち早く行政に連絡する役員の体制
	ごみステーションの維持管理	ごみステーションの維持管理，散らかったごみの片付け，分別指導や地球温暖化防止の啓発活動等
③地域の福祉・教育の向上	敬老会の主催，健康づくりの拠点，青少年の健全育成	地域の敬老会を主催したり，健康教室や子ども会，PTA 活動の拠点としての場を提供
④市民の声を聴き行政や関係諸団体と連携	地域の意見のとりまとめ	住民の意見や要望をとりまとめ，館長が地域を代表して，市に対して提言
	市の広報誌や回覧の配布	「広報都城」等行政連絡文書や，地域のお知らせの配布や回覧を各家庭にお届け
	地域の他団体との連携・協力	地区社会福祉協議会等の地域の関係諸団体と連携・協力
⑤地域のふれあいの場づくり	各種の親睦活動	お祭りやスポーツイベント等を通じて，地域住民が顔の見える関係になるように工夫

（出典）都城市市民生活部コミュニティ課パンフレット『都城市の自治公民館』より作成

と「社会教育機能」の二つの機能に集約して説明されるのである。そして、自治公民館の活動内容を、表4・8のとおり五つの項目に分けて紹介している。

菊池美代志は、多様な町内会機能を分類するにあたり、生活集団的性格に立脚して六種類――①親睦機能（運動会・祭礼・慶弔など）、②共同防衛機能（防火・防犯・清掃など）、③環境整備機能（下水・街灯・道路の管理維持）、④行政補完機能（行政連絡伝達・募金協力など）、⑤圧力団体機能（陳情・要望）、⑥町内の統合・調整機能――をあげた。この分類に対して、⑦社会教育機能や⑧地域代表機能を追加する必要があるとの指摘をのちに得たことを記している。また、最近の活動をみると、高齢者を対象とする⑨地域福祉機能や、地域文化の保存と創造という⑩地域文化機能を追加する必要も感じると述べている（菊池 1990：223）。

都城市では地縁的な地域住民活動は自治公民館活動として行われるので、自治公民館は、菊池が町内会機能としてあげる六種類の機能を保有していることが表４・８からもみてとれる。この六機能のほかに、菊池が追加した「社会教育機能」が、次項で説明するとおり、社教連という組織によって働いているところに、都城市の自治公民館の特色があるといえよう。

3.2　公民館の社会教育機能――社教連による系統化

「別途、社教連という組織があります。社教連と一体になってやっていることが、都城の特徴ではないでしょうか」。この発言は、二〇〇六年七月三一日にインタビューした中央公民館長Ｅ氏が、都城市の公民館制度について説明したものである。この制度の調査を始めるに当たって、まず中央公民館を訪問した。当時筆者は、都城市の公民館制度に関する知識をほとんど持ち合わせていなかったため、社教連とは初めて耳にする団体名であった。ゆえに都城市における公民館制度に関する調査は、この発言の意味を解読することから始まる。

「社教連」とは、いったいどのような組織なのだろうか。都城市では、社会教育・地域福祉の発展のために、公立公民館の機能拡充に努めてきた。そして、社会教育の充実に関して、つぎの基本計画を定めている。

「社会教育関係団体等の組織強化やリーダーの養成を図り、情報交換や研修の機会を充実し、地域課題に取り組む活動への支援に努めます。また、社会教育関係団体等の組織強化・連携を支援し、子どもから高齢者までの世代間交流の促進に努めます」（都城市教育委員会中央公民館編 2009：10）。

この社会教育関係団体等の組織強化・連携の支援として核となるしくみが、一九七二（昭和四七）年四月一日に立ちあがった「社会教育関係団体等連絡協議会」（以下、社教連）である。市の教育委員会（生涯学習課）と公立公民館（中央公民館・地区公民館）が、自治公民館との連携を密にしながら、社教連の活動を指導・支援・助言して社会教育を推進するのである。公立公民館と自治公民館は、同じ公民館という名称でも、前述のとおりその出自・性格は違うために、社教連は両者を連結する役割を担う。中央公民館―地区公民館―自治公民館という系統化を、社会教育を推進するうえで、別途社教連という組織を介在させることによって強化するのである。

地区公民館は、一九六七（昭和四二）年三月の中郷地区公民館を皮切りに、一九七九（昭和五四）年五月の横市地区公民館を最後にして、昭和四〇年代後半に集中して旧都城市域の中学校区ごとに11館が設置された。都城市社教連は、その昭和四〇年代後半の一九七二（昭和四七）年に創設された。この時期は、わが国でコミュニティ・ブームが起きた一九六〇年末から七〇年代と呼応している。菊池は、昭和四〇年代後半からスタートしたわが国のコミュニティ形成運動の組織面について、

「コミュニティは、活動のための地域単位として小学校区・中学校区のような近隣住区を用いた。これまでわが国の都市の街づくりの単位としては、行政サイドは市区町村という広域の機能単位を用い、住民サイドは町内会というきわめて狭域の機能単位を用いていたところに、その中間にコミュニティ＝学区という中域の機能単位が割り込むことになった」（菊池 1990：229）

と記している。これを、都城市の公民館制度構築の単位として換言すると、行政サイドでの「都城市公民館」（中央公民館）という広域の機能単位と、住民サイドでの「分館」（自治公民館）という狭域の機能単位の中間に、地区公民館という中域の機能単位が割り込むことになったといえる。

社教連の中心となるのは自治公民館連絡協議会であるが、都城市自治公民館連絡協議会は一九五七（昭和三二）年に「自治公民館長会」として創立されたことが、『平成二一年度　都城市公民館経営案』に記されている（都城市教育委員会中央公民館編 2009：42）。都城市社教連は、この自治公民館長会を源流にして、コミュニティ行政の象徴としての地区公民館の設置とともに創設された組織であるといえるのではないだろうか。自治公民館連絡協議会だけでなく、婦人

会や青壮年部など自治公民館以外の地域住民組織・社会教育団体についても連絡協議会をつくり、それらの体系化・系列化を図り集合体としてコミュニティづくりを進める、社教連はそのためのしくみづくりであったと推察できる。

社教連の組織は、地区公民館単位で「地区社教連」が構成される。ただ、二〇〇六年一月合併前の旧都城市域内の11地区のみであり、旧北諸県郡4町は含まれない。地区社教連は、活動目的や対象となる住民階層に応じて形成された各「地区連絡協議会」により構成される。この各地区連絡協議会に、管内自治公民館の地域の該当する住民組織・社会団体が所属する形をとる。そして、地区社教連およびその各地区連絡協議会は、「市社教連」および「市連絡協議会」に集約される。社教連の役員は地域住民が就任するため、社教連は住民自治によって運営され、活動される。「市社教連」および「市連絡協議会」には中央公民館が、「地区社教連」および「地区連絡協議会」には地区公民館が指導・支援・助言する体制が組まれる。これ以外に、中央公民館と地区公民館はそれぞれ、主催事業・学級・教室・学習グループなど独自に社会教育・生涯教育を推進する活動を公民館施設において行っている。

そこで、11ある地区公民館のなかから、姫城地区公民館の地区社教連のケースを取り上げ、具体的にみていきたい。この地区社教連は、8地区連絡協議会で構成されている（図4・1）。

姫城地区公民館の管内には、14の自治公民館（姫城・都鷹・八幡・中町・牟田町・蔵原・上町・西町・早鈴・甲斐元・松元・竹ノ下・宮丸西・下長飯）が所在する。このなかで、姫城町の例をみると、ひめぎ六月燈の趣意書に名前を連ねていたように（前節5項）、地域住民組織（ここでいう社会教育関係団体）として自治公民館はもちろん青壮年部、婦人部、ＰＴＡが存在している。これらは、順に姫城地区社教連の自治公民館連絡協議会、壮年団体連絡協議会、婦人会連絡協議会、ＰＴＡ連絡協議会に所属する。なお、姫城町には高齢者クラブはないため、高齢者クラブ連絡協議会には所属していない。このように、残り13の自治公民館ごとに姫城地区社教連の各連絡協議会への所属の有無が決まっていく。

姫城地区社教連と各地区連絡協議会は、地区公民館で毎年四月から六月の間に総会を開催する。自治公民館連絡協議会や婦人会連絡協議会は、地区代表者会を毎月開催して情報の伝達・交換を行い、社教連の関連行事を推進していく。また、各地区社教連を総括する市社教連の総会も毎年六月に開催され、各連絡協議会や壮年団体連絡協議会が地区のみでなく市全体の総会も開催している。そして、年度末には市社教連振興大会や市自治公民館振興大会が開催され、優良自治公民館などの表象が行われる。

　役員については、姫城地区社教連では会長・副会長（二名）・書記会計（一名）・監事（二名）・理事（若干名）を置いている。二〇〇四（平成一六）年度姫城地区社教連総会出席者名簿をみると、自治公民館館長が一四名、婦人会連絡協議会・壮年団体連絡協議会・高齢者クラブ連絡協議会・PTA連絡協議会・民生児童委員協議会・体育協会・ボランティア連絡協議会の各地区連絡協議会から三名ずつ、地区内の三つの学校（一中学校・二小学校）から各一名ずつ、そして地区公民館から二名、総勢四〇名が出席している。中央公民館からは三名が懇親会に出席している。この出席者のなかで理事に就任しているのは、館長全員、各連絡協議会の会長、三つの学校の校長、そして地区公民館の二名である。姫城地区社教連に属する各連絡協議会は、ともに会長・副会長・書記会計の役員を置いている。姫城地区社教連の会長は姫城地区自治公民館連絡協議

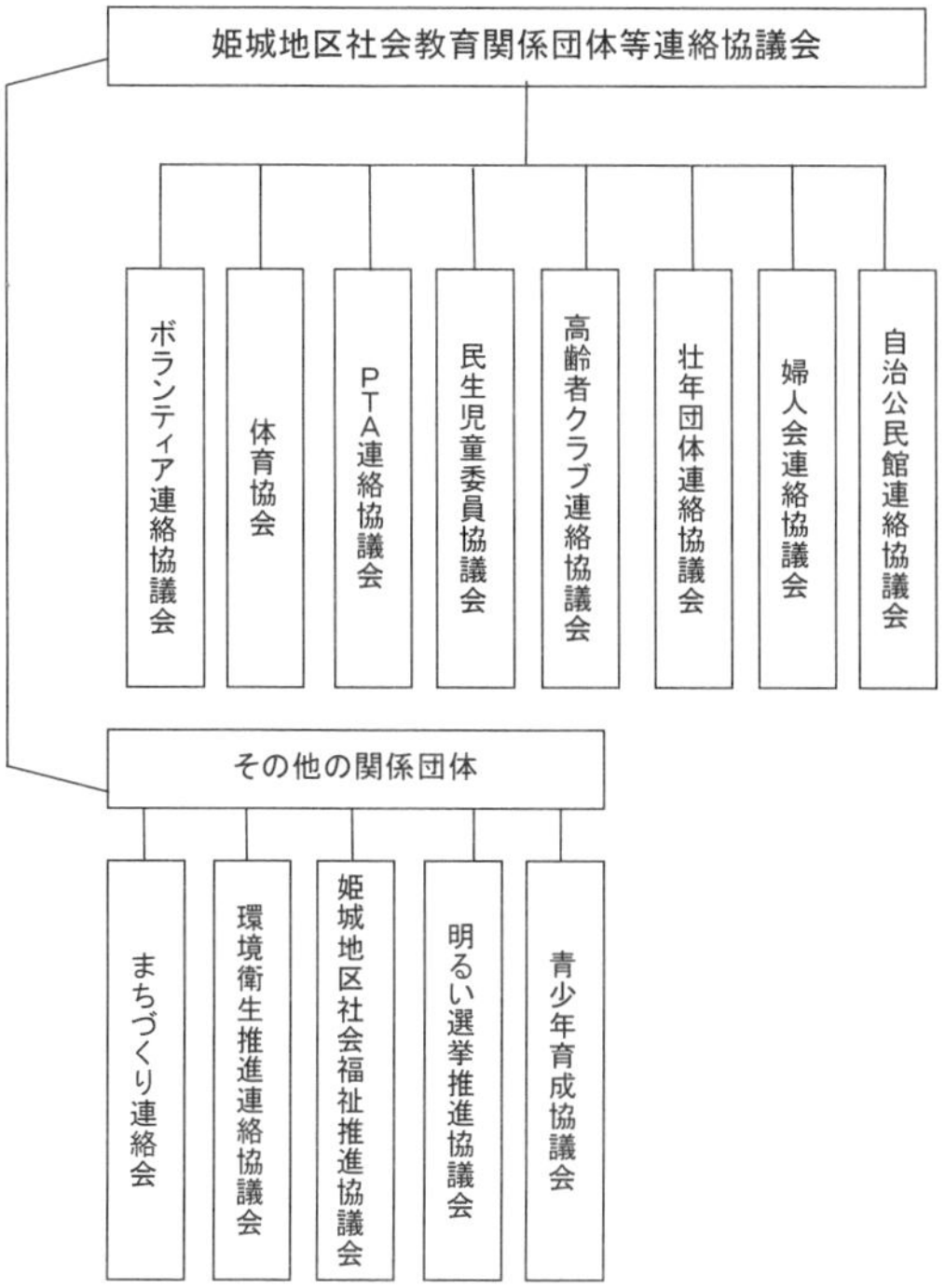

図4.1　「姫城地区社会教育関係団体等連絡協議会」組織図
（出典）都城市教育委員会中央公民館編（2009: 52）

会の会長が就任し、会長以外の役員は自治公民館連絡協議会以外の連絡協議会からの輪番制としている。各地区連絡協議会の会長は、それぞれ加盟している地域住民組織（社会教育関係団体）の代表者のなかから選ばれる。

11の地区社教連を総括する「市社教連」では、会長・副会長（二名）・事務局長（一名）・監事（二名）の役員を置いている。市社教連には、各地区の連絡協議会を総括する「市連絡協議会」が八団体（市自治公民館連絡協議会・市婦人会連絡協議会・市壮年団体連絡協議会・市高齢者クラブ連絡協議会・市民生児童委員協議会・ＰＴＡ連絡協議会・子ども会育成連絡協議会・芸術文化協会）所属するが、市社教連の会長は市自治公民館連絡協議会会長が就く。それ以外の役員は、８団体の代表者および役員のなかから選ばれる(18)。すなわち、社教連の役員は、市および各地区とも、すべて地域住民から選出されている。

地域住民組織や社会団体のなかで自治公民館とＰＴＡは各地域に存在するとしても、青壮年部や婦人部が活動している地域は少なくなっている。今や姫城地区公民館管内において青壮年部が活動しているのは姫城町と早鈴町のみ、同様に婦人部は姫城町を含め四町しか活動していない。したがって、姫城地区社協連の壮年団体連絡協議会に所属しているのは14地域のうち２地域のみ、同様に婦人会連絡協議会には４地域のみとなっており、14の自治公民館のすべての地域が所属しているわけではない。その点、自治公民館連絡協議会には14の自治公民館すべてが所属していると考えられるが、一つだけ自治公民館長の判断で所属していない。また、各地域とも高齢化率は年々上昇し増加しているため、高齢者クラブ連絡協議会にはすべての地域が所属してもおかしくない。しかし、所属すると補助金が出る代わりに、年度予算組成・会計報告などが必要であり、時には動員もかかり堅苦しいため、囲碁やカラオケなど自治公民館において仲間内で楽しむのみで、団体として連絡協議会に所属するには至らない地域もある。

都城市の教育委員会は、平成二一年度の生涯学習・社会教育の充実に係わる現状と課題、姫城地区公民館の経営上の問題点と推進方策の一つとして

「自治公民館連絡協議会を中心とする社会教育関係団体等が力を出し合ってまちづくりに取り組んでいますが、近年は会員数の減少や会員の意識の低下、または他団体との連携が薄れている団体も見受けられます。今後そのような団体等をどう強化していくかが課題であり、合わせて活動に対する支援も求められています」

「現在、自治公民館を含めて八つの社会教育関係団体の組織があるが、各民主団体の共通課題は会員の高齢化と組織加入者の減少が上げられる。結果的に、組織が弱体化し活動のマンネリ化は否めないので、地域の活性化の観点から民主団体の組織の拡大と育成を図っていく」（都城市教育委員会中央公民館編 2009：5, 49）

ことがあげられている。市の教育委員会生涯学習課や中央公民館・地域公民館の自治公民館への働きかけにかかわらず、地域住民の高齢化や自治公民館・青壮年部・婦人部など地域住民組織への加入者の減少などから、社教連の系統的な組織の弱体化が進むのである。

3.3 姫城町の自治公民館活動——自主性の保持

地域住民組織としての自治公民館の自治活動を、姫城自治公民館の個別事例を通してみていきたい。「姫城自治公民館規約」には、活動の基本的事項が網羅的に規定されている。まず活動組織について、上記規約に規定されている役員構成に依拠して図示すると、図４・２のとおりとなる。

「平成一九年度姫城自治公民館役員一覧表」によると、まず主たる役員である館長・副館長（三名）・会計（一名）・地区会計（二名）・監事（三名）、つぎに事業部である、総務部長・副部長、環境衛生部長・副部長、福祉部長・副部長、広報部長・副部長、そして、団体部である青壮年部長・副部長（三名）、婦人部長・副部長・書記・会計の氏名と、ＰＴＡの地区長（姫城中学校）と支部長（明道小学校・南小学校各一名）が掲載されている。この青壮年部と婦人部は、「姫城自治公民館規約」第八条三項に「運営（事業）部門の部長・副部長は館長が選任し、団体部門の代表者を団体部長に委嘱する」と規定されているように、事業部――自治公民館の直轄であり自治公民館の事業のみを推進する部門――とは性格が異なる。自治公民館の活動組織では団体部として位置づけられるが、本来は独立した地域住民組織であり、①主催事業、②自治公民館事業、③社教連事業というように、三段階にわたって事業を行っている。

その後、顧問（二名）・運営審議員（七名）・民生児童委員（四名）・地区委員（九名）が続き、この「役員一覧表」には総勢五一名が名前を連ねている。なお、「姫城自治公民館規約」で団体部として示されている高齢者部と育成部については、前者は囲碁クラブや女性高齢者の親睦会、後者はＰＴＡなどが実態として活動しているが、地域住民組織として組成していないため役員の掲載はない。

この五一名のうち役職が重複しているケースもあり、とくに青壮年部の部長・副部長は、全員が自治公民館の三役（館長・副館長・会計）あるいは事業部の部長・副部長を兼任している。平成一九年度は、青壮年部長は次期館長候補で自治公民館副館長を兼任し、青壮年部の三人の副部長のうち一人は自治公民館の総務部長、一人は自治公民館副館長と総務部副部長、一人が会計と福祉部副部長を兼任している。青壮年部の主要メンバーは、年齢を重ねるにつれて自治公民館の役員に組み込まれていく構図が読み取れる。そのため、青壮年部に新規メンバーが加入せず人材が育っていかなければ、いずれは自治公民館・青壮年部ともに組織が弱体化していくことなる。住民自体が減少し、かつ高齢化が進む地域では厳しい現状を突きつけられているわけだが、地域活動の実働部隊として中核的な役割を担う青壮年部の消滅は地域活動の衰退に直結するため、それは絶対に避けたいというのが、青壮年部関係者の願いである（姫城自治公民館総務部長兼青壮年部副部長Ｆ氏 2011.3.16 インタビュー）。

つぎに「平成一九年度姫城自治公民館（地区委員・班長）一覧表」によると、この自治公民館は４６８戸（二〇〇七年四月現在）の館員世帯を保有するが、その館員に対する連絡・配付・徴収作業を円滑に行うために地区割りをしている。その体制は、まず９つの区に分割され、さらに各区で班分けをして、総数50班で構成されている。九つの区のなかでもっとも班数が多いのは七区の９班で、もっとも少ないのは五区と六区の３班である。また、50班のなかでもっとも

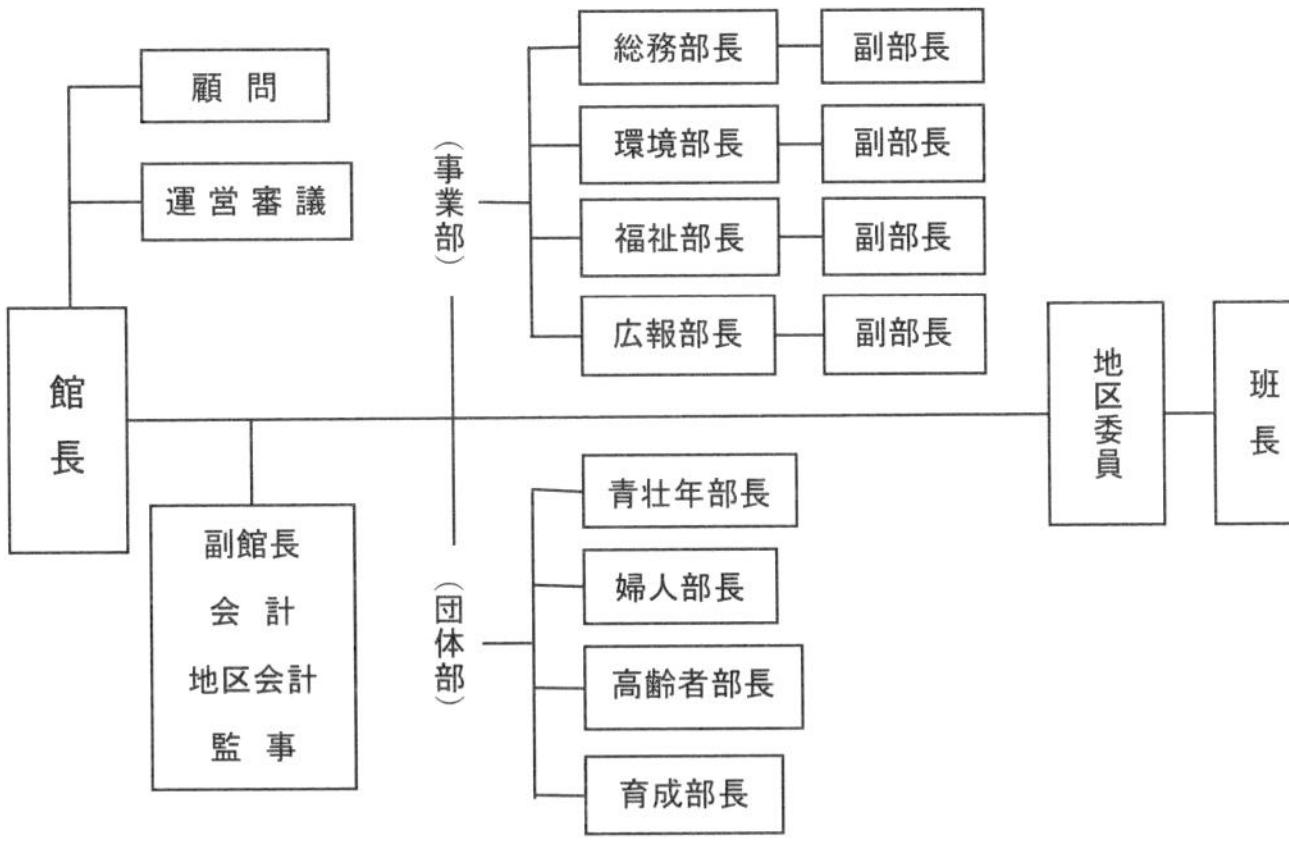

図4.2　姫城自治公民館の活動組織（役員構成）
（出典）姫城自治公民館規約（2003年4月改正）より作成

戸数が多いのは21戸、もっとも少ないのは4戸である。各区に地区委員が一名、各班に班長が置かれる。次期の地区委員と班長は、現在の班長が中心になって、各地区・各班で決めることになっている。地区委員は、各班の連絡・調整にあたり地区内を統括する。班長は、班世帯を代表し、班長会に出席して協議に参加し、自治公民館業務の推進にあたる。地区委員と班長の具体的な業務は、自治公民館費の戸別徴収——館費一ヶ月五〇〇円×三ヶ月＝一五〇〇円を年四回各家庭を回って徴収し、県・市・公民館・地域団体などの広報紙の戸別配布・回覧、ごみ袋の戸別配布、赤十字募金や赤い羽根共同募金など募金の徴収、敬老会の該当者の調査・出席者の届け、新年会・七草祝いの合同祈願参加者の届け、がある。地区委員と班長の任期は一年で、公平に分担し合う建前から、輪番制となっている。ただ、高齢者家庭が増えており、班長の仕事を重荷とする戸もあるため、各班内で相談し支え合って業務を遂行している。

それでは、自治公民館はどのような活動を行っているのか。自治公民館の主催行事と、社教連関連の行事に分けて年間行事をみておこう(19)。

主催行事のなかで、広報紙関連や総会・役員会・班長会などの打合せ会の行事を除くと、地域住民のための行事としては「ひめぎ六月燈」「敬老会」「七草祝い合同祈願祭」「新年会」がある。この四行事のうち、「敬老会」「七草祝い合同祈願祭」「新年会」は順に高齢者、子供、大人を対象にするため、住民全体を対象に年代・男女・階層の別を越えて横につなぐ役割は、「ひめぎ六月燈」が担うことになる。二〇〇九（平成二一）年から新しく立ち上がった主催行事として「姫城自治公民館もちつき大会」がある。隣町の早鈴町などの自治公民館がすでに実施していたこともあるが、「ひめぎ六月燈」以外にも子供のための行事を増やそうという趣旨から、青壮年部・婦人部の協力のもとで始まった。第二回目である二〇一〇年は一二月一二日（日）に開催され、小学生を中心に約三〇人の子供が集まり賑わった。今では子供たちにとって、楽しみな行事の一つになっている。

社教連関連行事では、地区自治公民館連絡協議会が月一回のペースで主催する館長会に自治公民館長が出席し、市や協議会からの連絡事項の受理、館長からの要望の提言、そして情報交換などが行われる。そのほかに、自治公民館連絡協議会関連の行事としては、市で一斉に行う環境美化運動や各自治公民館単位の募金運動、地区公民館で行う地区別成人式などがある。このような行事は、館長を中心とする自治公民館が主体となって、実働部隊である青壮年部・婦人部・PTAなどの地域住民組織・社会団体が横の連携を図りながら遂行される。「平成二〇年度姫城自治公民館決算報告書」によると、活動にあたって市から一〇〇万五〇二〇円（含む資源サイクル・街灯料金）の補助金を受けている。一方、自治公民館から地域住民組織・社会団体への助成は、①育成部費（PTA三支部活動助成）六万円、②青壮年部費（青壮年部活動助成）一七万円、③婦人部費（婦人部活動助成）一〇万円、④高齢者部費（みごち会活動助成）五万円、⑤六月燈助成費（六月燈実行委員会助成）二〇万円、が配付されている。

「（連絡協議会の許可がないと、活動ができないということはあるのですか？／質問者：筆者）いえ、そんなことはないですね。ここは、ほんとに連絡協議会でですね。実態は（体系図でいえば）一番下部、一番下の方（地域住民組織のこと）が中心です。実態の方が、もうはっきりしていますから、したくなかったらしませんと、連絡協議会の組織には入りませんと、いうところもあります。組織に入って、わずかの補助金のために、報告を求められたりするのはわずらわしい。都城でいう、自分で勝手にやりたいようにやりますという高齢者クラブもあります。補助金はいら

表4.9　都城市の地縁的な住民自治活動

自治公民館との関連	住民の自主性
1．六月灯と自治公民館との結合過程	地域住民の活動を自治公民館活動に集約
2．郷中→公会堂→自治公民館を基盤とする住民自治の歴史的過程	組織化の網をかぶせる行政の要請のもとで保持
3．自治公民館およびそれ以外の地域住民組織と社教連との関係性	現実に地域活動を支える実態
4．地域住民組織が主催する新しい行事の存在	現時点で主体的に行事を立ち上げる

ないから自分たちでやると、そういう精神がまだこの地域にはありますね」（姫城自治公民館館長G氏 2008. 1. 24 インタビュー）

もちろん、各自治公民館とも、行政からの要請に対してできることは協力を惜しまず推進する。姫城町では、高齢者婦人の集まりである「みごち（都城弁で美しいという意味）会」が、歌や踊りを楽しんだり、「ひめぎ六月燈」でだんご作りなどの活動をしている。また、高齢者男性のグループは自治公民館で囲碁クラブを開催している。このようなグループ活動を組織化できないか、市教育委員会からの高齢者クラブ再生の要請に対して姫城自治公民館としては対応を模索している。ただ、あくまでも地域住民組織が現実的に対応し、自主的に運営する地縁的な住民自治活動が都城地方で保持されてきたことは、これまで記述してきたいくつかの事例によって確認できる（表4・9）。表のそれぞれをみていくなかで、例証されうる社会的な事実である。

続いて、地域活動の実態を支えて地域住民組織の中核的役割を担う、青壮年部と婦人部の活動についても、姫城町の活動実績をみておきたい。「平成一七年度姫城青壮年部員名簿」（平成一七年四月一日）によると、四八名の部員が登録されている。また、「平成一七年度青壮年部役員名簿」には、部長（元市役所助役）、副部長三人（自営業二人・市会議員）、会計（市役所職員）、班長三人（自営業二人・市役所職員）、監査二人（自営業・会社員）の名前が連なる。四八名の登録者がいるとはいえ、いつも活動に顔を出すのは、役員陣に班長経験者など五名を加えた一〇名強のメンバーである。若い新規部員を増やすこととともに、登録部員の参加率を高めていくことも課題となっている。

青壮年部の年間行事は、①主催行事、②自治公民館行事、③社教連関連行事に三分類できる(20)。総会・定例会・忘年会を除く主催行事としては、「姫城児童公園清掃」と「姫城ゴルフ大会」がある。姫城自治公民館に隣接する姫城児童公園の清掃は、市からの委託を受けて、青壮年部と姫木会という地域の有志による団体(21)が行っている。高齢者クラブが存在していた時期は、三者で分担して行っていた。姫城ゴルフ大会は、青壮年部のメンバーだけではなく、姫城町の全家庭を対象に声かけをしている。隣町の早鈴町や下長飯町からの参加者もいる。近隣の親睦を深めることが大会の目的ではあるが、できるだけ多くの住民、とくに若い人に参加してもらい、青壮年部の活動の理解と加入を促進することももう一つの開催目的である。ゴルフ終了後は、自治公民館で表彰式を行い、そのあとは都城市の飲食店の集積地である牟田町に繰り出し、夜が更けるまでゴルフ談義に花を咲かせるのである。

「ひめぎ六月燈」は、自治公民館の主催ではあるが、そもそも青壮年部の提案で一九八三(昭和五八)年に始まった活動でもある。青壮年部の年間行事のなかで、自治公民館と一体となってもっとも力を入れている行事である。社教連関連の行事は、市および地区の社教連、自治公民館連絡協議会、社会福祉推進協議会の行事が一つずつ行われているが、壮年団体連絡協議会の関連性がもっとも強いため、行事も七つと多い。

「原則としては、町内に住む婦人の方は全員婦人部員なんですけども、そのなかでキチンと登録なりして、つねに連絡網のなかで動く人数というのが四〇人からいるんですよ」(姫城婦人部部長H氏 2008. 1. 25 インタビュー)。この四〇名という数は、他町の婦人部と比較しても多い。その理由は、どこにあるのであろうか。役員は、部長・副部長・書記・会計の四人である。任期は二年で、一斉に四人が入れ替わるのではなく、二人ずつ一年ごとに入れ替わっていく。役員の就任に関して特徴的なのは、新規加入者が役員になることである。入会すると同時に役員になるわけだが、このやり方が団結心を生むと、H部長は説明する。すなわち、約四〇名の部員のほとんどが役員経験者であるため、自己の経験知から役員あるいは活動に対して協力的であるという。また「同じ方が長くされると、派閥みたいなのができたり、カラーが決まってしまう。姫城の婦人部にはそういう背負いがないから、あのあっさりと、みんな和気あいあいとできるんだろうと思います」とH部長が述べるように、役員が固定化せず、活動の私物化が起きない。目的志向型のアソシエーション的活動においては、カリスマ的な強いリーダーシップが求められることがあるが、姫城婦人部の方法は、地縁的親睦型の住民活動におけるリーダーシップのあり方を示唆しており、興味深い。

婦人部の年間行事は、青壮年部と同様、①主催行事、②自治公民館行事、③社教連関連行事に三分類できる[22]。この年間行事のなかでもっとも力を入れているのが、三月に主催行事として行う「ふれあいバザー」である。戴き物などの不要品や使わなくなった物を持ち寄って売買する。このときに、婦人部でお寿司を作って販売するが、これがおいしいとの評判である。筆者も賞味の機会に恵まれたが、評判どおりであった。この活動が長続きしている理由は、「やっぱりみんなで集まって作るという作業そのものが、ほんとにみんな楽しみにしている活動なんです」(H部長)という言葉に集約される。婦人部の「平成一八年度収支決算報告」によると、「ふれあいバザー」の収支決算で八万七七六八〇円の純益を計上している。売上の内訳は、お寿司(一個二〇〇円)を事前予約である寿司券売りで581個、当日売りで92個、合計で673個、金額で一三万四六〇〇円販売している。これにバザー売上一万四八四〇円を加算すると、売上総額一四万九四四〇円から、経費支出六万一七六〇円を差引して先の純益が上がる。自治公民館からの助成金とこのような利益を活動資金として、他町の婦人部では徴収している部費なしで十分活動を可能にしている。

婦人部は、社教連関連行事も精力的に協力して支えている。ただ、婦人会連絡協議会との関係については、筆者の「婦人連絡協議会に各町の婦人部が所属していますが、かなり婦人部自体自立してらっしゃいますので、とくに上から下という流れではないと思うんですけど」という質問に対して、H部長からはつぎの回答があった。

「そうです。私は上から下に降りるんじゃなくて、下から上にあがっていると思うんですけど。各町なり、婦人部や壮年部がありますよね。それがその町、ここでしたら、姫城・早鈴・下長飯・八幡、あと七町ぐらいありますけど、それの集まりで姫城地区の、この連協(連絡協議会)をつくるという形になっているんです」(2008.1.25 インタビュー）。

このH部長の発言からは、市および地区社教連や婦人会連絡協議会が主催する行事は、各町の婦人部が協力体制を敷いて支えている自負がうかがえる。そして、ここでも地域住民組織の自主的な運営に対する自負が表出するのである。前述の姫城自治公民館G館長の発言にもあった実態を支える活動体の重要性は、自明なことかもしれないが、これがなければいくら形式を整えたり被せたりしても、実質的な地域住民活動は成立しないことを、姫城町の地域住民組織の活動から学び取ることができる。

3.4　小括——社会教育機能と住民自治機能

本節1項で都城市の公民館制度、2項で社教連のしくみ、3項で自治公民館活動の実態をみてきた。三者が関連して絡み合い、その帰結として、自治公民館活動が「社会教育機能」「住民自治機能」の二つに大きく集約されることが明示されている。「社会教育機能」は公立公民館（中央公民館—地区公民館）—自治公民館という公民館制度を基盤に、社教連というしくみを介在させ、いわゆる「タテの系統化」によりその機能の強化を図ってきた。一方「住民自治機能」は自治公民館を基軸にして、青壮年部・婦人部・ＰＴＡなどの地域住民組織や社会教育団体が「ヨコの連携化」を図ることによりその機能を維持してきた。

そして自治公民館活動の実態調査が進むにつれて、自治公民館の性格を形成する基底的要因として、まずもって顕在化したのは、地域活動の主体としての自主性の存在である。それは、地域活動の「実態を支える活動体」として、地域内のそれぞれの地域住民組織や社会教育団体が保持する集合意識であり、自治公民館を基軸とする「ヨコの連携化」によってそれぞれの自主性が維持生成された。この自主性の存在は、第2節の六月灯と自治公民館との結合過程を描いた三類型の変容過程からも例証されうる社会的事象である。それなくして六月灯が支援、維持、生成されることはなかった。

第4節　「自治公民館」の今日的性格

本節での目的は、第2、3節で抽出された実証的知見にもとづき、都城市における自治公民館の今日的性格を明らかにすることにある。それは、六月灯と自治公民館の結合性が高いがゆえに、自治公民館の今日的性格に六月灯を現在まで支える構造的基因が潜んでいると考えるからである。その構造的基因こそが、これからの地縁的な地域活動を活性化するための示唆を与えてくれることを期待するものである。

前節で、自治公民館の性格を形成する基底的要因として、「ヨコの連携化」により生成する自主性を示した。この自主性と「タテの系統化」による制度との関連性は存在するのか、もし影響を受けてきたとすればそれはいったいどのようなものであろうか。この問いに対する探求は、自治公民館の今日的性格を明らかにする重要な考察となる。そこでは、「外的資産」の「遅れてきたことの特権」をどのように定位すればよいのかという課題が浮上する。

4.1　「タテの系統化」と「ヨコの連携化」――二者の絡み合い

都城市の自治公民館の今日的性格を把握するためには、「タテの系統化」と「ヨコの連携化」の絡み合いを解きほぐし、両者は二律背反的な存在なのか、前者が後者を分節化・弱体化させるものなのか、もしくは両者の相互補完性は存立しうるかなどの関係性を明らかにしていく必要がある。そして両者の関係性が、六月灯を現在まで支えてきた自治公民館活動の自主性に、どのような影響を与えてきたのかを明らかにすることが要請される。

この両者をめぐる議論で思い起こさせられるのが、一九六〇～七〇年代に展開された「町内会論争」である。玉野和志は、明らかにされていった問題の一つとして、「町内会の歴史的な起源論ないし本質論」を指摘する(23)。

『町内会論争』自体は、これを提起した中村のねらいが、町内会にたいする否定的な先入見が存在することへの批判を意図していたこともあって、イデオロギー的な色彩の強いものになってしまった。しかしながら町内会を否定するか、肯定するかといった問題との関連で、さまざまな事実認識レベルでの対立も同時に明らかにされていった「つまり町内会はそもそも歴史的にも五人組などの系譜をひく国家行政の末端機構であったとする見方と、確かに戦時中は最末端の国民細胞組織として位置づけられてしまうが、本来は住民たちが生活の必要から自発的に結成した生活協同組織であったとする見方の対立である。前者の立場からは、町内会は起源的にも国家の手で強制的に『上から』組織されたものであって、現在それが存続しているのも、行政の末端事務を任されていることが大きく影響していると考えられた。これにたいして後者の立場からは、少なくとも戦時体制に入るまえの町内会は、住民自身の手で『下から』組織されたものであって、きわめて自然発生的なものであったとされる」(玉野 1993: 32-3)。

このように、町内会論争における町内会の歴史的な起源論ないし本質論は、「上からの行政による強制的な組織化」と「下からの住民による自然発生的な組織化」という二つの対極的なとらえ方を、二項対立的に議論することによって成立した論争であった。この二つの対極的なとらえ方は、自治公民館の今日的性格を把握していくうえで有用であり、分析の基底におくことができる。たとえば、前者であれば、自治公民館の自主性は弱体化されうるが、後者であれば自主性は醸成化されうるという一般的知見が導かれるであろう。しかしここで重要なのは、両者をそもそも二項対立的にとらえてよいのかということである。「遅れてきたことの特権」の仮説は、内的資産にせよ外的資産にせよ、それが現在まで継続してきた事実に意義をみいだす。そこでは、通説をいったん棄却して、実証的検討を通じて価値中立的に再評価する作業が求められる。

上記の二項対立的なとらえ方に関して、玉野はつぎの示唆的な見解を提示する。

「次に問題となるのは、田中重好が強調する行政や政党による『上から』の組織化という側面である。かつての

『町内会論争』では国家行政の末端機構か、自然発生的な自治組織かという論点が二者択一の問題とされたが、地区類型論(24)を前提としたさらに綿密な実証的検討の段階においては、もう少し複雑な両者の絡み合いを射程に入れることが可能になる。先にあげた田中のごく簡単な類型論的叙述は、国家の地方政策との関連を考慮に入れたうえで、さらに発展させるべき可能性を含んでいるといえよう」(玉野 1993：43)。

田中重好は上からの組織化と町内会の叢生の関係について論じているが(田中 1979)、それを玉野はつぎのように紹介する。

「中村同様、田中も文書資料を丹念に検討することによって、町内会の前身組織は町内社会におけるなんらかの『有志団体』であって、これが『全戸加入組織』に転換することによって町内会が成立したとしている。……しかしながら田中は、中村のような単純な町内会の『自然発生説』は採らず、その後に展開する行政による整備や政党による組織化の動きを重視する。『かくして、町内会の叢生は、国家・行政による奨励策と政治的な参加の道が大幅に開かれたことに連動して生みだされたものであると結論される』のである」(玉野 1993：40)。

自発的で自主的な有志団体が、上からの組織化との絡み合いのなかで地域社会を代表する住民自治組織へと変容するという、第三のとらえ方を提示するのである。

都城市の公民館制度の構築過程における、行政によるタテの系統的な組織化と、地域住民組織によるヨコの連携的な組織化との関係性は、二〇〇八年七月に自治公民館館員世帯に配布された都城市市民生活部コミュニティ課作成の自治公民館加入促進パンフレット『都城市の自治公民館』の記述からもその一端を感じ取れる。

「元々都城市でも、住民自治組織を『自治会』や『町内会』と呼んでいました。約五〇年前に、自治を通じて社会教育をすすめるために、自治会の集会所を『公民館』と位置づけることで、地域の人材づくりをすすめるべきだという考え方がひろがりました。このため、組織名称を『自治公民館』と称するようになったのです。したがって、公民館としての機能を持っているという以外は、他市の『自治会』や『町内会』と変わらない組織だといえます」(25)。

上記「約五〇年前」に相応する一九五七（昭和三二）年には、「都城市自治公民館長会」が創立された。一九四九（昭和二四）年六月「社会教育法」の制定を受け、都城市では翌一九五〇（昭和二五）年八月に「都城市公民館条例」を告示し、社会教育の総合拠点として都城市公民館を設置する。そして、地域住民の福祉と充実を図り住民の要望にこたえるために、一九五一（昭和二六）年度に市公民館条例により分館を設置し、これを契機に一九五七（昭和三二）年までに設置された分館は60館を数えるまでになった（都城市教育委員会中央公民館編 2009：42；都城市史編さん委員会編 2006：1032-3）。

長野県飯田市の公民館数について、つぎのような記述がある。「人口一〇万人余の都市に、各地区ごとに一八の公民館（市公民館を入れると一九）があり、さらに旧村単位に自治公民館が九七（条例分館二七、類似分館七〇）あり、……」（姉崎・鈴木編 2002：22）。

地区ごとの一八の公民館が都城市でいう地区公民館であり、市公民館が中央公民館に該当する。そして、自治公民館を条例分館と類似分館に分けて記述している。60館を数えるまでになった都城市の分館のすべてが条例分館なのかどうか、確定できる記述を『都城市史』のなかに見つけることはできない。

いずれにせよ一九五七（昭和三二）年は、一九五一（昭和二六）年から始まった分館の設置促進政策が60館に増えるに当たって、その組織化・体系化が図られた政策進展の年であったと考えられる。そして、そのつぎに組織化・体系化が図られたのが、地区公民館の設置促進と社教連の創設が行われた一九六〇年末~七〇年代の時期であったといえよう。自治を通じて社会教育を進め、地域の人材育成を可能にするために、「住民自治機能」――地域住民組織のヨコの連携化により醸成される――を基盤にして、「社会教育機能」――行政が社教連という組織と一体になって、タテの系統化を推進するなかで強化される――を付与していく。この二者の絡み合いのなかで、戦後の自治公民館の性格は形成されてきたのである。

4.2　公民館制度の評価――「外的資産」の「遅れてきたことの特権」

本章における事例の現象的帰結――六月灯の多さと継続性――を支えてきた基底的要因として、強い「地域的相互主義」的コミュニティ意識の存続という「内的資産」の「遅れてきたことの特権」の仮説は成立せず、つぎに仮定された基底的要因は、縦系列で統一的に体系化された公民館制度の残存という「外的資産」の「遅れてきたことの特権」であった。しかし、それより先に基底的要因として顕在化したのは、地域住民組織の自主性であり、それらがヨコの連携化によって自治公民館活動を維持、生成してきたことであった。これは、当初、自治公民館の社会教育機能――タテの系統化により強化された――しかみえていなかったのが、住民自治機能――ヨコの連携化により醸成された――の重要性を気づかせる過程でもあった。

その過程を経て浮かび上がってきたのが、公民館制度の存続という「外的資産」の「遅れてきたことの特権」は、自治公民館活動の自主性の存続とどのような関係性にあるのかという問題である。前項あるいは第2章第3節で説いたとおり、実証的検討においてこれを価値中立的に再評価することが重要である。結論を先取りしていえば、両者は決して二律背反的な関係ではなく、また前者が後者を分節化・弱体化するものでもなかった。社会教育を促進するための行政によるタテの系統的な組織化とその存続が、自治公民館活動の自主性を結果的に存続させるという関係性が成立していたのである。それは、以下の三つの事実に依拠して説明できる。

4.3　行政によるタテの系統化

一つは、社会教育を促進するための行政による組織化が、「上からの行政による強制的な組織化」であったのかどうかである。この論点をわかりやすく議論するために、ここで一つの事例をみておきたい。それは、住民に「自治の心」

を取り戻してもらうことにより地域再生に成功した、宮崎県綾町の「自治公民館運動」である。この運動を成功に導いた立役者は、一九六六（昭和四一）年の就任以来二四年の長期にわたって綾町町長を務めた郷田實である。郷田は行政に寄りかかりすぎている町民に、何とか自治の心を取り戻してもらいたいという考えから、全町民総参加の町づくりを目標に掲げる。そして、その第一歩が行政の末端機関である区長制の廃止であった。郷田は以下のように語っている。

「綾町を今日まで導いた原動力は何であったか。町民の努力であることは言うまでもありませんが、それを可能にしたのが『自治公民館運動』です。ふつう市町村では、行政の最小単位として区制が敷かれています。それと、住民の生活の向上、健康の増進、福祉の充実、文化・教養、あるいは技術・工芸の習得、教育の補完など、日々の暮らしの中で生じる問題を話し合ったりする場、生活の向上をはかるための実践の場としてそれぞれの集落に公民館をおいておられるところが多いと思いますが、私の町では各集落ごとにある公民館を『自治公民館』と呼ぶことにしました。綾町の場合は、22ある集落のそれぞれが一つの区であり、行政の末端の手足となって働いてくれる区長がおりました。そして、この区制と重なるように各集落に自治公民館があり、地区ごとに公民館長がおりました。……区長と公民館長の違いは何かといいますと、区長は町行政の世話役として広報活動、選挙の入場券の配付、統計、各種会合の周知徹底などを行います。これに対して自治公民館長は、町民の希望や考えを集約して、日常的な生活課題との取り組みを行います。当時の綾町では、区長さんと公民館長さんとは兼務になっていました。私は、町長になると、まずこの区長制を廃止して、自治公民館を中心とした行政の推進を考えました」（郷田 2005：72-3）。

綾町に自治公民館制度が生まれたのは一九六五（昭和四〇）年のことである。しかし、それに先立つ一九四八（昭和二三）年四月、戦後いち早く民主青年団を結成した綾町四枝地区で、集会や学習の場の必要性を感じて、青年団が中心になって公民館を建設したのが、この地区の自治公民館の始まりであった。一九五一（昭和二六）年には綾町の立て直しをめざして地域公民館の施設設置促進運動が起こり、集落単位で22の公民館と区長制度ができる。それから一〇年後の一九六一年に、行政区の区長と公民館長が兼任することが決まる。しかし、このことは自治公民館活動の弱体化を意味した。綾町では先行していた自治公民館と町行政の地区が同一でしかも自治公民館長と区長が兼任であり、戦後の復興によって町行政が充実してくると、どうしても行政の力のほうがまさって、自治公民館による活動は形骸化してしまう。この形骸化と軌を一にして、住民の自治の心も徐々に失われ、行政への依存ばかりが目立つようになった。そこで、郷田が最初に手をつけたのが、自治公民館の再生であった。その理由を郷田はつぎの順序で説明している。

「もともと住民たちはお互い助け合いながら、自分たちの身の回りをより良くするために、足りないところを足しあったり、工夫したり、工面しながら生活してきた。ところが農地解放により自作農が誕生し、経済の高度成長とともに、生活が安定するに従い、金に頼り人に頼らない空気が広がっていった。また行政への寄りかかりが始まり、行政の批判や町長や町行政への悪口ばかりいう、口を動かすだけの町民になってしまった。それに拍車をかけたのが、区長と公民館長の兼務だった。行政の手先としての仕事が中心になり、自治公民館の仕事はほとんどしなくなった」（浜田 2002：173）。

この状況を打開するために、郷田は区長制を廃止し、今まで区長が担当していた仕事は行政でやることにし、自治公民館長は住民のための仕事に専念してもらう体制を作ったのである。これが功を奏して自治公民館長の動きが活発になり、自分たちで町を作るんだ、町をよくするんだという意識があふれるようになる。かつて夜逃げの町といわれたほど人々の生活は苦しく、封建的で閉鎖的な地域であった綾町が発展したのは、まさに公民館制度の土台があったからといわれる所以がここにある（浜田 2002：164-6, 172-4）。郷田は、この外的資産としての公民館制度について、つぎのように述べている。

「今から考えますと、自治公民館運動がしだいに浸透し、町民の皆さんが積極的に参加してくれることになったのは、一つは綾町の規模がちょうどよかったという気もしています。もし人口の多い大都市だったら、これほどうまくいったかどうかはわかりません。いまもたいして変わりませんが、当時の綾町は二五〇〇戸の規模でした。たったこれだけでも、二五〇〇戸の人間が一か所に集まって議論することはむずかしいことです。やってできないことはないけれど、通りいっぺんの議論しかできないでしょう。私が望む全員参加の町づくりを実現するには、各集落単位で参加してもらうのがいちばんいいと考えたのでした。その意味で綾町が集落単位で、すでに自治公民館を持っていたことは、私にとって非常に幸いなことであったと思います」（郷田 2005：83-4）。

民主主義思想の普及が進んだ戦後の日本においては、戦時期に行われたような、上からの行政による強権的な組織化を可能とする土壌は失われた。しかし上からの行政による組織化が、強権的ではないにせよ、先行して存立していた集合意識——住民の自治の心や地域住民自治組織の自主性——を弱体化させることがありえることは、綾町の事例が示すとおりである。上からの組織化の比重を区長制度から公民館制度に移すことによって、先行して存在していた下からの住民による自然発生的な組織化の動きを復興させたのである。

都城市の場合、戦後、行政の末端機関である区長制度は採用しなかった。ゆえに、郷田がいう行政の手先としての仕事が中心になり、町行政の世話役として町から任命された名誉職でもある、行政区の区長は存在しなかった。地域社会における行政連絡伝達などの行政補完機能は自治公民館が担ってきたが、この機能が決して第一義的に優先されることはなく、あくまでも自治公民館が持つ共同防衛機能や親睦機能などの諸機能の一つにすぎず、これによって自治公民館活動の自主性がそがれるようなことはなかった。

それでは、行政・公立公民館が社教連と一体となって、自治公民館の社会教育機能を強化するためにタテの系統的な組織化を強化した都城市の公民館制度を、どのように定位したらよいであろうか。同じ公民館制度といっても、綾町の場合とは違うものなのか。むしろ区長制度と同じような制度的影響を与えてきたものなのか。「姫城自治公民館」の個別事例でみたように、この制度のなかで自治公民館は決して末端におかれているわけではなく、行政とは対等な立場で活動を行ってきた。この関係性は、序章で示した、鈴木榮太郎が指摘する講の一般的性格に近似するものである。鈴木は、講の組織には冷徹な合理性が存することを指摘する。そして

「これは農村の無制限な隣保共助に向かわんとする道義や感情に加えた正しい制限であって、わが国の村における家の権威と独立はこれによって、無制限・無秩序から救われてきたと思われる。農村の結社がみな最も多く講の形式をとったのもそのためである。労働力の相互扶助に加えた制限にユイの制度がある。講と全く性格を同じくするもので、ひとしくその冷徹な合理性がこの制度を今日まで存続せしめ、また農村を秩序あらしめてきたものである」(鈴木 1968：347-8)

と述べる。すなわち、都城市における地域住民組織には、「実態を支える活動体」として現実的に対応する合理性が存在しており、タテの系統的な組織化を強化した公民館制度とは協調関係を維持しながらも、できないことについては自主的に制限を加えてきた。この強制的でないゆるい規制的関係が、自治公民館活動の合理性を自主的に発揮する環境を存続させ、その社会的効果として公民館制度を今日まで存続させてきたともいえるのである。

4.4　タテの系統化の制度的効果

二つめに依拠する事実は、縦系列で統一的に体系化された公民館制度の制度的効果である。それは、自治公民館活動が他地域の活動との比較評価のなかにおかれることを意味する。その状況を形成するのが公民館制度の統一性である。この統一性は、急激な地域開発に伴う人口流入により、自治会・町内会・公民館など性格の違う地域住民自治組織が混在する地域よりは、それぞれの地域活動の比較検証を容易にする。この制度的効果として、ひめぎ六月燈や姫城自治公民館もちつき大会が例証しているように、地域住民組織の主催行事が主体的に開催されていく。新しい地域活動を立ち

上げるには相応の原動力を必要とするが、公民館制度の統一性はそれを生みだす集団間の相互作用と交差圧力を形成する。かといってこの統一性は、決して強制力を持っているものではない。立ち上げの理由が、ほかの地域にあるので自分たちもというように、必ずしも独自性を持っていなかったとしても、活動が劣後した自治公民館は自主的な改善策が要請されるのである。

公民館制度が生みだす制度的効果は、第2節で六月灯と自治公民館の結合性を高める側面として示したように、(1)地域住民を動員するには、自治公民館の主導のもとで地域住民組織や社会教育団体に頼らざるをえない構図、(2)戦後共同的な地域活動が自治公民館活動に集約されていった過程、(3)地域住民が自治公民館のもとで新しい地域活動を立ち上げていく様相、にもつながっていく。地域を代表する住民自治組織が自治公民館のみであること、それが社教連を媒介して公立公民館と体系的な社会制度を構築していること、この公民館制度の存続が近隣活動の自治公民館への集約化を促してきた。そして、統一的な公民館制度の効果が、地域住民組織の相互作用と交差圧力、自主性の発揮を促し、上記の三つの事象を生みだす構造的基因となっている。公民館制度の存続という「外的資産」の「遅れてきたことの特権」の制度的・社会的効果が、行政によるタテの系統的な組織化と地域住民組織によるヨコの連携的な組織化の交錯のなかで、自治公民館活動の自主性を強制的にではなく内生的に促してきたことを、ここに確証できるのである。

4.5　社会教育機能の社会的効果

三つめに依拠する事実は、公民館制度の第一義的目的である――行政・公立公民館が社教連と一体となって推進してきた自治公民館の社会教育機能の強化による社会的効果についてである。先の二つが公民館制度の制度的側面からアプローチしているのに対して、三つめは自治公民館の機能的側面に力点をおくアプローチである。そこでは、地域づくりの実践において、いかに住民自治機能と社会教育機能の融合化による推進が重要であるか、またいかに社会育成機能の強化が住民自治機能の自主性の発揮を促すか、という論点が提起される。この議論をわかりやすく進めていくために、ここで一つの事例をみておきたい。それは、長野県飯田市竜丘地区で進められた地区基本計画づくりの限界と課題である（姉崎・鈴木編 2002：253–69）。

飯田市竜丘地区では、飯田市全体で提起された「ムトス」地域づくりプロジェクトを受け、一九八九年から竜丘地区基本計画の策定を開始する。主たる策定組織として、各地区ごとの地区協議会、一般公募による「むとす竜丘委員会」が組織された。むとす竜丘委員会の中心メンバーは公民館実践や住民運動の担い手たちであり、客観的にはそれまでの学習・教育実践と地域づくり実践が統一的課題を迎えたのが、この地区基本計画づくりの局面であった。しかし、その後の推移をみると必ずしも成功したわけではない。地区協議会の中間まとめは一九九一年に提出され、一九九三年には専門部会の中間報告が提出されたが、最終的には一九九五年に中間報告が提出された段階で計画は中断している。その理由については、「竜丘のいいところを組織しながら（進める）というむとす竜丘委員会と、開発（インフラ整備）そのものを考える自治会との意見の差」という見解があげられている。この他にも、一九九二年に素案作成がむとす竜丘委員会に一任された過程では「各地区の横の関係や各専門部会の共通問題等の整合性を図る」ことの困難さや「地区の偏りや利害、エゴといったものを超えた立場で長期的な視野」に立つことの必要性が指摘されており、そうした問題解決の困難さも一因であったとされる（姉崎・鈴木編 2002：262–263）。

宮崎隆志は、この事態については多面的な総括が必要であるとしながら、「地域づくり実践の展開が意味するもの」という文脈に即して、つぎの三点を指摘している。

第一に、むとす竜丘委員会と自治会との歩調の差異は、調査・研究を含む学習を組織しつつ計画策定を図っていこうとする前者と、積年の行政要求をとりまとめ、実現しようとする後者の地域づくりに対する考え方の差異であったとすると、生活課題・地区課題を実現する論理と、学習と実践を統一する論理が地域内において分離していたと考えられる。むとす竜丘委員会は公民館組織ではないが、地域づくりに際して公民館実践も共通の立場に立つことからすると、公民館実践の論理と自治会の論理が依然として分離していることを意味する。第二に、自治会に即して換言すれば、これまでみたような公民館実践の論理は住民自治の論理として内在化されていない。自治会として地域の要求を実現する場合に、公民館実践の論理は必要とは思われていない。第三に、公民館側に即して言えば、二つの問題がある。その一つは、現段階の公民館は「地域的教養」学習に基づいて、地域の共同性を再構築する可能性を持つが、ギフチョウ(26)や古墳(27)は、竜丘に固有の生産や生活の論理まで象徴するものではない。「地域的教養」は開発に抗し得る教養ではあっても、新たな地域創造を可能にする教養はまた別物であった。それだけでは内部の対立を理解し合う鍵にはならないからである。もう一つは、分館（都城市でいう自治公民館）レベルでそうした公民館実践が展開される必要があることである。現代的な地域課題の学習は分館単位で展開されなければ、「自治」あるいは行政活動の拠点としての自治会の側で、公民館理解が変化することは考えにくい。分館が地域課題の学習を組織する教育機関として集落内において独自の地位を得ることが、第一に指摘した課題を達成する条件でもあるように思われる（姉崎・鈴木編 2002：263-5）。このように竜丘地区で進められた地区基本計画づくりの限界と課題が示される。

都城市の自治公民館の場合は、自治会の機能――住民自治機能――と、公民館の機能――社会教育機能――が一体となる制度的効果により、自治会の論理に公民館実践の論理が内在化する環境が形成され、竜丘地区にみられた限界と課題を乗り越える条件が維持されてきた。このことが地域の人材育成につながる社会的効果へと結実する。

前項で紹介したが、自治公民館加入促進パンフレット『都城市の自治公民館』のなかに、「自治を通じて社会教育をすすめる」という記述がある（本節1項）。地域自治を通じて社会教育を推進し、地域の人材育成を進めるという、地域づくりの実践がここに展開されるのである。姫城自治公民館が子どもたちのために新しく立ち上げた地域活動――ひめぎ六月燈や姫城自治公民館もちつき大会――は、その社会的効果を例証している。

ただ、住民自治を通じて社会教育を推進し、地域の人材育成を進めるという地域づくりの実践は、戦後の公民館運動によって初めて行われたわけではなく、昔から行われてきた社会的事業である。たとえば町人のまちである博多は各町の町内凝集力が高く、商工業面はともかく政治面や精神面で半ば自立していたと判断されるが、そこで博多祇園山笠という都市祝祭は、固有の資源である人材を最大限に動員させる装置であった。換言すれば、祭りは町の自主管理と町民の能力の開発・向上のための独自のソフトにほかならなかった。学校教育が存在せず家族の枠を超えた集団行動の機会の乏しかった当時の社会で、この祭りの「年齢階梯制」は地域社会が求める規範を年少者に課す格好の機会でもあり、自地域の住民を地域全員で育てていく「社会教育システム」を、その祭りの実現過程で機能させていた（竹沢 1998：32–45；竹沢編 1999：8–9, 30–3, 91–5）。地域社会の自己存続と拡張を可能にするために、自地域内の青少年の育成が必然とされた状況下で、住民による自主的な社会教育システムの運営が実践されたのである。しかし、社会教育機能が学校などの中間集団に移譲されるにつれて地域の人材育成活動の必要性が希薄化し、地域社会の自主性を発揮し維持する重要な契機が失われた。

大阪府枚方市では、地域づくりを進めていくためには、「まちづくり・住民活動・社会教育（公民館）の三角形」の形成が必要であることが提起されている（姉崎・鈴木編 2002：349–50）。地域社会における人材育成の必要性が喪失していくなかで、公民館制度の第一義的目的である、行政・公立公民館が社教連と一体となって推進してきた自治公民館の社会教育機能の強化は、住民自治機能に社会教育機能を内在化させ、これにより自治公民館活動の自主性を存続させる社会的効果へとつながっていったのである。

4.6　人口減少、高齢化による加入世帯減少の実態

最後に、次節で記述する、都城市における人口減少とそれに伴う高齢化、そして自治公民館加入世帯低下の実態を地区ごとにつかんでおきたい。すなわち、子どもや青壮年という階層の希薄化の実態をみていきたい。

都城市の11地区（二〇〇六年合併前の旧都城市域）別の人口・世帯数の増減については第1章第2節1項で説明したので、ここでは高齢化率（＝六五歳以上人口÷全人口）と自治公民館加入率（＝自治公民館加入世帯数÷全世帯数）を中心に説明する。図4・3では、合併後二〇〇九年の都城市15地区（中学校区）別の高齢化率と自治公民館加入率を提

示する。図4・4では、一九九八〜二〇〇七年都城市全体の自治公民館加入率の推移を追う。その後、図4・5では、中心市街地内に所在する町を多く抱える姫城地区の二〇〇八年町別年齢別人口比率を示して、中心市街地における高齢化の実態を確認しておきたい。

15地区の高齢化率(65歳以上人口比率)をみると、中山間地域である8地区――西岳・志和池・中郷・庄内地区と二〇〇六年合併前の旧北諸県郡4町である山之口・高城・山田・高崎地区――の比率が高い。それと比較すると市街地域内の7地区の比率は相対的に低い。そのなかでは、人口減少地域であり中心市街地域を多く含む姫城・小松原地区が他地区と比較して高い。一方、人口・世帯数ともに際立って増加率が高い郊外である横市・沖水地区は、高齢化率は10%台と低い。また、自治公民館加入率は高齢化率が高いほど高くなる傾向を持つ。中山間地域である8地区のうち、庄内・中郷地区は60%であるが、それ以外は70%以上と高くなっている。一方、市街地域内の7地区は、姫城・妻ヶ丘地区が60%であるが、それ以外は50%台と低い。市全体の自治公民館加入率の推移は、年が進むごとに低下している(図4・4の二〇〇五年までの加入率は、二〇〇六年合併前の旧都城市の数値)。二〇〇六年に加入率が上昇した理由は、もともと加入率が高い北諸県郡4町と合併したことによる。しかし、図4・3によると二〇〇九年の加入率は63・5%で、この時点で合併前の二〇〇五年加入率(63・7%)を下回っている。自治公民館の加入率の低下傾向に歯止めはかかっていない。

つぎに姫城地区の町別年齢別人口比率をみると、中心市街地のまさしく中心に位置して中央商店街を形成する上町と中町の高齢化率が34・9%・41・7%と他町よりも高い。それに呼応するがごとく、〇〜一四歳の人口と比率は、上町が32人・6・9%、中町が15人・6・7%と他町よりも低くなっている。〇〜一四歳の人口比率を低い順から5位まで並べると、①中町(6・7%)②上町(6・9%)③牟田町(9・3%)④松元町(9・4%)⑤八幡町(10・6%)となる。同様に一五〜六四歳の人口比率を低い順から五位まで並べると、①中町(51・6%)②八幡町(57・0%)③下長飯町(57・94%)④上町(58・2%)⑤牟田町(58・4%)となる。今度は、高齢化率を高い順から五位まで並べ

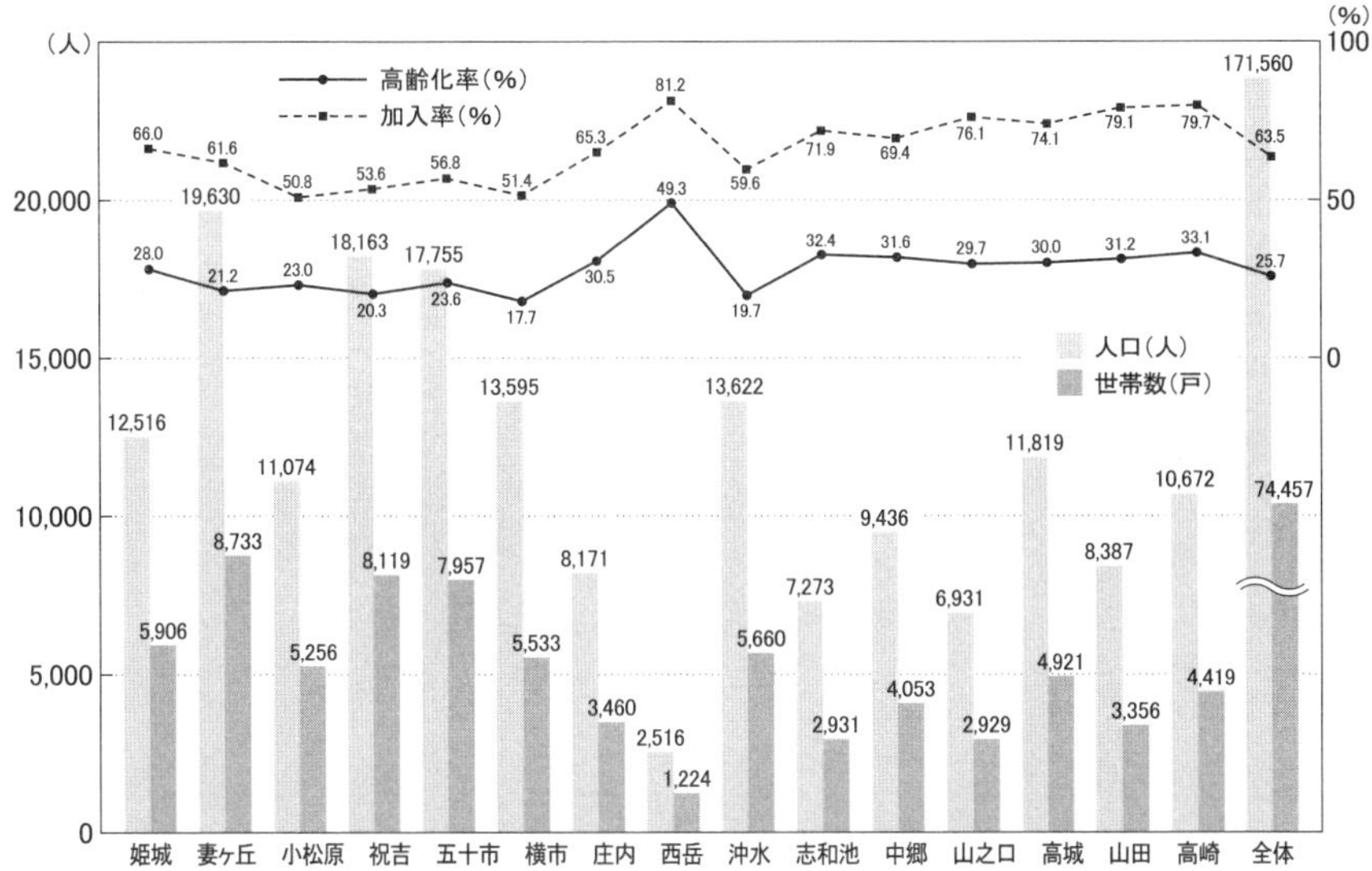

図4.3　都城市地区別人口・世帯数と高齢化率・自治公民館加入率（2009年）

（注１）人口および世帯数は2009（平成21）年4月1日現在の住民基本台帳人口にもとづく

（注２）自治公民館加入率＝自治公民館加入世帯数÷全世帯数，自治公民館加入世帯数は2009年4月1日現在の自治公民館役員報告書にもとづく

（注３）一部地域において，世帯数と自治公民館加入世帯数の対象範囲が一致していない

（出典）都城市コミュニティ課「平成21年度地区別自治公民館加入率・高齢化率」より作成

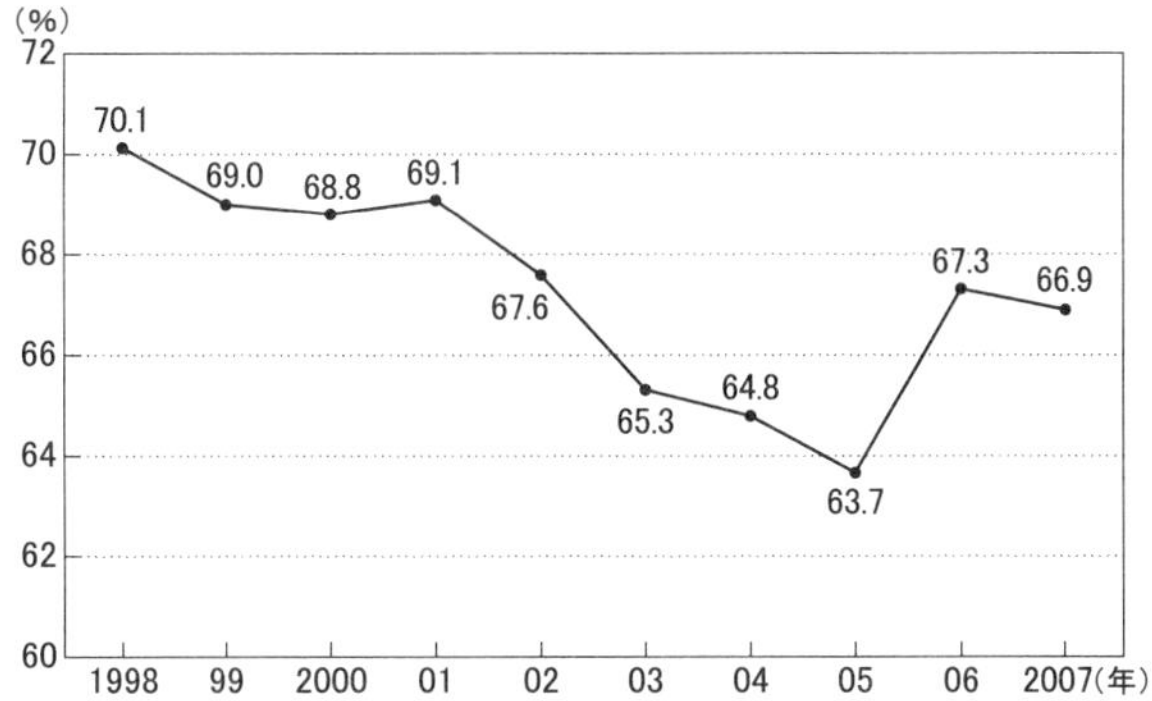

図4.4　都城市自治公民館加入率の推移（市全体）（1998～2007年）

（出典）都城市企画部秘書広報課編（2007: 5）

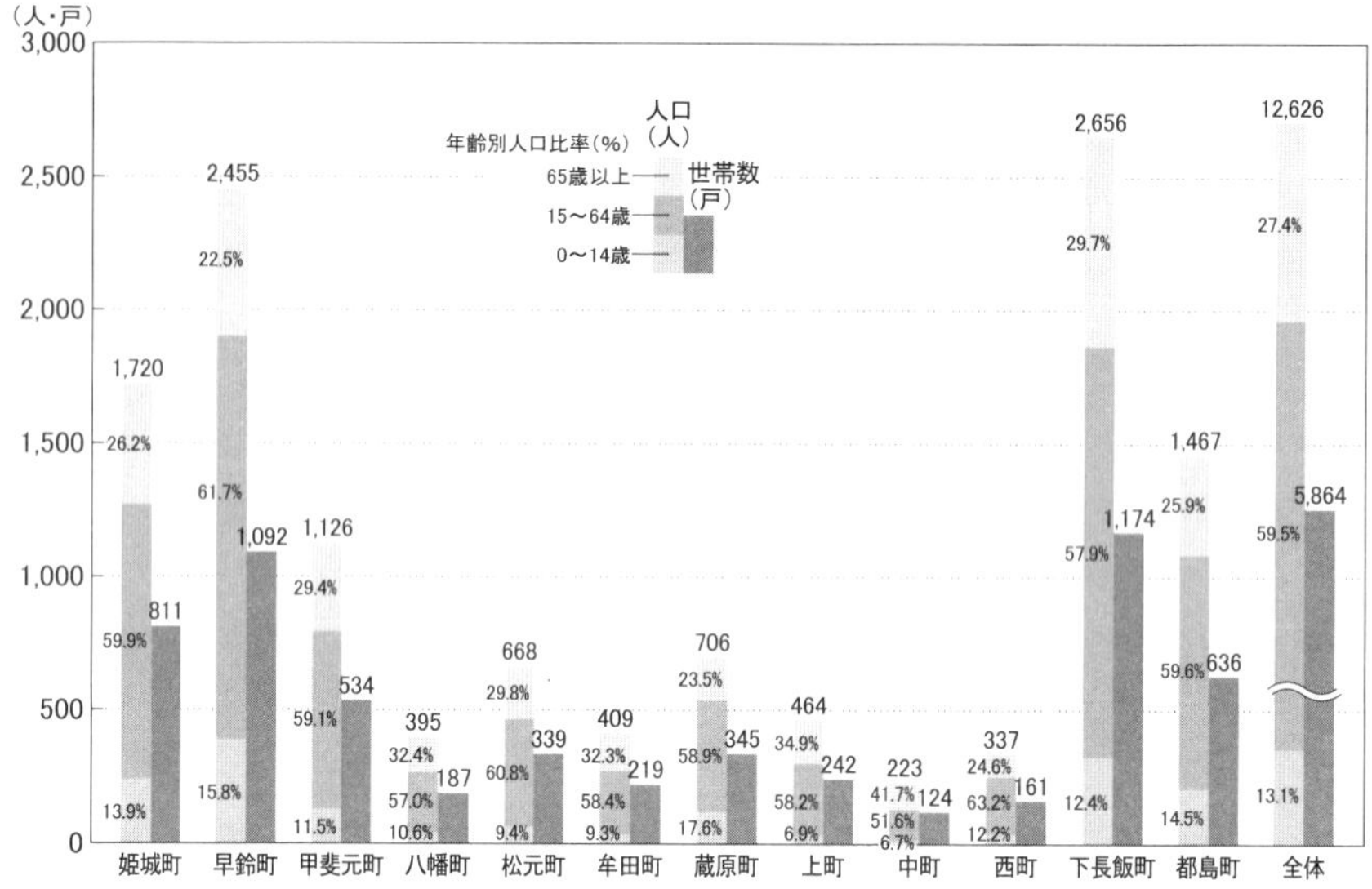

図4.5　姫城地区町別人口・世帯数と年齢別人口比率（2008年2月1日現在）
（出典）姫城自治公民館広報紙『必隣』No.269, 2008（平成20）5.1）より作成

ると、①中町（41・7%）②上町（34・9%）③八幡町（32・4%）④牟田町（32・3%）⑤松元町（29・8%）となる。姫城地区内に所在する12町のうち、上記の三つの比率の順位に重複して名前を連ねるのは、中町、上町、松元町、八幡町、牟田町の5町である。前二者の中町と上町は全町域が中心市街地であり、真ん中の松元町は町域のほとんどが、後二者の八幡町と牟田町は約半分が中心市街地に含まれる。姫城地区内に所在する12町のうち残り7町は、町域の一部が中心市街地に含まれるか（姫城町、蔵原町）、もしくは全く含まれない町（早鈴町、甲斐元町、西町、下長飯町、都島町）である。ここに中心市街地における子供・青壮年層の希薄化と高齢化の相対的な進行が例証される。

4.7　小括——制度的効果と機能的効果

本節では、都城市における自治公民館の今日的性格を、「タテの系統化」と「ヨコの連携化」の絡み合いのなかで明らかにしてきた。それは、自治公民館活動の自主性と、行政・公立公民館が社教連と一体となって推進してきた「タテの系統化」の制度との関連性について考察することでもあった。また、ここには公民館制度の存続という「外的資産」の

「遅れてきたことの特権」をどのように定位すればよいかという問題も内包されていた。この公民館制度の存続は、自治公民館活動の自主性の存続と決して二律背反的な関係ではなかった。強制ではない、ゆるい規制的関係による制度的効果が自主性を存続させる一方、公民館制度の統一性による制度的効果が、地域活動に改善圧力を与え、住民組織に自主性の発揮を促してきた。また、行政・公立公民館が社教連と一体となって推進してきた自治公民館の社会教育機能の強化が、住民自治にもとづく地域活動に社会教育機能を内在化させ、これにより自治公民館活動の自主性を存続させる社会的効果へとつながっていった。

このように公民館制度の存続は否定されるものではなく、「外的資産」の「遅れてきたことの特権」として、むしろこの制度を活用した地域社会の再生可能性が定位されるのである。

第5節　現象的帰結の構造的基因

前節までの分析から、本章における事例の現象的帰結——六月灯の多さと継続性——を支えてきた基底的要因として、自治公民館活動の自主性の存在をあげた。そして地域活動を促進し持続させてきた構造的基因として、公民館制度の存続という「外的資産」の「遅れてきたことの特権」との相互補完的な関連性を示した。しかし、これだけで六月灯の多さと継続性の理由を十分に説明し尽くしているのだろうか。否、そこには二つの視点からの説明が欠けていると考えられる。

一つは、この構造的基因を明らかにするためには、大きく分けて二つの側面からのアプローチが要請される。それは、本章第1節で示したとおり、近隣祭りの質的側面と量的側面の二つである。前者は祭事構成や祭りそのものの魅力を内包する。後者は活動を支える運営主体の問題を内包する。前節までの事例分析は、後者の問題を優先して扱ってきた。それは本書が地域活動の継続性を重視しており、活動を支える運営主体が継続の鍵を握ると考えるからである。ただ分析の対象事例が近隣祭りである以上、質的側面から知見を抽出する実証的作業を回避するわけにはいかない。本節で質的問題に内在する構造的基因を記しておきたい。

もう一つは、「都市研究の現代的課題は、都市社会構造の現代的変容に対応する新しいコミュニティ論、あるいは従来とは異なる領域的含意を持つ集合的アイデンティティ論を示すこと」（中筋 2005：225）という課題に近接できているかという問題である。本章の事例分析では、「実態を支える活動体」としての地域住民組織の今日的性格を、「外的資産」の「遅れてきたことの特権」という価値の通時的不変性に力点をおいて明らかにしてきた。それゆえに、都市社会構造の現代的変容に対応する説明が十分になされていない。中山間地域と市街地周辺地域だけでなく、中心市街地およびその周辺においても地域住民の減少とそれに伴う高齢化の影響を示し、最後に、その結果として六月灯を継続させる構造を生みだしてきた社会的な事実を構造的基因として記し、本章を締めくくることとしたい。

5.1　コンパクト化されたしくみ――活動構成と活動空間

祝祭的地域活動である近隣祭りの質的側面に内在する構造的基因としてあげたいのが、二つのコンパクト化されたしくみである。その一つは、「祭事構成のコンパクト化」である。これは六月灯の開催が数時間で可能であり、出演者も大人数を必要とせず、基本行事も「灯籠」「演芸」「花火」というわかりやすい三要素で構成されている特性にある。これは模倣性を高め、新しく立ち上げやすく、継続性と便宜性を提供する。戦後都城市では自治公民館が活動の一環として、独自の六月灯を立ち上げてきたことを既述したが、伝統的な六月灯の三要素を核とする型が維持されてきた事実も先に示したとおりである。戦後、六月灯が新しく立ち上がり継続してきたのは、模倣性の高いコンパクトな祭事構成が要因の一つになっていたのである。

二つめは、「活動空間のコンパクト化」である。これは、祭りの参加者の居住地と、祭りを代表する地域が一致しており、かつそれが狭い範囲であることを意味している。これが、会場の空間全体を地縁的な親密圏として、「ふるさと六月灯の情緒豊かな楽しい夜祭り」の集合的記憶を醸成し、祝祭活動を再生産していく原動力となっている。そもそも六月灯は農村の娯楽的行事であり、一般の庶民、集落の人々にとって、夏祭りは最大の楽しみであった。地方都市といえども、近隣でも機会の少なくなった「顔が見える」環境を、この二つのコンパクト化されたしくみがつくり出している。

5.2 地域集団の論理――合理的判断による現実的対応

地縁的な地域活動と、地域住民の減少とそれに伴う高齢化の問題の関連性は、本章第2節の旭丘神社六月灯と八幡町の自治公民館の事例において少し触れた。そこでは、住民の郊外転出などにより典型的な衰退をたどった中心市街地の地域社会が、現実的な対応によっていかに地域活動の継続性を担保してきたかを垣間見ることができた。そこでは地域社会を取り巻く都市社会構造の現代的変容に対して、合理的判断によって現実的に選択し対応する「地域集団の論理」が表出していた。地域社会から子どもがいなくなり、地域住民組織の自主性を促してきた社会教育機能である人材育成の必要性が減少し、実働部隊としての青壮年部や婦人部が消滅するなど青壮年層が薄くなり、「ヨコの連携化」による自治公民館の自主性の生成が失われたとき、また人口や世帯数は増加しても自治公民館への加入世帯が減少していくとき、地縁的な地域活動は活性化どころか、再生産すらおぼつかない。

一九七〇年代後半に始まった郊外居住や出生数減少の傾向は、バブル経済崩壊後の一九九〇年代以降にその問題性を露見させ、現在に至るまで衰えることなく進行してきた。このような都市社会構造の現代的変容のもとで、本章における現象的帰結――六月灯の多さと継続性――を表出させたのは、これまで述べてきた祝祭活動の二つの側面に内在する構造的基因――質的側面から抽出された二つのコンパクト化されたしくみと、量的側面から抽出された地域住民組織の自主性とそれを促進してきた公民館制度――の存在があった。これらの基因は、現代的変容にあらがう形で地域住民組織の自主性を防御し、地域活動の再生産を促す働きとして機能してきた。そこには、本書では「外的資産」として定位する文化的・社会的制度の「遅れてきたことの特権」の効果が発生していた。

前述した都市社会構造の現代的変容は、地域住民組織の自主性を喪失させ、六月灯の継続性を減退させる一方であろうか。実はその問題性が露呈する一九九〇年代以降に、この現代的変容こそが六月灯の継続性を支える新たな構造を形成する契機として、顕在化するのである。

中心市街地と中山間地域で、前節6項で示したとおり青壮年層が希薄化して高齢化が進み、一方で郊外において人口が増加しても自治公民館加入率が向上しない状況で大きな動向となってきたのが、運動会などの大がかりな地域活動が継続できずに中止される事態である。

「一〇年ぐらい前までは、運動会をやっていたんですけどね。これも、一番大きな事業でした。それこそ、予算的にも、運動会が一番大きくって、そのつぎが六月灯やった。それで、今はそれがなくなって、六月灯が一番大きい。運動の方もスポーツもなんかやろうかというて、話はでるんですけど、いったんやめたらなかなかですね。やめたのは、参加者が少なくなった。子供がいなくなり、特に白団が子供がいなくなったんですよ。参加者が、もうあそこの地区はですね、子供がいなくなる、大人も、一〇名程度しか来れなくなる。他は四、五〇名おるんだけど、いなくなって、今度は二団に分けたんですよ。青団と白団が一緒になって、赤団とやる。二団に分けても、また少なくなって。子供が少なくなっていく。子供を増やすちゅ、市長にはいうんですけどね。子供んこつだけ、しっかりしてくれと。子供をなんか大事に育てていく、子供をふやさないかん、年寄りばっかりやて」（姫城自治公民館館長G氏 2008. 1. 24 インタビュー）

地域住民、特に子どもが減少して自治公民館主催の運動会が中止となった地域では、六月灯が自治公民館の最大かつ唯一の全世帯対象の行事となっている。その結果、この活動の存続は自治公民館の重要課題となり、六月灯を継続させる構造が形成されていく。六月灯は、コンパクト化されたしくみの本領を発揮するのである。自治公民館の行事のなかで、近隣祭りの希少性がその継続を促す。

とはいっても、上に述べたような住民自治が弱体化していく現代的変容の構造的問題から逃れられたわけではない。このような環境下にあっても、人口減少による「縮小化社会」を迎えて、国家および地方自治体の財政が縮小していくなかで、「生活の論理」にもとづく地域住民の地域社会における日常生活を存立するには、地域活動を継続させ住民自治の再生産および活性化を図っていかなければならない。ここに問題を自主的に乗り越えていく構造的な必然性が生起するのである。この必然性は、旭丘神社六月灯の事例のように、地域集団の合理的判断のもとで、現実的に対応していくという社会的効果を生みだす。「旭丘神社六月灯」の事例では、旭丘神社と姫城町・甲斐元町・八幡町の三町の自治公民館が、近隣祭りを協同運営していく過程を描いた。さらに、三町の一つである八幡町の自治公民館が、この協同運営を契機にして、自地域の六月灯を旭丘神社六月灯に統合させるという現実的な対応を行った事実も含まれている。

自治公民館活動は自主性を保持してきただけに、独自性が強く閉鎖的な「地域集団の論理」を形成してきた。それが、都市社会構造の現代的変容が住民自治を減退させる問題が顕現化してくると、「地域集団の論理」にも変容が生じてくる。そこには、構造的問題を乗り越えていくために、地域集団間の協同原理を機能させる開放的な論理が生じてくる。開放的な方向へ変容した「地域集団の論理」と、それにもとづく地域活動の合理的・現実的対応は、これからの地域社会における住民自治を存続させていく現代的要因となっていくのではないだろうか。

5.3　小括——現象的帰結の今後

本章では都城市で行われている六月灯という近隣祭りの事例分析を行い、この事例の現象的帰結——六月灯の多さと継続性——の構造的基因を明らかにすることを試みてきた。繰り返しになるが、再度整理しておく。上述の現象を帰結したのは、祝祭的地域活動の二つの側面に内在する構造的基因——質的側面から抽出された二つのコンパクト化されたしくみと、量的側面から抽出された地域住民組織の自主性とそれを維持、促進してきた公民館制度——の存在があった。そして、住民自治を弱体化させる都市社会構造の現代的変容が、かえって六月灯の継続性を担保する構造を生みだした。

しかしながら、この都市社会構造の現代的変容が進み、その問題性がさらに顕在化してくれば、一転して六月灯の継続性を減退させる可能性が想定される。そこでは、地域住民組織の自主性とその再生産を促すよう機能してきた「外的資産」の「遅れてきたことの特権」の制度的効果だけでは太刀打ちできない状況が発生する。その状況を打開するためには、閉鎖的で独自性の強い「地域集団の論理」を乗り越えて、合理的判断のもとで現実的に対応する新しい開放的な「地域集団の論理」が要請されるだろう。そこでは、「従来とは異なる領域的含意を持つ集合的アイデンティティ論」が模索され、地縁的な地域社会における新しい共同性形成の地平が求められるはずである。

今後、どのような都市社会構造の現代的変容が生起し、それに伴いどのような「地域集団の論理」が形成されていくのだろうか。もしくは、現代的変容が生みだす構造的問題を解決するために、どのような「地域集団の論理」を規範的に組み込んでいくべきなのか。これからの六月灯の現象的帰結とその推移を、引き続き追いかけていかなければならない。

注

（1）本項の記述においては、都城市史編さん委員会編『都城市史 別編 民俗・文化財』(1996: 6, 66, 295-6, 411-5, 435, 497, 761-2)、同委員会編『都城市史 通史編 近現代』(2006: 10-4) を参照、引用した。

（2）薩摩藩の私領地については、第1章第4節1項を参照。

（3）加世田《かせだ》市は、鹿児島県の薩摩半島西南部にあった市である。二〇〇五年一一月七日に、川辺郡大浦町・笠沙町・坊津町、日置郡金峰町と合併し、南さつま市となった。

（4）島津忠良は島津家一五代当主島津貴久の父親であり、法号を日新斎という。

（5）高山町は、鹿児島県の大隅半島東部にあった町である。二〇〇五年七月一日に内之浦町と合併し、肝付町となった。

（6）この記述は、『鹿児島県神社庁報』の「六月灯の由来について!!」という記事から抽出した。この記事は、二〇〇七年一二月一二日に鹿児島市八坂神社を訪問した際に、入手したものである。判読できない文字については、○と表記した。この記事が掲載された『鹿児島神社庁報』の発行年は特定できないが、記事のなかに「鹿児島市内は、……五十万都市が目前に迫りつつある」と記されてあり、『全国人口・世帯数表人口動態表』から鹿児島市の人口推移をたどってみると、「昭和五六年版（昭和五六年三月三一日現在人口）」で五〇万人を超えているため（自治省行政局編 1980: 91; 1981: 134）、この庁報は一九八〇（昭和五五）年以前の数年の間に発行されたと推察できる。

（7）この「下長飯馬頭観音」の六月灯は、表4・1では、七月二五日に会場名として「木ノ前公園周辺」と表記されている六月灯を指す。

（8）第二次世界大戦後、占領軍は一九四五年一二月に、宗教と国家の分離と信教の自由の保障を主旨とする「神道指令」を日本政府あてに発した。これにより一九四六年二月には、明治以降続いてきた神社の国家管理は廃止せられ、神社にも宗教法人令が適用された。これによって国家管理を離れた神社一一万のうち、約八万の神社が宗教法人となった。その大部分は宗教法人「神社本庁」に包括されたが、若干の神社は神道教派たる宗教法人「神社本教」などに包括され、また単立法人（靖国神社・伏見稲荷大社など）となったものもあった。都城市の二八神社は、すべて神社本庁に所属している。神社本庁は、伊勢の神宮を本宗として、全国八万余の神社の総意により、これらの包括団体として一九四六（昭和二一）年二月三日に設立された宗教団体である。（全国神社名鑑刊行会編 1977a:「神道教派概観」3, 1977b:「付録編」5,「全国神社名鑑（簿）」253）。

（9）六月灯運営主体の神社については、本章第1節4項を参照のこと。

（10）「旭丘神社六月灯」の祭事内容については、本章第1節2項を参照のこと。

（11）狭野神社の略歴については、二〇〇八年二月四日狭野神社を訪問した際に入手した「狭野神社由緒略記」（一九八九年一月八日付）を参照した。

（12）子どもが数え年の七歳になると、都城地方では「七所祝い（ナナトコユエ）」を行う。この行事は、「七日の雑炊貰い（ナンカンズシモレ）」ともいって、近所や親類など七軒を回って、七草（せり・なずな・ごぎょう・はこべ・ほとけのざ・すずな・すずしろ）入りの雑炊（すし）をもらうのである。正月七日の朝に七草などの野菜を入れて雑炊を作るのは、宮崎県に限らず広く行われていたが、七所祝いは旧薩摩藩領域を中心に行われていた行事である。七歳は最初の厄年に当たり、それを近隣七戸の祝いの雑炊をもらって食べ、その厄を切り抜けようとするのである。春の七草雑炊は古くからの知恵で、ビタミン類の補強など子供の健康な成長を祈る贈り物の一つである。しかし、時勢の移り変わりはその姿を変えてしまい、金品を贈ったり、七歳児を持つ家庭が近隣の人や職場の人を料亭に招いて盛大な祝宴を催すといったことに変わっていった。それを憂えて、自治公民館のなかに合同の「七草祝い」を催すところもでてきたのである（都城市史編さん委員会編 1996: 6-7, 357-8, 392-3）。

(13) この「都城市内の六月灯と開催地（平成四年度調べ）」と、本章第1節3項に掲載した表4・1との違いを記述しておきたい。

前者の表は97ヶ所の六月灯が掲載されているが、産土神社の祭りとしての歴史性を表しており、六月灯の名称としての神社名と小社・小祠名、そして開催地の町名が表記されている。したがって、戦後自治公民館の夏祭りとして独自に立ち上がった六月灯は掲載されていない。また、小社・小詞の六月灯は現在自治公民館が主催、会場であっても、この表では小社・小祠名が表記される。

一方、都城市役所で入手した表4・1は、開催場所への案内を優先して、開催場所を特定できる会場名としての神社名、小社・小祠名、地域施設名と町名が記載されている。そして、六月灯と称して行われている近隣の夏祭りがほとんど掲載されており、したがって自治公民館が独自で行っている六月灯も掲示されている。「都城市内の六月灯と開催地（平成四年度調べ）」とは対照的に、小社・小祠の六月灯で現在自治公民館が主催、会場である場合、表4・1では小社・小祠名は記載されず、開催場所としての自治公民館名が表記される。

(14) 講員の掛金一人三円、当たったあとは三円五〇銭という金額については、つぎの『都城市史』の記述で現在における換算額がわかる。「当時の四斗入りの米俵一俵の値段は三円六〇銭で、平成五年の米一升を七〇〇円とすれば、一俵二万八〇〇〇円である」（都城市史編さん委員会編 1996: 90）。一俵＝四斗＝四〇升。

(15) 上町ではこの寄付金に加えて町内で資金を出し合って町営の駐車場を作り、それが町の遺産として残っている。商業華やかなりし頃に、商店主が資産形成を成したことは一般的に知られている事実であるが、個人レベルだけでなく、商店街という地域的な集合体レベルでも資産形成が成されていたことを、この事例は教えてくれる。

(16) 諸県地方（諸県郡）は、日向国を構成する五つの郡——諸県郡・宮崎郡・那珂郡・児湯郡・臼杵郡——の一地域であり、現在の宮崎県の南西部一帯を指す。

(17) 北諸県地方は日向国諸県郡の一地域であり、現在の都城盆地一帯を指す。旧薩摩藩の文化的・民俗的影響の強い地域である。

(18) ここでの市社教連の記述については、二〇一一年四月八日に、中央公民館内に所在する市社教連・自公連（自治公民館連絡協議会）事務局に電話で聞き取ったものである。

(19) 行事データの出典は、「平成二一年度姫城自治公民館総会資料」平成二〇年度事業報告書。

(20) 行事データの出典は、同上姫城青壮年部事業報告。

(21) 姫木会は、姫城自治公民館の役員経験者が集う会として発足した。毎月の定例会（懇親会）と年一回の旅行が定期的な行事である。この会は、民間の互助的な講である無人や頼母子に相応するものである。都城を始め北諸県地方では、無人講や頼母子講のことを一般に「モエ（催合・模合）」とか「助けモエ」という。今なお行われているモエは、姫木会のように、友人・知人同士が観光や温泉宿泊などの旅行積立てなどを行う娯楽的なものが多い。また、婦人を中心に、毎月お金を出し合い順番にそのお金を総取りするモエも行われている。実質的な目的もあるが、毎月会食して友人・知人との付き合いを楽しむという意味合いもある。都城地方では、今でもこのようなモエが行われている。

(22) 行事データの出典は、同前（注19）姫城婦人部事業報告。

(23) この問題以外に、もっとも肝要であるにもかかわらず、まだ十分な解明をみていない問題として「町内会の担い手層」があげられる。さらに、「町内会論争」がもっとも根本的な課題として提起していたのは、「日本の民主化や近代化にとって町内会はどのような意味をもつのか」という問題であるとして、玉野は三つの重要な問題が「町内会論争」では提起されていたことを記している（玉野 1993：32-5）。

（24）玉野は、町内会論争のなかで「町内会の起源論や本質論」をめぐって激しく対立した代表的な論者として、秋元律郎と中村八郎をあげる。この二者間にみられる、まったく相反する実証的な知見を理解するためには、各論者が具体的に念頭におき、実証的検討の対象としている地区の差異に注目する必要があると指摘する。すなわち、「秋元が明らかにしたように、『旧農村地域』が都市化したような地区においては、明治地方自治制以来の『区』の組織がそのまま町内会へと発展していったのかもしれないし、旧市街地区においては『町内有志団体』が全戸加入の町内会へと進展していったのかもしれない。そうすると、ある地区では町内会が比較的自生的に結成されていったのにたいして、他の地区では外部から強制されたという認識も可能になってくる」。このように、「もはやいうまでもなく町内会は、特定の社会的背景をもった、きわめて歴史的な存在なのである」と措定されるため、「『町内会論争』以後に蓄積されてきた実証的知見を統一的に理解するためには、なによりもまず地区類型論が必要である」となるのである（玉野 1993：37-42）。

（25）この記述は、公民館と聞くと社会教育がイメージされ、関わると面倒くさそうという新住民の拒絶感を少しでも和らげて、自治公民館の加入促進を図るために、住民自治機能を強調する表現になっている。

（26）竜丘地区にはギフチョウの生息地があるが、それがマニア向けの書籍で紹介され全国から捕獲者が殺到した。一九八八年には「飯田昆虫友の会」が結成され、ギフチョウの保護運動を開始する。公民館事業との連携により保護運動が進められていくが、一九八九年にはギフチョウが飯田市の天然記念物に指定されるなど、保護運動の公共性が認知され、さらに環境保全を優位におき、そのなかで開発のあり方を考えるべきであるという理念は、その後の「環境文化都市」という飯田市の基本理念にも反映されていった。また、竜丘地区においても「共生の丘づくり」として地域づくりの方向性を確立するうえで大きな影響を与えた（姉崎・鈴木編 2002：254-6）。

（27）一九八六年度に開催された「竜丘フォーラム」――「市民セミナー」方式による学習実践の一形態――のなかで、地域開発によって古墳が危機にさらされているとの問題提起があり、古墳を保存する運動が開始された。「古墳の問題を通じて新しい地域づくりを探る」、「実践活動のなかから古墳の保存と古墳を活かす方策を考える」という方針のもとに、公民館長が委員を委嘱し、一九八八年に「古墳を考える会」が仮発足する。そして一年間の準備的な学習を積み重ね、一九八九年に正式発足した。基本方針では、単に古墳の保存を行政に要望するのではなく学習組織であること、そのうえで「古墳の破壊が急速に進むならば、学習のなかで明らかにされた課題を、地域住民および各種団体へ積極的に問題提起し、常に意識の喚起に努める」ことも確認された。同会では、学習会・見学会・調査にもとづく「地域発見マップ」の作成と全戸配布、ガイドブック「むらのみちしるべ」の発行などの取り組みを展開し、古墳公園の提案を市に行った（姉崎・鈴木編 2002：256-7）。

第5章　自発的な地域活動の成長要因――「おかげ祭り」の事例分析

前章では、「六月灯」という地区単位で行われている近隣祭りを事例分析の対象にして、その数の多さと継続性の構造的基因を明らかにすることを試みた。それは、自治公民館活動の今日的性格を、社会教育関係団体等連絡協議会と一体となって構築された公民館制度との絡み合いのなかで明らかにして、再評価する作業でもあった。本章で扱う「おかげ祭り」は、「六月灯」とは起源・運営主体・活動の地域性などの多くの点で性格が異なる地域活動の祭りである。この祭りは一九九三年に立ち上がり、日本の伝統ある祭りを手本にして本物の祭りを創造することをめざして、最初二〇名ほどのメンバーで胎動するが、二〇〇六年の一四年目には参加者[1]が六百人までに成長する。地域活動の現代的意義を色濃く映し出すおかげ祭りの事例分析に入っていきたい。

まず第1～3節でおかげ祭りの祭事の全容を示し、この祝祭の変遷をたどる。これまでに通過した分岐点とこれから予想される新たな課題を探り、この地域活動の特徴を明らかにしていく。そして、第4節では、明らかにされた特徴から社会的な事実を読み取るが、その分析意図は、祝祭活動が生起し成長した要因、そして祝祭活動の社会的効果を明らかにすることである。最後に第5節において、ここで明らかにされた社会的効果が、地域社会にもたらしつつある現代的意義（意味づけ）について考察する。おかげ祭りのような祝祭活動が今日の地方都市において成長してきたことは何を意味しているのだろうか、この事実は地域社会に何か新しい役割が希求されている証左であろうか、という問いにつなげていくものである。

第1節　おかげ祭りの祭事構成

1.1　「伝統の創出」活動――「神柱宮六月灯」の奉納行事

おかげ祭りは、都城地方の総鎮守である神柱宮《かんばしら》を主会場とし、この神社の六月灯[2]に合わせて、例年七月八日と九日の二日間の日程で催される祭りである。

都城地方は藩政時代は都城島津家を領主とする薩摩藩最大の私領地であり、薩摩藩独特の民俗文化を保持している。六月灯も、旧薩摩藩領に伝わる「産土神社の夏祭り」として説明され、都城市では、七月（旧暦六月）に入ると一ヶ月間にわたり、格式のある神社から村の鎮守に至るまで百ヶ所を超す地域で、ほとんど毎日のように行われる。夜になると参拝の人々が献じた灯籠が境内に灯され、打ち上げ花火が夜空を焦がし、都城盆地の夏の風物詩としてふるさとの情緒豊かな夜祭りが人々の記憶に刻まれた。戦後は近隣の夏祭りとして自治公民館などの施設で八月中旬ごろまで六月灯が開催されるようになった。

写真5.1　神柱宮六月灯（前田町 2007.7.9）

神柱宮の六月灯は七月九日に行われ、都城地域で行われる六月灯のなかでは最大規模を誇る。七月九日は神柱宮の中祭夏祭りの祭典日に当たり、ひときわ賑わう（表5・1、第4章1節1項参照）（写真5・1）。この六月灯に合わせて、おかげ祭りは八日に「宵祭り（献灯祭）」が、九日には「本祭り（御輿[3]渡御）」が行われるのである。

八日の「宵祭り」では献灯祭が行われる。中心市街地から神柱宮までの目抜き通りを、灯りをともした数基の大灯籠山車が曳かれる。九日の「本祭り」では御輿の神柱宮への宮入り巡行が行われる。夕刻から都城駅前の街中を笛や太鼓のお囃子を先頭に四基の御輿が練り歩く。祭りの概要を示すと、資料5・1のとおりとなる。

表5.1　神柱宮祭典日

大祭		中祭		小祭	
例祭	10月29日	歳旦祭	1月1日	月並祭	毎1日・15日
祈年祭	2月17日	元始祭	1月3日	外七草参祭	1月7日
新嘗祭	11月23日	紀元祭	2月11日	節分厄払豆まき	2月3(4)日
神幸祭	11月2・3日	神嘗当日祭	10月17日	七・五・三参	11月15日
		天長祭	12月23日	安産・初宮参・車祓・其の他祭	随時
		夏祭六月灯祭	7月9日		
		末社基柱神社	10月28日		

（出典）神柱宮境内説明板（2006）

資料5.1　おかげ祭りの概要（出典）おかげ祭り振興会（2006）

1. 名　　称　　都城六月灯　おかげ祭り

2. 開催日時　　8日（土）宵祭り（献灯祭）　　午後 7：30 ～ 9：00
　　　　　　　9日（日）本祭り（御輿宮入り）午後 6：45 ～ 10：00

3. 開催場所　　主 会 場：神柱宮境内
　　　　　　　■宵 祭 り：中央商店街沿道
　　　　　　　■本 祭 り：都城駅前・ときわ通り商店街沿道

4. 主　　催　　おかげ祭り振興会（おかげ祭り実行委員会）

5. 後　　援　　都 城 市・都城市教育委員会

6. 経路図

宵祭り　大燈籠山車運行経路図

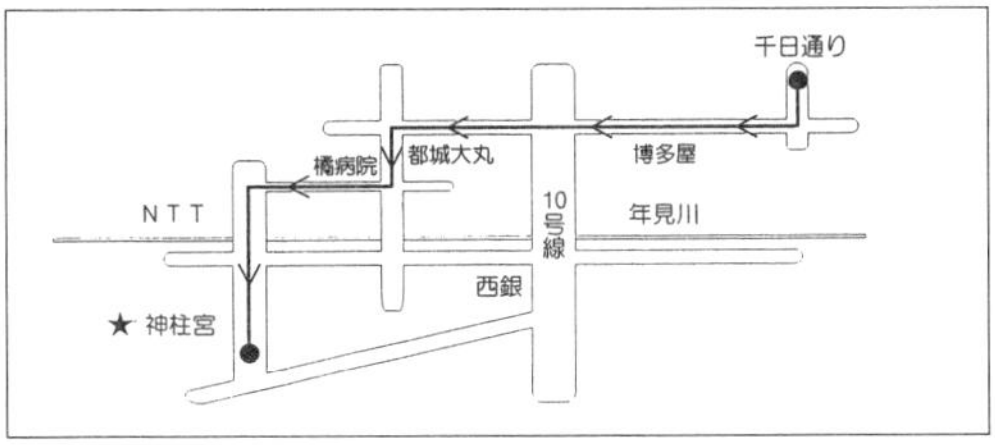

本祭り　御輿巡行経路図

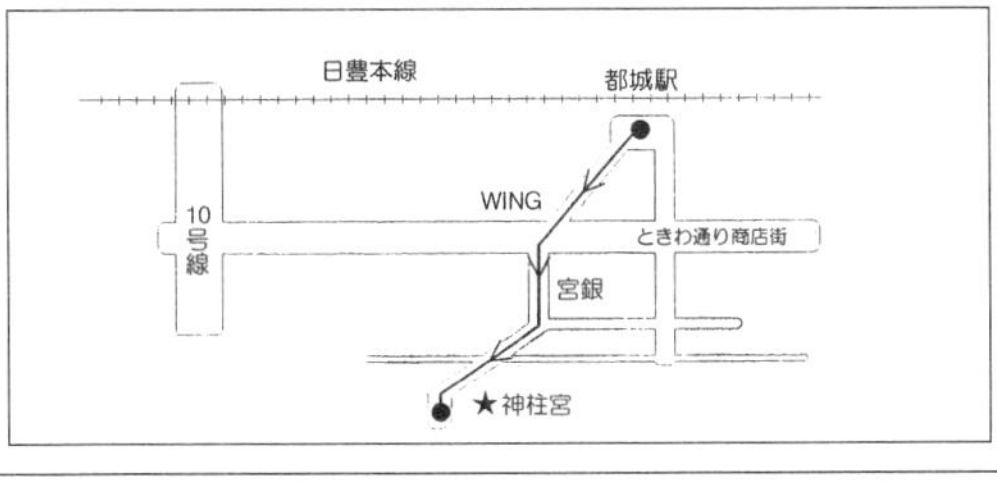

おかげ祭りの「おかげ」には、あらゆるものに感謝するという意味が込められている。この祭りは、「地域の伝統文化の掘り起こしを行い、後世まで伝えていける伝承活動としての本物の祭りを創造する」ことを基本概念として（資料5・2参照）、運営手法は「博多祇園山笠」、装束は「浅草三社祭」、御輿の担ぎ方は「茅ヶ崎浜降祭」というように、日本の伝統ある祭りを手本として立ち上げた「伝統の創出」（Hobsbawm & Ranger 1983＝1992）活動である。一九九三年に二〇名ほどのメンバーで胎動したこの祭りは、二〇〇六年の一四年目には参加者が六百人になるまでに成長する。

1.2 「宵祭り」――六月灯の献灯祭

七月八日に斉行される「宵祭り（献灯祭）」は、「本祭り」の前夜祭であり、表5・2上段の祭事内容で進んでいく。大灯籠山車《とうろうだし》の運行に先立ち、都城市の中心市街地にある千日通りの摂護寺前で出立神事が行われる。おかげ祭り実行委員長から運行注意が告げられ、獅子舞の披露と鏡開きが行われ、おかげ祭り振興会会長から出立宣言がなされる。そののち、宵祭りの主役である大きさ二間四方、高さ約4メートル、重さ約1トンの大灯籠山車（写真5・2）に灯がともされて街中に繰り出す。

千日通りから神柱宮境内までの市街地沿道1・5キロの距離を、大灯籠山車八基が笛や太鼓の囃子手を乗せた台車四基を連ねて運行する。大灯籠山車は、武者・弁慶・虎・雷神などが描かれた武者絵の角型灯籠と無地の角錐型灯籠が、四基ずつ運行する。色鮮やかな大灯籠が夏の夜に幻想的に浮かび上がり、夜祭りの情緒を豊かに醸しだす。笛や太鼓の囃子、軽快に踊る跳人《はねと》、獅子舞などが祭り気分を盛り上げ、「あー、どっこい」という祭り衆の威勢の良い掛け声が響くなかで運行が進む（写真5・3〜6）。

大灯籠山車が神柱宮に到着すると、境内では宮入り刻を告げるふれ太鼓が子供たちによって演奏される。そして、拝殿前に大灯籠が並べられ奉納行事が行われる（写真5・7）。境内に設けられた舞台では、直径2・5メートルのおかげ太鼓を打ち鳴らし奉納する。最後に花火が打ち上げられて「宵祭り」が終了する(4)。

資料5.2　おかげ祭りの基本概念・理念・基本方針（出典）おかげ祭り振興会（2006）

「おかげ祭り」

基本概念　「地域の伝統文化の掘り起こしを行い、
後世にまで伝えていける伝承活動としての
本物の祭りを創造する」

私たちは、「祭り」という文化活動をとおして、現在忘れ去られようとしている地域の歴史や伝統の掘り起こしに積極的に取り組み、この地域の持つ特性を最大限に活用して、「緑豊かな歴史あるまち」を創造するとともに、新しい文化、芸術空間として後世に伝えうる本物の「祭り」の実現を目指すものです。

理　念

□　地域住民が相互に連携し、主体的に行動できる自治の気風をもった地域づくり。
□　地域資源を磨き上げ、誇りと郷土愛のもてる地域づくり。
□　次の世代を育成しようとする文化を醸成する地域づくり。
□　交流による共生の地域づくり。
□　自信や誇りを育み自己の確立を図り未来を拓く子供が育つ社会づくり。

基本方針

- 日本の生活文化として培われてきた地域連携を図る仕組みを先人の情熱や英知に学ぶ。
- 日本の伝統ある祭りの仕組みを取り入れ、厳格な秩序の中での啓蒙と親睦を図る。
- 伝統回帰による地域らしさの発見・創出に努め、生活文化としての定着を図る。
- 自治の気風の中で連帯意識を育み、推進していくリーダーの指導・育成にあたる。

1993.1.10　おかげ祭り振興会

表5.2　おかげ祭り祭事構成

7月8日 宵祭り	19:30	出立式（千日通り摂護寺前）
	20:00	大灯籠山車運行
	20:50	刻（とき）太鼓
	21:00	灯籠奉納神事（神柱宮）
7月9日 本祭り	17:45	神事　祭り安全祈願（神柱宮）
	18:00	奉納太鼓（おかげ太鼓）
	18:45	御輿連出立式（都城駅前）
	19:00	御輿巡行
	19:40	刻（とき）太鼓
	19:50	巫女舞（みこまい）
	20:00	御輿宮入りの儀
	20:30	散供（せんぐ）まき

（出典）おかげ祭り振興会（2006）

1.3 「本祭り」——都城地方の疫病・病虫害・風水害退散祈願

七月九日に斉行される「本祭り（御輿宮入り）」は、表5・2下段の祭事内容(5)で進んでいく。「本祭り」は、神柱宮での祭りの安全祈願で始まる。神社拝殿にて祭り実行委員および参加者全員が安全祈願の正式参拝を行う。タスキ掛けの実行委員は拝殿内で、その他の参加者は拝殿下に整列して参拝する。そして、拝殿前で「おかげ太鼓」を打ち鳴らし奉納する。

御輿巡行の出立式は都城駅前広場で挙行される。おかげ祭り実行委員長から巡行注意が告げられ、都城市長から祝辞が述べられる。獅子舞が披露されたのち鏡開きが行われ、おかげ祭り振興会会長により御輿の出立宣言がなされる。お囃子を先頭に、獅子舞や跳人、そして子供御輿・女御輿・男御輿で構成される御輿連、さらに大灯籠山車が連なる形態に編成され（資料5・3）、都城駅前広場からときわ通り・けやき通りを経て神柱宮までを巡行する（写真5・8〜10）。御輿が神柱宮に到着すると、御輿の宮入り刻を告げるふれ太鼓が子供たちによって演奏される。御輿連の宮入りに伴い、巫女による浦安の舞が奉納される。

御輿宮入りの儀は、つぎのとおり進行する。まず御先払いによる御神火が点火されたのち、獅子舞が披露される。囃子手と跳人が入場して、灯籠の練り上げが行われる。そして、いよいよ御輿の宮入りである。子供御輿、女御輿、男御輿が参道より宮入りを行い、清道灯籠を中心に練り合いを約一〇分間繰り広げる。本祭りの最大の見せ場は御輿の練り上げであり、おかげ祭りの熱気はここで最高潮に達する（写真5・11〜13）。御輿が御旅所に納められたのち、場内に紅白餅がまかれて振る舞われる（散供まき）。以上において宮入り神事は終了するが、こののちライトアップされた御神木の下の舞台で七〜八組の和太鼓の迫力ある演技が約四五分間奉納される。最後に数十発の花火が打ち上げられ、おかげ祭りおよび「神柱宮六月灯」は二一時半ごろに終演を迎える。

写真5.2　平成23年度おかげ祭り宵祭り
大灯籠山車出立前（八坂神社 2011.7.8）
（提供）おかげ祭り振興会

写真5.3　平成22年度同上　角型大灯籠山車
と角錐型灯籠山車（中心市街地 2010.7.8）
（提供）同上

写真5.4　同上　勇壮な武者絵（同上 2010.7.8）
（提供）同上

写真5.5　平成19年度同上　山見せ
（都城大丸センターモール前 2007.7.8）

写真5.6　平成23年度同上　沿道
（中心市街地 2011.7.8）（提供）おかげ祭り振興会

写真5.7　同上　跳人の舞（神柱宮 2011.7.8）
（提供）同上

写真5.8　平成19年度おかげ祭り本祭り
御輿巡行出立前（都城駅前広場 2007.7.9）

写真5.9　同上　女御輿巡行
（都城駅前ときわ通り 2007.7.9）

写真5.10　平成23年度同上　沿道
（中心市街地 2011.7.9）（提供）おかげ祭り振興会

写真5.11　平成18年度同上　男御輿宮入り
（神柱宮 2006.7.9）（提供）同上

写真5.12　平成23年度同上（神柱宮 2011.7.9）
（提供）同上

写真5.13　同上　宮入りの締め
（神柱宮 2011.7.9）（提供）同上

資料5.3　おかげ祭り宵祭り・本祭り運行・巡行形態図（出典）おかげ祭り振興会（2006）

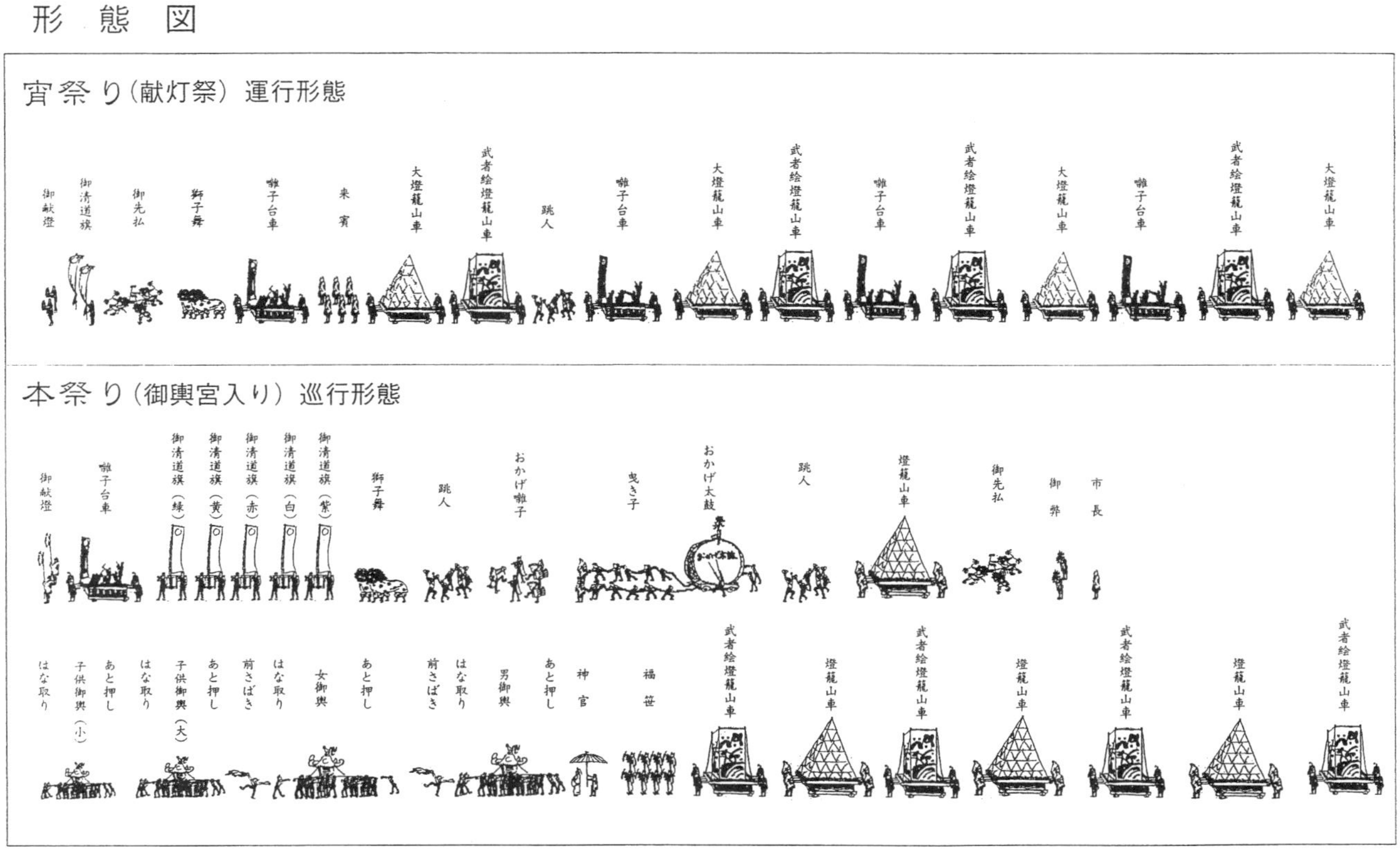

第2節　おかげ祭りの運営主体

2.1　「おかげ祭り振興会」――運営母体となる団体

二〇〇六（平成一八）年のおかげ祭りは、主催が「おかげ祭り振興会（おかげ祭り実行委員会）」、後援が都城市・都城市教育委員会となっている（資料5・1参照）。主催者である「おかげ祭り振興会」および「おかげ祭り実行委員会」とはどのような団体・組織なのであろうか。おかげ祭りの運営主体は、おかげ祭り振興会（以下、振興会）が担っている。この団体は、都城市北原町にあるビルの二階に部屋を借りて、常設の事務局を設け年間を通じて活動している。振興会のメンバーはこの部屋を「祭り小屋」と呼ぶ。おかげ祭り実行委員会（以下、実行委員会）は、おかげ祭りを遂行するために振興会が中心となって例年五月上旬に発足し、七月下旬の決算報告をもって解散する組織である。

振興会は理事と世話役で構成される。二〇〇六年度の振興会名簿によると、理事は一三名、世話役が一七名いる。理事の内訳は、会長、副会長（この年度は不在）、取締役三名とその他の理事九名である。理事と世話役の属性は、表5・3のとおりとなる。年齢は、理事は四〇～五〇代、世話役は三〇～四〇代が中心となる。職業は、理事は自営（会社経営）が多く、世話役は勤め人がもっとも多い。

つぎに振興会の年間行事は、定期的な行事として毎月第三水曜日に理事会を開催して、理事・世話役出席のもとで、会長訓話や祭りの将来についての議論、連絡や相談が行われる。五月・六月・七月は実行委員会が推進する祭り行事に、理事・世話役とも専念する。それ以外には、一二月の祭り小屋煤払いと一月三日の出初式が組み込まれている。

2.2　「おかげ祭り実行委員会」――祭り遂行のための実行部隊

前項で既述したとおり、実行委員会は、振興会が核となっておかげ祭りを遂行する組織である。二〇〇六年度の実行委員会は七五名の実行委員で構成され、祭りの参加者六〇〇人を統制する。組織は、庶務委員会（一五名）・御輿委員会（三三名）・囃子委員会（一九名）の三つの委員会で構成され、それを振興会会長・実行委員長・総括（二名）・総務（四名）が実行委員会の役員として総括する。さらに御輿委員会は男御輿・女御輿・子供御輿の三つの当番に、囃子委員会は囃子・跳人・獅子舞の三つの当番に分かれる。また、振興会の理事・世話役の三〇人は全員が実行委員として実行委員会の核となる役割を担当する（図５・１）。実行委員の男女の内訳は、男性が五二名、女性が二三名であった。

二〇〇七（平成一九）年の「役割及び作業分担表」によると、それぞれ表５・４のとおり作業を担当する。

七月八日、九日の「宵祭り」「本祭り」の本番に向けて、実行委員会が節目となる祭り行事を進めていく。二〇〇六年の日程では表５・５のとおりであった。

表5.3　「おかげ祭り振興会」理事・世話役の属性

属性		理事	世話役	合計
性別	男性	13	14	27
	女性	0	3	3
年齢	30歳代	1	6	7
	40歳代	5	9	14
	50歳代	6	1	7
	60歳代	1	1	2
職業	自営（会社経営）	7	3	10
	自営（商店経営）	3	1	4
	勤め人	3	12	15
	その他（定年退職）	0	1	1

（出典）平成18年度おかげ祭り振興会名簿と聞き取りより作成

祭り行事は、「袢纏合《はんてんあわ》せ」を持ってスタートする（写真５・14）。その年の祭り参加者のなかから選ばれた実行委員が一同に参集し、振興会からそれぞれに役割を割り振る、タスキ渡しの儀式が行われる。この儀式が「袢纏合せ」と呼ばれるものであり、この日から袢纏の着用が許され実行委員会が発足する。祭り袢纏を着た祭り衆がまちに繰り出し、祭りへの参加要請と祝儀集めに廻るのが「花寄《はなよ》せ」である。「注連下《しめお》ろし」の日には御輿の清道となる都城駅前の沿道に御幣《ごへい》をつけた注連《しめ》縄が張られ、四百個の提灯櫓《ちょうちんやぐら》が都城総合文化ホールの北側に組まれ、この日の夕刻から提灯に灯が入り、祭りの雰囲気を告げる。

お囃子や獅子舞、跳人、御先払いなどの囃子手、舞い手の練習が進んでくると、「囃子総見《はやしそうけん》」が行われ、その成果を実行委員会役員に披露、同様に「御輿《みこし》総見」も行われ、御輿連（男・女・子供）の練習の成果を

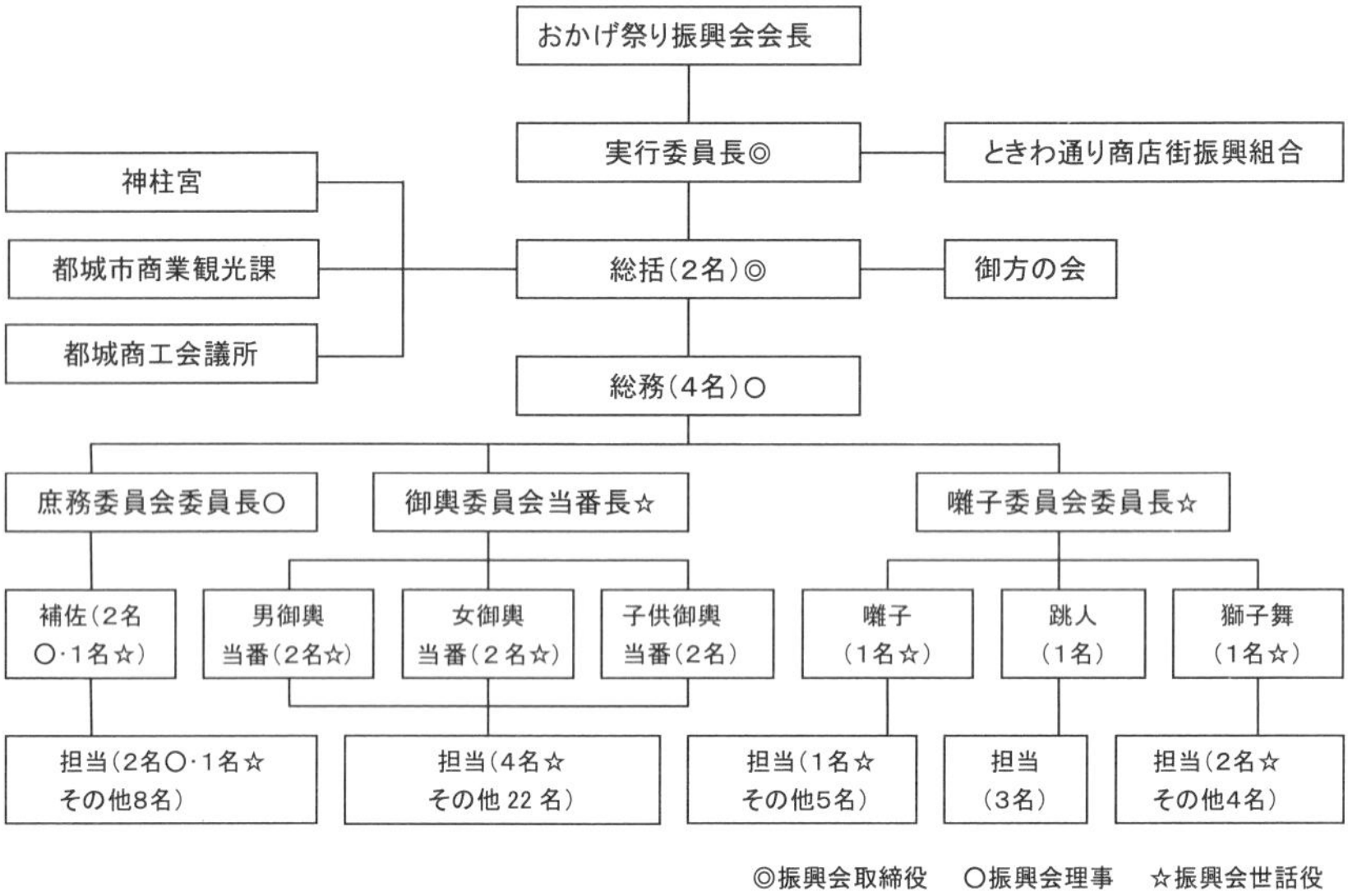

図5.1　おかげ祭り実行委員会組織図（出典）平成18年度おかげ祭り実行委員会組織表（2006）

表5.4　おかげ祭り実行委員会の役割分担（2007年）

総括	祭りの企画立案，予算立案，神柱宮対応を担当し，祭り当日は運営総括，救急・防災，来賓者接待
総務	会計管理，補助金申請，接待，手拭い手配，ポスター作成，会議進行準備・進行，納会企画運営，企画書作成，行程表作成，議事録作成，決算書作成，協賛金集計
庶務委員会	写真・ビデオ撮影，ポスター掲示，マスコミ対応，警察関係申請・連絡，警備員手配，協賛先掲示，宵祭り企画運営，出立式企画運営，備品総括管理，弁当手配，担当医要請，御輿連の編成，舞台運営（進行・出演者交渉・証明および音響），舞台設営・撤去，提灯看板設営・撤去，リース物件手配，燈籠山車組み上げ，宵祭り宮入り企画運営，本祭り宮入り企画運営
御輿委員会	同委員会内の作業分担・構成指示，御輿連の指導（男・女・子供），御輿の練習（男・女・子供），祭り作法指導，御輿の備品管理，自衛隊・市役所・他団体連絡
囃子委員会	同委員会内の作業分担・構成指示，囃子連の指導，囃子の練習，獅子舞の連における指導，獅子舞の練習，跳人の連における指導，跳人の練習，囃子・獅子舞・跳人の備品管理

（出典）平成19年おかげ祭り実行委員会役割及び作業分担表（2007）より作成

表5.5　おかげ祭り実行委員会祭り行事（2006年）

日程	祭り行事	開始時間	場所
5月 8日（月）	袢纏合せ	19:00	神柱宮
6月10日（土）	花寄せ 注連下ろし	10:00 15:00	都城地内 都城駅前沿道
6月23日（金）	御輿総見	19:30	神柱宮
7月 1日（土）	結い願い	19:00	祭り小屋
7月 5日（水）	集団顔見せ	18:00	神柱宮
7月 7日（金）	灯籠山車組み上げ	18:00	千日通り
7月 8日（土）	宵祭り	（19:30）	（千日通り摂護寺前）
7月 9日（日）	本祭り	（17:45）	（神柱宮）

（注）（　）は表5.2より補足
（出典）平成18年度おかげ祭り実行委員会スケジュール表（2006）

写真5.15　集団顔見せ　振興会会長の指導（同上 2007.7.5）

写真5.14　袢纏合せ（神柱宮 2006.5.9）（提供）おかげ祭り振興会

写真5.17　同上（同上 2006.6.6）（提供）同上

写真5.16　子供御輿練習風景（同上 2011.6.10）（提供）おかげ祭り振興会

写真5.18　囃子練習風景　子供締太鼓（都城市 2010.6.25）（提供）おかげ祭り振興会

写真5.19　同上　子供太鼓（同上 2011.6.7）（提供）同上

写真5.20　同上　子供笛（同上 2006.7.2）（提供）同上

写真5.21　同上　笛・太鼓（同上2011.6.7）（提供）同上

実行委員会役員に披露して、それぞれ仕上がりに向けての指導を仰ぐ。そして、本番の日が近づいてくると、それぞれが祭りの準備を整え、「結《ゆ》い願《ねが》い」が行われる。タスキ掛け（＝実行委員）全員が揃って結いを確認し、心を一つにして祭りの成功を誓い合う。本番間近になると「集団顔見《かおみ》せ」が神柱宮で行われ、祭り参加者全員が集まり、顔合わせと祭り当日の宮入り神事の手順にそって合同練習が挙行される（写真5・15）。「宵祭り」前日には、「灯籠山車組み上げ」が行われる。「宵祭り」で運行される灯籠や山車の組み上げ作業が、祭り参加者総勢で夜中まで行われる。そして、「宵祭り」と「本祭り」の本番を迎えるのである。

以上の祭り行事を円滑に進めていくために、実行委員会では各委員会の会議開催や練習日をスケジュールに組み込んでいる。会議としては、庶務委員会・御輿委員会・

囃子委員会の合同会議である委員長会議と各委員会の会議が、二〇〇六年にはそれぞれ七回ほど夜一九時三〇分から開催されている。練習は五月中頃から七月初めにかけて集中して行われる。二〇〇六年のスケジュール表によると、御輿は男・女・子供ともに毎週火・金曜日の一九時三〇分～二一時の時間帯で神柱宮境内で九回組み込まれている。同様に、太鼓は毎週土曜日に一八～二一時の時間帯で早水文化センターで三回、笛は毎週土曜日一九～二一時に祭り小屋で四回、跳人は毎週火・金曜日一九～二一時に神柱宮境内で八回、獅子舞は毎週日曜日一九～二一時に小松原地区体育館で七回、それぞれ練習日程が組み込まれている。そして、獅子、囃子（太鼓・笛）、跳人の合同練習が七月二日に早水文化センターで行われる（写真5・16～21）。

第3節　おかげ祭りの変遷

本章第1、2節でおかげ祭りの祭事構成と運営主体を取り上げ、祭りの全容を記述した。本節では祭りの変遷をたどり、これまでの分岐点と新たな課題を探ることにより、地縁活動から離陸して広域ネットワーク型として成長を続けるおかげ祭りの特徴と成長要因を明らかにしていきたい。

3.1　活動基盤の確立過程――一九九三～九八年

おかげ祭りの胎動期から、おかげ祭り振興会の発足までが、活動基盤すなわち基本的方向性と運営母体の確立期と位置づけられる。この祭りの過去一四年間を大きく二つの時期に区分する分岐点として、おかげ祭り振興会の発足がある。

おかげ祭りの契機は、都城駅前に所在するときわ通り商店街の夏の謝恩イベントである「ときわ祭り」を廃止するという問題が起こったことである。このイベントを立ち上げた壮年層の商店主たちは、高齢化を理由に廃止する意向であったが、商店街振興組合の青年部は継続の意思を持っていた。そこで青年部のメンバーが、商店街に事務所を構えていたＩ氏（現おかげ祭り振興会会長）に相談に行くところからこのストーリーが始まる。福岡市出身で博多祇園山笠の参加経験があるＩ氏は、祭りの継続性を重視して、一過性の商業的なイベントではなく、伝統文化の伝承として市民が誇りを持てるような都城全体の「本物の祭り」の方向性を提起する。ただ、都城には博多祇園山笠のような地域全体を代表する伝統的な祭りが存在しなかったため、商店街の青壮年層ともに、この方向性を即時に理解することは困難であり、かつ祭りが商店街の範域を越えるため、商店主全員が賛同したわけではなかった。しかし、青年部のメンバーはＩ氏に共鳴し、結果的に壮年層商店主も青年部に一任して商店街振興組合のなかに実行委員会が設置されることになった。こうして一九九三年に「祭り興しプロジェクト」が立ち上がる。

この祭りの胎動期において、二つの要因が交錯しながら、その後の方向性を決定づける。一つは、御輿の担ぎ手などの参加者を確保する広域ネットワーク化である。すなわち、商店街の関係者だけではなく、地域外の参加者を増やす方向である。もう一つは、商店主の経済的・近代的志向性と「本物の祭り」をめざす社会的・伝統的志向性とのズレの顕在化である。これは商店主たちがこの祭りに距離をおいていく結果となった。

Ｉ氏は、「今の商店街というのは、成り合いの原点である『やり取り』の正常な循環ではなく、その逆の『取りやり』の循環になっている」（2006. 7. 31 インタビュー）と説明する。「取る方」を先とする、つまりつねに費用対効果を行動基準とする「取りやり」を「経済的志向性」とすれば、まずは地域のために汗を流す、自分の仕事を犠牲にして地域のために働く「やり取り」の「社会的志向性」が、おかげ祭りのめざす方向性である。この「経済的志向性」と「社会的志向性」という二つの基本的な方向性の違いから、早晩おかげ祭りが商店街から離脱することは結論づけられていたことが理解できよう。

商店主は、祭りといえば従前の謝恩イベントのように「経済的志向性」から簡単に脱却できず、「社会的志向性」を自発的・自覚的に理解し受容していく姿勢がない限り、売上に直結しない「社会的志向性」にだんだん難儀さを感じるようになる。活動規模が予想以上に拡大することに対して、万一うまくいかなかった時の商店街の責任を心配して「どうしてここまで大変な思いをしなければならないのか」と反発を抱き、商店主たちの「腰が引ける」。そうすると商店街以外の参加者から、商店主が積極的に参加しないことに対して疑義と反発が生じる。こうしておかげ祭りは必然的に、商店街の狭い地縁活動から、人同士のつながりを基盤とする広域ネットワーク型活動に離陸して、参加者と活動の場を求めて広域空間に広がっていく。

さらに「本物の祭り」を創造するために伝統文化の伝承を重視するが、細部にわたり妥協を許さない厳格な秩序と行動が求められることになり、目標を共有する結束力が必要になる。そうすると、この活動の非日常性や前近代性に慣れ親しむことができず違和感をもち続ける参加者はだんだん遠ざかり、結果的に選別機能が働いて同じ方向性をめざす者だけが残り、活動が集約されていく。以上の過程を経て、当初から関わってきた二〇名ほどの商店街関係者は徐々にこの活動から離れ、残ったのはI氏と青年部のメンバー三人のみとなった。

一九九八年には商店街から独立して、「ときわ通り商店街振興組合」の実行委員会を離脱して、おかげ祭り振興会の発足を迎える。ただ、独立したからといって相互の関係が断絶したわけではない。祭り会場として「ときわ通り商店街」が空間的な核になる事実は変わらないため、商店街はおかげ祭り振興会の賛助会員として位置づけられており、「宵祭り」では大灯籠山車の一基を曳き、相互繁栄に向けた友好的な協力関係を保持している。

これと類似した経緯を「高円寺阿波おどり」（東京都杉並区）においても確認できる（松平 1990：241-320）。この祭りは、町内会、商店街、企業などから直接援助を受けない運営を行い、高度な技術を誇る独立の連（以下「自立連」）の「見せる踊り」を中心に、前後に踊りを楽しむ連が連なって壮大な踊りを生みだしている。この祭りの初期の頃、本物の「徳島阿波踊り」を知らずに「ばか踊り」を繰り返してきた反省から、いつの日か堂々と「高円寺阿波おどり」として本物の踊りを実現しようという気運が盛り上がり、本格的な踊りの追求が始まる。その流れの中で、商店街団体の組織的な制約からくる限界を乗り越えようとする動きが生じる。その結果、商店街に所属していた連がそこから抜け出して「自立連」として独立する。すなわち、この祭りは「地域の商店街のなかから生まれ、そだちながら、同時にその枠組みを超え、住民の家族的な繋がりや近隣、あるいは商店街の結合を越え、地域を下敷きにし、つつみこみ、結びあいつつ、同時に、地域から離陸し、飛躍する契機を、つねにもとめつづけてきた」（松平 1990：294）。ただ、おかげ祭りも同様に、商店街という母体から離陸したからといって、相互の関係が断絶したり不和が起こったわけではない。自立連の高度な踊りの技術が高円寺阿波おどりの価値を高めていることは商店街の人々が一番よく知っており、互いに提携し協力する関係が構築される。

この項の最後に、おかげ祭りの運営基盤を固めるうえで、「ときわ通り商店街」のほかにもう一つの重要な主体となる、神柱宮《かんばしらぐう》との経緯を記しておきたい。神柱宮の六月灯（中祭夏祭り）はおかげ祭りと同じ七月九日であり、神幸祭（大祭秋祭り）は一一月二～三日である。御輿が渡御するのは、年に一回秋祭り神幸祭の日のみであり、それ以外の日に御輿が渡御することは神柱宮としては原則認められない。おかげ祭りを始めるに当たって、境内と御輿の使用は神社としては消極的であったが、当時衰退しつつあった秋祭り神幸祭の復興に、おかげ祭りが協力することで最終的に承認される。一九九五年、おかげ祭りは主会場をときわ通り商店街から神柱宮へ移し、祭りの名称を「ときわ祭り」から「ときわ・おかげ祭り」と改めた。振興会は、おかげ祭りが軌道に乗った後の一九九九年に、この秋祭りの御神幸行列の再生に取り組み、それ以降毎年おかげ祭りの連を参加させて大祭を盛り上げている。

3.2　質的向上のしくみづくり――一九九八年前後～二〇〇六年

胎動期のいくつかの危機を乗り越え、運営基盤が整い、祭りの方向性が確立したおかげ祭りの次なる取り組みは、本物の祭りを創造する模索であった。それは、祭りの内と外の接点である「祭事自体の質的向上」と、それを実現する「内部のしくみづくり」である。まず前者の祭事自体の質的向上については、「本祭り」の「御輿宮入り」の巡行形態を拡充し、御先払いとしての神面の追加（一九九六年）、お囃子連の編成（一九九七年）、女御輿の巡行追加（一九九八年）、獅子舞連の創設（一九九九年）、子供御輿の巡行追加（二〇〇〇年）、大燈籠の制作（二〇〇一年）という系譜を

資料5.4　おかげ祭りの変遷

年	事項
1993年 （平成5）	都城駅前に広がる「ときわ通り商店街」の夏の謝恩イベントであった「ときわ祭り」の廃止を機に，日本の伝統的な祭りの仕組みを取り入れた伝承活動としての祭り興しのプロジェクトを立ち上げる。
1994年 （平成6）	祭りの基本構想が策定され，書道家石田仙峰先生の作品「楽」を半纏文字として譲り受けて，伝統的技法で染め抜いた揃いの長半纏を新調，祭りの装束の基本形とし，街なかの会場に御輿を展示して，御輿の担ぎ手を募る。
1995年 （平成7）	主会場をときわ通り商店街から隣接する神柱宮境内に移し，名称も「ときわ・おかげ祭り」と改められ，30名程の担ぎ手によって，距離は30メートル程ではあったが，古式に則った，御輿の宮入を実現する。
1996年 （平成8）	祭りの参加者も地域を越えて百数名となり，名称も「おかげ祭り」と改名。御輿の巡行経路も駅前商店街の沿道まで延長される。祭りに神面が加わり御先払いとして巡行の先頭に立った。
1997年 （平成9）	笛や太鼓の囃子手により「おかげ祭り」独自のお囃子連が編成され，御輿の巡行を盛り上げた。御輿の巡行経路も都城駅を出立点とする800メートルに距離を延ばす。北原町に常設の祭り小屋（事務局）が設置される。
1998年 （平成10）	祭りへの参加者急増に伴い「おかげ祭り振興会」が発足。理事会及び世話役会が組織される。御輿に女性の参加者が急増し，八坂神社の御輿を借用して男御輿とし，神柱宮の御輿を女御輿として巡行に加える。宮入会場での観衆の混乱をさけるために200席の桟敷席を境内に設ける。
1999年 （平成11）	祭りに自衛隊の新隊員や市役所新採用職員も教育の一環として加勢に加わり，300名を越える大所帯となって，巡行経路も西参道の鳥居に向かい1キロとなる。日南の岩崎神社に伝わる獅子舞の指導を受け，連中を創設して，祭りで披露する。祭り仲間の婦人らによって，「お方の会」が結成，祭りで炊き出しなどで，祭りを支えることとなった。11月の神柱宮例大祭（秋祭り）に要請を受け，御神幸行列の再生に取り組む。ウエルネス都城10周年記念式典に出演（都城市）。全国ボランティアフェスティバルに出演（宮崎市）。
2000年 （平成12）	子供御輿が準備され，80数名の子供達が巡行に加わり，三基の御輿での宮入となる。駅前から境内までの商店街の沿道には注連縄を張り，400個の提灯を吊るした提灯櫓を沿道に設置する。全国市町村あやめサミット首長会議アトラクションに出演（都城市）。九州・沖縄サミット外相会合プレス歓迎レセプションに出演（宮崎市）。観世流能舞台との共演（宮崎市）。
2001年 （平成13）	大きさ二間四方，高さ4メートルの大燈籠を制作し，都城盆地の伝統行事である「六月灯」の象徴として観衆に披露される。都城の伝統織物でもある夏大島で祭り独自の着物を新調し，地域の高齢者や祭りの支援者などに祭りへの参加を呼びかける。祭りも県内外からの参加者で500数名となり，祭り当日の人出も2万人と発表される。日本スポーツマスターズ2001年宮崎大会の開会式に出演（宮崎市）。（財）日本太鼓連盟主催の「日本太鼓全国フェスティバル」に出演（北九州）。
2002年 （平成14）	祭り創設10周年を記念して，本祭りの前夜祭として「宵祭り」の斉行が決定される。「宵祭り」では，大燈籠山車五基と囃子台車四基をそれぞれ新たに制作し，燈籠の題材には勇壮な武者絵や神話などが描かれ，灯りをともして中心市街地の沿道を運行することとなる。これより「おかげ祭り」は，毎年7月8日「宵祭り」・9日「本祭り」の2日間の日程で斉行されることとなった。九州市長会歓迎アトラクションに出演（都城市）。
2003年 （平成15）	地域のまちづくり団体や商店街の店主らも「宵祭り」での山車の曳き手として，加勢に加わり，沿道の観衆も増えて夜祭りとしての風格を備える。年を追うごとに成長しつづける「おかげ祭り」の様子がＮＨＫ総合テレビで全国に紹介される。ＮＨＫ総合テレビ「ご近所の底力」番組取材。第4回都城国際弓道大会アトラクションに出演（都城市）。
2004年 （平成16）	神柱宮参集殿新築工事に伴い，境内にテント設営を行って半纏合わせを執行する。市制80周年を記念して中心市街地の大丸モール内に燈籠を展示して披露した。祭りにおける新たな子供の育成の場として，御輿の宮入時を告げる「刻（とき）太鼓」が締め太鼓10名で編成され，境内仮設舞台を飾った。
2005年 （平成17）	落成された神柱宮参集殿で70名のタスキ掛けが選ばれ厳かに「半纏合わせ」（5月9日）が執行された。4年目を迎えた「宵祭り」は夏の風物詩として定着し沿道や境内の桟敷席には燈籠の灯りを迎える観衆で埋まり賑わいを増す。「本祭り」では，子供の参加者の急増に伴い子供御輿がさらに1基調達され連に加わる。

（出典）おかげ祭り振興会（2006）

写真5.20　お方の会炊き出し（都城市2011.7.5）
（提供）おかげ祭り振興会

写真5.21　同上　集団顔見せ休憩時間（同上）
（提供）同上

たどる。巡行経路も、最初は30メートル（一九九五年）、駅前商店街の沿道まで延長（一九九六年）、都城駅を出立点とする８００メートルに延長（一九九七年）、西参道の鳥居に向かって1キロ（一九九九年）、「宵祭り」は中心市街地の沿道を1・5キロ運行というように延長していく。参加者も、三〇名程（一九九五年）、百数名（一九九六年）、三百名を越える（一九九九年）、五百数名（二〇〇一年）、六百人（二〇〇五年）と増加していく。

　そして、本物の祭りを探る上で、まさしく分岐点となったのが、二〇〇二年に祭り創設一〇周年を記念して、「本祭り」の前夜祭として「宵祭り」を斉行したことである。これは、旧薩摩藩領内だけに伝わり都城の市民にとって夏の風物詩であり、後に述べるように集合的記憶となっている六月灯の献灯祭を、都城の総鎮守である神柱宮に灯籠を奉納する「宵祭り」という形で斉行するものである。この「宵祭り」は二つの意味で、この活動に効果をもたらした。一つは、ほかの祭りの「いいとこ取り」をしていたこの祭りが、初めて都城らしさを身に付けることができ、本当に都城の祭りという自分たちの誇りを持てるようになったことである。もう一つは、この巡行が中心市街地の沿道で運行されるために、駅前で行われていた商店街の祭りというイメージを脱皮して、認知度も高まったことである。

　祭りの内と外の接点となる「祭事自体の質的向上」を可能にしたのは、その実現を内側から支える、「内部のしくみづくり」にあった。これは、「運営組織の充実化」「運営手法の規範化」「運営費の安定化」の三点を骨格とする。

運営組織の充実化については、独立組織としてのおかげ祭り振興会が立ち上がり（一九九八年）、振興会の内部組織として「理事会」「世話役会」が組織され（一九九八年）、炊き出しなどで祭りを支える「お方の会」（写真5・20、21）が結成される（一九九九年）。祭り遂行の実行部隊である「おかげ祭り実行委員会」も、例年五月上旬に発足し、七月下旬の決算報告をもって解散する組織が整う（本章第2節参照）。運営手法の規範化については、組織を継続可能にする厳格な秩序の確立（組織運営の規範化）、現場の運営方法のルール化（現場運営の規範化）、伝統文化を伝承する根拠の探究（技術継承の規範化）、というどれも欠くことができない三つの規範化に取り組んでいる。運営費の安定化については、協賛金がメインとなるが、その内訳は「企業協賛」と「沿道協賛」である。後者は祭りの関係者約百人が地域の会社やお店や個人宅を訪問して祭りの告知を兼ねて協賛金を募るものであるが、金額はおもに千円、その御礼として祭りの手ぬぐいを進呈する。関係者の努力と祭りの認知度向上もあり、二〇〇六年には二〇〇〇年比約一・七倍にまで増える。その結果、二〇〇三年から自己資金である協賛金と祭りの支出額とのバランスが取れるようになり、目標であった自主運営にこぎつけた。

以上のとおり、一九九五年の祭りの名称変更、一九九八年のおかげ祭り振興会の発足、二〇〇二年の「宵祭り」の斉行は、この活動がさらに飛躍していくための分岐点となった。

3.3　新たな課題——人材と地縁社会への結合

1、2項でみたように過去一四年間、おかげ祭りはいくつかの危機を乗り越えて成長してきたが、今日新たな課題を抱えている。まず人材の問題があり、一四年という時間的経過による二つの課題を抱えている。組織活動の継続性にとって普遍的な課題としてあげられる「次世代育成」であるが、おかげ祭りにおいても一四年を経て、中核メンバーの高齢化から取り組まなければならない課題として差し迫っている。と同時に、見落としてはならないのが「現世代の限界の自覚」である。

「伝統は秩序だと思うんですよ。僕らは、まだ伝統がないですから、歴史がないですから。一四年くらいした人間がですね、勘違いして自分がルールになってしまうんですね。それが一番怖いですね。たぶんそこをクリアーできると続いていくと思いますね」（おかげ祭り振興会取締役兼二〇〇六年おかげ祭り実行委員長J氏 2006. 8. 7 インタビュー）

たとえば博多祇園山笠は、史料の初出が一四五六（康正二）年一一月まで遡り（宇野 1999：1）、五百年以上の歴史があるのに対して、おかげ祭りはまだまだ胎動期として模索を繰り返している段階である。創るも壊すも、現在この活動の中核にいる人材次第なのである。博多祇園山笠の場合、参加者が一人前になるのに少なくとも一〇年を要するとされるが（竹沢 1998：39）、おかげ祭りは一〇年を経過したいま、現世代メンバーが成功体験を背景に「自分こそがルールである」と勘違いしてしまう危険性をはらんでいる。要するに、現世代の人材の限界がこの祭りの限界に直結する。これまで成長を続けてきたとはいえ、おかげ祭りは未だ一四年しか経過していないのである。これを乗り越えていくために、現在の中核メンバーのリーダーとしての自己鍛錬が継続して要請されている。下の人間を育てさらに引き上げるためには、上の人間もあわせて成長していくことが求められる。そのために自分たちはどうあるべきかという課題をつねに自覚的に問いかけて取り組んでいる。

つぎに、おかげ祭りが地元に根づいてさらなる飛躍を遂げていくための重要な課題として想定されるのは、「地縁社会への結合」である。これまで、都城地方全体の祭りをめざして商店街の狭域性を離脱して社会的な広域性を獲得し、参加者間の新しい社会的結合を実現する祭りとして成長してきた。しかし、この祭りの理念（資料5・2参照）にも掲げられている地域づくりの貢献には、再度狭域性への回帰、換言すれば地縁的な住民組織とどのように結びついていくのかという難題に取り組む必要がある。これに関しては、これまでの活動実例から地域づくりに貢献する二つのアプローチを見通せる。一つは、おかげ祭りのしくみを住民自治活動に落とし込み、地域活動を再生させる方向である。もう一つは、おかげ祭りに住民自治活動を組み込むことによってあらたな地域活動を創出する方向である。

前者を示唆する例としては、振興会取締役で二〇〇六年実行委員会の総括を担当したK氏の地元である志和池地区の自治公民館活動(6)の例がある。「それこそ老人会、壮年部、青年部、育成会で全部分かれていて、もう結いの形を輪切りにしてしまっていますから、もう組織じゃなくなっているんですよ」(J氏 2006. 8. 7 インタビュー)と説明される自治公民館活動であったが、育成会長に就任したK氏は、全員で一つの祭りをつくり上げるおかげ祭りのしくみを落し込むことによって、育成会活動を老人会や壮年団も参加する全員参加型の活動に再生させる。そして、それが老人会や壮年団の活動に波及して参加者が増え、自ずと活動全体が盛り上がる成果が得られた(7)。

後者の可能性を匂わすものとしては、つぎの試みがあげられる。都城全域から参加者が増えたことを受け、これからの計画として振興会で検討されているのは、都城をいくつかの地域に分割して、そのうちの一つが主たる担当としてその年の実行委員会を取り仕切り、毎年担当を変えていく輪番制とすること、かつ担当内にある自治公民館との協働作業でこの祭りを運営していくしくみである。また、分割した地域ごとに灯籠山車を一基出して、すべての地域の山車を集合させることも考えられる。このようにして地縁社会との結合可能性がみいだせるが、実現の暁にはおかげ祭りのさらなる飛躍が期待できるとともに、「広域ネットワーク型活動」と「地域住民による地縁活動」の融合モデルとなる可能性も期待できるのである。

第4節　社会的な事実と社会的効果

4.1　地域間移動による効果

前節まで、おかげ祭りの全容を記して、この祝祭活動の特徴を明らかにしてきた。本節においては、その特徴から読み取れるいくつかの社会的な事実に沿って、祭りの生起、成長要因、その社会的効果を明らかにする。

「(また、福岡に戻ろうとか、そういうことはなかったのですか?／質問者：筆者) いや、もうないですね。だから、本当に生活もしやすいし、好きですしね。しかし、好きの裏返しに腹立たしさもあるんですよ。もっといいところがあるぜ」(おかげ祭り振興会会長I氏 2006. 7. 31 インタビュー)

「商店街からお見えになっていろいろお話を聞くんですけど、言うまでもなく私たちが経験したお祭りと、都城の方がおっしゃるお祭りとかなり温度差がありましてね」(同上)

おかげ祭りが胎動し成長していくうえで欠かせないのが、おかげ祭り振興会会長I氏の存在である。I氏は福岡市出身で三〇年前に都城市に移転して定住した、いわゆるIターン経験者であるが、彼はどのようにしてこの活動を立ち上げ、参加者を率いることができたのだろうか。「地域間移動による社会的効果」と「その土地にない経験知の蓄積による行為基準の可視化」という二つの要因から捉えてみたい。

地域間移動経験者は、土着住民と比較して相対的に「開放的」なコミュニティ・ノルムを保有している。そして、移動当初は土着住民よりも相対的に希薄であるコミュニティ・モラールが、定住によって「利己的」から「相互的」に変容し、その結果、モデル(模範)としてのコミュニティ意識である「開放的相互主義」(鈴木編 1978: 10-3) の可能性を高める、という仮説が考えられる。この地域間移動の経験は同時に「比較する目」を持たせ、地域の客観的な資産評価を可能にする。

このような地域間移動の社会的効果に加え、I氏の貢献を決定づけるのが、都城では得られない伝統的な祭りの参加経験をとおして行為基準が可視化されていることである。幼少の頃から博多祇園山笠に参加した経験から、本物の祭りとはどうあるべきかという規範が、I氏の記憶の中で鮮明な映像として保持されている。これが「おかげ祭りの基本概念・理念・基本方針」(資料5・2) に示された規範的方向性の提起と、活動の途上で遭遇する諸問題に対するI氏の一貫した(ぶれない) 姿勢を可能にしている。

4.2 個人的記憶から集合的理解へ

「祭りというのがわかったのは、多分七、八年ぐらい経ってからですよ」（前掲J氏 2006. 8. 7 インタビュー）

「一生懸命やってたことで一生懸命やってたものがかえってくる『やり取り』の言葉をお祭りで学んで、それが仕事にはと思って計算したわけでもないんですけど、このお店をやってて、そういうものが出てきてるというのをすごく感じますね」（おかげ祭り振興会世話役兼二〇〇六年おかげ祭り実行委員会女御輿当番Lさん 2007. 2. 16 インタビュー）

つぎの段階への時間的経過のなかで、祭りの成長要因としてあげておかなければならないのは、この会長の経験知の蓄積から存立する「個人的記憶」が「集合的理解」を獲得していく過程である。都城全体を代表する伝統的な祭りがないため、市民祭りや商店街の謝恩祭など、一過性のイベントしかイメージされないことは、これまで説明してきたとおりである。地元住民が「本物の祭り」を創造するとはどういうことなのか。今まで経験知の蓄積のない新しい文化的価値を自分たちのものとして理解していく、これがもっとも困難な過程であり、昇華するまでに時間を要する。

おかげ祭りの事例から、「祭り」という非日常世界で習得した経験知の意味を、日常世界の気づきによって初めて自分のものとする昇華過程を確認することができる。たとえば、第3節1項で説明した「やり取り＝社会的志向性」に象徴される「人の役に立つことを一生懸命やっていたことは、還ってくる」という「共益の領域での互（共）助の行為」（恩田 2006：20）のエートスを学び、これを日常の（経済）活動の中で実践してみると、その結果今まで質量ともにありえなかった「見返り（取り）の体験」を得たことにより、初めて「祭りの凄さ」を実感し、改めて祭りに引きつけられたという。このように非日常の中だけで完結するのではなく、日常世界との往還と蓄積過程のなかで昇華していくものであり、それゆえに時間も要するのである。

このように時間的経過をたどり活動が継続されることによって、集合的理解の範囲が広がり、活動が成長していく。

地域間移動経験者との交流によって、地元住民が市民として覚醒、成長するという社会的効果が生まれたのである。

4.3　広域ネットワーク型活動への離陸

おかげ祭りがここまで成長してきた要因として、商店街という狭い地縁活動から、開放的な広域性と人同士のつながりに基づくネットワーク型活動へ離陸したことがあげられる。ただ、この事実を成長要因として評価するためには、その過程をもう少し詳細にみていく必要がある。まずここでいう「広域性」には、二つの含意がある。一つは、祭り参加者の居住地の地理的広がりであり、もう一つは、この活動が代表する地域空間が広域にわたることである。

二〇〇五年の参加者の居住地をみると、都城市（旧北諸県郡山之口町・高城町・山田町・高崎町を含む）はほぼ全域にわたっており、その他、県内は北諸県郡三股町、宮崎市、西諸県郡高原町・野尻町、県外は鹿児島県曽於市・国分市・曽於郡大崎町、そしてもっとも遠い地域として福岡県福岡市がある。祭りの性格の違いから当然ではあるが、商店街の謝恩イベントとは比較にならないほど参加者の居住地には広がりがある。すなわち、前者の広域性はこの祭りがめざす理念のために、当初から確保されなければならない条件であった。この祭りを都城全体の本物の祭りにするには広域から参加者を募り、祭事自体を質的に向上させるためには多数の参加者を必要としていた。

そうすると、広域ネットワーク型活動への「離陸」は、何によって決定づけられるのであろうか。それは、いうまでもなく、運営主体の変更によるものである。参加者を運営主体と一般参加者に分けると、一般参加者の広域性は、上記の通り立ち上げ当初から現在まで変わらない。一方、運営主体は当初商店街が中核となり、商店街が位置する駅前地域の再生意図をもっていた。しかし、メンバーが交替し運営主体が「本物の祭り」の賛同者に集約されることで、運営主体の集合意識のなかで祭りの空間が、閉鎖的狭域性から開放的広域性に一挙に広がったのである。それに並行して、一九九五年祭り会場がときわ商店街から都城の総鎮守である神柱宮に変わったこと、そして二〇〇二年の「宵祭り」開始によって都城各地で分散して行われる「都城六月灯」の統括的な地位を獲得したこと、この二点により、前述したおかげ祭りが代表する地域空間が広域に変わっていったのである。

このように、運営主体と一般参加者がめざす祭りイメージの一致（意識の一致）、一般参加者の居住地と祭りが代表する地域空間の一致（範囲の一致）により「広域性」がさらに醸成され、それがこの活動に社会性・開放性を付加する効果を与えて、祭りが成長していったのである。

4.4 観客と舞台の関係

「祭りというよりは一つのボランティアっていうか地域活動としてとらまえた時に、何が違うかっていうと、どうも賞賛のフィードバックが非常にダイレクト、その気にさせるというか」（I氏 2006.7.31 インタビュー）

「本物の祭り」を妥協せずに構築していく過程で、さまざまな社会的効果が生起している。まず、祭事自体の内容を向上させることにより、「観客と舞台の関係」を可能にしている。観客の賞賛をダイレクトに体感できるフィードバックが成立することにより、見る側と演じる側が一体感をもって存立しており、見る側から演じる側への転換と、演じる側の継続的参加の動機づけとなっている。演じる側の立場からは、仕事や遊びを犠牲にして地域活動に打ち込んできた成果に対して、観客から拍手や賞賛の言葉をかけられたときのぞくぞくする感動が、継続の意欲を高めている。つまり、お祭り当日の「やり取り」の「取り」は何かというと、「観客の賞賛の拍手なのであり、良かった、有難うという気持ちの部分」（J氏 2006.8.7 インタビュー）なのである。

4.5 社会教育システム

祭事自体の向上を実現していくためには、それを支える内部のしくみが必要になるが、その組み込みの過程で表5・6のとおり、目的を実現するための機能が作動しており、各機能が社会的効果を生起している。そして、この効果は

表5.6　おかげ祭りの機能と社会的効果

目的	機能	社会的効果
参加者一人一人の確立	自己研鑽・改善	自己存立と自信の回復，学んだことを日常生活に落とし込む→日常行為への好影響
各部門の役割の達成	リーダーの育成	祭りの顔＝地域の顔になる人材の誕生→地縁社会・地域社会との結合と活性化
子供演技の向上	子供の育成	積極性・責任感・礼儀の習得，地域に役立つ意味の理解→地域に戻ってリーダーになれる行動
伝統技術の継承	コミュニケーション	序列（年輩から若輩へ，先輩から後輩へ）に対する再評価，年配者に対する尊敬の念の醸成
舞台としての完成	自己表現	「よか真似しごろ（気取り屋）」の風評の乗り越え，閉鎖社会の風習の脱却
「見られる」人としての品格形成	マナー向上	祭りの中で尊敬される先輩として，地域社会の日常行為における模範的行動
チームワークの形成	信頼関係の構築	非日常世界の素顔の信頼関係を日常世界に落し込む→経済（参加者間ネットワーク・ビジネス）の胎動
組織の統制と存続	集団結合	地域行事への参加と貢献，災害対応など官民協働による連携

「社会教育システム」として結実するのである。

第4章第4節5項で述べたように、博多祇園山笠は「社会教育システム」を機能させていた（竹沢 1998：38, 45：宇野 1999：7, 9）。おかげ祭りも、厳格な秩序のもとで参加者がそれぞれの役割を担当して、共同作業で一つの祭りを遂行する過程において、参加者と周囲（たとえば参加した子供の親たち）がリーダー育成、自己研鑽、子供の育成という社会教育機能を理解していく。このように「社会教育システム」に組み込まれるさまざまな機能に気づき、その社会的効果が目にみえてくると、活動自体が参加者や周囲から認知されて集合的理解がさらに広がり、この活動が成長していったことがわかる。

第5節　現代地域社会における共同性の形成

前節まで、おかげ祭りの生起、成長要因、そして社会的効果を明らかにして、この活動の継続要因を探ってみた。本節では、産業化・グローバル化による現代的変容のなかで、地域社会における共同性形成について、おかげ祭りの事例から抽出できる固有の意味を論じて、本章を締めくくることとしたい。おかげ祭りのような地域活動の成長は、何を意味するのか。そしてこの事実は、人々が地域社会に何か新しい役割を希求している証左であろうか。こうした問いに答えていくものである。

5.1　「地域社会の規範的方向性」の重要性

一つめは、モデルなき不透明な現代における「地域社会の規範的方向性」の重要性である。おかげ祭りの事例は、地域活動が生起した時点で規範的方向性を明示する重要性、その方向性の集合的理解が成長要因となること、そして集合的理解を促進するには経験知を体得し蓄積していくしくみが必要であることを示している。おかげ祭りの場合は、「本物の祭り」がそのしくみである。地域活動の自立的継続性の鍵となる上述の三条件——「規範的方向性の明示」、「方向性の集合的理解の促進」、「経験知を体得し蓄積するしくみの存在」——を存立させるには、何が要請されるであろうか。それは自明のことかもしれないが、活動の基点となる規範的方向性を現代においてどのように明示すればよいかということである。おかげ祭りは、どのようにして規範的方向性を組み立てたのだろうか。

松平は、日本都市の主要な祝祭類型として、「開放系合衆型祝祭」（高円寺阿波おどり）と「閉鎖系伝統型祝祭」（秩父神社例大祭）を提起した（松平 1990）。対極に位置する二つの祝祭類型とおかげ祭りを比較して、その方向性の違いを明確にしてみたい。

「閉鎖系伝統型祝祭」は町内をとおして社会統合の強化をはかる、きわめて目的志向的な祝祭類型である。一方「開放系合衆型祝祭」は、伝統とは無縁の不特定多数の個人が自由意思で選択したさまざまな縁をとおして一時的に結びつき、個人が「合」して「衆」をなし、あるいは「党」「連」「講」などを形成して参加する現代の祝祭類型である。そこにあるのは個人が自由な選択を通して「楽しみ」を獲得し、自己充足的な価値を求めることである。その背景には、社会統合がゆるみ集団の解体と個人への回帰がみられる「社会解体期」が存在する。祝祭の合衆はきわめて短期間の結合で日常生活とのつながりに乏しく、ここからは強固な生活協同や生活組織は形成されにくい（序章第2節2項、第3章第2節参照）。

この両極に位置する二つの祝祭の類型に対して、おかげ祭りはどのような類型といえるのであろうか。おかげ祭りは、日本の伝統ある祭りを手本にして、厳格な秩序のなかで本物の祭りを創造することをめざしており、また祝祭の形態としても「合衆型」とはいえないため、「伝統型」の類型に入る。ただ、運営母体は都城各地域から集まった一般市民で構成されており、祭り自体も都城地区全体の祭りとして位置づけているため、だれでも参加でき脱退も自由である。したがって、松平が説明する「閉鎖系伝統型祝祭」が持つ集団的排除性・閉鎖性はなく、祝祭の形態は「伝統型」でも「開放系」の性格を持つ。確かにおかげ祭りも、最初は個人のコンサマトリー（自己充足的）な価値を求めて加入する参加者も多く、逆に言えばそのような現代における個人の価値要望（表現欲求）の受け皿となり得たからこそ参加者が増加してきたところもあり、その意味では現代の祝祭類型としての「開放系合衆型祝祭」の特質の一面を保有しているといえる。

しかし、そのおかげ祭りが「開放系合衆型祝祭」と違う方向に転回したのは、どうしてであろうか。それは、いうまでもなく、「地域のことに関わりを持って、生活していくことの大切さを、祭りを通して伝えていく」という、この祭りの基本的な理念にあり、伝統型都市祝祭が地縁的・伝統的共同性を追求し、地域社会の社会統合をめざす祭りの本質的機能を保有していることがある。すなわち、外部に対しては開放的であるが、内部に対しては伝統的秩序が要請される。よって、おかげ祭りは、「閉鎖系伝統型祝祭」と「開放系合衆型祝祭」の二つの祭りの中間に位置することが特徴づけられ、松平の都市祝祭の分類にはない「開放系伝統型祝祭」とも言うべき祝祭の類型を創出している。

上記三類型の祝祭の性格を、鈴木広のコミュニティ意識の分類（鈴木編 1978：10-8）に照らし合わせてみると、「開放系合衆型祝祭」は「開放的利己主義」、「閉鎖系伝統型祝祭」は「地域的相互主義」、「開放系伝統型祝祭」は「開放的相互主義」のコミュニティ意識を表出、あるいは方向づける地域活動ととらえることができる。このように、おかげ祭りは、コミュニティ意識のモデルである「開放的相互主義」（第2章第1、2節参照）を具現化するしくみとして定位できる。ここに現代社会における地域活動の規範的方向性を示唆する意義と、現代都市コミュニティの文化活動として「伝統の創出」(8)の現代的意義をみいだせるのである。

5.2 「帰属先の揺らぎ」問題の解決

二つめにあげておきたいのは、「帰属先の揺らぎ」の問題である。これは家庭や会社など帰属先との結合が希薄化している現代人は、新たな帰属先として地域社会を希求しているのではないかという問いに換言できる。

一九七三年のオイルショックにより戦後の高度成長期は終焉を迎えるが、とはいってもバブル経済が崩壊する一九九〇年代初頭までは安定成長期として、帰属先の揺らぎが大きく社会問題化することはなかった。それが、バブル経済崩壊後の「失われた一〇年」の後半期あたりから、この問題は全く違う様相をみせ始める。「就職氷河期」による若年労働者のフリーター化、効率化以外に収益を確保できない企業リストラの横行、先が見えない不安定な経済状況から企業が収益を内部留保し、低価格生産の拠点と低賃金労働力を求めて投資先が海外へ流れ、国内雇用や賃金に還元されない経済の空洞化など、経済環境が激変する。その影響を受けた生活環境のアノミー化と、グローバリゼーションによる「帰属に対する欲求の生成」（Delanty 2003＝2006）も相俟って、帰属先の揺らぎの問題が一気に顕在化する。

ここでは、「核家族の安定、職域への包摂、地域の統合を前提とする福祉国家」（武川 2004：332）のシステムの限界が露呈し、それに加えてベックが指摘する「個人化過程」が進んでいく。

「工業社会文化に見いだす、集合的な、集団に固有な意味供給源（たとえば、階級意識や進歩にたいする信仰）は枯渇し、解体し、魔力を失いはじめている。これらの意味供給源は、二〇世紀に至るまで西側の民主制と経済社会を支えてきたが、そうした意味供給源の喪失は、結果的にすべての意思決定作業を個人に委ねるようになる。このことがまた、『個人化過程』という概念の意味している問題である」（Beck 1994=1997：20）。

所与である「消極的自由からの逃避」として即自的に家庭と会社という帰属先を確保すれば社会とコミットできた社会環境から、自発的な行為によってしか自由が得られず、自発的に新しい世界と自己を結びつける「積極的自由の獲得」（Fromm 1941 = 1951）によって、既存の関係性の再構築が求められる社会環境へと変容しているのである。ただ、これまでの福祉国家という社会システムのもとで、そのような価値教育や社会訓練を受ける機会は設定されておらず、核家族の個人化が生起する問題は黙止して、雇用者として生計を確立させて、生活者として静かな近隣関係を保つやり方に慣らされてきた現代人は、「リスクを伴う好機」を自分のものにする術は身につけていない。このような現代人を社会にコミットさせ、現在における地域社会への「再埋め込み」を促進する媒介として重視されるのが、福祉国家化の過程のなかで弱体化した、地域と住民をつなぐ中間的しくみである。その一つとしてあげられるのが、おかげ祭りのような地域住民による地域活動である。

おかげ祭りは地域づくりという社会的な目標を掲げているが、前述したとおり、参加者は当初、現代の都市祝祭の特徴である自己充足的な価値を求めて参加する。ただ、前節2項で指摘したとおり、この祭りの非日常世界で学んだことが、参加者の気づきによって日常生活に活かされ、「元気になれる」という好循環が生まれている。それは、参加者がこの祭りの「凄さ・深さ」を再認識して、さらにこの活動に魅きつけられるという社会的効果も生んでいる。この祭りの参加者からは、「祭りに救われた人間が多いんじゃないですかね」「自分の精神的な拠り所が見つかったんですよ」

「なんかもう、私の居場所ができている」というような発言が聞かれた（J氏・K氏 2006. 8. 7 インタビュー／二〇〇六年おかげ祭り実行委員会跳人担当Rさん 2008. 8. 2 インタビュー）。

ちょっとした勇気をもって自発的に行動すれば「積極的自由」が得られる事例をここにみいだせるが、このような経験を相対的に可能にしてくれるのが文化的な地域活動にほかならない。人間の内発的な創造性や自発性を引きだす共同の文化行為に、地域社会における共同性形成の活路をみいだせる。この文化行為が生起する社会的効果＝積極的自由の獲得、つまりおかげ祭りの事例でいえば、祭りという非日常世界（社会目的）で実現したアイデンティティの確立や自信の回復が、日常世界（経済目的）に好影響を与えているのである。この事実をみるにつけて、社会への「再埋め込み」を促進する文化的な地域活動に、現代人の「帰属先の揺らぎ」問題を解決する一筋の光をみいだせるのである。

5.3　経済的アノミーへの抵抗

最後にグローバル化によってますます進行する経済的アノミー化への抵抗力として、地域社会の役割と可能性をあげておきたい。

内田隆三は佐賀県諫早湾の干拓事業の事例から、地域開発によって地方の個性（「遅れてきたことの特権」）が失われていく過程を、つぎのように表現している。

「諫早の干潟では公共事業によって海の生物や習俗が死滅する一方、佐賀市の街路ではその生物が『絵記号』としてすでに人びとの消費生活やモードの文化のなかに蘇生していた。そこには資本による記号論的な干拓の風景が並んでいる」（内田 2002：394）。

「諫早湾の干拓はこうした想像力について問いかけるものであった。それはムツゴロウを救おうという気持ちに訴えるノスタルジックな問題のように報道されたり、また公共事業の性格や有効性を問い直す問題として議論されたりもした。だが肝心の問題は、習俗の領域と、国家の共同性と、資本の論理が、何かを共有し、葛藤をふくんで離れていく軋んだ交錯のなかにあった。しかも三つの現実が交錯するなかで、人間の営みが自然の生態系と矛盾しあうかたちで出会うことになった。習俗の内部でだけなら、その矛盾は小さく、その矛盾を調整しながら、乗り越えていくこともできたのである。だが、現在見られるのは、巨大な生産力が集中して投入され、生態系との矛盾が人間の側から一方的に克服されようとしたり、あるいはかたちを変えて隠れたり、ときには異様に拡大されたかたちで現れてくることである」（内田 2002: 405）。

「習俗の世界は国土という抽象的な位相に組み込まれる。とはいえ、その国土も決して確固としたものではない。国土のなかで習俗がその外観を保つように、資本の力が交錯する社会性の場で国土はその外観を保っているようにみえる。だが、国土というリアルティは張り出されると同時に、それを媒介した資本というさらに抽象的な力に通過されて、貨幣との関係によって析出する無国籍な土壌に分解されていく」（内田 2002: 433）。

この事例から、「習俗の領域と、国家の共同性と、資本の論理が、何かを共有し、葛藤をふくんで離れていく軋んだ交錯のなか」で、地域社会が保有してきた「習俗の領域（秩序）」が「国家の共同性」と「資本の論理」に埋め尽くされ同一性のなかに組み込まれていき、「習俗の領域」が蘇生したとしても「その土地に根を張るものでなく、消費社会という『現在』の位相にふわっと浮きあがったように存在している」（内田 2002: 435）様相を読み解く。「国家の共同性」と「資本の論理」という地層《レイヤー》を突き抜けて地域社会の表層に現出する「習俗の領域」を上滑りさせることなく、われわれに身体感覚を持って自覚させてくれるものはいったい何なのだろうか。その可能性を「伝統の創出」活動のしくみにみいだせることを本章において提起してきたが、その根拠をおかげ祭りの事例から読み取っておきたい。

おかげ祭りを成立させた価値基準は、地域の結いを育む先人の知恵によって築かれた日本の伝統的な祭りのしくみを取り入れ、厳格な秩序を確立しそれを伝承していくことにある。そこには近代的な慣習や消費文化とは相容れない関係が含まれるが、祭りの運営主体は妥協せずに厳格さを守りとおそうとしている。

「今年もあったんですけど、お茶だしが大変ですから、ま、紙コップとか、だせば簡単ですけど、ちゃんとプラスチックのコップでお茶だしするんですね。プラスチックのコップって洗わなきゃならんでしょ。子供は二五〇人、だいたい参加者で練習の時でも、七、八〇人、一〇〇人ぐらい来てますから、一〇〇個のコップを洗わなきゃいけない。それが大変なんで、紙コップにしてくれていう話があるわけですよ。それは、当然優しいあんちゃん（兄さん）だったら、そりゃいいよっていうんでしょうけど、祭りはそうじゃないですから。何でかと。あんたたちは、子供に子供たちが来ているのに、お茶をちゃんとついであげて、はいっちゅうてやった時に、子供たちはありがとうって言わせなさいよって、言うわけですね。子供はありがとうって、もらっていきますね。で、プラスチックのコップですから捨てるわけいかない、だからちゃんと持ってくるわけですよ。ちゃんと持っておいでという訳ですから。それで、持ってきたときに有難うございましたって、また返す。いやどう致しまして、おいしかった、おいしかったって、そこでコミュニケーションが生まれるじゃないですか。そこが祭りのしくみなんですよ。それを紙コップにすれば、やかんだけ置いといて、自分で勝手に飲めていえばですね、言葉なくしてですね、お茶を誰が入れたのかわかんない、紙カップでパッとだして飲んでポーンと捨てて、終わりですね。何も生まれないじゃないですか。そこで、コミュニケーションが生まれるしくみをつくるのが祭りだと思うんですね。

で、そうするとこの子は誰の子だて覚えるんですよ。で、僕らも二五〇人全部覚えているわけじゃないけど、ま、たとえば、祭りの仲間の子供やればこれは誰の子て覚えるじゃないですか。昔は地域って帰れば必ずやかましいおじさんがおって、地域の人達は僕がうろうろしていると、あれはJの息子やっていうのは、みんな知ってたやないですか。でも、今はみんな知らないでしょ。ただ、祭りに入っている子供たちは、大半じゃないですけど、ま、知っている子が多いんですよ。そこを通る子もいますしね。祭りじゃないときもこんにちはて挨拶して帰りますしね。ただ、あれは誰の子やって、僕ら知っているじゃないですか。それが犯罪も減少させたりとか、要するに地域力、みんなを守る地域力にもつながるような気がするんですね。それが、やはり根底に祭りのしくみの中に盛り込まれているような気がすんですね」（J氏 2006. 8. 7 インタビュー）。

上記の事例は一見些細で決して厳格な伝統的秩序を守りとおす話ではないが、秩序を伝承する祭りというしくみのなかであるからこそ、現代の日常生活で当たり前となっているモノの使い捨て文化に対する拒絶を可能にしていることを確認できる。おかげ祭りの事例から、地域活動を実践していく上で、「しくみ」の存在とその「機能」の重要性が抽出されたが、とくに厳格な秩序に支えられた「伝統の創出」活動が、これまで「国家の共同性」と「資本の論理」によってその存在を覆い尽くされてきた「習俗の領域（秩序）」を地域社会によみがえらせ、消費文化の浸透によって失われた社会統合の機能を再生してくれるのではないだろうか。

注

（1）本章で記述する「参加者」は、主催者側として祭事の遂行に関わる人々を指し、単に祭りを見て楽しむ「観客」と区別する。

（2）六月灯の特徴については、前章第1節、薩摩藩の私領地については、第1章第4節1項を参照願いたい。

（3）本書では「みこし」の漢字表記は、原則として「神輿」を使用する。ただ、おかげ祭り振興会では「御輿」の漢字表記を使用しているため、振興会作成の印刷物から引用する場合「御輿」の表記が多用されることになり、「神輿」と「御輿」の混同を避けるため、本章においては振興会が使用している「御輿」で統一することとした。

（4）この項における宵祭りの祭事内容は、平成一八（二〇〇六）年のものである。記述に当たっては、おかげ祭り振興会作成の「平成一八年都城六月灯おかげ祭り」説明書（2006）を参照した。なお、平成一九年には、千日通り商店街の改修工事に伴い、宵祭りの出立地を千日通りから都城市宮丸町にある八坂神社へ変更した。以後八坂神社を新たな出立地として運行の経路が変更され、行列が市街地の中心地点に差しかかると都城大丸センターモール前でいったん停止し、大灯籠山車が一列に並べられ、勇壮な祝い太鼓や獅子舞などの披露が行われて「山見せ」を行う。そして、地元の名士らによって鏡開きが行われたのちに、神柱宮に向けて運行が再開する。

(5) ここでの本祭りの祭事内容は、前項の宵祭りと同様、平成一八年のものであり、記述に当たっては、おかげ祭り振興会作成の「平成一八年都城六月灯おかげ祭り」説明書(2006)を参照した。

(6) 都城市には自治会とか町内会という形での住民自治組織はなく、地縁的な住民自治活動は自治公民館活動として行われている。自治公民館は、市街地では行政区域の町ごとに原則として一つ所在して、郊外の面積の広い町には二つ以上設置されるなどして、都城市では300館(二〇〇六年一月合併前旧都城市域内に170館、旧北諸県郡4町域内に130館)が存在する(第4章第3節・第4節参照)。

(7) この活動実例に関して、K氏は以下のように語っている。少し記述が長くなるが、発言趣旨を正確に把握するために、この活動実例に関するK氏のすべての語りを記した。

「話せていえば自分のことしか話せんとですけど、こん祭りで学んだでしょ。そういうしくみとか、そういうものを学んで、ある程度学ばしてもらって、それをまさしくそのまんま、しくみのまんまを、自分志和池に持って帰ったんですよ、自分志和池ですから。で、自分が育成会長をして、そんときに育成会の行事ちゅうのも、どこでも一緒ですけど毎年同じことをするんですよ。それもただ単に行事をこなすだけ。大人たちがですね、自分たちが育成会の役員になったから、今まで通りに漠然とその行事をこなしていきましょということが、ずっとやってきたんですよ。自分、全部壊したんですよ。そんなんじゃ、こんなことやって、子供さんが喜ぶと思うとねと。育成会というのは参加する大人が自己満足するためにするんじゃないと。そこにいる地域の子供が一生懸命になってやることに喜びを感じるような行事をすることが育成会の活動じゃないけ、というふうにいうて今までの慣例を全部壊して。

ま、育成会の夏祭りがあったんですよ。毎年恒例で敬老会の方と育成会で何かをするちゅんですよ。で、例年だったらですね、そうめん流しとか何かして、当日の朝から役員が集まって準備して昼からその祭りをして、五時に終わりですよ。そういうのを毎年繰り返しよったですよ。自分は止めたんですよ。だめ、お化け屋敷を作りましょうて提案をして、ブーてブーイングもあったけど、もう強引です。こういうことをせんと子供さんは喜ばんよ。お化け屋敷を作りましょ。こういうのを作りましょ。テントとか全部借りてきてする、そしたら、作業が当日じゃ終わらんとですよ。前日に作業を入れる、前日に作業を入れたんですよ。わざと、有無を言わさずに。前日の午後から役員全員集まりなさいと、育成会の。して、父兄さんも全部集まってくれと。自分も結構言いますから、ある程度来ました、人数も。前の日から全部仕込んで、当日も当然朝から仕込んで、前日はですね育成会だけじゃなくて、敬老の方にも声をかけたんですよ。こういう風にお化け屋敷を作ろうとするから、どういうのがいいかアイディアを出してくれんかと、わざとですね。そして、前日からの作業をして、当日はお化け屋敷ですから、当然夕方の五時じゃ終わらんですよね。お化け屋敷というのは夜でしょ。だから、夜の九時までして、子供さんがいるから九時までいて、それからその日の内に片付けをして、片付けさせたわけですよ。そうしたら変化があったんですよ。それを計画して実行したら、ブツブツいう人もいました。「まっこちKはこげなことをしだした」と。「いらんことをしだした」と、ブツブツですよ。前日の作業もイヤイヤ、ブツブツ、当日も朝からブツブツブツブツ、しよったですよ。

ただしですね、子供さんが、こういうふうにするよていうたら、例年中学生は一人もおらんかったですよ。育成会の活動って、育成会て小学校、中学校でしょ。小学校の子供がチョロチョロ来るぐらいで、中学生なんか一人も来なかった。自分がそういうふうにしてお化け屋敷ちゅうのを全部発想してやったとき、中学生が九割来たんですよ。育成会の親も、何人かしか来んかったんですよ。それが、ほとんど来たんですよ。中学校も小学校も含めて、その子供さんがものすごく喜んだんですよ。ワーワーゆうて、楽しかった楽しかったて、ワーワーゆうて、その祭りがものすごく盛り上がったんですよ。来年も絶対するがって、ワーッて盛り上がって。子供さん小学生のちっさい方はですね、はい帰んなさいと。で、小学生の高学年から中学生は残れる人は残っとけと。全部その日のうちにばらすぞって、ばらしたわけでしょ。ほとんどの子供が残って、親と一緒にお化け屋敷をばらすわけですよ。そしたらどういう変化が起こったか、そんブツブツいいよった親御さんが、その祭りの後日反省会したら、良かったって、来年もするがって、来年はテントを三張にしようかという変化が起こるわけでしょ。どういうことかちゅうたら、やっぱりですね、さっきの話じゃないですけど、みんな子供さんが喜ぶような何かをしたいと、育成会の活動であっても、自分たちが本当にやったという達成感というか、充実感を味わいたいんですよ。それがどうすればいいかちゅうのが、わからんわけですよ。わからんし、したいと思うけどそのしくみがわからん。ただ、それをわかった人が強引でいいからすれば、ほとんどの方が理解します。ほとんどの方が喜びます。そうすることによって、その地域は変わるんですよ。

で、自分が育成会長を降りて、次に引き継ぐときに、自分にずっと育成会長をしてくれちゅう話があったんですよ。最初は自分が育成会長になって、いろんな行事を前例を全部破棄して、こういうふうなしくみにするよって、わざと一杯行事を作って、わざと一杯準備をして、するようにしたことにブツブツいいよった人間が、みんながKがずっとしてくれていわれたんですよ。自分はあえて断ったんですよ。いや、ずっと同じ人がするんじゃなくて、このせっかくそれをね、Kがしてくれちゅうのはありがたいと。ありがたいんだけど、それをしてくれっちゅうことであれば、今年からやったしくみをずっと継承しましょうよと。歴代の育成会長さんが。ということで、ずっと歴代の会長さんが継承することを話し合いで決めたんですよ。そしたらですね、育成会自体がものすごく盛り上がって、作業がものすごく多くなったんですよ。負担もものすごく多くしたですよ。子供さんも含めて。けど、それをすることによって、みんなが楽しみにしよるんですよ。たぶんですね、そこやと思うんですよ。先ほどから話がありますように、ナアナアですます優しい兄ちゃんとか、いろんなものを経験して、いろんなものを簡素化してやっていく、それがずっと続いていくなかで衰退してきたものがあるでしょ。それを、ほんと昔に戻せば。昔は例えば「おねっこ」てご存知ですか。田んぼんなかで、竹をバーと正月に燃やす行事があるんですけど、そういう祭りがあるんですよ。それもですね、ほんつ、六月灯にしろ、昔はですね、たぶん全員参加やったんですよ。敬老会、壮年、育成会関係なしに全員参加でやっちょったですよ。そういう一つの行事があって、もう全然普段は顔も見らんし、話すこともないような人が、その祭りのときは全員がよって、全員で一つのものに仕上げようやて、そういうしくみが祭りの中にはあったんです。そういうのも、さっきから話があるように、全部衰退して、はいこれは育成会の行事、これは何の行事ていうふうに、全部分担して簡素化していったがために地域の連携がなくなっていったわけでしょ。それを、たかが育成会の行事ですけど、そのなかでそれをもう一回、再構築しようということで、敬老の方にも全員声かけをして、育成会も全員声かけて、公民館にも全員声かけしてですね、わざとですね。本当は育成会だけでできるんですよ。お化け屋敷をテント二張りするぐらいのことやったら。それをわざとテントは公民館から出してくれちゅうて、公民館を巻き込んで、どういうお化けを作ればいいかて、こういうお化けの看板とか絵を書いてくれんねちゅ、わざと敬老会に声かけして、育成会に声かけして、わざと全員そこに参加するようにしたんですよ。そしたらものすごく盛り上がって、地域がバーてなって。

で、夏祭りをやって、九月に敬老の日がありますよね、そいで敬老会ていうのがありますよね。そのときにまた同じ人間が寄るんですよ。今度は敬老会のために。そしたら、そんときにお化け屋敷をやった人間が、ボンて来ますから、敬老会ちゅうても、ものすごく盛り上がるんですよ。敬老の方も、「おお、お前か、お前か」てなるわけですよ。そのしくみがずっと続いていくわけです、はい。そして、その敬老会が終わりました。正月にそのおねっこという行事があるんですよ、また祭りがですね。おねっこんときも、また同じように、おねっこも育成会の行事なんですけど、別に何も言わんけど敬老会も来るし、公民館も参加するし壮年団も参加するし、ワーて参加するから、過去二〇年で一番でかいやぐらを組めたんですよ。みんなが来たから。だから、そのしくみをつくっていくこと、それがおかげ祭りで学んだ人がおかげ祭りのしくみで得たものちゅうのを、自分の地域に少しずつ持ち帰れば、おかげ祭りを基点としてこの都城全体を変えることは可能ですね」（K氏 2006.8.7 インタビュー）

（8）ホブズボウムは、過去二世紀を扱う歴史家にとって「伝統の創出」が興味深い要因として「近代世界の恒常的な変化および革新と、社会生活のすくなくともある部分を恒久不変に構造化しようとする試みとの対照性」（Hobsbawm & Ranger 1983=1992: 10-1）をあげている。おかげ祭りの活動は前者に抵抗する後者の試みであることを示唆する。

第6章　伝統的都市祝祭の伝承——「祇園様」の事例分析

第4章・第5章で「六月灯」と「おかげ祭り」という祝祭活動の事例分析を行った。本章では三つめの事例として、都城市で毎年八月一日から三日にかけて催される「祇園様《ぎおんさあ》」(1)という伝統的都市祝祭を取り上げる。その背景には、六月灯が持続型、おかげ祭りが成長型とすれば、衰退型の地域活動も対象に加えて、形態の違う三つの地域活動を比較して、現代社会における地域活動の継続要因を探る企図がある(序章第3節)。戦後、一九五〇年代の祇園様の最盛期には、中心市街地に所在する七つの商人の町が山車を出して盛大な祭りが執り行われたが、今では二つの町のみに減少している。

上記三つの事例を比較して地域活動の継続要因を探り出すには、まず祇園様の衰退理由を明らかにすることが要請されるが、この事例を分析する意義は決してそれだけにとどまるものではない。六月灯とおかげ祭りの継続性を支える社会的要因を解明するために事例分析を行った文脈から、現時点でも祇園様の山車が残存する要因を解明する分析視角が導かれる。なぜ二つの町だけ山車が残ったのか、という問いにおきかえられることで、本書における祇園様の対象事例としての魅力が立ち現われてくる。

衰退の進んだ地方都市の中心市街地で、地域住民の共同性は存在しているのか。存在するとすれば、どのような集合的な形態をもっているのだろうか。そして、その存在を支える要因は何であろうか。二つの町だけ山車が残った要因の解明は、上記の問いに対する答えを導いてくれると考えている。

第1節「祇園様」の特徴

1.1 起源と変遷――「八坂神社」の夏祭り(2)

「祇園祭」というと京都の八坂神社の祇園祭礼が最も名高いが、この章で取り上げる祇園様は、都城市宮丸町にある八坂神社の例大祭の日に行われる夏祭りのことである(3)。

都城の八坂神社は「おぎおんさま」ともいい、須佐之男命《スサノオノミコト》、大国主命《オオクニヌシノミコト》を祀る神社である（写真6・1）。一六一五（元和元）年に鶴丸城にあった社を、上町《かんまち》――江戸期、都城の城下町において本町という町場の中心地であった――の一角に阿弥陀堂を建立し移管したと伝えられる。その一角は現在の広口交差点の東角に位置する。明治初年の廃仏毀釈により廃寺となった龍峰寺から領主島津氏などを祀った礼拝堂をここに移した。『都城商工会議所創立七〇年史』によれば「明治二三年（一八九〇）、西河治平が京都の呉服問屋である森田惣助を介して伏見稲荷の京都本社より御神体を拝領し安置した」と記されている（都城商工会議所創立七〇年史編集委員会編 2002: 377）。さらに一九一四（大正三）年に現在地である宮丸町に移管遷宮される。一九七七（昭和五二）年には、国鉄日豊線都城地区鉄道高架事業に伴い、社殿他諸施設を大幅に改築して、本殿遷座祭・竣工奉祝大祭・奉祝花火余興大会を斉行している。八坂神社は市内商店街の氏神で、古来商売繁盛の神様として氏子の尊崇厚く、毎年旧暦の六月一五日には盛大な例祭が行われていた。

祇園様の本来の目的は厄払い・無病息災・家内安全・商売繁盛の祈願である。開始時期は定かでない。『都城市史』では「過去八〇年の歴史を持つ」（都城市史編さん委員会編 1996: 418）と紹介され、明治期の終わりあるいは大正期の初め頃を指し示す。一方、『都城商工会議所創立七〇年史』では、「祇園まつりのだしものの祇園やまは上町の商家の旦那衆によって明治の初期から行われたものと思われる」（都城商工会議所創立七〇年史編集委員会編 2002：377）と記す。その他確証できる文献・資料がなかったが、上町に明治時代の上町祇園山車に関する資料が残っているとわかり、内容を確認した。それは、『明治三〇年七月改正　祇園山新築ニ付出納簿　上町中組下組』という標題で、明治三〇～大正五年の「上町祇園山祭典」の収入（＝寄付金）と支出の明細が記載されたものである。明治三〇年の明細をみると、収入が一八八円七三銭と計上され、七二名の寄付者が記載されている。そのなかで上述の森田惣助が二〇円の最高額を寄付しており、西河治平も一〇円という高額寄付をしている。支出は一八八円二三銭と計上され、そのうち「祇園山新築諸材木諸入費拂」すなわち上町祇園山車の新築関連の支払いに一三〇円が計上されている。少なくとも一八九七（明治三〇）年には、上町の祇園山車が運営されていたことが、これら資料から傍証された。

写真6.1　都城八坂神社（宮丸町 2007.2.28）

明治、大正、昭和と受け継がれていった祇園様であったが、太平洋戦争で一九四三（昭和一八）年から一時期中止された。しかし、戦後一九四八（昭和二三）年には再び御神幸行列が復活して、祇園山車が各町内を巡行することになった。商店街をあげて商売繁盛を祈願し、町内はもちろん近郷から数万人に及ぶ多くの観客が集まって沿道を埋め、神輿に続いて稚児行列や祇園囃子で賑わう山車を鑑賞し、声援を送った。祇園様は都城地方の夏祭りとして、また神柱宮の秋祭りに次ぐ盛大な年中行事の一つとして定着していく。可憐な稚児の行列は祇園様の名物であり、この行列に参加できることは稚児の親の誇りであり名誉でもあった。

戦後の最盛期の頃（一九五〇年代）には、山車や神輿が二〇台も続き、山車には勇壮な男山、華やかな女山があり、中心市街地に所在し商店が集積していた各町――上町・中町《なかまち》・牟田町・前田町・西町・松元町・八幡町――が工夫を凝らし、競って町の特色を演出した。また、繁盛していた料亭が綺麗な芸妓を並べた山車を出したり、祭り好きが高じて個人が有志を集めて山車を出したりもしていた（4）。

最盛期の頃の賑わいぶりは後掲する案内チラシ（資料6・1）(5)、新聞記事（資料6・2、6・3）、写真（写真6・2〜6・5）から傍証される。

このように隆盛を極めた祇園様も、昭和四〇年代に入って翳りがみえ始め、衰退の時期が訪れる。その様相を『都城市史』の記述から拾ってみよう。

「平成四年度を例にとると、山車の保存や運営上の諸経費の問題があり、結局は上町（保存会）、中町（奉賛会）の二つの山車がかろうじて、町を練り回った。規模の縮小は、過去八〇年近い歴史を持つ『祇園さあ』が、消滅の危機に立たされているようで寂しい。

平成四年度の中町（奉賛会）事務長によると、『町内会の協力体制の確立をはじめ、経費の捻出、踊りの師匠と踊り子集めが難しくなり、交通事情や祇園山車観客の減少などで、今後の行方が案じられる』という」（都城市史編さん委員会編 1996：418）。

中心市街地に所在する七つの商人の町が競い合って賑わいを演出していた祇園様は、上町と中町の二つの山車を残すまで規模を縮小した。しかし、上述の『都城市史』の記述によれば、中心市街地の衰退に伴う町内会の協力体制や運営諸経費の捻出困難という逆風のなかで、二つの町は山車を継続してきたといえる。つまり逆説的にいえば一九七〇年代から山車二台の時代が延々と続き、その状況は現時点も変わらないのである。

「たとえば、私が今七二（歳）ですけど、子供の頃、結局その頃なんかやったら、どのくらいかな。やっぱり一〇台くらい、終戦直後の頃出ていたんじゃないかなと思うんですよ。山車がですね。今は中町と上町しかないですよ。こういう状況がどのくらいかな、もう三〇何年、四〇年ぐらい続いているんじゃないですかね」（中町祇園祭奉賛会副会長兼中町自治公民館館長D氏 2008. 1. 25 インタビュー）。

1.2 祭事構成——前夜祭と御神幸行列

現在の祇園様の祭事構成を明らかにする前に、まずは本項で一九五〇年代の最盛期の頃の祇園様の祭事構成をみておきたい。

「八坂神社祇園祭祭典」案内チラシ（資料6・1）や『日向日日新聞』（資料6・2、3）(6)に記されているように、祇園様最盛期の頃は八月一日〜三日に行われ、都城盆地「六月灯」に続く都城地方最大の夏祭りであった。八月二日は八坂神社の例大祭の日に当たる。一日は午後七時から前夜祭が行われ、八坂神社で奉納行事としてのど自慢が開催されている。二日は午前一〇時の打ち上げ花火を合図に、古式豊かな御神幸行列が八坂神社を出発して都城西駅—広口交差点—中央通り—都城本駅と練り歩き、御旅所である神柱宮に正午に到着して一泊する。奉納行事として、午後一時から神柱宮で舞踊大会、夜七時から舞踊・漫才が行われている。三日は午後二時に神柱宮を出発して、西中町—牟田町—西上町—東上町—蔵原町—広口交差点—八幡町—西町—公会堂前—西上町—商工会議所前—牟田町という経路を練り歩き八坂神社まで還幸する。二日が中央通りを中心にメインストリートを直線的に進行するのに対し、三日は祇園山車を出している各町ほか中心市街地のなかに入り込み、かつ範域を広げて進行しており、二日より倍の時間がかかっている（本章注5参照）。夜七時から八坂神社境内で舞踊大会が奉納され、八時から花火大会が催され祇園様は終わりを迎える。

二、三日に巡行する御神幸行列は、神輿のあとに約三〇名の稚児行列と各町内会の名物山車が連なり、子供神輿や各商店の宣伝車が続き、その行列は約一キロにおよんだ。各町内会の山車は御神幸行列に参列する以外に、一〜三日に都城地方の商売繁盛や無病息災を祈願して市街地を巡行する。当時は牛車の山車で練った（写真6・3）。

祇園様の協賛行事として、「店頭造物競技大会（店頭装飾コンクール）」と「福引景品付中元大売出し」が行われている。前者は八月一日〜一五日の期間に実施され、優秀なる出品物には賞状ならびに記念品を贈呈している。昭和三〇年は一位が都城大丸百貨店で、二位が中村百貨店とシスター洋装店、三位が京阪屋・水間化粧品店・のぼり屋という結果であった。後者は七月二八日〜八月一三日の期間で実施され、二〇〇円お買上げごとに抽選券一本（五〇円ごとに補助

資料6.1　八坂神社祇園祭祭典　案内チラシ

（出典）明治30年～昭和17年の上町祇園祭出納簿とともに上町で保存

資料6.2　祇園様新聞記事その１

山車もくり出して　一日から都城祇園まつり

都城地方最大の夏まつり八坂神社祇園祭は一日七時の前夜祭に始まり三日までにぎやかにくりひろげられる。

御神幸は二日午前九時神社を出発西駅―広口から中心街をねり歩き神柱神社に一泊、三日午後二時出発、御還幸になる。ミコシには各町内会の名物祇園山車や稚児行列をはじめ広告など延々一キロにおよぶ行列が続く。また奉納には恒例の花火大会など次のような行事が例祭をいろどるが、今年は豊作の声が高いだけに近郷からの人出も多いものと商店街では張切っている。

【行事】一日夜七時のど自慢（八坂神社）△二日午後一時舞踊大会夜七時舞踊、漫才（神柱神社）△三日夜七時舞踊大会（八坂神社）八時花火大会（二厳寺橋河畔）

（出典）『日向日日新聞』　昭和30年7月30日（土曜日）　第5279号（四）

資料6.3　祇園様新聞記事その２

炎天もものかわ　都城、延岡の夏まつり

【都城】八坂神社祇園祭は一日の前夜祭に引続き二日午前十時の打上花火を合図に古式豊かな御神幸を繰りひろげた。ミコシのあとに約三十名の可愛い稚児行列、また各町内会の名物山車六台が三味、太鼓もにぎやかにはやせば、続く子供ミコシや各商店の宣伝車など約一キロの行列が市内をねり歩き正午御旅所神柱神社に到着した。しかし三十二度を超す炎天がわざわいしてか、人出は昨年より少ない約一万五千人程度だった。

三日は午後二時御旅所を出発、還幸したが、同夜は八坂神社境内での舞踊大会をはじめ、二厳寺橋付近で涼味を呼ぶ花火大会が夜空を色取り、夏枯れを吹っ飛ばす祭例を終った。

【延岡】今山神社の祇園祭は二日開幕、午前八時から本宮祭が行われ、同九時から川中青年団によるご神幸祭に入った。大人のミコシにまじって各地区から子供ミコシも数組が参加、三十五度に近い猛暑の街を軒並みまかれる冷水のアーチをくぐって「ワッショイ、ワッショイ」と終日ねり歩き、同夜は中央船倉御旅所に入った。

夕方になると涼を求める市民がどっと街に出てにぎわいをみせた。

装飾コンクール【都城】祇園祭協賛「店頭装飾コンクール」は一日県能率研究所玉置技師が審査、入賞店を次の通り決めた。
❶大丸百貨店 ❷中村屋、シスター洋装店 ❸京阪屋、水間化粧品店、のぼり屋
【小林】祇園まつり行事の店頭コンクール入選者が次の通り決まった。
❶丸屋（衣料）❷松屋（衣料）❸山口美容院、マルフク（洋品）のうらや（帽子）△努力賞ふじや（洋品）上水流（ガラス）楠元（呉服）スバル座（映画）

（出典）『日向日日新聞』昭和30年8月4日（木曜日）第5284号（四）

写真6.3　同上　各町の祇園山車
（出典）同上

写真6.2　1957（昭和32）年祇園様御神幸行列
（出典）「千日通り七夕祭り」会場掲示写真
（2008.8.7）

写真6.5　同上　祇園様上町祇園山車運営者
（出典）同上

写真6.4　同上　祇園山車市街地巡行
（出典）同上

写真6.7　同上　中町・上町の山車参列
（2008.8.2）

写真6.6　2008年祇園様御神幸行列
（都城市街地 2008.8.2）

券）を贈呈、一等が五〇〇〇円以下となっている。両行事とも都城商工会議所が運営主体となり、祇園様を盛り上げている。また、祇園山車や子供神輿、そして各商店宣伝車の御神幸行列への随行および奉納行事の芸能競演会への参加については、商工会議所に申し込むことになっており、商工会議所の全面的な支援のもとで成立していたことがうかがわれる。

それでは、近年の祭事構成はどうなっているのであろうか。一九九九（平成一一）年の祇園祭り行事計画と御神幸行列の進行図が『都城商工会議所創立七〇年史』（都城商工会議所創立七〇年史編集委員会編 2002：378-9）に掲載されている。

一九九九（平成一一）年の祇園様は、八月二、三日の二日間で行われている。昭和三〇年代の最盛期の頃と祭事構成を比較すると、一日の前夜祭および二、三日の舞踊大会や花火大会などの奉納行事や店頭装飾コンクールなどの協賛行事は行われておらず、二、三日に御神幸行列が八坂神社と神柱宮の間を往復するのみとなっている（資料6・4）。行列内容は、神輿を含む御神幸行列のあとに稚児行列と山車が続き、三日はそれに子供神輿が加わっている。祇園山車は二台のみが参列しているが、もちろんこの二台は上町と中町の山車である。巡行経路は、二日は最盛期とほぼ同様の中央通りを中心にメインストリートを巡行するが、三日は中心市街地には入り込まず同じ道をほぼ逆行する経路をたどる（図6・1）。なお上町と中町の二台の山車は、御神幸行列に参列する以外に、一～三日に都城地方の商売繁盛や無病息災を祈願して市街地を巡行する。この巡行は最盛期と変わりなく行われている。ただ一九五〇年代当時は牛車の山車で練ったが、現在はジープで山車を牽いている。

二〇〇八年の祇園様を観察すると、御神幸行列の祭事構成と巡行経路は一九九九年と同様の内容であった。沿道の観客はまばらであり（写真6・6、7）、前掲の一九五七年の写真からすると隔世の感がある。祇園様が都城盆地六月灯に続く都城地方最大の夏祭りであるという事実は、完全に過去のものとなってしまった。

資料6.4　1999（平成11）年祇園様行事計画

平成11年度祇園祭り行事計画

日時　平成11年8月2日(月)～3日(火)　午前11時～正午

2日（月）
・祭　典　午前10時　八坂神社において挙行
・行　列　午前11時　八坂神社を出発し神柱宮に12時到着予定

〈行列内容〉

神幸行列		60名
稚児行列		20名
山　車	2基	60名
		総勢140名

3日（火）
・祭　典　午前10時　神柱宮において挙行
・行　列　午前11時　神柱宮を出発し八坂神社に12時到着予定

〈行列内容〉

神幸行列		60名
稚児行列		20名
山　車	2基	60名
子ども御輿	1基	20名
		総勢160名

＊子ども御輿については、オーバルパティオ前から広口まで行進する。

交通規制関係計画

・例年どおり警察署の協力を得て、車両等の迂回・通行止めは行なわず歩道側の片側1車線を速やかに進行する。
・職員は、通行車両線と行列使用車線との境界上で参加者の安全を確保する。
＊使用車線は、1車線であるが、可能な限り歩道側に行列を誘導し安全確保に努める。
＊国道使用（進行）時間は30分、他、使用時間30分
＊子ども御輿については、当所職員および参加父兄により安全の確保・撤収を行なう。

（出典）都城商工会議所創立70年史編集委員会編（2002: 378）

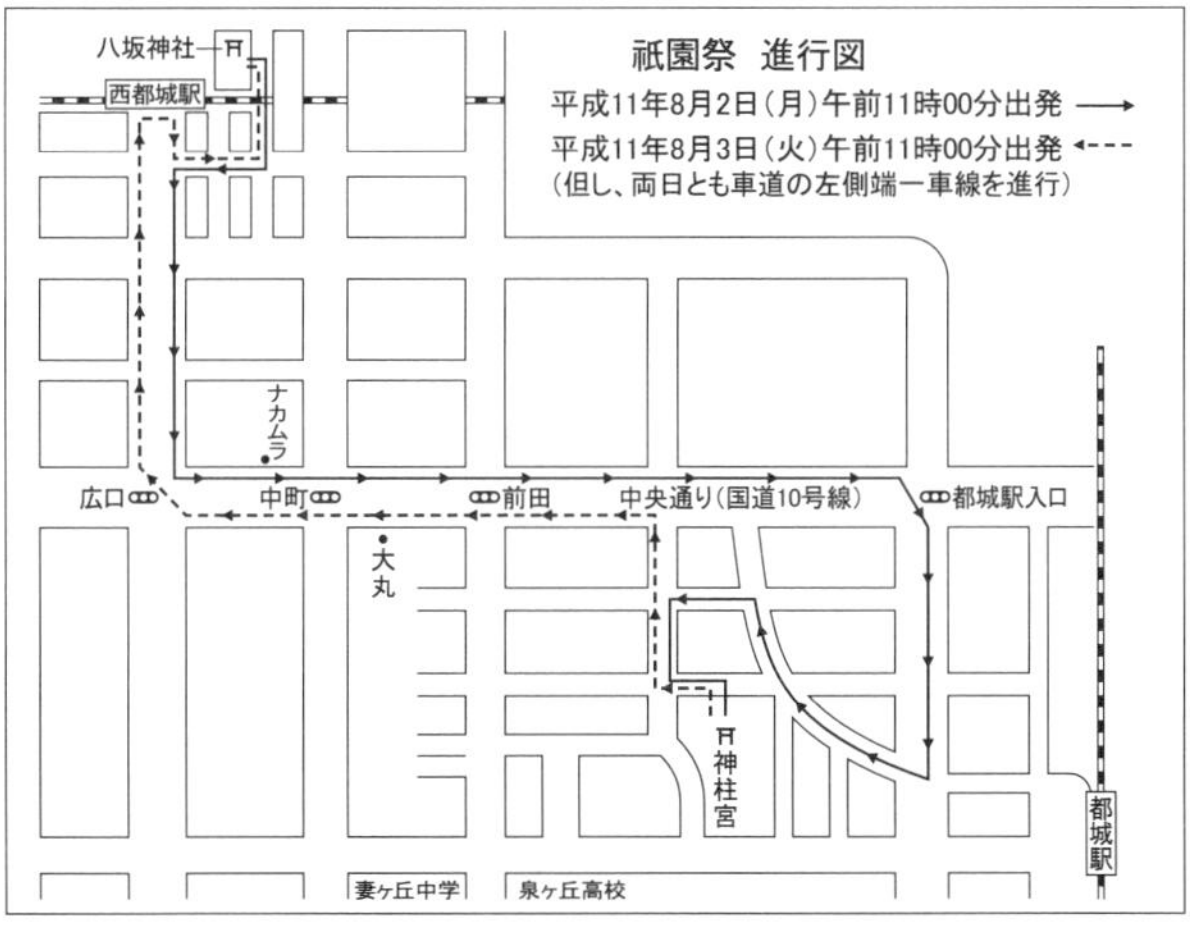

図6.1　1999（平成11）年祇園様進行図
（出典）都城商工会議所創立70年史編集委員会編（2002: 379）より作成

1.3　運営主体――神社・商工会議所

つぎに運営主体についてみておきたい。運営主体から現在の祇園様の行事を改めて整理すると、つぎのように説明できる。八月二、三日に祇園様の主たる行事として斉行される「神事」と「御神幸行列」は、八坂神社が運営主体となり(7)、都城商工会議所が協力体制を敷いている。戦後一九四八（昭和二三）年に復活して以来、祇園様は中央通り会の商店街の振興に寄与するとして、都城商工会議所が協賛金集めや御神幸行列の計画と運営に協力している。祇園様の祭事遂行を支える「祇園様奉賛会」の会長には都城商工会議所の会頭が就任している。

「祇園山車巡行」とは御神幸行列への参列と、八月一～三日に都城市街地を練り歩く巡行である。運営主体は各町の地域住民組織である。現在山車を出しているのは上町と中町の二町のみであるが、前者が「上町祇園祭」、後者が「中町祇園祭」として告知され、八坂神社が運営主体となる祇園様とは区別される。運営主体は上町が「上町祇園祭実行委員会」であり、中町は「中町祇園祭奉賛会」である。この二つの運営主体は、前述の「祇園様奉賛会」の下部組織ではなく、自立した地域住民組織である。各町にとっては、単に祇園山車を巡行するだけでなく、地域の祝祭活動と位置づけ、主体的、自律的に運営するのである。第2節と第3節で、この二つの祝祭活動の現在を追ってみたい。

第2節　「中町祇園祭」の実相

2.1　祭事構成――前夜祭、祇園山車市街地巡行、イベント

二〇〇八年に行われた「中町祇園祭」を例にして、この祝祭活動の祭事構成を明らかにしていきたい。「中町祇園祭」の祭事構成と進行は、表6・1のとおりとなる。この祭りが展開される空間は、中町地区のみではない。表6・1の右欄にある17におよぶ町で山車の巡行を中心に行事が繰り広げられる（写真6・8、9）。鷹尾町・南鷹尾町・久保原町を除く14町が都城市の中心市街地に相当し、中町はそのなかで中心地点に当たる。3町は鷹尾地区内に所在し中心市街

地の西方向に位置する。同地区は現在も商店街としての賑わいを保持している（第1章第2節）。山車の踊り子は上町、姫城町（市役所ロビー）、南鷹尾町、牟田町、妻ヶ丘町、栄町、中町（2ヶ所）の8ヶ所で踊りを披露する（写真6・10、11）。

そもそも八坂神社は市内商店街の氏神であり、その例大祭である祇園様は商店街をあげて市民の商売繁盛・家内安全・無病息災を祈願する祭りである。中町の祇園山車といえども中町に限らず他の町にも繰り出して、各商店とその顧客となる市民の商売繁盛・家内安全・無病息災を祈願する巡行が今日も引き継がれているのである。

(1) 八月一日～三日　中町祇園山車の市街地単独巡行と踊りの披露
(2) 八月二日、三日　中町祇園山車の御神幸行列への参列
(3) 八月一日、二日　前夜祭・イベント

三つの核となる祭事のうち、(3)八月一日と二日に行われる前夜祭・イベントについて記しておきたい。イベントは八月一、二日の夕方から夜にかけて行われる。八月二、三日に「(都城)祇園様」の御神幸行列が行われるため、一日のイベントは前夜祭として位置づけられる。都城大丸本館と都城大丸センターモール(8)の間の道路を一七時～二一時まで歩行者天国にして、舞台と観客用の椅子とテーブルを設営して催される。演目の中心は、中町祇園山車の踊り子の「祇園踊り」であり、二日間とも二部構成のプログラムが組まれている。それ以外の演目は、学校の吹奏楽部や幼稚園児による太鼓、郷土芸能、演歌やフォークなど、ジャンルは多岐にわたっている（写真6・12、資料6・5）。

「もとは設定していなかったんですけどね、三年ぐらい前からかな。とにかく今の祭りでは、話は通じますけどね、これじゃ祇園山車の関係者が付いて回っているだけで、一般の人なんか興味がないもんですからね。もうそういった点で、祭りばっかりしても経費ばっかりかかって、まちで何もメリットがないというか、あれがですね、だからやめ

表6.1　2008年中町祇園様祭事構成・進行表

日程	時間	行事	会場・町名
8月1日 前夜祭 イベント	9：20	山車出発	中町　蔵原町
	10：00	安全祈願祭	八坂神社（宮丸町）
	10：30	踊り披露	上町→都城市役所ロビー（姫城町）
	13：30	昼食・休憩	都城大丸（中町）
	14：40	山車市内巡行	蔵原町→中町一円
	17：00	前夜祭・イベント	都城大丸センターモール前（中町）
	21：00	終了	同上
8月2日 御神幸行列 山車巡行 踊りの披露	10：00	御神幸行列山車参列	都城大丸センタモール裏→八坂神社→神柱宮（前田町）
		山車市内巡行	北原町→妻ヶ丘町→中原町→中町
	12：30	昼食・休憩	都城大丸
	13：40	山車市内巡行 踊り披露	上町東通り→広口交差点（上町）→西都城駅（松元町）→鷹尾町→南鷹尾町→久保原町→南鷹尾町→志比田町
	17：00	イベント	都城大丸センターモール前
	20：00	山車出発	同上
	20：30	踊り披露	牟田町
8月3日 御神幸行列 山車巡行 踊りの披露	10：15	御神幸行列山車参列	神柱宮→八坂神社
	11：30	山車市内巡行	西都城駅→宮丸町→牟田通り（牟田町）
	12：20	昼食・休憩	都城大丸
	13：30	山車市内巡行 踊り披露	上町→蔵原町→東銀座通り→東町→妻ヶ丘町→北原町→栄町→東町→栄町→平江町→小松原町→前田町→中町
	18：20	踊り締め	都城大丸センターモール前
	19：00	山車車庫入	八坂神社

（出典）中町祇園山車奉賛会「平成20年度中町祇園山車踊り披露の時間と場所（案）」より作成

資料6.5　2008年中町祇園祭前夜祭・イベントの祭事構成

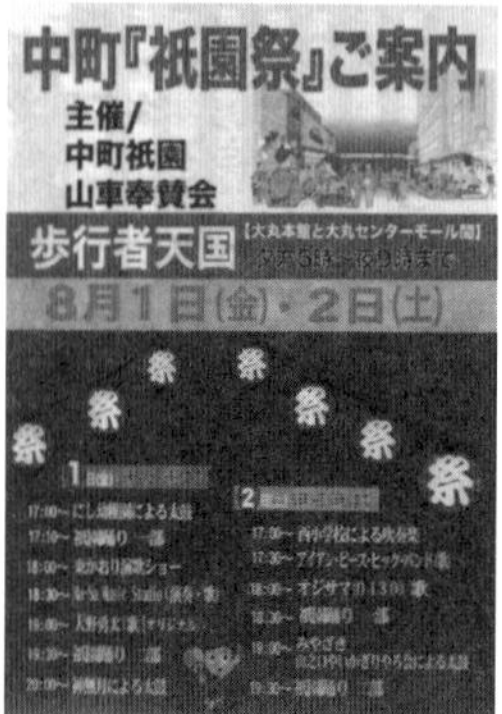

1日（金）　5時～夜8時30まで	
17：00～	にし幼稚園による太鼓
17：10～	祇園踊り　一部
18：00～	東かおり演歌ショー
18：30～	Ma-Sa Music Studio（演奏・歌）
19：00～	大野勇太（歌［オリジナル]）
19：30～	祇園踊り　二部
20：00～	神無月による太鼓
2日（土）　5時～夜8時30まで	
17：00～	西小学校による吹奏楽
17：30～	アイアン・ピース・ヒック・バンド（歌）
18：00～	オジサマ（０４３０）歌
18：30～	祇園踊り　一部
19：00～	みやざき山之口やいかぎりやろ会による太鼓
19：30～	祇園踊り　二部

（出典）2008年中町祇園祭実行委員会（都城大丸センターモールに掲示 2008.8.1）

写真6.8　2006年中町祇園山車
市街地巡行（2006.8.5）

写真6.9　同上（2008. 8. 3）

写真6.10　同上　山車踊り子の踊り披露
市役所ロビー（姫城町 2008.8.1）

写真6.11　同上（2008.8.1）

写真6.12　同上　前夜祭・イベント
太鼓演奏（都城大丸センターモール前 2007.8.3）

たらどうかという話もあったりして。だからそういうよりもいったんやめたら祭りが途絶えてしまうと、だから何としても残さんといかんということで、今、やっているわけですけどね。だから、その一つの方法として、それだけじゃなくて、なんかこう、変えていかんといかん。みんなに受け入れられるにはですね。そういったので、どうしたら良いかで、そいの一つの方法として、大丸のあそこのところをね、歩行者天国にして、あそこんとこで、祭りをする。これが、ま、少し良いんじゃないかなと思うんですけどね」（中町祇園山車奉賛会副会長兼中町自治公民館館長D氏 2008. 1. 25 インタビュー）。

D氏が言うように、このイベントは最近始まったものであり、中町祇園祭を存続させていく試みの一つとして、祭りの変容過程に表出しているのである。

2.2　運営主体——奉賛会と自治公民館

中心市街地の衰退に伴う町内の協力体制や運営諸経費捻出の困難という逆風のなかで、中町は祇園山車を継続して出してきた。ここに中町祇園山車出演に関する趣意書がある（資料6・6）。趣意書には、祇園様の意義、中町が祇園山車を繰り出す趣旨が簡潔に記載され、資金援助の懇願がなされている。

中町祇園祭の運営主体は、中町祇園祭奉賛会である。上掲の趣意書は、「中町祇園山車奉賛会」会長と「中町自治公民館」館長の連名で発信されている（中町祇園祭奉賛会と中町祇園山車奉賛会は同一の組織である）。中町自治公民館館長は、中町祇園祭奉賛会の副会長を兼任しており、両組織の連携の下で中町祇園祭が運営されていることがうかがわれる。自治公民館の詳細については、第4章で明らかにしたので、ここでは中町祇園祭奉賛会について探ってみたい。この組織の内実を奉賛会規約から追ってみよう。

この奉賛会は、中町の居住者および店舗関係者がメンバーとなる。「祇園祭を積極的に取り込み住民相互が協力して

資料6.6　中町祇園山車出演に関する趣意書

祇 園 祭 「山車」 出 演 に 関 し て

趣　意　書

本年も都城の夏を彩る祇園祭りの季節がまもなくやってまいります。

八坂神社は須佐之男命、大国主命をまつってある神社で今から382年前の元和元年に鶴丸城にあった社を時代の変遷で上町から現在地に移されました。

明治33年に京都の八坂神社より御神体を拝領しまつられ大正3年6月に現在地に神殿、拝殿、社務所を建設し大正3年7月25日に移管遷宮したものでございます。

八坂神社は商売繁盛の神と伝えられ旧6月15日に盛大な祭典を行い毎年、老若男女の参詣者多く賑わいました。祇園祭りはこの八坂神社のお祭りで戦後の昭和22年に御神幸行列が復活して山車が各町内会を巡行する事になり、商店街あげて商売繁盛を祈願し、町内は勿論、市外から多くのお客様が祇園囃子で賑わう山車を鑑賞され声援頂き都城の夏祭りとして定着してまいりました。

時代の流れとは云え八坂神社のお祭りは私共の生活を支えて見守って頂く深い意義のある事を忘れてはならないと思います。

本年もこの伝統ある祭りの火を消さない為に中町は祇園山車を繰り出して市民の皆様にご鑑賞頂きたく思います。

この祭りは多大な資金が必要でございます。従って各位様のご厚志を仰がなくてはなりません。

出費多端のおり誠に恐縮でございますが何卒ご賛同ご協力下さいます様お願い申し上げます。

活気ある賑わいと元気ある都城を創り出して行く一貫としても、今こそ必要ではないかと思っております。

この趣旨をよくご理解下さいましてご協賛を重ねてお願いする次第でございます。

祇園祭り日程

8月1日(金)
中町祇園山車　単独で市街地巡回。
各所で踊り披露。前夜祭大丸。
8月2日(土)〜8月3日(日)
御神幸行列に参加後　単独で市街地巡回。
各所で踊り披露。

平成15年7月吉日
中町祇園山車奉賛会
会長　O・K
中町自治公民館
副会長・館長　K・T

(出典) 中町祇園祭奉賛会「祇園祭『山車』出演に関して　趣意書」

務めることを目的とする」ことを規約で謳っている。組織としては、運営委員会と実行委員会で構成され、前者が運営全体を統括し後者が実働部隊としての役割を担う。役員は会長一名、副会長一名、実行委員長一名、実行副委員長三名、会計一名で構成される。実行委員は原則として、東通りから四名、西通りから三名、中央通り各丁目から二名、都城大丸百貨店から三名、寿屋都城店から三名を拠出することが規定に記載されている。中町の全域を分割して各々から実行委員を出し、それに加えて地域内の大型店（百貨店）からも拠出している。

2.3　中心市街地の衰退とロードサイド型大型店の郊外出店

ここで、祭りが展開される中心地である、都城中心市街地の商業の概況について、少し追ってみたい。中心市街地の商業については、販売額および売場面積とも一九九一（平成三）年までは順調に伸びてきたが、それ以降は減少傾向へと転換する。店舗数も一九八八（昭和六三）年をピークに、そのあとは減少傾向が続く。都城市全体の小売販売額に占める割合をみると、一九八五（昭和六〇）年は40％近くあったが、その後徐々に減少し、二〇〇二（平成一四）年には17・8％まで減少している。つぎに都城市全体の店舗数に占める中心市街地の店舗数の割合をみると、一九八五年は22・0％あったものが、二〇〇二年には18・1％まで減少している。同様に売場面積は、56・7％から25・1％に減少した（図6・2）。

上述した中心市街地の商業の衰退の背景として、『ウエルネス都城心（TOSIN）づくり――都城市中心市街地活性化基本計画改訂版』では以下のように説明する。

「このような中心市街地の商業の衰退の背景には、大型店の立地動向からみても明らかなように、沖水地区をはじめとするロードサイド型の大型店立地に依るところが大きい。また、大型店の立地動向については、これまでは〝北高南低〞の傾向が続いていたが、近年はホームプラザナフコ南都城店やタイヨー都城店、ダイソー都城店、ホームワイド、イオン都城ＳＣなど市街地の南側や東側にも立地が見られ、結果として中心市街地の商業を取り囲む形で大型店の立地が進んでいる。加えて、平成一四年二月には、中央地区商店街で営業していた壽屋都城店が閉店した。また、郊外型大型店の立地要因としては、顧客が車でアクセスしやすい郊外の店を利用するようになったことに加え、一次商圏を構成している姫城・小松原地区の人口減少が最寄品を扱う商店の衰退に影響を与えたためと考えられる」（都城市商工部商業観光課編 2004：14）。

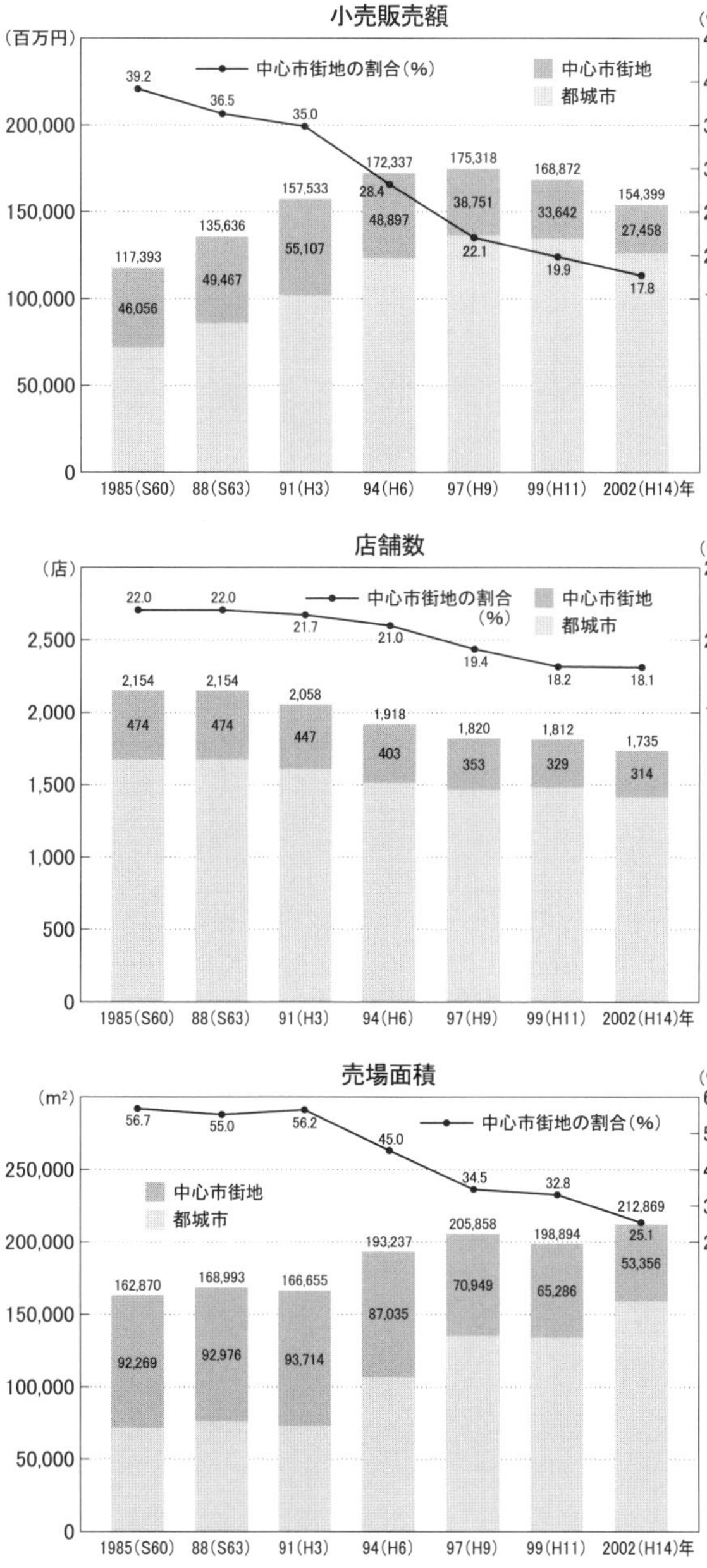

図6.2　都城市中央市街地における商業の推移
（出典）都城市商工部商業観光課編（2004：13-15）

図6・2をみると、一九九二（平成四）～九七（平成九）年の期間において特異な傾向が確認できる。中心市街地の小売販売額と売場面積は一九九一（平成三）年をピークに減少の一途をたどったことは前述のとおりであるが、都城市全体の小売販売額はその傾向とは軌を一にせず、一九九一年以降も増加傾向を維持し一九九七年をピークに、減少傾向へと転換しているのである。一方、店舗数は都城市全域・中心市街地ともに一九八八（昭和六三）年をピークとして減少している。すなわち、一九九二年から一九九七年の期間は、都城市全域と中心市街地の店舗数は減少しており、中心市街地の小売販売額と売場面積も減少しているが、都城市全体の小売販売額と売場面積は増加しているのである。総合すると、店舗数の全体的な減少傾向のなかでも、中心市街地以外では売場面積が増加して小売販売額も増加傾向にあったといえるのである。

第1章第2節でみたように、都城市ではロードサイド型大型店の郊外出店の第一波が、一九九二（平成四）～九七年に到来した。開店年次をみると、一九九二（平成四）～九七年に増加しており、二〇〇二（平成一四）年以降に第二波が到来している。一九九二～九七年の時期は、中心市街地内の商店街が売上高を落としていく一方で、郊外におけるロードサイド型の大型店が売上高を伸ばし、都城市全体の小売販売額を増加させていた。

また、前掲の『ウエルネス都城心（ＴＯＳＩＮ）づくり　改訂版』が中心市街地の商業の衰退の背景としてあげている二〇〇二年の百貨店寿屋都城店の閉店も、中央通り商店街の通行量に大きく影響を与えている。中央商店街の通行量は年々減少傾向にあり、都城大丸前の休日の通行量は一九八五（昭和六〇）年の九〇〇〇人から二〇〇三（平成一五）年には一四〇〇人まで減少している。寿屋都城店前は閉店する前年の二〇〇一（平成一三）年の休日には約三〇〇〇人の通行量があったが、翌二〇〇二（平成一四）年二月の閉店を機に九四五人と三分の一まで落ち込んでいる。寿屋都城店の閉店は向かいの都城大丸前の通行量にも影響を与えており、二〇〇一年の約三六〇〇人から翌年は約一八〇〇人と半減している。寿屋都城店前と都城大丸前の通行量ともに、一九九八～二〇〇一年にほぼ横ばいで推移してきたことを考えると、寿屋都城店が閉店した二〇〇二年は激減したことがわかる。

『ウエルネス都城心（TOSIN）づくり　改訂版』が中心市街地の商業衰退の背景あるいは郊外型大型店の立地要因として最後にあげているのが、中心市街地の一次商圏を構成している姫城・小松原地区の人口減少である。姫城・小松原地区の一九九五（平成七）〜二〇〇五（平成一七）年の人口推移は姫城地区（減少率▲9・29％）、小松原地区（同▲2・64％）である（都城市総務部編 2005：25）。

『ウエルネス都城心（TOSIN）づくり』では、中心市街地を形成している13町（姫城町・八幡町・松元町・牟田町・上町・中町・天神町・中原町・前田町・平江町・小松原町・北原町・栄町――この13町は地区別では姫城・小松原・妻ヶ丘の三地区にまたがっている）の人口合計値と都城市全体の人口を、住民基本台帳（毎年一〇月一日現在）の数値を使い、一九八五（昭和六〇）〜二〇〇二（平成一四）年の一七年間にわたって比較している。それによると都城市全体の人口は、この期間はほぼ横ばい状態で推移しているが、中心市街地を形成している13町は、一九八五年当時1万2104人であった人口が二〇〇二年には8309人となり、一七年間で3795人、31・4％の減少となっている。この期間の推移を町別にみると、とくに中町（減少率▲59・9％）、牟田町（同▲45・7％）、前田町（同▲43・1％）の減少が著しいと説明される。

参考までに、一九九七（平成九）〜二〇〇一（平成一三）年までの五年間と期間は短いが、中心市街地13町の人口推移を図6・3に示しておきたい。ここには戦後の祇園様最盛期の頃、祇園山車を繰り出していた七つの町――上町・中町・牟田町・前田町・西町・松元町・八幡町のうち、西町を除いた六つの町が掲示されている。やはり中町の減少率（▲26・21％）がもっとも高く、そのつぎに前田町（▲19・10％）・牟田町（▲11・97％）・天神町（▲11・14％）・上町（▲10・95％）の順になっている。

『ウエルネス都城心（TOSIN）づくり　改訂版』では、高齢化率についても言及している。二〇〇二年の都城市全体の高齢化率は21・6％に対して、中心市街地13町の平均高齢化率は24・9％と3・3％高いことを示している。第4章第4節6項でも都城市地区別の高齢化率と、中町と上町が所属する姫城地区の町別高齢化率について言及した。二

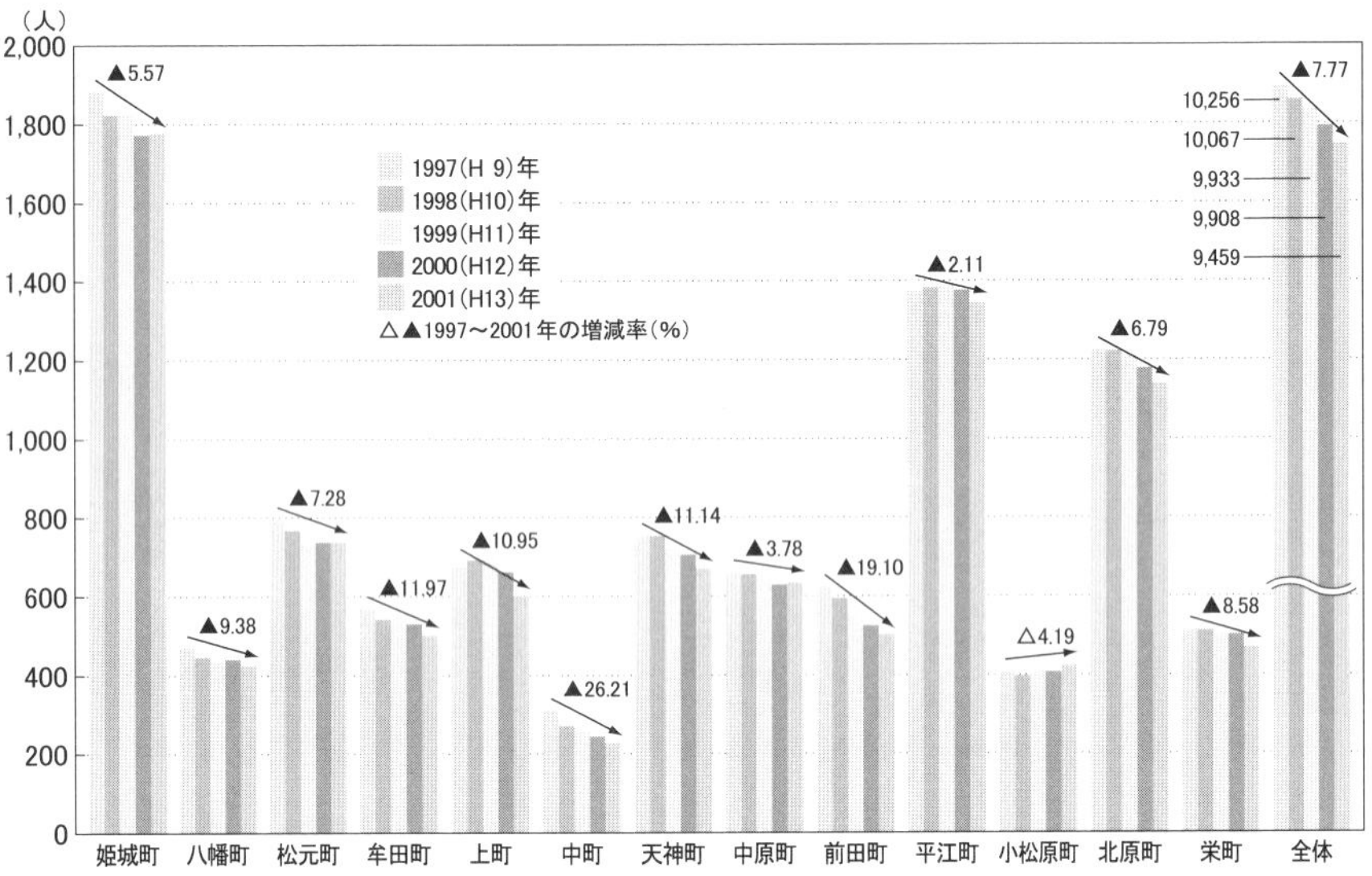

図6.3　都城市中心市街地13町の人口推移　（出典）都城商工会議所編（2002：19）より作成

〇〇六年の旧北諸県郡4町との合併後の数値のため、単純に二〇〇二年の数値と比較できないが、ここでは都城市全体25・7%に対して、姫城地区28・0%・小松原地区23・0%となっており、市街地に所在する地区のなかでは姫城地区がもっとも高齢化率が進んでいる。その姫城地区のなかでも高齢化率一位・二位に位置している町が、中町（高齢化率41・7%）と上町（同左34・9%）である。

2.4　百貨店「都城大丸」と「寿屋都城店」

続いて中町に存在した「都城大丸」「寿屋都城店」の百貨店について、触れておきたい(9)。中町祇園祭の運営関係主体として、百貨店の存在意義をここで明らかにしておかなければならない。都城大丸は、地元資本の百貨店であり、株式会社大丸松坂百貨店が運営する同名の百貨店「大丸」とは一切関係がない。都城大丸の母体は大浦呉服店である。一九二九（昭和四）年五月大浦福一氏が都城市平江町に大浦呉服店を開業した。福一氏は戦後一九四八（昭和二三）年に株式会社大浦呉服店を設立し、一九五六（昭和三一）年に都城市中町の現在の場所に、地上四階地下一階建の都城大丸百貨店を開店する。県下で三番目のデパートであった。一九五九年には経営会社を大浦株式会社に改称する。都城大丸は都城・北諸・曽於地区で唯一のデパートであったが、一九六〇年に地元資本の「ナカムラデパート」（株式会社中村）が上町に開店する。一九六〇年代は、中町の都城大丸と上町のナカムラデパートの両雄が核として中央商店街に並び立ち、中心市街地は活況を呈した。

一九七〇年代に入ると、都城市に外部資本の大型店舗が県内外から同時に三店舗進出してくる。一九七三（昭和四八）年に都城駅周辺に、宮崎市に本店を置く橘百貨店が地上八階地下一階建の「橘百貨店都城店」を、ダイエーが大型駐車場を併設した「ダイエー都城店」をオープンした。同年に中央通り商店街でも、熊本に本社を置き九州を中心に店舗展開を進めていた寿屋が都城大丸の向かいに、地上九階地下一階建の百貨店「寿屋都城店」を開店する。これに対抗して地元資本の両雄は、都城大丸が一九七三年一一月に地上八階地下一階建に増築し、ナカムラデパートも翌年に店舗を増築した。

このように市外からの大型店舗の同時進出により都城市は日本一の商戦地として名を馳せたが、大型店同士がしのぎを削る熾烈な商戦のなかで最も早く撤退したのは、橘百貨店都城店である。「大型店の進出が相次ぎ、全国一といわれた厳しい商戦のなかで立地条件に恵まれず、百貨店スタイルの商法が裏目に出て赤字が累積、同時に不況という嵐に追い打ちを掛けられたためだ」と百貨店側は説明している。同店は、年間売上目標三五億円を掲げて営業を続けてきたが、七割程度しか達成できなかった。商戦激化と、オイルショック以来見通しのつかない不況で営業成績が好転するムードがないとして、橘百貨店都城店は一九七五（昭和五〇）年二月末に閉店し、延岡市に本社をおく旭化成サービスに店舗を売却した。旭化成サービスは、一九七五年一〇月に「旭サービス都城店」を開店する。その後、都城大丸、ナカムラデパート、寿屋都城店、ダイエー都城店、旭サービス都城店の五店が約二〇年間にわたって競合する状況が続いた。

一九九〇年代に入ると、上記五店のうち三店が閉店に追い込まれる。まず旭サービスが撤退して、その跡地はゲームセンターになった。一九九四（平成六）年には、ナカムラデパートがホテル業へ業種転換を図り「メインホテル」となった（写真1・4参照）。さらに二〇〇二（平成一四）年には、寿屋都城店が親会社である株式会社寿屋の民事再生法申請に伴い閉店となった。そのあと、しばらくの間入居者が決まらなかったが、二〇〇七年にはBTVケーブルテレビを核としてIT関連企業やコールセンターが入居するオフィスビル「都城IT産業ビル」に生まれ変わった。

結局、都城大丸とダイエー都城店の二店が残り、中央通り商店街では都城大丸のみとなった。この動向に呼応するがごとく、中心市街地の空洞化も進んだ。

最後に、唯一中央通り商店街に残った都城大丸のその後に触れておかなければならない。ロードサイド型大型店の郊外出店の第二波が二〇〇二（平成一四）年以降に到来するが、そのなかで脅威となったのはイオングループの進出である。まず二〇〇三年に市街地の南側に「イオン都城SC」（売場面積2万2987平方メートル）が開業した。これにより都城大丸は、開業以来都城市では第一位（1万4615平方メートル）を維持してきた売場面積を初めて抜かれることになった。さらにイオンモール株式会社が、都城駅の東側に近接して市街地の北側に位置するダイエー都城店を建て替えて「イオンモールMiELL都城駅前」を開業した。売場面積は約3万3000平方メートルあり、イオン都城SCすら抜いてトップに立つ（第1章第2節2項参照）。

このような動きに対する対抗措置として、都城大丸では一九九七（平成九）年一〇月に全館リニューアルオープンを実施している。さらに二〇〇四（平成一六）年三月には、本館の裏側に隣接して専門店が集積する商業施設「センターモール」（売場面積6700平方メートル）をオープンした(10)。しかしそれも売上高の伸展にはつながらず、中央通り商店街の再生に決定的な打撃を与える事態が発生した。都城大丸は二〇一〇年に大幅に業績が後退して経営破綻した。自力での再建を断念し二〇一一年一月三日、宮崎地方裁判所に民事再生法の適用を申請して、翌日四日から休業に入った。再生スポンサーが選定され次第、事業の再生を図る方針であったが、二〇一二年に破産手続開始が決定、二〇一四年一月末時点で店舗は閉鎖されたままである（写真1・6参照）。

戦後から現在に至る、都城大丸と寿屋都城店の推移および中心市街地と中央通り商店街の推移を記述してきたが、中町祇園祭の運営主体の維持・強化という視点からみれば、住民の減少・高齢化、そして店舗の減少・大型店の消滅など何ら好材料は見当たらない。中町祇園祭奉賛会規約には、実行委員を都城大丸と寿屋都城店から各々三名拠出することが明記されているが、今や両百貨店とも存在しない。そして、本規約に記されている奉賛会会長は都城大丸の会長が就任していたが、今やその可能性も閉ざされた。祇園山車の減少理由が、中心市街地の衰退に伴う困難にあるとすれば、それを証明するに余りある空洞化現象が、都城市の中心市街地および中央通り商店街で進行しているのである。

2.5 運営諸経費――精神的葛藤の生起

本項では、中町祇園山車の継続にとって重要な要因である運営諸経費の捻出について、実相をいま少し掘り下げてみたい。

「結局テレビが普及したり、いろんな遊びが出てきて、祭りがどんどん寂れてきたわけですよね。それで、一方で経費がかかるんですよ。これが、一番大きいですね」（中町祇園山車奉賛会副会長兼中町自治公民館館長D氏 2008. 1. 25インタビュー）。祇園山車の運営費は約三百万円かかる。この費用を毎年捻出しなければ、仮に人手が足りても継続につながらない。基本的には、寄付と補助金で費用を賄わなければならない。内訳は中町地区協力金、都城市補助金、商工会議所補助金、特別補助金、花代である。市と商工会議所からは、毎年補助金が出る。あとは中町地区内の各商店から協力金を集める。とくに百貨店である都城大丸や寿屋都城店からは多めの寄付を受ける。しかし、これらの補助金や協力金を合計しても費用総額の半分程度であり、残り半分を捻出しなければならない。具体的には市街地巡行中に各戸から花代を、祭りの前に企業から特別協賛（補助）金をいかに集められるかにかかっている。資料6・6は、まさしく特別協賛金の寄付を企業に依頼するお願いの書面である。花代は各戸から五百円か千円を寄付してもらい、総額で五〇万円、多いときで七〇～八〇万円集める。ただ、祭りの当日に台風に直撃されると、山車の巡行ができなくなり花代も集められなくなる。いかに事前に特別協賛金を集められるかが重要になる。

中心市街地の空洞化――すなわち核となる大型店を含む商業店舗の減少、人口減少と高齢化が、町内の協力体制確立と運営諸経費捻出の困難を生起させた。それに加えて、祭りの賑やかさが消えたことによって歴史のある祇園様の認知度が低下して、寄付も集めにくくなる。そうすると、祭りが順調であった時にはさほど表面化しなかった寄付集めの精神的葛藤が、運営メンバーの間で渦巻く。

「ま、やっぱり一番肝心なのは、そういった一番の原因ちゅうのは、経費のかかりすぎ。それが観客が来て何らかのあれをすれば、まだ金も集まりやすいでしょうけどね。ま、あれなんか、みんな、メリットがでてきているわけではないですわ。寄付に来るもんやから、仕方なしに出しちょるようなもんですわ。だからそれがもう、いいやということで、もうそんな人に迷惑かけてまで、したくないちゅうのが、うちの班の考えでね」（D氏 2008. 1. 25 インタビュー）(11)。

寄付集めが以前より「気持ちの重たくなる作業」となり、祭り自体の存続の問題につながっていく。しかし、中町ではそれを乗り越えて、今日まで祇園山車が繰り出されているのである。

本節1項で、中町の祇園山車は自らの地域に限らずほかの市街地にも繰り出して、都城地方の住民の商売繁盛や家内安全、無病息災を祈願する巡行の意義を示した。本来の目的はそうであるが、巡行のもう一つの目的は、事前に寄付をしてくれた先への祈願と御礼、そして当日の花代を集めることがある。山車巡行の本来の意味を理解している住民からは祈願の御礼として、また年配者からは御神幸行列を見に行けないが祇園山車が身近に来てくれた御礼として花代が集まる。山車は中町のものであり中町の関係者で運営されているが、花をもらうために街に繰り出す時点で、都城の山車に変わるのである。祇園山車と都城地方の住民との間で、このような「やり取り」（Give & Take）の関係が成立していたのである。

第3節　「上町《かんまち》祇園祭」の実相

3.1　祭事構成――祇園山車市街地巡行と御神幸行列参列

前節の中町祇園祭と同様に、二〇〇八年に行われた上町祇園祭を例に、その祭事構成を明らかにしたい。祭事構成と進行は表6・2のとおりとなる。中町が八月一日、二日に行う前夜祭・イベントは、上町では挙行していない。核となる二つの祭事は、つぎのとおりである。

(1) 八月一日～三日　上町祇園山車の市街地単独巡行と踊りの披露
(2) 八月二日、三日　上町祇園山車の御神幸行列への参列

上町祇園祭が展開されるのは、「中町祇園祭」と同様に自分の地区のみではなく、中心市街地と鷹尾地区を中心に祇園山車が市街地を巡行する。中町祇園山車の巡行経路は都城大丸を中心にして組まれている――三日間とも都城大丸センターモール裏から出発して、昼食のために都城大丸本館に戻り、夕方には都城大丸センターモール前に帰ってきて踊りを披露して一日の締めとする。これに対して、上町の場合、昼夕食はメインホテルナカムラのみで複数回（といっても二回）取るだけで、巡行経路にどこか拠点を設けているわけではない。そして上町の場合、山車の夜の巡行は実施しておらず、前記のとおり前夜祭やイベントも開催していない。ただ八月二日の一七時から飯田病院前で踊りを披露するが、ここでは都城市に隣接する北諸方郡三股町を始め周辺地域の商店街の顧客や寄付者に案内状を送付して招待している。

3.2　運営主体――実行委員会と保存会

上町祇園山車の運営（写真6・14、15）は「実行委員会」が担っている。実行委員会は、町を区割りして各区から数

表6.2　2008（平成20）年上町祇園祭祭事構成・進行表

日程	時間	行事	会場・町名
8月1日 山車巡行 踊りの披露	10：30	山車出発	八坂神社（宮丸町）
		山車市街地巡行　踊り披露	鷹尾地区（鷹尾町・南鷹尾町など） →都城市役所ロビー（姫城町）
	13：00	昼食	メインホテル中村（上町）
	14：30	山車市街地巡行　踊り披露	各所
	18：00	夕食　踊り子解散	大太鼓（上町）
8月2日 御神幸行列 山車巡行 踊りの披露	10：00	祭典（実行委員長参加）	八坂神社
	11：00	御神幸行列山車参列	八坂神社→神柱宮（前田町）
	12：30	昼食	ロイヤルホテル（北原町）
	14：00	山車市街地巡行　踊り披露	各所　飯田病院前（上町）
	18：00	夕食　踊り子解散	メインホテル中村（上町）
8月3日 御神幸行列 山車巡行 踊りの披露	10：00	祭典（実行委員長参加）	神柱宮（前田町）
	11：00	御神幸行列山車参列	神柱宮→八坂神社
	12：30	昼食	中山荘（松元町）
	14：00	山車市街地巡行　踊り披露	上町・中町地区
	18：00	夕食　解散	玉屋（牟田町）

（出典）上町祇園実行委員会「平成20年度上町祇園山車スケジュール表」より作成

写真6.13　祇園様御神幸行列稚児電車
（2008.8.2）

名当番を集めて運営している。いくつかの商店街で構成されている商人の町らしく、区割りは中央通り商店街の12番街、3番街、千日通り、東町通り、円頭庵通りを核にして区分されている。運営スタッフは七名必要とする。当番が回ってくるのは、二〇年に一回くらいである。当番が回ってきた商店や世帯に年配者しかいなかったり、一人で経営している商店は三日間当番の役割に専念できない。その場合は、アルバイトを雇って対応している(12)。

それでも、運営者が不足している場合は、「保存会」が支援する。保存会は、正式に認められている組織ではない。上町で長年商店を構えて地域のために貢献してきた有志五、六人で構成されている。ただ、保存会は実行委員会の要請に応じて協力や助言をするのみで、「口出し」はできない。あくまでも実行委員会のメンバーが自主性を発揮する環境を整え、自分たちの思い通りに楽しんで運営することを重要視している。

「お願いすれば、誰でも出たいという人も一杯おるんですけど、実行委員会があの人は好かんから入れたくないとか（笑）。……やっぱり当番がですよ、あの人は好かないとか、口出しする人が来たら、実行委員長としては困るんですよ。僕なんかも、ちょっと口を出しよったら怒られよったから、もうやめたちゅうて（笑）」（保存会メンバー兼上町自治公民館館長C氏 2008.3.7インタビュー）。

写真6.14　平成24年度上町祇園山車運営者一同（八坂神社 2012.8.1）（提供）上町祇園祭実行委員会

写真6.15　平成25年度同上（八坂神社 2013.8.1）（提供）同上

C氏によれば、実行委員会のチームワークは良好とのことである。意欲のある人が実行委員長になれば、寄付金を徹底的に集めて運営資金が余ることもあるらしい。また、自治公民館は、中町の場合と違って運営に直接関わっていない。実行委員会が取り仕切って、保存会が支える体制が継続されてきている。

3.3　運営諸経費——世代間の非継承

祇園山車の運営経費の捻出については、前節で中町の状況を記述したが、継続性にとって重要な要因であるため、上町の状況もみておきたい。

上町も中町同様、祇園山車の運営には約三百万円の経費がかかっている。この経費を中町同様、地域の協力金、市・商工会議所からの補助金、企業や病院からの協賛金、当日山車巡行時に集める花代で埋め合わせる。地域の協力金は、上町内を通り単位で区域割りして、二〇万円・一〇万円・六万円などを徴収する。自治公民館からも補助金がある。それに市・商工会議所からの補助金を合わせて、経費の約半額の一五〇万円を捻出する。この金額は元金として位置づけられ、たとえば台風などで山車を三日間出せなかったとしても、踊り子たちの着物や練習などの事前準備にかかる費用である。最低でもこの金額は確保する必要がある。

残り半分は、協賛金と花代で賄うことになるが、花代は「五〇万円以上集めたい」というのが山車関係者の意向である。そのためにも、山車巡行のルートは、初日の市役所と二日目の飯田病院訪問は毎年変わらず組み込まれているが、それ以外は「花をもらえそうなところへ行きたいので、都度変わる」とのことである。協賛金と花代を集めるのに苦戦しているのは、上町も同様である。「前はずっともうみんな景気が良かったから、建設業とか病院とかもらうだけで五〜六〇万集めてきよったから、良かったですよ」（保存会メンバー兼上町自治公民館館長C氏 2008. 3. 7 インタビュー）という状況が、戦後の高度経済成長期の好景気の頃は続いたが、ポスト高度成長も過ぎて長期不況に移行した現在では、当時のようにはいかない。

加えて、「今、若い夫婦のうちに行っても、うちは違うといわれると。父は死にましたといわれると。離れていった。だからそこんところのやっぱり、きちんとつながれてないんじゃないでしょうかね」（上町祇園祭関係者N氏 2008. 1. 31 インタビュー）との発言にあるように、伝統の本来の意味がつぎの世代に継承されないと、寄付を拒否されてしまう。このように、上町でも資金の調達についての逆風を乗り越えて、今日まで祇園山車が繰り広げられている。

第4節　鹿児島市「おぎおんさあ」（祇園祭）の変容

本章第1節から第3節にかけて、都城市で毎年行われている祇園様の実相を描いてきた。このなかには祇園様の衰退要因と、上町・中町の祇園山車の存続要因と思われる事実が確認できる。本章のつぎの段階として、これら事実を抽出・分析してこれらの要因を解明していく作業が要請される。ただその前に、祇園様を相対化してこれらの解明度をより高めていくために、本節でもう一つの祇園祭をみておきたい。それは、鹿児島市で毎年七月に行われている「おぎおんさあ（祇園祭）――かごしま夏祭り」である。総勢二千人の御神幸行列を擁し、市内の目抜き通りを歩行者天国にして毎年盛大に行われている夏祭りである。

ここで素朴な疑問がわく。都城市は旧薩摩藩領に属し、薩摩藩独特の民俗文化を保持しているのに、なぜ都城市の祇園祭は衰退し、鹿児島市では盛んであるのだろうか。都城市一七万人、鹿児島市六〇万人の約三倍強の開きがある人口基盤が現出させている事象なのだろうか。そこには盛衰が分かれる分岐点があった。

4.1　八坂神社と「おぎおんさあ」――山車による賑わい

「おぎおんさあ」(13)は鹿児島市清水町にある八坂神社（写真6・16）の夏祭りである。当神社は京都の八坂神社を勧請した社で、勧請年月は不詳である(14)。社記によれば、一七二八（享保一三）年一月に現清水町に遷宮とあり、一九四五（昭和二〇）年七月の空襲により社殿が焼失する。そののち仮宮を建立し、一九七三（昭和四八）年七月に市内平之町に遷座する。しかし交通が混雑し境内も手狭になったため、一九八八（昭和六三）年に再度現在の清水町に遷座して、翌一九八九（平成元）年四月に新社殿・社務所などが完成し正遷座祭を斉行する。祭神は素盞嗚命《スサノオノミコト》、御妃奇稲田比売命《キサキクシナダヒメノミコト》およびその五男三女あわせて一〇柱の神を祀ってある。明治には八衢比古命と八衢比売命を合祀する。古くは祇

写真6.16　鹿児島八坂神社（鹿児島市 2012.11.27）

表6.3　鹿児島八坂神社祭典日

大祭		中祭		小祭	
祈年祭	2月17日	歳旦祭	1月1日	朔日祭	毎月1日
例祭	7月25日	元始祭	1月3日	月次祭	毎月15日
新嘗祭	11月23日	紀元節祭	2月11日	除夜祭	12月31日

（出典）「八坂神社栞」

園社と呼んでいたが、明治の代になってからは八坂神社と称せられるようになった。島津氏の崇敬篤く鹿児島五社[15]の一つであり、古来より幸福の神として根強く大衆の間に崇敬・信仰されており、それが今でもなお悪疫退散に連なり商売繁盛に結ばれている。祭典日は表6・5のとおりである。

一六九四（元禄七）年に大阪で発刊された井原西鶴著『西鶴織留』巻二に、薩摩国城下の祇園社を信仰した商人が商売繁盛したことが紹介されている。「おぎおんさあ」は無病息災とともに商売繁盛を祈る祭りとして、現在では鹿児島商工会議所を中心に行われている。「おぎおんさあ」の開始時期は定かでないが、江戸時代には庶民文化の興隆に伴って盛大に行われたと伝えられている。この神社の祭りは、旧暦では六月一五日が例大祭で、一年ごとに市内の上町と下町が交互に当番になり社殿を作って斉行されていた。改暦後の当日は梅雨期に属するので、その後新暦では例大祭の日が七月二五日に改まる。

藩政時代の「おぎおんさあ」について、『鹿児島日誌』と『薩摩年中行事』に以下の記述がある（鹿児島市史編さん委員会編 1969：572-4）。

「今日は祇園会とて鹿児島は勿論諸外城にても楼車（やぐらくるま）を造り、諸の雑曲をも奏しなとする事なり。就中鹿児島は上下両町に祇園宮を壮麗に造立し、隔年に祭を行う。此年は下町の年番とて朝とくより神輿を担ぎ市中を徘徊す。儀衛には先に唐製の傘経り六尺斗樺色の紙張たる柄長さ三間余りなるに処々に同じ製の総角など美しく飾りたると同じ長さの鋒に緋色の旗に祇園天王と染出したるを付け、上下差したる健き男子頭より竿受け革帯を下け股のあたりに石突を印し建て持つなり。続て社寺の神主位階の儀杖を備い、其後に神輿を捧け、氏子の童男女皆礼服してこ従し、○柳を以てものしたる杯捲に黎明に汲たる海汐を満し、手に小箒を以て汐を天地四方にそそぎ福を祈る事と聞えたり」(『鹿児島日誌』)

「一日以来内祭を執行していた祇園祭は○○十五日を以て本祭が行われる。今日商栄講が主となってやるのと異なって町役人が采配をふり、全市の祭りとして行われたもので、その盛大さは今日の比ではない。山台《だし》は上町から鶏が大きな太鼓の上にとまっているカンコウ山が出た。有志が上町の会所に集まって協議するもので、下町から四っ位、西田からも三輪の明神という山台が出た。此の他に毎年オゴジョ山が二っ位出た。町の金持の娘が衣装を着飾り山台から善美をつくして出すので、仲々盛なものであった。行列は今日は大分略している様だが、大体同じである。朝早くから山が御迎に行き祇園の洲で朝祭があり、それが済むと再び行列を作り町を練りつつ一同御殿の下で集り、ここで盛んに囃立てるものであるが、殿様が例に依って囃と踊を見聞されるものであった。尚、祇園東風に吹かれると身が強くなるというので、子供は祖母たちに連れられて一日から十五日までの間に必ず参詣に行くものであった」(『薩摩年中行事』)

『鹿児島日誌』によると、鹿児島の城下では上町と下町が隔年輪番で社殿を作り「ぎおんさあ」を行っており、この年は下町の年番で朝早くから神輿を担ぎ、市中を練り歩いていた。『薩摩年中行事』では、幕末の頃の御神幸行列には上町・下町・西田町から数種の山車(山台)が出て、祇園囃子の音曲も賑々しく市内を巡幸していたことが記されている。『薩摩年中行事』には、一八六九(明治二)年頃の鹿児島の年中行事の概要が掲示されている。伊地知峻の遺稿を鹿児島市教育会において編さんしたもので、一九三七(昭和一二)年に発刊された。この記録は伊地知家で行われてきた月ごとの一年中の行事と麑城郷中年中行事の二編からなり、それぞれの諸行事の概要であるが、当時の鹿児島の一般の年中行事とみて差し支えないといわれる（南日本新聞社鹿児島大百科事典編さん室編 1981：456）。上掲の『薩摩年中行事』の記述は、今日（明治二年頃）と幕政時代の「おぎおんさあ」を比較したものである。「おぎおんさあ」の運営主体は、今日は商栄講が主体となっていたが、幕末の頃は町役人が采配を振り、全市の祭りとして行われており、盛大さも今日の比ではなかった。明治二年頃の御神幸行列は藩政時代と比較すると省略しているものの、大体同じであることが記されている。

上町と下町と隔年輪番で社殿を作り「おぎおんさあ」を行う理由はよくわからないが、その年代は『三国名勝図会』(16)の

「寛永九年、神輿を作られ、其年の五月廿二日和泉屋坊へ授られ、六月十六日六日坊へ受領せし事、有村某か古日記に誌して、正保三年（一六四六）祇園の山始、高砂の翁姥を飾りしを載す、和泉屋坊は上市に、六日坊は下市に在り」

という記述から概要はつかめる。この記述によると神輿の創送も一六三二（寛永九）年、山車の起源は一六四六（正保三）年となる。明治初年に至り隔年輪番での社殿製作を廃し、名山町に社殿を建てて分社と称したが、一九〇六（明治三九）年錦江町に移転し、さらに一九七二（昭和四七）年八月に分社は廃祀された。

戦前の御神幸行列の様子が、「八坂神社栞」に記載されている（注13参照）。

「鼓々たる道楽（みちがく）の太鼓、さては涼しき笛の音、数組の祇園の長柄傘、長柄鉾、（電線の発達後、所謂祇園傘指意の如くならす、その数を減じ、その柄を短くするの餘儀なかりしを遺憾とす）數十名の鳥帽子、狩衣姿愛らしき車上の娘稚子各玉串を捧げ持ち。弓、矢、鉾、太刀、旗、提灯の行列。猿田彦命の天狗面。同じ菅笠、上下の姿

凛々しき若人四五十名。金色燦然。鳳凰を頂いた二台の御神輿は金鈴の音さやけく。絹蓋、菅蓋の用意。馬上、車上の神職の英姿。十二戴女と称する異装の婦人列。管弦、鉦鼓の囃山。各種の人形山など牛の歩の長閑に曳かれ。全市の紳商其の間を斡旋し、壮、美、賑一々名状せらるべくもなく、道途の家々皆門口に停み、拍手礼拝するを見れば其の家風も偲ばれ、彌栄え行く家運も察せらる。熱鬧太平の気象全市に溢れ漲つてゐます」(八坂神社栞)。

行列の構成内容から、戦前でも盛大に行われていたことが理解できる。そして、戦前の時点でも藩政時代や明治初期の頃と同じように、町内から奉納された数種の人形山、囃山が御神幸のお供をして参列していたことが確認できる。「八坂神社のおぎおんさあ」のしおり(同上)によると、八つの人形山——諌鼓《カンコ》山、天狗山、鐘馗《ショウキ》山、竜田山、勧進帳山、菅公山、小鍛冶山、皇孫山——と女囃山が紹介されている。女囃山についてはつぎのとおり説明する。

「年代は詳かではありませんが(明治二十四年頃ともいう)、市内を上町、下町の二区に別け、隔年に町屋の四、五才から十二、三才迄の幼女達に揃いの衣裳を着けさせて、オゴジョ山と称する二台の山車に乗せ、太鼓を打ち、琴を弾かせ(その他の鳴物は本職の大人による)美々しく装つた多数の御供をつれ、長柄のうちわに扇がれながら、囃の音色も清々しく供奉しました。而かも祇園洲の海上には据船を置き、風呂桶迄も運んで休み、神幸の往路は紋付衣、帰路は普段衣を着ける等極めて豪華なものでありましたが、明治の末期(四十二、三年頃か)からいろいろの事情特に学校関係から中絶の止むなきに至ったことは誠に残念な事であります。この女山を引継いだのが女囃山で戦前は西南両検番から出される様になつたので芸妓山とも云われています。何れにしても、商売の繁盛を祈願し、併せて神の恩恵に浴し奉らんと奉仕するのであります」(「八坂神社のおぎおんさあ」のしおり)。

4.2　現在の祭事構成――包括的・地縁的集団から目的的・職能的集団へ

前項で藩政時代、明治初期、そして戦前の「おぎおんさあ」の様相を眺めた。それでは現在行われている「おぎおんさあ」はどうなっているのであろうか。二〇〇八年に斉行された「おぎおんさあ」を例にしてみていきたい(17)。まず祭事構成は表6・4のとおりとなる。

「うちの場合は、毎年変わるんですよ。お祭り自体の日にち（例大祭日）は七月の二五日なんですけど、それの近くのですね、夏休みに入って最初の日曜日なんですよ。結局、行事で天文館で中心街を歩行者天国にして練り歩くもんですから、警察が許可くれないんです。日曜日でないと、平日では絶対だめです。使用許可出さないです。昭和三〇年代後半までは、七月二四、二五、二六の三日間決まっていたんですよ。前夜祭から一泊泊まりでやっていました。その頃は銀行から市役所、会社、休んで参加してたんです。それがだんだん四〇年代になったら、マイカーブームが始まってからですね。警察がうるさくいいだして、日曜日じゃないと駄目だというふうになって。それからその行政とか、いろんなのも、休みや駄目に（平日に休むことができなく）なって。……今はそれが半日だけですからね、行列がでるのは」（鹿児島市八坂神社宮司P氏 2007. 12. 12 インタビュー）。

八坂神社の例大祭日は七月二五日である。昭和三〇年代後半までは、例祭日の前日に前夜祭、例祭日に神幸祭、そのつぎの日に還幸祭と三日間かけて祭礼が挙行され、毎年例祭日は曜日に左右されることなく固定していた。ただ、「おぎおんさあ」は多数の参加者を必要とし、市街の中心地を歩行者天国にするという大仕掛けの祭礼であるがゆえに、それを実現するためには、車社会やライフスタイルの変化などの社会変容に対応せざるを得なかった。その結果、御神幸行列は日曜日の半日のみで行われることになったのである。二〇〇八年七月二〇日、日曜日に繰り広げられた御神幸行列の順路は、資料6・7のとおりである。

つぎに、二〇〇八年七月二〇日の総勢二千名による御神幸行列の構成をみてみたい。順番は表6・5のとおりである。

正確に比較することは難しいが、上述の戦前の行列と比べると、1番から26番までの神事に関わる基本的要素については大きな差異はない。もちろん細かくみていくと、現在においても変容過程の途上にあることがわかる。たとえば、古式ゆかしい祇園祭独特の雰囲気を再現するために、二〇〇七年から祇園囃子を生演奏しているが、二〇〇八年から「4.地方車」を組み、行列に加わって演奏している。「15.御所車（官女）」は久しく参列していなかったが、一九九〇年に復活したものである。

「うちも山車は凄かったんですよ。昭和四〇年ぐらいまでは。もうほんと、牛で牽いていましたから。結局それが道路が、まず舗装道路になりましたでしょ。牛が滑るんですよね。牽くのに。結局あれだけの重たいものを牽きますから。それで牛が駄目になって、その山車をトラックの荷台に乗せるようになって、それでだんだん、だんだん、駄目になってきたんです。うちだけでも山車が一〇何台出ていたんですよ。今はもうゼロですから。それとこれはうちの場合、山車が鹿児島市内の、あのー、昔のあれです。三味線の、芸者の置屋さんたちが持っていたんです。結局、お囃子をする人たちがいるところが持っていたんですよ。祇園囃子をやって、三味線でやるわけですから。結局、それが今鹿児島はないんですよ、芸者のあれが。鹿児島は芸者さんがいなくなっちゃんたんですよ。そういう置屋がなくなって、そこに山車があったのがだんだん、置く場所も相当かかるわけでしょ。そしたらもう、知らないうちに処分されたりして、結局神社でそれを保管するのは大変な量でしたからね。神社でとても保管ができなくて、各自に全部任せていたんですよね。各町内とかそういう団体に。そしたら全部駄目になりましたね」（鹿児島市八坂神社宮司P氏 2007.12.12 インタビュー）。

この御神幸行列で最も注目すべき要素は、27～30の山車と神輿、すなわち町内からの奉納による出し物の変容である。前項で示したとおり、幕末や昭和初期から戦前までは人形山や女囃山の山車が中心であった。神輿は、「八坂神社栞」によると戦前は二台であったが、二〇〇八年は子供神輿まで含めると二二台が参列している。担ぎ手の人数も、大人神

表6.4　2008年「おぎおんさあ」祭事構成

7月10日（木）関係者祭典	7月19日（土）宵祭・前夜祭	7月20日（日）大祭
14：00　傘鉾建祭（八坂神社） 14：30　神輿関係者お祓い（八坂神社） 15：00　稚児御位奉戴祭（八坂神社）	17：30　宵祭（八坂神社） 18：00　神輿・傘鉾展示（中央公園） 18：30　大人神輿練り（中央地区商店街等）	11：15　大人神輿宮出し（八坂神社～易居町～中央公園） 12：30　社頭祭（八坂神社） 13：30　発幸祭（中央公園） 13：55　ご神幸出発（中央公園） 14：00　ご神幸歩行者天国通過 17：15　着幸祭（商工会議所ビル前）

（出典）八坂神社祇園奉賛会「2008年おぎおんさあ」パンフレット

表6.5　2008年「おぎおんさあ」御神幸行列順序

1．神事部長	11．祓主（馬上）	21．鉾
2．露払	12．祇園奉賛会会長	22．錦旗
3．社名旗	13．祇園奉賛会副会長	23．太刀
4．地方車	14．菅翳・紫翳	24．御神馬
5．大鉾	15．御所車（官女）	25．鉾
6．祇園傘	16．賽銭箱	26．稚児花籠（10基）
7．大鉾	17．神官車（斎主・道楽）	27．子供神輿（14基）
8．祇園傘	18．十二戴女	28．山車
9．賽銭箱	19．弓矢	29．大人神輿（男5基）
10．大榊	20．賽銭箱	30．大人神輿（女3基）

（出典）表6.4と同

資料6.7　2008年「おぎおんさあ」御神幸行列進行図

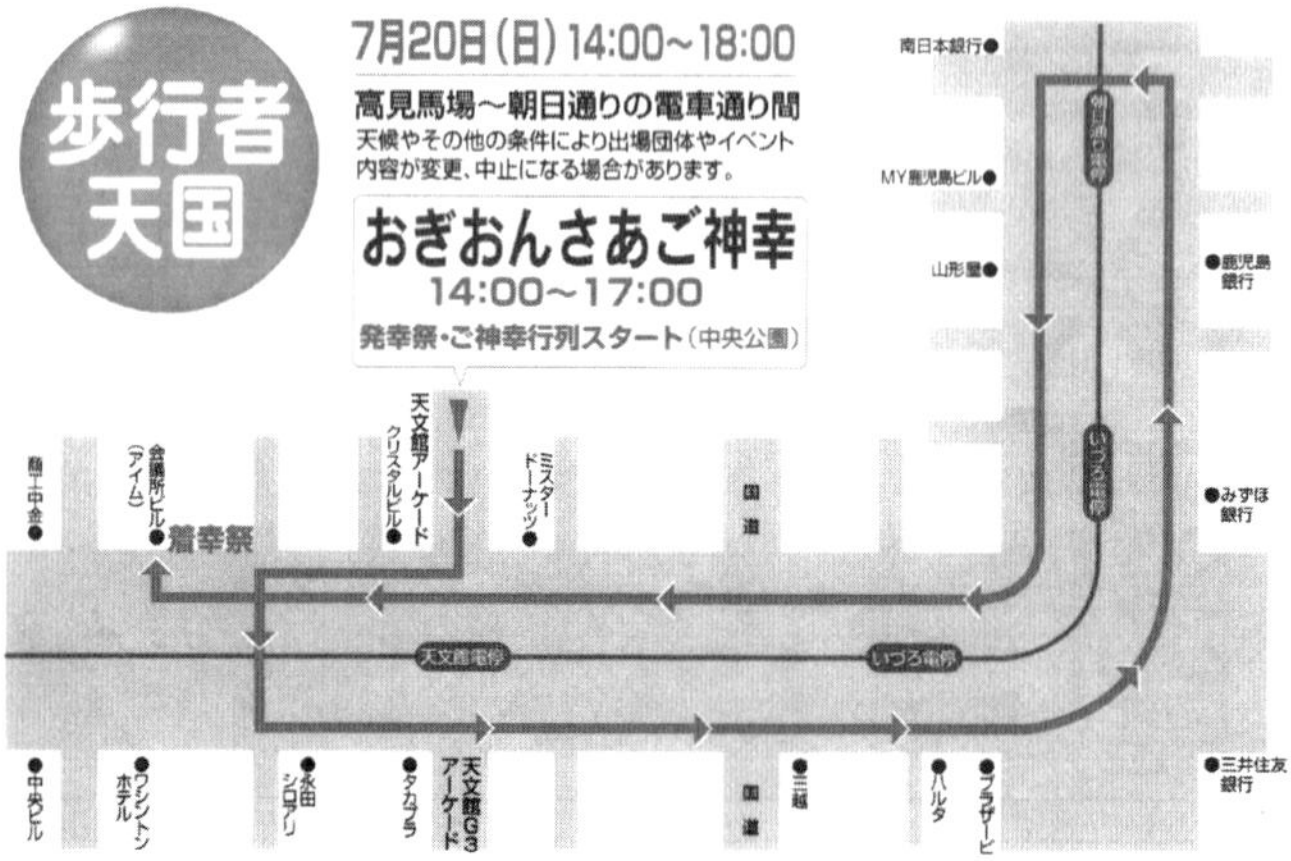

（出典）表6.4と同

輿と子供神輿を合計すると一七〇〇人を超え、参加者全体の八割強に相当する。山車は一台参加しているが、これは南九州市川辺町(18)から参加している「恵比寿山車(通称女山車)」である。川辺町には一九二五(大正一四)年から続く「川辺祇園祭」があるが、そこからの協力参加である。すなわち、鹿児島市の町内からの山車の参列は今では消滅し、主流は山車から神輿に変容したのである。それでは、どのような集団が神輿を担いでいるのであろうか。子供神輿と大人神輿を行列順に記すと、表6・6、7のとおりとなる。

「一つはね、政教分離の面もあるんですよ。結局地元がタッチするには、宗教色を薄めた方がいいんです。鹿児島は特にうるさいですから、それが。鹿児島には『おぎおんさあ』であるんですね。ま、うちがやってますけど。鹿児島の場合、『おぎおんさあ』もいうんですけど、『かごしま夏祭り』ていうんです。『都城盆地まつり』とか、『国分夏祭り』、『加治木夏祭り』てありますけど、裏は全部そこの地区の八坂神社の祇園祭なんですよ。それを京都の八坂神社みたいに『祇園祭』て一本で出せないんです。行政が鹿児島、うちであれば鹿児島市が協力をするには『おぎんさあ』を出してくれるなていうんです。だから、『かごしま夏祭り』だったら、寄付もだします、人手もだします、ていうんです。だから『かごしま夏祭り』がメインになってきたんです」(鹿児島市八坂神社宮司P氏 2007. 12. 12 インタビュー)

P宮司の発言から、伝統的都市祝祭の市民夏祭りへの変容を促す要因がみてとれる。町衆による粋で華やかな「ミセル祭り」から、人手と資金を確保するために市民参加による「スル祭り」へと変容しているのである。表6・6、7で神輿の担ぎ手集団を示したが、子供神輿は社会教育的な意味合いが強く、青年会議所と日能研を除く神輿は校区という地縁的な範囲で担ぎ手集団が形成されている。したがって中心市街地が中心ではあるが、八坂神社の氏子である町内の奉納という意味は薄れている。二〇〇八年の「おぎおんさあ」では、二〇〇四年に鹿児島市に合併した桜島地区と吉田地区、そして八幡校区から初参加を迎え、市内の参加範域は広がっている。

表6.6　2008年「おぎおんさあ」子供神輿

順番・団体名	担ぎ手
1．鹿児島青年会議所	50名
2．名山校区（金生町・中町・東千石町・名山西・名山あいご会）	37名
3．名山校区（易居町あいご会）	30名
4．日能研九州（鹿児島市）	40名
5．清水校区スポーツ少年団	25名
6．荒田校区あいご会	45名
7．牟礼っ子（吉田地区からの新規参加）	50名
8．城南校区あいご会	30名
9．山下校区（平之町あいご会）	60名
10．山下校区（山之口町・千日町あいご会，照国町あいご会）	41名
11．山下校区（西千日町あいご会）	40名
12．草牟田校区（玉里町・新照院町あいご会）	50名
13．西道あいご会，二俣あいご会（桜島地区）	25名
14．八幡フレンズ元気ッズ（八幡校区から新規参加）	23名

（出典）「おぎおんさあ／ご神幸の案内」より作成

表6.7　2008年「おぎおんさあ」大人神輿

順番・神輿名	団体名	担ぎ手	特徴
1．1番神輿	鹿児島青年会議所	270名	1番神輿は沖仲士・消防団に担がれていたが，1952年以来，担ぎ手がなく活動していなかった。1984年に復活し，以来青年会議所により担がれている。御神体が入るのは，この1番神輿だけである。別名「1トン神輿」とも呼ばれ，大人神輿のなかで最も大きい
2．2番神輿	納屋通り商店街振興組合	120名	この振興組合は神輿捧持団体のなかでも最古参の担ぎ手団体である
3．3番神輿	3番神輿保存会	130名	天文館地区の33名の商店主が八坂神社へ奉納した神輿で，奉納者にちなんで「天文館神輿」とも呼ばれている。この保存会は，鹿児島中央地区商店街青年部連絡協議会を中心とする団体である
4．7番神輿	鹿児島法人会青年部会	250名	2004年から加わった神輿である
5．8番神輿	鹿児島商工会議所青年部	180名	2007年から新たに加わった神輿である
6．4番女神輿	鹿児島相互信用金庫	90名	女性行員90名の担ぎ手による神輿である。1999年から参列している
7．5番女神輿	山形屋	60名	山形屋（百貨店）の女性社員60名により担がれている。1992年から参列している
8．6番女神輿	（市民神輿）	120名	1991年に坂元町の渡辺義三郎氏により寄贈された手作り神輿で，2000年から市民神輿として女性の一般参加者により担がれている

（出典）表6.6と同

一方、この祭りの賑わいが最高潮に達する大人神輿を供奉するのは、京都祇園祭の山鉾巡行の山鉾町のように町単位の町衆ではなく、青年会議所・商店街振興組合・商店街青年部連絡協議会・法人会青年部会・商工会議所青年部・銀行・百貨店と、商業団体・職業集団である。また一般市民参加により担がれている神輿（六番女神輿）以外にも、広く担ぎ手を市民に呼びかけている。なお、表6・5の御神幸行列順序の「5．大鉾　6．祇園傘」と「7．大鉾　8．祇園傘」は、前者を上町傘鉾奉持連が、後者を下町傘鉾奉持連が奉持する。上町から大鉾二本・祇園傘三本の傘鉾が三七名、下町から上町と同数の傘鉾が四五名で演技される。

昭和四〇年頃までの山車中心から、神輿中心へこのように変容したが、それは市民祭りへの変容を意味した。コミュニティからアソシエーションへ、地域的帰属から職域的帰属へ、包括的・地縁的集団から目的的・職能的集団へ、都市の現代的変容に適応したからこそ「おぎおんさあ」は盛大に生き続けているのではないだろうか。一般市民参加を募り、参加者の居住地域と祭りの範域が拡大して、そもそも藩政期に「おぎおんさあ」が鹿児島市全域の夏祭りとして保有していた歴史的・地域的空間性に近づいた。参加者と運営資金の確保が可能となり、「おぎおんさあ」は鹿児島市を代表する夏祭りとして存続し続けているのである。

4.3　運営主体

この祭りの運営主体は、八坂神社祇園奉賛会である(19)。この奉賛会を現在支えているのは、鹿児島商工会議所である。奉賛会の会長には商工会議所会頭が、副会長（四名）には会議所副会頭が就任している。奉賛会事務局は会議所内に設置する。奉賛会は大祭準備委員、世話役、常任世話役などで構成される。大祭準備委員は総務部と神事部の二つに分かれ、商工会議所の議員や町内会長、神輿担ぎ手団体の代表が所属する。神事部が祭りの企画・運営を担当し、総務部が広報や役員対応を行う。また、祭りの会場周辺の町内会や商店街の人たちが世話役として主に資金（寄付金）集めに協力している。常任世話役は八坂神社責任役員と大祭準備委員や世話役の中から会長が委嘱した人で構成され、祭りの計画や予算執行の議決を行う。市の職員も祭り当日にボランティアで協力しているが、宗教色があるため強制はできない。担ぎ手団体はまさしく担ぎ手の集団運営を行うほか、それぞれの神輿自体の維持管理や展示もしている。奉賛会の出費は、会場設営費やさまざまな道具の修繕、警備員と学生アルバイトの人件費などが多くを占める。

「おぎおんさあ」の運営については、幕末の頃は町役人が采配を振るっていたが、明治初めには商栄講が主となっていたことが前掲の『薩摩年中行事』に記されている。また、「八坂神社栞」には戦前の「祇園講」についての記載があり、つぎのように説明する。

「鹿児島市實業家の方々が、八坂神社後援の爲に組織せられた集團で、其中から小委員を選び、委員を選び更に總代を選んで、萬事決行せられてゐます。經濟上では講員が一口又は數口の掛金（一口金三圓づゝ）を毎月醸出し其の利子を以て、各種の費用が支出せられることになつてゐます。其の一期を五箇年とし、滿期の際は、掛込本金丈を拂戻される譯になります。目下數約一千二百」（八坂神社栞）。

このような運営主体の変遷を経て、今は八坂神社祇園奉賛会という組織のもとで、鹿児島商工会議所が中心になり八坂神社と周辺の町内会との協力関係により「おぎおんさあ」は主体的に運営されているのである。

4.4　祇園様の分岐点――「スル祭り」への統合拒否

これまで「おぎおんさあ」の変容と現在における実相を記してきたが、実は都城の祇園様も「おぎおんさあ」と同じ変容を遂げる分岐点があった。それは、上述の鹿児島八坂神社のP宮司の発言にもあるように「都城盆地まつり」との統合開催である。まず「都城盆地まつり」について、つぎの『都城市史』と『都城商工会議所創立七〇年史』の記述から、概要を押さえておきたい。

「昭和四八年後半から四九年にわが国を襲った石油危機は、市民を経済不安におとしいれたが、都城市青年会議所が昭和四八年一一月に牟田町通りで開催した「お祭り広場」が大変な好評であった。そこで翌四九年度は中央通り（広口から前田橋北の交差点まで）を「二〇万人のお祭り広場」とし、「あなたが主役」をキャッチフレーズに八月三日に祭りを計画した［『広報みやこのじょう』昭和四九年七月号］中央通りから車を締め出し歩行者天国にしたこの祭りには、市民はもとより周辺の町からおよそ二〇万人が訪れたといわれる［『市政のあゆみ』昭和四四年度～昭和五三年度］。この祭りは「盆地まつり」として現在も市民に親しまれている」（都城市史編さん委員会編 2006：1127）

「毎月八月一日から三日まで開催されている夏まつりは、かつては一〇万人の人出で賑わったが、いまひとつ盛上がりに欠けていた。昭和四八年（一九七三）、もう一度あの賑わいをと、都城青年会議所が計画実施し歩行者天国が盆地まつりである。この日、市民はもちろん、周辺の町からも一般住民およそ二〇万人が参加し、市の中央通り広口から前田町の交差点まで約七〇〇mの区間をうめつくす盛況となった。歩行者天国は中央広場を焦点に音楽広場、ちびっこ広場、農業広場、青年会場、いこいの広場など、それぞれ特色のある広場を形成し、参加者が自由に楽しめる行事となった。最近では二〇万人のおまつり広場『盆地まつり』と称し、年々盛大になってきている。第二〇回となった平成四年（一九九二）のまつりまでは青年会議所の主催であったが、第二一回からは、行政、商店街、都城商工会議所等をまじえた実行委員会を組織し計画運営に当たり、都城商工会議所は、都城市、観光協会と共に後援として携わっている。平成一一年（一九九九）の第二六回盆地まつりは、まつりが始まって以来、初めて開催日を延期し、中央通りのほか二つの会場で行われた。当日は天候にも恵まれ、最後の夏まつりを楽しもうと大勢の見物客で賑わった。今回は、踊り連にチルド連が加わり、『だんご三兄弟』の音楽に合わせてかわいい踊りを披露した」（都城商工会議所創立七〇年史編集員会編 2002：379–80）。

「都城盆地まつり」の賑やかさが把握できるが、結論を先取りしていえば、祇園様はこの盆地まつりとは統合しなかった。その過程を、盆地まつりが立ち上がった昭和四九（一九七四）年前後に時を戻して、上町祇園祭関係者M・N氏と中町祇園祭関係者O氏の語り（二〇〇八年一月三一日にインタビュー）のなかから探ってみたい。

「（祇園様が）昭和四〇年代に入って少し陰りがみえてきたということでですね、青年会議所、私がちょうど理事長をしとる時が一〇周年記念事業として市民意識調査というのをしたんですよ。そのなかでですね、都城の祭りがちょっと寂しくなったから、新しい祭りじゃないけど、祇園祭りをもちょっと盛り上げるとか、なんか新しいのはないだろうかという期待の声が非常に多かったですね。ちょうどその前年に、昭和四八年ですけど、四七年に銀座の歩行者天国ができたからですね、それでまあじゃ、取り入れてやろうかというので、昭和四八年にこの円頭庵通りに歩行者天国ということで始めて、翌年から（国道）10号線(20)で盆地祭りというふうにしたんですよ。最初から10号線でしたかったんだけど、一級国道を歩行者天国にした例はないと。銀座もあれは一級国道じゃないという話ですね。あー、そうですかちゅうことで、まずこちら（円頭庵通り）でやって、事故とかそういう運営に支障がないということやったら、ということで翌年は10号線でできたんですよ。根回しを一年間かけてやったんですよ。四九年が、10号線で盆地祭りの第一回です」（上町祇園祭関係者M氏 2008. 1. 31インタビュー、以下同）

「多かったですね。私が、どこにこの連中は隠れてたんだちゅうぐらい、とにかく歩けないんですよ。……それで思ったのはですね、飢えてるなと人は。こういうものをやったらやっぱり人は来るんだとそう思いましたね。……大したことはやっていないんですよ。このブロックは何、このブロックは、全部青年会議所の人が踊りの団体、こっちはもう何の団体、こっちは何とかの青年団、こっちはPTAとか、渡されて企画しなさいちゅて、あんた達が考えてやりなさい、それであれだけの人間を呼ぶとはですね」（上町祇園祭関係者N氏）

「（青年会議所は）統轄だけをするような形でしたけどね。JC（青年会議所）のメンバーはですね、交通整理と準備、撤去、もう汗流しです。……だから祭りそのものを求めとるちゅう気持はあるんです。だから時代に即応したものでなければいかんと同時に本来の気持ちも忘るっから、祭りというのが非常に難しくなってきた。だからここでもう一回考え直さなきゃいかん、心とやり方をね、することが継続することになるだろうと思うんですね」（M氏）

「私たちがJCのときに歩行者天国から盆地まつりになったときはですね、祇園祭りと一体化したかったんですよ。日程を最初の日は神幸行列をして、そして盆地祭りにまたその山車を参加してもらうというような構想でしたけど、神社の方がだめでした」（M氏）

「神社は（八月の）一・二・三（日）でないといかんということでしたからね」（中町祇園祭関係者O氏）

「我々は（八月の）第一土曜日ということでしたから」（M氏）

「私の、（上町の）祇園祭り担当のときに、たまたま（祇園様と「盆地祭り」の日程が）かちあいまして、そのときに（山車を）出してくれんかと、夜だけ、据え付けろと。そこで演奏だけやってくれと、踊りの披露と。ていうことで役員は普通夜の食事がすんだら解散するんですよ、明日に備えて。そんときだけは、上町のかど、中町は大丸さんの前に止めてですね、お互いにそこの場所に止めてですね、ご披露したことはあります」（N氏）

「そういうことは何回か、ありましたよね」（M氏）

「ありました」（O氏）

「あれが定着すれば、それなりの効果はあったんでしょうけどね」（N氏）

「合同でできたんですよね」（O氏）

「（筆者：神社は、例大祭の日を変えることはできないということですよね）ところがですね、小倉の祇園祭りはですね、やっぱ第一土曜とかですね、なっているんですよ。もうやっぱ、地域に溶け込む、だからそういう意味で伝統のこう格式の一・二・三（日）でなきゃいかんというのと、いややっぱり地域の賑わいづくりとか参加しやすいということでは、土曜日とか神社の考え方も、少しね時代適応な考え方にしてもらえると続くというかね、賑わいがまた」（M氏）。

写真6.17 「都城盆地まつり」における祇園山車
（出典）都城商工会議所創立70年史編集委員会編（2002：380）

祇園様は、一般市民参加による「スル祭り」との統合の契機を拒否し、結果的に「ミセル祭り」を継続する帰結となったのである。写真6・17は盆地まつりの一区画の風景である。ここには上町と中町の祇園山車が写っている。上掲の上町祇園関係者N氏の発言にあったように、祇園様と「盆地まつり」の日程が合致したために祇園山車を披露したものであろう。盆地まつりは多くの人垣に囲まれており、祇園山車の存在を認知してもらうには良き契機となっている。

ただ山車の伝統的な意味を、この空間からみいだすことはできない。上掲の上町祇園関係者M氏は、祇園様の再生を願い「盆地まつり」を立ち上げた、当時の青年会議所の理事長であるが、「時代に即応したものでなければいかんと同時に本来の気持ちも忘るっから、祭りというのが非常に難しくなってきた」と発言しているように、伝統が時代に即応して再生していくことの難しさを自覚している。上町と中町の祇園山車が保有し維持してきた伝統の意味は、御神幸行列の参列と単独市街地巡行が醸し出す光景や空間にこそ、みいだすことができるのである。戦後一九五〇年代の最盛期の頃の「ミセル祭り」の賑わいを現在では実現できないように、この祭りにはつねに限界がつきまとう。最盛期の賑わいを記憶している年配者にとっては、寂しさを感じずにはいられないだろう。しかし他の文化的要素と交わることなく今日まで維持されてきた、この祇園様という祝祭活動には、都市における地域活動の自発的・自立的な継続要因を探り出す手がかりが潜んでいる気がしてならない。

「どうして二つの町だけ山車が残ったのか」という本章における原的な問いに対する解明を、最後の節で試みてみたい。

第5節　伝統の継承の意味

第2節から第4節で、中心市街地の空洞化による伝統的都市祝祭への影響と、「スル祭り」との統合の問題をみてきた。この祇園様を取り巻く外在的要因は、祇園様全体の衰退を説明するうえで有用であるが、上町と中町の祇園山車が残った要因の解明につなげることはできない。それを可能にするためには、二つの町の地縁的な共同性形成のありようを、内在的に探り出す作業が必要になってくる。

5.1　地域的社会関係資本——中心市街地の商業集積効果

以下の上町祇園祭関係者M氏へのインタビューを手がかりにして、内在的な要因を探り出していきたい。

「(筆者：だんだん山車が少なくなっていったというのは、やはり人と経費の問題でしょうか) そうですね、両方ですね。住んでいる人がどんどん少なくなるという車社会、あれがね。中心市街地から人口がどんどん外に出ていくと、それを支える人と残った人だけで経費は全部まかないきれない、ということですよね。

(筆者：そういった流れのなかで、どうして上町と中町が、二つの町が未だに残っているのかというのが、逆に不思議なんですよね) それはやっぱり、商業集積というか、お店のあれが、その牟田町とか松元とか、その辺よりはやっぱりあったということですね。それとやっぱり、指導者というかリーダーがですね、やっぱりちゃんとあのそれをせにゃいかんという使命感があったからじゃないかなと思いますよ。

(筆者：それ以外の町は、それほどの核になられる、そういったリーダーの方がいらっしゃらなかったというのも、一つ理由としてあるということなんでしょうね) まー、そのリーダー一人だけの力じゃないからね。それを支える人

たちとか、そのあれがね」（上町祇園祭関係者M氏 2008. 1. 31インタビュー）

M氏からは、上町と中町の祇園山車が残った要因をほかの町との比較において示唆する、三つのキーワード――「商業集積」「リーダー」「支える人」――の提起があった。上町と中町の商業集積地としての歴史をたどり、その様相を確認しておきたい。

一六一五（元和元）年に徳川幕府から一国一城令が発せられると、同年八月には都城も廃城になり、新たに現在の都城市役所と明道小学校の敷地内の北に都城領主館が建設された。新しい領主館を中心に武家＝家臣の屋敷も造られ、本町、唐人町、平江町＝三日町・八日町、新町＝後町・三重町という町場が形成された。とくに町場の中心となったのは本町と唐人町である。本町・唐人町には御用商人をはじめ多くの商店が存在した。町場には多様な職人も配置され、都城地方の生産・流通の中心地となった。ここでいう本町が現在の上町に、唐人町が中町にあたる（都城市史編さん委員会 2005：730–6）。上町と中町は江戸期から明治期そして戦前戦後を通じて一貫して、都城地方の商業集積の中心地として商人の町の伝統を引き継いできた（詳細は第1章第4節2項参照）。

それでは、現在の商業集積の状況はどうであろうか。都城市にある14の商業集積区域の商業者団体(21)のうち、その半分の7つの団体が上町と中町にあり、中心市街地内にある商店街のシャッター通り化が進んだとはいえ、今でも商業集積の中心地であることには変わりない。さらにこの商業集積の中核となる「中央通り商店街」の3商業団体（12番街、3番街、45番街）は、上町と中町に所在する。上町には4商業者団体（12番街、3番街、千日通り、東上町通り）、中町には3団体（45番街、中町商店街、円頭庵通り）が存在する（表1・2参照）。それでは、上町・中町以外の祇園山車を繰り出していた五つの町――牟田町・前田町・西町・松元町・八幡町には、上述14商業者団体は所在しないのだろうか。唯一、牟田町に「牟田・宮丸大通り振興会」があるのみで、それ以外の町内には所在しない（都城商工会議所編 2002：30–1）。

5.2　商業集積地のリーダー　大浦福一氏と中村勝見氏

この上町・中町は江戸期からの商業集積の中心地として、ほかの町とは違い、社会関係資本（補論で詳述）が地層のごとく積み重ねられてきた集積効果があるのであろうか。まずは自明なこととして、祇園山車の運営資金の基礎となる地域内の集金力の違いをあげることができるであろう。つぎに一般化された知見として、そのような中心地で長年店舗を構え商売を営んできた経営者が商人としての自信と誇りを持つことがある。都城市では「中央通り商店街」で店舗を構えてきた商店主に、その特徴がよくみうけられる。それは地域単位で集合的に上町・中町二者間のライバル意識を醸成して、同じ行事の際に〝張り合う〟現象として表出する。つぎのN氏の発言に示されているように、

「上町の役員ハッピはこれですとなったら、当然ここ（上町・中町は）張り合いますから。張り合うのが祭りなんですよ。そしたらまた違った紋様で俺たちは（中町は）やるちゅうて、そのあれが、競っていくのが祭りのような気がするんですよね。いつもそれを思っているんですよね」（上町祇園関係者N氏 2008. 1. 31 インタビュー）

「そうですね。それが残す、まだつなぐ、ね、そしてあの何ちゅうんですか、伝統を伝承するもとになるでしょうね」（中町祇園関係者O氏 2008. 1. 31 インタビュー）。

ライバル関係が表出するのは集合意識だけではない。商業集積度の高い地域では地域を代表するリーダーの輩出を促すが、そこではライバル関係の両雄が誕生する。上町・中町では戦後核となる店舗がそれぞれに出現する。それは本章第2節4項で示唆したとおり地元資本の二つの百貨店——都城大丸とナカムラデパートである。前者は大浦福一氏が中町に一九五六（昭和三一）年開業、後者はその四年後の一九六〇（昭和三五）年に中村勝見氏が上町に開業する。この両雄が中央通り商店街の両雄として並び立ち、一九六〇年代の中心市街地が活況を呈したことも既述したとおりである。両氏は成功者としてライバル関係にあり、地元の商工会などいろいろな社会団体の役職にも就いた。

大浦福一氏は、「商業が地域経済の旗頭となって都市を発展させる」との持論のもとに商店街組織化の必要性を痛感

し、一九五二（昭和二七）年に協同組合都城中央通り会を設立、初代理事長に就任する。そして一九七九（昭和五四）年一二月～一九八五（同六〇）年一一月都城商工会議所の会頭を、一九五二（同二七）年六月～一九六一（同三六）年一一月、一九七〇（同四五）年一二月～一九七三（同四八）年一一月の期間副会頭を務めている。同様に中村勝見氏は、一九六一（昭和三六）年一二月～一九六七（同四二）年一一月、一九七三（同四八）年一二月～一九七八（同五三）年六月の期間同会議所副会頭を務めている（都城商工会議所創立七〇年史編集委員会編 2002：580, 609–25）。

また「神柱宮、八坂神社の総代をしておられましたからね。とくに神社との関係は大浦さんも中村さんも」（中町祇園祭関係者O氏 2008.1.31 インタビュー）との発言にあるように、両氏とも「祇園祭」の主催神社である八坂神社と神柱宮との関係は深いものがあった。福一氏・勝見氏以降大浦家・中村家は、各々の町の祇園山車の運営に深く関わっていく。福一氏の後継者は中町祇園祭奉賛会の会長として、勝見氏の後継者は上町祇園山車保存会の実質的なオーナーとして関わっていく。二〇〇八年祇園様御神幸行列に参列した稚児電車（写真6・13）の上には二つの奉納の広告板が掲示されていた。一つは「都城大丸」、もう一つは「メインホテル」である。メインホテルはナカムラデパートがホテルへ業種転換したもので、中村家の経営である。ここでも、両雄は並び立っている（本章2節4項参照）。

ただ、つぎのD氏の発言にあるように、両家が常時リーダーとして意識されるわけではない。それでは、どのようなときにリーダーとしての存在感は示されるのであろうか。

「（中町は大浦さんが、上町は中村さんがいるから、祇園山車が残ったんじゃないでしょうかというみたいなことを、おっしゃってらっしゃったんですけど、そうとも限らないでしょうか：筆者）んー、それはちょっと違いますね。それは、第三者の見方でして、我々の感じとしては、さっきいったように、班でやっちょったでしょ。そういったので、ずっとやっていた。今は、もう、うちの班でもうせんちゅう、いい出したから、あんな風になったですけどね」（中町祇園祭奉賛会副会長兼中町自治公民館館長D氏 2008.1.25 インタビュー）

上述Ｄ氏は祇園山車が残ったのは二人のリーダーがいたからではという問いに対して、それは第三者の見方――すなわち内情をよく知らない皮相的な意見であるとした。つねに祇園山車を支えてきたのは、町の人たちであることを吐露する。ただ「あんな風になった」ときに、リーダーが祇園山車の存続に大きな役割を果たしたことをＤ氏は匂わす。今でも上町と中町だけは祇園山車が市街地巡行を行っているといっても、過去を振り返れば存続の危機が幾度か訪れている。とくに中町は図６・３でみたとおり、都城市の中心市街地を構成する13町のなかでも最も人口減少率が高く、二〇〇一年２２８人と最も人口が少なく、かつ高齢化率が最も高かったため、危機が顕現した時期があった。現在の「中町祇園祭」の実行委員は本章第2節2項で記したとおり、町の全域から拠出しているが、それ以前は中町を構成していた四～七丁目で班を作って当番制にしていたため、四年に一回役割が回ってきていた。ところが、上述Ｄ氏の発言にあったように、二十数年前に存続の危機が訪れる。そのときの状況を、Ｄ氏と中町祇園祭関係者Ｏ氏の発話からみてみたい。

「こっから（六丁目から）、そのつぎ七班（七丁目）にいって、また四班に帰ってきて、（都城大丸のあった）四丁目に、そこのところで、ま、結局そこんところはわからんですけど、大浦さん中心になって、六班（六丁目）がもうせんちゅうこっじゃから、今までの体制じゃできんから、どうしたらいいかちゅうことで、話があったんですね。それで、ま、全体でやろうと、それが今の体制になったんです。だからもし赤字やれば、大浦さんが、おい（自分）が持つがちゅうことやったらしいけど、赤字にならんようにやっているから、今はですね、大丈夫なんですけど。そんな風やったからね、そん時に奉賛会を作って、で、今、（自治）公民館がバックアップせんことには、人が集められないわけですよ」（Ｄ氏 2008. 1. 25 インタビュー）

「当時の初代の（都城大丸の）会長が福一さんでしたから、えー、そのー、なぜやめるかと、やめるとしたらおっしゃるように、もう二度とできないぞと。ということで、お金はみんなで頑張ってくれと。もし足りないときは、俺が出すと。というようなことがあったんです。で、私らとしては、もうそらー、出させるわけにはいかんと。やるからにはみんなで立ち上がろうという意見から立ち上がったんですよ」（O氏 2008. 1. 31 インタビュー）[22]。

何か問題が起こったときに、都城市を代表する福一氏の発言力は強く、解決を導くところに地域リーダーとしての存在感が示されていた。しかし、百貨店ほど規模は大きくないとしても、中町で長年店舗を構えてきた商店主たちは、大浦福一氏といえども自分たちと同じ一商業者であり、平時には祇園山車を町のみんなで支えてきたという自負心を持っている。前述のM氏の発話のように、リーダー一人だけの力ではなく、やはりそれを常日頃から支える人たちがいなければ地域活動は成立しないのである。

最近の事例でも、上町には同様の構図がみられる。つぎのC氏の発話にその実相をみてみたい。

「（筆者：興味があるのは山車が上町と中町だけが何で残ったんだろうみたいな疑問なんですけど、中町は大丸さん、大浦さんの存在が大きいと聞きましたが、やっぱり上町は中村さんとなりますか）最近ですね。前はずっともうみんな景気がよかったから、建設業とか病院とかもらうだけで、五〜六〇万集めてきよったから、良かったですよ。（筆者：別に大浦さんとか中村さんとか）なくても集まっていたですよ。それが、銀行に行っても一万ずつくれよったけど、もう銀行団からちゅうて三万円とか、タクシーはタクシー業者から二万円とか、昔は一個人でくれよったけど。（筆者：逆にこういう厳しくなってからこそ、その大浦さんと中村さんの）あー、です。存在が出てきたとです。うちも中村さんを頼って、会長さんのS会長[23]を頼って、今」（上町祇園山車保存会メンバー兼上町自治公民館館長C氏 2008. 3. 7 インタビュー）。

上町の祇園山車は、当番制で構成する実行委員会が、自律性を持って運営している（本章第3節2項）。ただ当番制のため山車の修繕や資金の調達など継続性のある問題が生起したときに、誰かが集約するしくみになっていない。そこで保存会の実質的なオーナーである中村氏に相談することになるのである。

以上、商業集積の中心地にある上町・中町とそれ以外の町を集積効果という視角から比較して、祇園山車の存続要因をみてきた。本項の最後に、祇園山車の存続と自治公民館との関係を整理しておきたい。本書では都城市における公民館制度を、「外的資産」の「遅れてきたことの特権」として定位し、住民が自主性を発揮し地域活動を存続させてきた構造的基因として自治公民館活動を位置づけた（第4章）。自治公民館はいうまでもなく上町と中町だけにあるのではなく、都城市では唯一の地域住民組織として各町に根づいていた。ここでは、上町と中町の祇園祭と自治公民館との関係性から、両町間の差異を明らかにしていく。

中町祇園祭と中町自治公民館との関係は、本章第2節2項で明らかにしたように密接な関係にあり、資料6・6では奉賛会会長と自治公民館館長が連名で企業に対して資金援助を依頼している。そして、自治公民館館長は奉賛会の副会長を兼ねている。また前述の中町自治公民館館長D氏の発言にあるように、各丁目の当番制から町内の全域で支えていくために、地域活動の動員力を唯一握っている自治公民館が中町祇園祭を全面的にバックアップする体制に変更した。先に述べたとおり、中町は228人と都城市の中心市街地を構成する13町のなかで最も人口が少ないゆえに、当番制で祇園山車を運営していくことが困難になり、第4章の事例対象である六月灯と同様に、自治公民館の主催あるいは支援のもとで地縁的・共同的な地域活動が継続していく。一方上町でも、当番制により構成される実行委員会による運営から、将来的な継続性の問題を憂慮して、上町自治公民館が主催して祇園山車を運営するやり方へと変更する動きがあった（上町祇園祭関係者M氏 2008. 1. 31 インタビュー）。しかし、地域住民が約六百人（図6・3参照）と当番制を組める人数を有しているため、今のところ上町自治公民館は直接的には祇園山車の運営に関与していない。

5.3　内在的要因――共同体の継承

前項で、商業地域で生起する集積効果という視角から、上町・中町の祇園山車だけが残った要因を明らかにしてきた。

それは地域内での集金力の違いであり、上町・中町間の集合的なライバル意識の醸成、地域を代表するリーダーの輩出と危機の際の存在感、そして何よりも重要だったのは毎年繰り返し祭りを支えてきた町の人たちの存在である。これらはこの地域における社会関係資本としていわば歴史の地層に埋め込まれ、二つの町の祇園山車の存続を支えてきたのである。それに加えて、集積効果とは関連性はないが、地域住民が減少していくなかで祝祭活動を存続させる要因として、中町祇園祭においても自治公民館の支援があげられることを挙げた。

以上の要因群で、伝統的都市祝祭が伝承されてきた意味を十分に説明し尽くしたであろうか。未だ消化不良の感が拭えないのは、本章のインタビューで登場した上町祇園山車保存会メンバー兼上町自治公民館館長C氏、中町祇園祭奉賛会副会長兼中町自治公民館館長D氏、上町祇園祭関係者M・N氏、中町祇園祭関係者O氏の全員が述べていた「先輩が守ってきた伝統を絶やしてはいけない。引き継いでいかなければいけない」という伝統の継承の意味を、上述の要因群では説明しきれないからである。本節では二つの町の地縁的な共同体のありようを内在的に探り出す作業を目的としてあげたが、上述の個人の意識や記憶まで掘り下げていく論点からみれば、集積効果として生起した要因群は未だ関係者を取り巻く外在的要因でしかない。ついては、最後に本項でこの祇園山車の存続を関係者に促す基底的な内在的要因の解明を試みたい。

上掲の五人は伝統の継承についての発話と同時に、それぞれある実践を思い浮かべていたと推測できる。もしくは、そうではなかったとしても、この発話の背景にはある実践の記憶が存在していたことは措定できる。その実践は五人が同時に体験していなくても、同じ価値観を共有する集合的記憶として埋め込まれている。上掲M・N・O氏三人が一緒に会話をするなかで、他者の発話に対してうなずく、賛同するという行為は、集合的理解につながっているのである。

父親が、地域の人たちが、一緒になって都城地方の商売繁盛・家内安全・無病息災を祈願するために、商人の誇りと祭りの粋を尽くした祇園山車を、町内だけでなく、市街地全域で繰り広げたのである。自分たちもその実践に加わることにより、今まで経験したことのない新しい文化的価値を理解していく。それは地域で商売を営んでいく精神の理解へとつながっていく。

「大浦さんが亡くなられてからですね、福一さんが、それから、一時どうすんの。まあ、どんな風にしたらいいかと、もう存続するかどうかちゅうのもいっぺんあったんですよ。で、もう、ま、そうした時、やっぱやらんといかんじゃろうちゅう、意見の方がだいぶ多くてですね。

（筆者：何だかんだ言いながらも、やっぱりやろうということになるわけですね。ずっと続いてきたものだから）うんうん。だから、もう、私が言うのは、強制はしませんよ、だから、したくない人はせんでいいですよ、というような形でやっていますけどね。みてみれば、やっぱり、あのー、こういう祭りちゅうのは、損得抜きでしょ、大体これはね。もう、昔からね。だからね、こうやれば、やっぱりね、それなりに燃えてくるんですよ。うん、みんなね。（筆者：なるほど、それが祭りの良さでもあるんですよね）そうです。何もこれで日当が出るわけでも何もないしね。

（筆者：日頃、絆が緩んでいるのが、祭りを通じて、また一つになるというのがありますもんね）はいはい。だから、もう何でもそういったね、あれが、損得が入れば成り立たないからね、こういったものは。やっぱり、盛り上げるという、気持ちですね。六月灯でもそうですよ。だから、もう、私は、したくない人は無理強いしませんから。で、もう、しなくてもいいですよと。ま、一部にはそういう人がいますけど、ほとんどみんな協力します」（中町祇園祭奉賛会副会長兼中町自治公民館館長D氏 2008. 1. 25 インタビュー）

ロバート・N・ベラーは、「記憶の共同体」についてつぎのように言及する。

「共同体とは、私たちがこの言葉を用いる意味では、歴史を有するものである。重要な意味において、共同体は自らの過去によって成立している。そして、このゆえに真の共同体とは『記憶の共同体』、すなわち自らの過去を忘れることのない共同体であると言うことができる。過去を忘れないように、共同体は自らの物語（ストーリー）を、自らの成り立ちを語る物語（ナラテティヴ）を伝承し、また共同体の意味を体現し例示するような男たち女たちの姿勢を教える。伝統は記憶の共同体にとって中心的なものだが、その重要な一部が、これら集合的な歴史や模範的な諸個人の物語なのである」（Bellah 1985＝1991：186）。

また、アラスデア・マッキンタイアは、個人主義者の見解との対照において、自己の物語的見解につぎの説明を当てている。

「というのは、私の人生の物語は常に、私の同一性の源である諸共同体の物語の中に埋め込まれているからである。私は過去を伴って生まれたのだ。とすれば、個人主義者の流儀でもって私自身をその過去から切り離そうとすることは、私の現在の諸関係を不具にすることである。歴史的同一性を所有することは、とりもなおさず社会的同一性を所有することに合致するからだ」（MacIntyre 1984＝1993：271）。

祇園山車の運営主体は、「上町祇園祭」「中町祇園祭」という舞台のうえで（換言すれば伝統的枠組みのなかで）、歴史的同一性を所有する「構成された自己」ではあるが、社会的同一性を所有する「空虚ではない自己」としてアイデンティティを構築してきた。その主体の次世代は自らも祭りに加わることにより、模範的な諸個人の物語としてその実践を可視化して、その規範的な価値観を内在化させ守っていくものとして、自己内に昇華するのである。

さらに、ベラーは「記憶の共同体のなかで成長する者」について、「コミットメントの実践」という概念を使って、つぎのように言及する。

「記憶の共同体のなかで成長する者は、共同体が経て来た道筋ばかりでなく、その希望と恐れが何なのか、その理想が傑出した男や女のうちにどのように模範を示されているかを聞きながら育っていく。彼らはまた、共同体的な生き方を定義づけるような儀礼的・美的・倫理的な実践に参加する。私たちはこうした実践を『コミットメントの実践』と呼ぶことにしよう。というのは、それらによって共同体を生かしめている忠誠と義務のパターンが定められるからである」(Bellah 1985＝1991：187-8)

戦後の移動型社会の到来によって共同体の維持が困難になった現代社会において、上町祇園祭、中町祇園祭という伝統的都市祝祭は、損得抜きの精神を基盤におく「記憶の共同体」のなかで、コミットメントの実践の事象としてとらえられるのではないだろうか。祇園山車の存続の危機を幾度か乗り越え「記憶の共同体」のなかで生きてきた人たちが結果的に「スル祭り」との統合を果たさなかったことによって、たとえ「ミセル祭り」の賑わいが実現できていなくとも、今でも八月になれば都城市で祭りとみることができるのである。そしてこの事例は、第4章で示した外的資産――ここでは祇園山車とそれを運営する制度(しくみ)――と、内的資産――ここでは記憶の共同体のなかでコミットメントの実践としてのコミュニティ意識――の両面から、「遅れてきたことの特権」を表象するといえるのではないだろうか。

これからも祇園山車の存続が担保される保証は何もない。それは、記憶の共同体のなかでのコミットメントの実践にかかっているわけであるが、本章第3節3項で既述したN氏の語り「今、若い夫婦のうちに行っても、うちは違うといわれると。父は死にましたといわれると。離れていった。だからそこんところのやっぱり、きちんとつながれてないんじゃないでしょうかね」という状況を乗り越えていかなければならない。そして、記憶の共同体の問題としてとらえるだけではなく、広く市民に祇園山車の市街地巡行の伝統的意味を伝えて集合的理解を獲得していかなければならないだろう。

注

(1) 文献や資料における「ぎおんさあ」の漢字表記は、「祇園様」と「祗園様」の二種類がある。また、「祇園様」を「祇園祭」「祇園祭り」「祇園まつり」と表記する文献・資料もある。本書では、種々の表記による混乱を避けるために、「祇園様」の表記に統一する。ただし、文献や資料を引用する際は、漢字および名称をそのまま使用した。

（2）本項の記述は、八坂神社境内にある「移転造営記念碑」の碑文、『都城商工会議所創立七〇年史』（都城商工会議所創立七〇年史編集委員会編 2002：377-9）、『〈84〉ふるさとの思い出 写真集 明治・大正・昭和 都城』（肥田木編 1979：115）、『都城市史 別編 民俗・文化財』（都城市史編さん委員会編 1996：417-8, 435-6）、『日向日日新聞』（昭30.7.30：5279（4）：昭30.8.4：5284（4））を参照、引用した。

（3）米山俊直は、『祇園祭』のなかで「京都の祇園さんといえば、八坂神社のことである。……祇園さん——八坂神社の主祭神はスサノオノミコト。しかし、御本殿には、クシナダヒメほか一一柱の神々が、一緒にまつられている。また境内には、蘇民将来をまつる疫神社をはじめ、一四の摂社・末社がある。アマテラスオオミカミも、オオクニヌシも、サルタヒコも、そのなかにみえる。祇園さんはまた、全国各地へ勧請されて、それぞれの町や村の祇園社になっている。神社の由緒略記によれば、明治年間の記録で、北海道から九州まで、あわせて三〇五三社にのぼる」（米山 1974：22）と記す。祇園祭が全国各地で催される所以が示されている。各地の祇園祭は、その土地土地で独自の祭りを展開してきた。静かな祭りもあれば、博多祇園山笠のような荒々しい祭りもある。

（4）この山車は「福森山」という男山である。ほとんどの山車は女山であり、三味線と太鼓にあわせた掛け合いを賑やかに披露しながら練り歩いた。それに比べ「福森山」は輪切りにした竹を叩き、カツカツという音を奏で、男山の勇壮さを演出していた。この山車だけは牛ではなく馬で牽いていたらしく、とにかく型破りであったという（上町祇園祭関係者M・N氏、中町祇園祭関係者O氏 2008. 1. 31 インタビュー）。

（5）資料6・1の「八坂神社祇園祭祭典」案内チラシには、年次が記載されていない。本チラシは本文で前述した「上町祇園山祭典」の出納簿と一緒に上町で保管されていたものである。本チラシが保管されていた封筒のなかには、八坂神社氏子総代名で「八坂神社祇園祭祭典」に参列を依頼する案内状（宛先名空欄）が同封されていた。案内状は、昭和二五年七月二八日の日付になっている。本チラシと案内状に記載されている一日前夜祭・二日神幸祭・三日還幸祭の開始時間は一致している。また案内状には神幸行列にかかる予定時間が、「八月二日神幸祭午前十時出発午後〇時三十分着予定　八月三日還幸祭午後二時出発午後六時着予定」と記載されており、三日は二日よりも倍の時間がかかる予定が組まれている。本チラシに二日、三日の進行経路が記載されているが、確かに二日は中央通りを中心にメインストリートを直線的に進行しているのに対し、三日は祇園山車を出している各町ほか中心市街地に入り込みかつ範域を広げて進行しており、時間がかかることが十分に推察される。このように本チラシと案内状の記載内容の整合性から、両者は一緒に配布されたものと思われる。本文のなかで後掲した昭和三〇年発刊の『日向日日新聞』の記事内容と本チラシの記載内容が合致することからも、本チラシは昭和二五年およびその周辺の最盛期の年次に作成されたものと措定できる。

（6）資料6・3の記事から、祇園祭は、宮崎県では都城市に限らず延岡市や小林市でも行われていたことがうかがわれる。

（7）八坂神社は一九八〇年代初めから宮司が常駐していない。現在は神柱宮の宮司が、八坂神社の宮司を兼任している。

（8）祇園祭の事例調査を行った二〇〇八年には、都城大丸、同センターモールは営業中であったが、二〇一一年以降は閉鎖されたままである（二〇一四年一月末現在）。

（9）都城大丸と寿屋都城店および前項で示した中心市街地の商業の推移については、『都城市史　通史編　近現代』（都城市史編さん委員会編、2006：1114–22）、『都城商工会議所創立七〇年史』（都城商工会議所創立七〇年史編集委員会編、2002：175–6, 228, 580）、『ウエルネス都城心（ＴＯＳＩＮ）づくり――都城市中心市街地活性化基本計画（改訂版）』（都城市商工部商業観光課編、2004：12–9）、『商店街マネジメント対策事業――商店街等活性化事業報告書』（都城商工会議所編 2002：19）、大浦株式会社ホームページ「企業情報・会社概況」（二〇一〇年二月五日取得 http://www.oura-dept.co.jp/company.html）、都城市役所ホームページ「都城圏域ふるさと企業ガイドブック――大浦株式会社（都城大丸）」（二〇一一年一二月二四日 http://www.city.miyakonojo.miyazaki.jp/mkj/kigyo/kigyo/c223.htm 検索）を参照、引用した。

（10）都城大丸本館とセンターモール間は、イベントの開催には適度な空間を保有しているため、車両を通行止にして「中町祇園祭」の前夜祭やおかげ祭りの宵祭りをはじめ、イベントがよく開催される。

（11）ここでの精神的葛藤は寄付する側へ与える迷惑から発言されているが、つぎの発言のように運営する側が抱く尊厳からの葛藤もある。「もう、そん、寄付をもらうでしょ。花をもらうでしょ。もう、そん、かんじん（物乞い）がするようなこつ、人からね、そんなのをね、するのはやめよやという話もあったんですよ」（中町祇園山車奉賛会副会長兼中町自治公民館館長D氏 2008. 1. 25 インタビュー）。

（12）アルバイトを雇う対応は、本家本元の京都・祇園祭の山鉾を出す各町が一九七三（昭和四八）年時点で実施していたことが、『祇園祭』で紹介されている（米山 1974：34, 39, 47, 51ほか）。また米山俊直は、一九七三年七月一〇日付『読売新聞』に掲載された京都・祇園祭山鉾連合会長のつぎの発言を紹介している。「千百年の伝統を支えてきたのは、人の力どす。それが、最近ではアルバイトに頼らんと、やっていけん」（米山 1974：206）。

（13）本項の記述においては、『鹿児島市史Ⅰ』（鹿児島市史編さん委員会編 1969：323-5, 364-85, 517-9, 568-74）、『鹿児島市史Ⅳ』（南日本新聞社編 1990：989-90）、『鹿児島大百科事典』（南日本新聞社鹿児島大百科事典編さん室編 1981：283, 456, 476-77, 988-9）、『鹿児島のおいたち』（鹿児島市史調査会編 1955：220-316）と、二〇〇七年一二月一二日に鹿児島市八坂神社を訪問した際に入手した「鹿児島県神社誌八坂神社調査表」、「八坂神社のおぎおんさあ」のしおり、「八坂神社栞」（戦前ののコピー）、記事「鹿児島市に伝わる三社詣と五社詣」、井原西鶴著『西鶴織留』巻二の該当箇所の写し、そして二〇〇八年八月七日に鹿児島商工会議所を訪問した際に入手した二〇〇八年「おぎおんさあ」パンフレット（八坂神社祇園奉賛会作成）、鹿児島商工会議所会報『アイム』（鹿児島商工会議所編 2008：6-7）を参照、引用した。

（14）『鹿児島市史Ⅰ』では、「『三国名勝図会』によると、『其社に天文五年（一五三六）丁丑二月、田地寄附の書を蔵む』とあるので、少なくとも、天文年間には勧請されていたと考えてよい」と記す（鹿児島市史編さん委員会編 1969：572）。また、『鹿児島大百科事典』では、「由緒、古記録によると一五五八年（永禄元年）以前に創建」と記される（南日本新聞社鹿児島大百科事典編さん室編 1981：988-9）。一方、注12で記載した「鹿児島神社誌八坂神社調査票」には、「現在神社に保存せらるる、旧神殿正面柱（一部）に永暦元年（一一六〇年）と朱書されており、それ以前の勧請は明白である」と記される。

（15）鹿児島市では三社詣と五社詣という風習が伝えられている。これは鹿児島の旧城下の神社で、とくに島津家が尊崇して詣でたことに由来する。三社詣の一番目が郡元の一之宮神社（一條の宮）、二番目が草牟田の鹿児島神社（宇治瀬神社）、三番目が川上の菅原神社（川上天満宮）である。この三社は島津氏入国以前より創建されていた神社である。五社は島津氏が創建した神社で、一番目が南方神社（諏訪社）、ついで八坂神社（祇園社）、稲荷神社、春日神社、若宮神社である。島津本宗家一八代家久（初代薩摩藩主、生没年一五七六年〜一六三八年）以降の歴代藩主もこの慣例を踏襲し、一般士民もまたこの考え方を支持してお参りをした（注13記載の記事「鹿児島市に伝わる三社詣と五社詣」を参照）。

(16)『三国名勝図会』とは、旧薩摩藩領の薩摩・大隅および日向（一部）の三国の自然・寺社・物産などについて記述した編さん物である。全部で六〇巻あり、一八四三（天保一四）年二七代藩主島津斉興の頃編さんされた。多くの名勝・社寺・山水などについてその景観を図示しており、幕末の様子をしのぶことができ、薩摩の歴史・地理を知るのには最も貴重なものである（南日本新聞社鹿児島大百科事典編さん室編 1981：476–7）。

(17) 二〇〇八年の「おぎおんさあ」の記述については、二〇〇八年八月七日に鹿児島商工会議所を訪問した際に入手した二〇〇八年「おぎおんさあ」パンフレット・鹿児島商工会議所会報『アイム』（注13）・「おぎおんさあ／ご神幸の案内」を参照、引用した。

(18) 川辺町は、鹿児島県薩摩半島南部の川辺郡に存在した町である。二〇〇七年一二月に川辺郡知覧町、揖宿郡頴娃町と合併して南九州市となる。

(19) 八坂神社祇園奉賛会の記述については、二〇〇八年八月七日鹿児島商工会議所総務部総務課Q氏のインタビュー内容をもとにした。

(20) ここでいう国道10号線は中央通り広口から前田町の交差点まで約700メートルの区間のことを指している。都城市では中央商店街の真ん中を国道10号線が貫いており、この区間を中央通りと呼んでいる（第1章第1節1項参照）。

(21) 14の商業者団体は本書表1・2のとおり、中央地区にある「都城中央通り12番街協同組合」「都城中央通り3番街協同組合」「都城中央通り45番街協同組合」「千日通り商店街振興組合」「東上町通り会」「円頭庵通り会」「牟田・宮丸大通り振興会」「中町商店街振興組合」、都城駅前地区にある「都城ときわ通り商店街振興組合」「都城けやき通り会」、郊外地域にある「鷹尾地区商工振興会」「横市商工振興会」「大学通り会」「一万城通り会」を指す（都城商工会議所編 2002：30–1）。商店街の現代的位相については、第1章第1節1項・第2節、本章第2節3、4項を参照願いたい。

(22) 中町祇園祭関係者O氏は都城大丸の元社員である。このとき都城大丸に勤務していたため、四班（四丁目）に所属していた。

(23)「メインホテル」（株式会社中村）のS会長のことである。S会長は中村勝見氏の子息で株式会社中村の三代目社長であった。二代目社長は勝見氏の長男（S会長の兄）であり、一九八八（昭和六三）年一二月～一九九一（平成三）年一一月の期間、都城商工会議所の副会頭を務め、上町祇園祭の運営にも尽力した。

第7章　地縁的な共同性形成の論理

第4章・第5章・第6章で、都城市において毎年繰り広げられる三つの祝祭活動――「六月灯」「おかげ祭り」「祇園様」――の実相を明らかにした。本章では、この三つの地域活動の事例分析を基底におき、第3章の最後で提起した「徹底化された脱産業化社会」からの「脱埋め込み」と「再埋め込み」の文脈から、現代社会における地縁的な共同性形成の固有の意味を探りたい。それは、これからの地縁的な地域活動の継続を可能にする規範的方向性を提示するものである（第2章第2節）。

本書における事例研究の基底的な探求点は、それぞれの地域活動の継続要因の分析である。その解明のために、地域活動の外部構造との関係性と、活動自体の内部構造を明らかにすることに注力した。六月灯では、運営主体となる自治公民館活動と、活動の外部に位置する社教連やその他の地域住民組織との関係性の解明に比重をおいた。一方、おかげ祭りは、徹底して活動の内部構造を掘り下げ、集団（活動）と個人（参加者）の関係性の解明に力点をおいて分析した。祇園様では、中心性が拡散している地方都市の市街地に焦点を当て、市街地が保有する社会関係資本との関係性とともに、歴史的文脈から内部構造を解明していくことをめざした。

このように対象事例の差異から、当然のごとく調査の方法論上の差異が生起した。そして、各調査から得られた知見も三者三様の様相を呈する。継続性の基底的要因は、六月灯が地域住民組織の自主性の持続であり、おかげ祭りが伝統的秩序の再帰的修得であり、祇園様が記憶の共同体のなかでのコミットメントの実践であった。一方で、どの活動も相互主義的価値観の共有を追求するという共通点もみいだすことができた。このような知見の背景には、消費社会化の貫徹によって徹底化された脱産業化社会、すなわち過剰な個人主義的欲望が蔓延する外部社会の構造のなかで、相互主義的価値観を内部構造に持つ地域活動が継続・成長する二律背反的な構図がある。

この外部構造と内部構造のズレの構図に、現代の存在論的不安を解消する脱伝統的な再埋め込みが成立する可能性が読み取れる。この現代社会の枠組みのなかで理論的探求を展開するために、まず第1節で見田宗介の「原義」と「転義」という対立概念によって展開する消費社会論を援用し、二項対立的に基軸となる二つの社会的枠組みを設定して、以降の考察を進めることとしたい。

第1節　「脱埋め込み」と「再埋め込み」

1.1　二つの枠組みの設定――「原義的な社会」と「転義化された社会」

「徹底化された脱産業化社会」からの「脱埋め込み」と「再埋め込み」の文脈から、都城市の祝祭活動の事例をみていくと、現代の地域社会における地縁的な共同性形成の固有の意味がみえてくる。それは、脱埋め込みを生起させてきた要因として、また再埋め込みが実現していく過程として示すことができる。なぜ、この現代的変容が、ここでいう脱埋め込みを促し、再埋め込みの実現可能性を高めるのかを明らかにしたい。

見田宗介は、消費の概念をつぎのとおり記述する。続いて「原義」と「転義」の意味を論じる。

「バタイユの消費社会論における『消費』consumation と、ボードリヤール以降の消費社会論における『消費』

consommationとを、方法としていったん明確に分離して把握しておくために、その差異を明示化するような日本語に展開しておくならば、consumationとは、〈充溢し燃焼しきる消尽〉であり、consommationとは、〈商品の購買による消費〉である。La société de consumationとは、効用に回収されることのない生命の充溢と燃焼を解き放つ社会の経済であり、la société de consommationとは、商品の大量の消費を前提とする社会の形態である。区別するために、consumationとconsommationを〈消費〉と「消費」、la société de consumationとla société de consommationを、〈消費社会〉と「消費社会」というふうにここでは表記しておくことにしよう。あるいは、消費社会論の思考の系譜学に沿って、消費のコンセプトの『原義』と『転義』、〈消費社会のコンセプトの『原義』と『転義』〉というふうにここでは言表しておくことにしよう」(傍点著者)(見田 1996:129-30)。

「ボードリヤール以降の「消費社会」の理論は、消費の本原性というその理論の正当性と魅力と説得力とを、このバタイユ的な〈消費〉の本原性の理論から引き出してこれを根拠としながら、その根拠とする消費のコンセプトを、consumationからconsommationへ、現代社会の構造によって刻印づけられた通念の定義する「消費」のコンセプトの方へ、つまり商品を購入して消費する活動というコンセプトの方に転位している。この転義された「消費社会」は、商品を大量に消費する社会の形態として定義づけられているものだから、当然商品の大量の生産を要請し前提している。ガルブレイス以下の多くの理論家の明示しているとおり、それはもともとこの大量の生産によって要請され形成された「消費」にほかならないのであるから、〈生産に対する消費の本原性〉という、消費社会の理論の原義自体がここでは、いつのまにか、転倒したコンセプトによっておきかえられている」(傍点著者)(見田 1996: 130–1)。

この見田の記述に示唆を受け、「原義的な社会」と「転義化された社会」という枠組みを設定する。高度成長期からポスト高度成長期への移行に当たって、「資本の論理」は、消費の形態を画一的な少品種生産による大量消費から、個々の欲望を創出するための個別的な多品種生産による大量消費に切り替えて、また個々の自己を拡大・深化させていくために「国家の論理」から「世界の論理」の枠組みに乗り換えて、消費社会化を貫徹させ「徹底化された脱産業化社会」を形成してきた。その過程において、商品の大量消費を前提とする、モノと情報に埋め尽くされた、消費のコンセプトの「転義」が色濃く表出する「転義化された社会」が現出する。それでは、「モノ・情報中心主義の皮相的な相互関係から作り出された規定観念」が、個人の行為を拘束する。そこでは、「転義化された社会」によって埋め尽くされる前の社会とは、何であったのだろうか。それは、「生活の論理」が解き放つ社会であり、日常生活で他者との直接の交歓や享受による相互関係のなかで、喜ぶ・感動する・仲良くするというような「生の充溢と歓喜の直接の追求」(見田 1996: 135) を位相として持つ「原義的な社会」である。そこでは、「生活中心主義の原義的な相互関係から作り出された道徳観念」が、個人の行為を規定する。この二つの社会の関係は、現代的変容のなかで『『転義化された社会』から『原義的な社会』への希求と再帰的構築』という社会事象を萌芽させる。その内容について探ってみたい。

1.2 「原義的な社会」への希求――「転義化された社会」からの脱埋め込み

ウルリッヒ・ベックは、再帰的近代化の概念を説明するうえで、つぎのように示唆する。

「工業社会のダイナミズムが工業社会そのものの基盤をむしばんでいくという考え方は、資本主義の墓掘人は資本主義だとするカール・マルクスの託宣を思い起こさせるが、それとまったく違うものである。まず、資本主義の危機ではなく、繰り返していえば、資本主義の勝利こそが、まさに新たな社会形態を生みだしているのである」(Beck 1994 = 1997: 12)。

この「資本主義の勝利こそが、まさに新たな社会形態を生みだしているのである」という再帰性が、「徹底化された脱産業化社会」の行き着く先にみえてくるわけだが、それは過剰な消費社会化により「転義化された社会」の転回の必要性を示唆するものである。

表7.1　モラール意識と個人の観念の変移

	高度成長期	ポスト高度成長期		
	徹底化された産業化社会	脱産業化社会	徹底化された脱産業化社会	現在
表面化するコミュニティ・モラール意識の推移	資本主義的生産諸関係の「物質的」要請に適応した「利己主義」の貫徹	資本主義的消費諸関係の「欲望的」創出に適応した「利己主義」の進行	資本主義的消費諸関係の「欲望的」創出に適応した「利己主義」の貫徹	資本主義的近代化過程における「再帰的」希求に適応した「相互主義」の萌芽
個人を規定する社会観念との関係	生産中心主義の禁欲的な倫理観念への埋没	消費中心主義の欲望的な社会観念による解放	モノ・情報中心主義の皮相的観念への埋没	生活中心主義の原義的な道徳観念による解放

どうして、地縁的で伝統的な共同性形成をめざす「おかげ祭り」に若い人たちの参加が増えるのであろうか。若い力は、「しがらみを断ち切って、合衆型という新たなマツリのなかに未来を見出そうとする」（松平 2008：199）のではないのか。その解を導くために、祭りの参加者の生活履歴に注目して、祭りに参加する契機や継続する理由をみていくと、障害のある子どもを親の自分たちだけでは育てられない・地域社会で育てていかなければいけないという思い、地域活動をさほど実践していないのに、実践当事者たちに不遜な助言を行い、地域リーダーから一喝された反省から生まれた強い参加の意思、移住先の祭りをみて故郷でも実現したいと願うUターン経験者の郷土愛、目的意識が凝縮した場で自分の居場所を模索する(1)など、「生の充溢と歓喜」を求める心の叫びを聞くことができる。そこには、脱個人主義的な自己変革の履歴が存立する。周囲のまなざしを気にして抑制を強いられてきた拘束性から解放されたいという原義的な人間性の表出、他人指向性の強い皮相的な社会からの脱埋め込みへの挑戦がある。

貫徹された「転義化された社会」とは、「モノ・情報中心主義の皮相的な規定観念」のなかに個人が埋没している社会だとすると、その転回を必要とする現在は、「生活中心主義の原義的な道徳観念」による脱埋め込みが希求されていると考えられるのではないだろうか。「転義化された社会」から解放されたい、「原義的な社会」への渇望が、おかげ祭りにみえるのである。

そして、資本主義的近代化による積弊が露呈して、近代化が生成してきた利己主義的なモラール意識が臨界点を迎えている現在、生活の論理を定義し直していく再帰的な省察のなかで相互主義が潜在的・累積的に希求される、すなわち地縁的な共同性形成の試みが生まれているのではないだろうか（表7・1）。現在における「原義的な社会」の特徴を問うとすれば、まさしくこの位相を固有なものとして指摘できる。

1.3 「再埋め込み」の現代における問題性——中間的しくみの浮上

「脱埋め込み」の文脈から、現代社会における地縁的な共同性形成の固有の意味をみてきたが、つぎに「再埋め込み」の文脈から探ってみたい。

内田隆三は、諫早の干拓事業の事例を紹介し、そこから中央政府と大資本が主導する地域開発により習俗の領域——換言すれば地方の個性であり、本書では「遅れてきたことの特権」を内包する——を喪失していく過程をとおして、「習俗の領域」が「国家の共同性」と「資本の論理」に埋め尽くされた同一性のなかに組み込まれていく様相を示す（第5章第5節3項参照）。この様相は、「原義的な社会」が「転義化された社会」に埋め尽くされていく構図と親和性を持つ。とすれば、「原義的な社会」が「転義化された社会」を突き抜け、上滑りすることなく、われわれに身体感覚として自覚させるものは何なのか。

脱埋め込みと再埋め込みが同時に起こる変革期の両義性の構図は、戦後の高度経済成長を実現するための工業社会化の過程において、もっとも顕著にあらわれた。この国家主導による日本社会改造計画は、

「第一に、当時農民の圧倒的な多数を占めていた小農民への保護を打ち切ることによる、公共投資の工業開発への集中であり、第二に、『貧農切捨て』による、大量賃金労働者、およびその予備軍の創出〔①挙家離村＝都市流入者、および②留村脱農＝新産業都市等への通勤者〕であり、第三に、巨大資本による地域・農業部門の掌握・再編成〔①生産・生活手段の市場として（農薬農業化、等々）、②流通・加工過程の掌握〕であり、高度経済成長にとって直接

に必要な、①資本、②労働力、③市場、の三者の一挙の形成」（見田 2006：77-8）

であった。「それ以前の日本社会の基底をなしていた農村共同体のドラスティックな解体＝小農民の切捨てによる近代化」から「全国土的な産業都市化」へという、脱埋め込みから再埋め込みへの構図は、再埋め込みの仕様が自我の完全性を放棄して新しい束縛に逃避する「消極的自由からの逃避」（Fromm 1941＝1951）であったにせよ、農村共同体から工業社会化（雇用形態でいえば賃金労働者、特に都市ホワイトカラー層、家族形態でいえば核家族）への埋め込みを可能にすることによって、この社会改造計画は遂行される。

その後、バブル経済崩壊以降に「帰属先の揺らぎ」が社会問題化して、脱埋め込みは進むものの再埋め込みは実現しない問題が顕在化する。個人化過程（Beck 1994＝1997：20）が進むなかで、新しい世界と自己を結びつけるには、自発的な行為によってのみ実現可能な「積極的自由の獲得」（Fromm 1941＝1951）が要請される。現代人が社会にコミットしてこの難題に取り組み、再埋め込みを促進していく中間的しくみとして注目されるのが、地域住民組織による地縁的な地域活動である（第5章第3節2項参照）。

このような地域活動が、「原義的な社会」をわれわれに自覚させ、現在における再埋め込みを実現する中間的しくみとして、有効に機能していく要因とは何だろうか。特に、序章で指摘した地域ガバナンスを実現する鍵要因となる地域活動の継続性――継続性がないと再埋め込みの過程自体が構築されない――を可能にしていく現代的要因は、何であろうか。

次節では、松平の都市祝祭と鈴木のコミュニティ意識それぞれの類型と、本書が現代社会における成長型地縁的地域活動と位置づけるおかげ祭りとの比較分析を中心において、その解を探ってみたい。

第2節　共同性形成の規範的方向性

2.1　「おかげ祭り」の祝祭類型――開放系伝統型祝祭

松平は、日本の主要な都市祝祭類型として、「閉鎖系伝統型祝祭」と「開放系合衆型祝祭」を提起する。前者は社会統合を強化する点できわめて目的志向的であるが、後者は個人の自己充足を追求する価値志向であり、強固な生活協同や生活意識が形成されにくいという特徴を説明する（第3章第2節2項参照）。

この対極的な二つの類型に対して、おかげ祭りはその中間に位置する「開放系伝統型祝祭」ともいうべき、現代の新しい祝祭類型を生み出している（第5章第5節1項参照）。

2.2　「原義的な社会」の再帰的構築――新たな価値づけと継続性の促進

前項で抽出した三類型の祝祭の性格を、鈴木のコミュニティ意識の分類に照合すると、「閉鎖系伝統型祝祭」は「（Ⅰ）地域的相互主義」、「開放系合衆型祝祭」は「（Ⅲ）開放的利己主義」、「開放系伝統型祝祭」は「（Ⅳ）開放的相互主義」のコミュニティ意識を表現する、あるいは方向づける地域活動と把握できる（第5章第5節1項）。高円寺阿波おどりとおかげ祭りは、コミュニティ・ノルムに関しては、両者とも「開放主義」で同じであるが、コミュニティ・モラールに関しては、前者は「利己主義」を自己充足的に変容して増殖させ、後者は「利己主義」を抑制して「相互主義」を芽生えさせる点に、大きな差異が存在する。「開放系合衆型祝祭」は、「きわめて短期間の結合で、日常世界とのつながりに乏しいこと、ここからは強固な生活共同や生活組織が形成されにくいこと」（松平 1990: 5）が特徴であるため、ヴァナキュラーな――その地の暮らしに根ざした固有の――（Illich 1981＝2006）「生活の論理」との結合は成立しないし、その機会も提供されない。

一方、おかげ祭りの事例では、参加者が「祭り」という非日常世界で修得した相互扶助の経験知の意味を、現代の合理性・効率性に満ちた日常生活における気づきのなかで初めて理解し、それ以降の個々の生活履歴に活かしていることが確認された。この社会的効果によって、参加者自身が祭りの凄さを実感して改めて祭りに引き寄せられる。非日常世界（習俗の領域）だけで完結するのではなく、日常世界（消費化社会）との反復と蓄積のなかで相互扶助の経験知を自己内で昇華していくのである。ここに地域社会における伝統の創出活動の現代的意義をみいだせる。

そこでは参加者、特に若い層は地縁的・伝統的共同性を直接求めるわけではない。これらの共同性が消費化社会に覆われた現在において「原義的な社会」を呼び起こし、参加者はこの「原義的な社会」に引き寄せられる。この地域社会と参加者をつなぐ中間的しくみには、「原義的な社会」を呼び起こし、相互扶助の経験知を広げて蓄積する手段的な価値を見いだせる。ここでは地縁的・伝統的共同性は、再埋め込みの実現に必要な規範的方向性や中間的しくみの構築・運営に再帰的に有効に作用し、「相互主義」の意味付与という活動の価値づけをとおして継続性を促していくのである。

ただ、ここで見落としてはいけないのは、地縁的・伝統的共同性の身体経験のない若い力は、「原義的な社会」を決して回帰的（nostalgic）にみるのではなく、自己のなかで定義し直す再帰的（reflexive）な身体経験により実感していく事実である。また、壮年層であっても、先人の知恵によって創り上げられた習俗の領域（秩序）を、偽の「記憶の共同体」において経験していた参加者は、現在希求されている「原義的な社会」を同様に、再帰的に新しい発見として実感していくのである。

2.3　成長と継続の二つの担保——地縁的空間性の一致と規範的方向性の明示

つぎの段階としては、この「原義的な社会」の再帰的構築によって協同生活圏(2)が復権し拡大していくことが望まれる。都城市の三つの祝祭活動をみると、三つとも従来の閉鎖的な協同生活圏が脱領域化したときに、地域問題あるいは地域活動の閉塞状況を打破する転換期を迎えている。それは、つぎの各事例で示される。

六月灯の場合、旭丘神社の六月灯を再生するときに、三つの自治公民館が各自の協同生活圏から脱け出し、三者が連携することで種々の問題を解決していったこと。おかげ祭りの場合、最初は商店街の祭りでスタートしたが、その狭域性から離脱して、都城地方全体の祭りとして広域的な協同生活圏の構築をめざし、それが成長へとつながったこと。祇園様の場合、着物姿の子供たちを乗せた華やかな山車が市街地を練り歩き、山車の舞台で子供たちが踊りを披露するが、中町の前夜祭の舞台では、それ以外に他地域の出演者を増やし、祭りが保有する協同生活圏を広げる試みを行っていること。協同生活圏を脱領域化して従前の殻が破られたときに、地域の共同性形成に対する意識に変化がもたらされ、新しい社会統合を実現した実績が参加者に自信を植えつける。

かといって、ただ単に、拡大すればよいというわけではない。松平は、高知のよさこい祭りと札幌のＹＯＳＡＫＯＩソーラン祭りを事例にして、「マツリが盛大になったのと引き換えに、当初の開放性と自由さを減らしつつあり、これは、現代の都市マツリが都市のサイズを上回れば、必ず起こってくる現象のように思われる」と指摘する。そして、「地域振興を叫ぶ商店街の人々の願いとは裏腹に、『ミセル』都市マツリの性格を強め、全国大会までも含む大規模な都市イベントになりつつある」として、「高知でも、札幌でも、マツリの催しを一都市のなかで展開するには、ほぼ限界点を超えているようにみえる」（松平 2008：188-92）と説明する。この二つの都市祝祭は、高円寺阿波おどりと同様、「開放系合衆型祝祭」の類型に属するが、この類型の祝祭は、脱地縁的で自己充足的であるがゆえに活動の空間性に制限を加える力が弱く、「ミセル」祭りとして自己増殖していく宿命を背負っている。地域活動が代表する地域的空間性と、参加者が保有するそれの一致が、活動の成長・継続には重要であることを、都城市の三つの祝祭活動は示唆する。

六月灯は狭域性、おかげ祭りは広域性として、祭りの各々の参加者の居住地と地域的空間が重なり、相互主義のコミュニティ・モラールを醸成する環境が形成される。祇園様の地域的空間は都城地方の市街地全体であるが、参加者は中央通り商店街の関係者であるため、前者の空間が後者よりも大きいという、両者の空間性が不一致の伝統型都市祝祭である。この不一致の問題は、市民に「ミセル」祭りが提供できる間は表面化しないが、商業の衰退によって「ミセル」祭りが困難になるとともに表面化し、祭り自体も衰退していった。ただ、前述したとおり、前夜祭の出演者を多彩にして増やし、参加者の居住地の範域を拡大させ、祭りが展開する空間に少しでも近づけようとする再生の試みを行っている。地域活動が代表する空間性と、参加者が保有するそれが一致する地縁的結合は、地域活動をその地域に根づかせ、協同生活圏の濃度を高めるのである。ちなみに、よさこい祭りとＹＯＳＡＫＯＩソーラン祭りは、祇園様とは逆に、参加者が保有する地域的空間性が拡大していき、地域活動が代表する空間を上回って、不一致が生じているケースである。この拡大化を制限しようとすると、松平が指摘するように当初の開放性と自由さが失われていき、その後の祭りの継続性に影を落とす。

　では、両者の空間性が一致すれば、都市祝祭は成長・継続していくのであろうか。そこで、地域活動としての規範的方向性を示す必要が生じる。特に、高度成長期に構築された成長モデルが崩壊して、新しいモデルを再帰的に構築していかなければならない現在においては、成功への道標をみいだすために、まず方向性を掲げる挑戦が求められる。ただ、自明なことではあるが、その方向性は個人を抑圧するものではなく、あくまでも開放主義に裏打ちされていなければならない。おかげ祭りの事例からも、地域活動の胎動期に規範的方向性を明示する大切さと、その方向性の集合的理解が成長要因となること、そして集合的理解を促進していくためには、経験知を体得し蓄積するしくみが必要であることが読み取れる。「原義的な社会」の再帰的構築による社会的効果としてコミュニティ・モラールが醸成され、開放主義的方向性の共有化・具現化とその社会的効果としてコミュニティ・ノルムの向上がみられる。両者は別々の場所・次元ではなく、同じ場所（空間）で生起しうるものである。両者が実現されている地平に、「（Ⅳ）開放的相互主義」への変容可能性が惹起して、地域活動の成長と継続が担保される。

第3節　原的な問いに対する総括

3.1　社会意識の変容可能性――開放的利己主義から開放的相互主義へ

都城市で毎年行われてきた三つの祝祭活動――六月灯・おかげ祭り・祇園様――を改めて調査研究した結果、これまでは所与として表層においてとらえられていた祭りから数多くの示唆的な知見が得られた。最後にそれを集約する意味で、繰り返しになるが、本書の事例分析の原的な問いである「現代都市の地域社会構造における現実的根拠としての『利己主義』から『相互主義』への転回」、「『民主主義的規範の共有を介して合意が実現される地平』を構想する理論的探求」（第2章第5節2項参照）に対して総括しておきたい。

高度経済成長期の急激な産業化・都市化の社会構造においては「資本主義的生産諸関係の『物質的』要請に適応した『利己主義』に逆行して、相互主義を実現することははなはだ抵抗の大きい困難な方向」であった。しかし、消費社会化の貫徹により形成された「徹底化された脱産業化社会」は、「転義化された社会」への転回の必要性を惹起して、「原義的な社会」が希求され「生の充溢と歓喜」が直接的に追求される。都市の地域社会構造の現代的変容により、現在利己主義が相互主義へ転回する環境が生成しつつあることを、本書では提起した。つまり「資本主義的消費諸関係の『欲望的』創出に適応した『利己主義』」が「資本主義的近代化諸関係の『再帰的』希求に適応した『相互主義』」に変容する可能性である。すなわち、「開放的利己主義」から「開放的相互主義」への価値変革として積極的にとらえ直すことができるのではないだろうか。現在地方都市といえども「開放的利己主義」が一般化したコミュニティ意識に対して、本書ではこの「開放的相互主義」を規範的方向性として定位する。

この変容を構造的背景として、地縁的共同性を形成する中間的しくみを通じて「原義的な社会」が再帰的に構築されて協同生活圏が復権し、「開放的相互主義」的価値観によって地域社会の地縁的共同性の形成が実現する。ここに「民主主義的規範の共有を介して合意が実現される地域ガバナンスの地平」をみいだせるのではないか。

3.2 ヴァナキュラーな視角の重要性——人間の自立と自存を志向する活動

二〇〇〇年代に入って、これから迎えようとする社会あるいは時代のイメージとして、「定常型社会」というコンセプトを耳にするようになったが、広井良典は、つぎのとおり説明する。また、定常型社会は自ずと分権型社会を導くと記し、その理由を説明する。

「『定常型社会』とは、さしあたり単純に述べるならば、『(経済)成長』ということを絶対的な目標としなくとも十分な豊かさが実現されていく社会ということであり、『ゼロ成長』社会といってよい」(広井 2001: i)。

「定常型社会というと〝変化のない退屈な社会〟という印象をもつ人がいるかもしれないが、それは誤りである。『定常型』とはいわば物質的な富の総量が一定というだけで、たとえばCDの売り上げ総量が一定であってもヒットチャートの中身はどんどん変わっていくように、『質』的な変化は内包されている。要は『豊かさの再定義』の問題なのである。もちろん、これからの時代は『変化しないもの(たとえば自然、伝統など)』にも価値が置かれていく時代である、ということも確認しておきたいが」(広井 2001: iii)。

「『成長に向けての社会全体の編成・統合』という強い推進力ないし求心的な目標が(これまでのように)機能しなくなれば、社会が『中央集権的』でなければならない理由はどこにもなくなるのである。その意味でも、先に述べたように定常型社会は自ずと社会の分権化ないし分散化を導くことになる」(広井 2001: 165)。

一方、セルジュ・ラトゥーシュは「経済成長なき社会発展は可能か?」というテーマのもとで、「脱成長社会」というコンセプトを提起し解説する。

「〈脱成長〉は『〈脱成長〉社会』によってのみ希求することが可能である。このことは、労働がわれわれの生活の中心に置かれていることを根本から問い直すような全く新しい社会の在り方を前提とする。つまり、使い捨てで役に立たない――もっと言えば有害な――製品を生産・消費することよりも社会関係が重視される社会、また、観照的な生活、そして利益を追求しないで遊び心に溢れるような活動が、その居場所を見出す社会の創造を意味する」(Latouche 2004, 2007 = 2010：108)

「北側諸国では、国民を形成するものとその後ろ盾となる行政が相対的に後退したことによって諸々の制約が緩和され、経済的な共同作用を生み出すことを可能にする文化的な隆盛が引き起こされ、『地方的なもの』と『ローカルなもの』が再び活性化している」(Latouche 2004, 2007 = 2010：118)。

上記二人の経済学者、哲学者の「定常型社会」「脱成長社会」というコンセプトのもとで、改めてローカリズムが叫ばれる。「定常型社会」や「脱成長社会」ほか、新たな社会モデルが模索されるなかで、本書は、地方都市の内発的な自立化の探究というテーマを設定したが、上述のような経済的・政治的・文化的ローカリズムの論調を契機にして取り組んだのではなかった。現在の地方都市での「人間の自立と自存(subsistence)を志向する民衆の文化に典型的に見られるヴァナキュラーな(その地の暮らしに根ざした固有の)活動」(Illich 1981 = 2006)のなかに、これからの地域活動の継続要因をみいだすことを第一義に考えたものである。なぜなら、地域活動の運営主体は悩みながらも、文化的豊かさの実現のために尽力しているが、戦後の福祉国家化により中間的しくみを核とする地域活動が衰退するなかで、継続の技術を学ぶ機会は減少した。本書が提起するような、地域活動における「開放的相互主義」に基づく地縁的な共同性形成と、活動がめざす規範的方向性が、実践的局面で力を発揮することが望まれる。

注

(1) この理由は高校三年の女子生徒であるRさんから、二〇〇八年八月二日のインタビュー時に聞いたものである。筆者にとって、発言内容が新鮮だったので以下に記しておきたい。

「(学校は) 一緒に勉強する仲間、で、んーと、塾であれば、さらになんか、学校よりももっと狭まった勉強仲間、なんか学校であれば一緒に授業を受けて勉強する友達で、塾であれば、なんだろう、しっかり進路が決まってないと早くから塾に行かないじゃないですか。だから、なんだろう、勉強に一生懸命な人が、勉強目的で来た人が集まっているから、だからこそ、学校で勉強するよりも塾で勉強した方が、おんなじ目的を持っている人がいることというか、なんだろう、心地良いというか、おんなじ目的を持っているところにいるのは居やすいというか、だからこそ祭りは、みんなで、こう、祭りを作り上げていこうという、同じ気持ちな人がみんな集まっているから、だからこそ、そのー、おかげ祭りが居やすいというか」。

インタビュー時Rさんは、「おかげ祭り実行委員会」の実行委員で跳人(はねと)を担当し、園児や小学生などに振り付けやマナーを指導していた。彼女は、小学校四年生の頃から跳人として「おかげ祭り」に参加している。最初は子供神輿を担いだが、重くて耐え切れなかった。そこで、バレエをやっていた経験から跳人を担当させてもらったところ、踊るのが楽しくて、毎年祭りが来るのが待ち遠しくなり、あっという間に九年が経った。ただ、小学校五・六年生、中学生の頃になると友達に見られるのが恥ずかしくなり、顔を隠したりした。小学生から参加している子でも、この時期にやめることが多いらしく、メンバーのなかで中学生・高校生の層が極端に薄いとのこと。この時期の恥ずかしさを乗り越えれば、吹っ切れて続けられるらしい。Rさん自身も少し恥ずかしさはあったが、踊るのが楽しくて苦にはならなかった。継続して参加していたため、当然知り合いも増え、居心地が良くなったことが、「なんかもう私の居場所ができているみたいな。もう、すぐに帰れるところがあるみたいな」という発言に表れている。

(2) 天野は「生活者」を、隣り合って生きる他者との協同行為によって、それぞれの時代の支配的な価値から自律的な生活を共に創ろうとする個人、と定義する(第2章第4節2項参照)。「協同生活圏」はこの「生活者」が創る生活圏を意味する。

補章　本書の提言と示唆

本章は補遺的考察として、第7章までの地域社会の集団形成に関する分析結果を踏まえ、つぎの二点の整理・提言を行うことを目的とする。一つは事例分析の結果を一歩進め、地域ガバナンスを導出し構築する提言、示唆を行うこと、二つめは本書が現代日本の都市社会学やコミュニティ論にどのような批判的・積極的な視野を開く可能性があるのかを提示することである。

第1節　地域ガバナンス構築への提言

本節の目的は、第4章から第6章における地域社会の集団形成に関する事例分析の結果から、自治体行財政に限定されない地域ガバナンスへの示唆を導き出し、それを政策提言にまとめることにある。地方都市の内発的な自立化を実現するためには、地域ガバナンスの継続的な構築が重要であり、そのためには地域社会における公共性を国家独占型から市民協働型へ再編成することが不可欠であることを序章で示した。そして再編成の鍵要因として、地域住民が地域活動に自発的に参加し自立的で継続性のある運営を行うことをあげた。この自発性・自立性・継続性が形成される要因分析を三つの祝祭的地域活動を対象にして行ったが、そこには上記の性質を醸成する「ソーシャル・キャピタル」（Social capital, 社会関係資本）の存在があった。本節では、そのなかから公民館活動の意義（第4章）、社会教育システムの意義（第5章）、中心市街地の持続可能性（第6章）に焦点を当て、地域ガバナンスの継続的な構築を支えるソーシャル・キャピタルがどのように維持形成されてきたのかを提示したい。

1.1 公民館活動の意義――地域住民組織の自主性の維持形成

ロバート・パットナムは、ソーシャル・キャピタルについて、つぎのとおり定義する。そして、コミュニティ・レベルでソーシャル・キャピタルが果たす効果を説明するために、以下のコールマンの記述を引用する（Putnam 1993＝2001：207）。

「集合行為のジレンマ克服の成功や、ジレンマが生み落とす自滅的な機会主義は、特定のゲームが行われる広範な社会的文脈に左右される。自発的な協力がとられやすいのは、互酬性の規範や市民的積極参加といった形態での社会資本を、相当に蓄積してきた共同体である。ここで使用する社会資本は、調整された諸活動を活発にすることによって社会の効率性を改善できる、信頼、規範、ネットワークといった社会組織の特徴をいう」（Putnam 1993＝2001：206-7）。

「社会資本は資本の他の諸形態と同様に生産的で、それがなければ達成できないような一定の目標を実現しうる。……例えば、メンバーが信頼できることを明示し、お互い広く信頼している集団は、そうでない集団の幾倍も多くのことを達成できよう。……農村共同体では、農民一人ひとりは農機具や設備の形の物的資本がすくなくても、社会資本のおかげで自分たちの仕事をやり終えることができるのだ」（Coleman 1990＝2004：302, 304, 307）。

ソーシャル・キャピタルは、文献によって社会資本（Putnam 1993＝2001）、社会的資本（Coleman 1990＝2004）、社会関係資本（Coleman 1988＝2006）などの訳語があてられる。上述のパットナムの訳本では社会資本と直訳されている。ただ、社会資本は、

「民間投資のストックとしての民間資本に対して、公共投資のストックを社会資本という。経済発展計画論や地域開発計画論のなかで構成された概念で、具体的には道路、港湾、鉄道、電信電話、治山治水、住宅、上下水道、都市公園、病院、学校などの公共施設が含まれ、機能的には生産関連社会資本と生活関連社会資本に大別される」（森岡・塩原・本間編 1993：619）

と説明されるように、コールマンやパットナムが提起するソーシャル・キャピタルの概念とは乖離する。したがって、現在では社会関係資本が一般的に使われている。コールマンが、ソーシャル・キャピタルを「他の形態の資本と違って、社会的資本は人々の関係構造に内在するのであって、個人にも、生産の物理的手段（用具）にも宿るものではない」（Coleman 1990＝2004：475）と規定することからも、訳語としては社会関係資本の方が適切であろう。

本書で提起する「遅れてきたことの特権」もソーシャル・キャピタルを含意する内容が含まれる。この概念を色濃く映し出す事例が、自治公民館を主体とする公民館活動である。都城市の公民館制度の構築過程における、行政によるタテの系統的な組織化と地域住民組織によるヨコの連携化が交錯するなかで、自治公民館活動の自主性は維持形成されてきた。そこでは、パットナムがいう「信頼、規範、ネットワーク」の形成によりソーシャル・キャピタルが蓄積され、その社会的効果としてわれわれは、１２０ヶ所におよぶ地域で継続的に行われる六月灯の存在を確認できるのである。自治公民館活動の内部構造に埋め込まれてきたソーシャル・キャピタル、すなわち自主性が持続形成されるための条件を、外部構造と内部構造に分けて整理・提示してみたい。

ここでの外部構造には、公民館制度が位置づけられる。具体的には行政・公立公民館が社会教育関係団体等連絡協議会（社教連）と一体となってタテの系統的組織化を推進してきたことをさす。行政主導で構築される社会制度との関係

性のなかで、地域住民組織の自発性・自主性が維持形成される条件として、以下の三つをあげておく。

(1) 強制的でないゆるい規制的関係の構築

社会制度から地域住民組織に対して強制しない・ゆるい規制を行うことによって、地域住民組織が自発性・自主性を発揮し、合理的判断を下す結果、さらに社会制度を存続させるという好循環を生みだす。

(2) 統一的な社会制度による効果を醸成

統一的で体系的な社会制度による効果は一般的には負のイメージを想定されるが、上記(1)の関係を前提とするならば、地域住民組織間の相互評価と改善圧力を生みだし、地域住民組織の自主性を促す。

(3) 住民自治機能と社会教育機能の融合化

住民自治機能に社会教育機能を内在化させ、地域自治を通じて社会教育を推進し、地域の人材づくりを進める。こうした実践が、新しい活動を自主的に立ち上げる原動力になる。

つぎに内部構造の問題として、地域住民組織の自発性・自主性が維持形成される条件を二つあげておく。内部構造の問題とは、都城市の自治公民館活動の事例でいえば、ほかの自治公民館との関係と活動の運営問題が相当する。

(4) 活動の閉鎖性を打破して、ほかの地域集団と連携

自主性を保持してきた地域住民組織は得てして独自性が強く閉鎖的な性格を持ちがちであるが、少子高齢化など住民自治を減退させていく社会構造の現代的変容に合理的・現実的に対応していくためには、地域集団間の協同原理を機能させる開放的な実践を模索して、自主性を確保していくことが必要である。

(5) 役員の固定化を防ぎ、活動の私物化を回避

目的志向型のアソシエーションと違って、地縁的親睦が不可欠なコミュニティ活動のなかでは、さまざまな役割に

生得的・個人的な資質は必要とされない。役員の椅子には誰もが座れるようにしておき、参加者が平等に体験することにより団結心と自主性が醸成される。

1.2　社会教育システムの意義――「負荷ある自己」の経験

地域ガバナンスが成立するためには、地域社会における公共性を再編成していくような地域活動を推進する担い手が必要である。本項では、担い手の養成メカニズムとしての中間集団が持つ社会教育機能の現代的意義を提示したい。

都市の祭りが持つ社会教育機能は、昔から語られてきたことである。本書でも「博多祇園山笠」の事例から、地域社会が自己の存続と拡張を実現するために、祝祭という装置を使って地域住民を地域全員で育てる社会教育システムの存在を紹介した（第4章第4節5項、第5章第4節5項）。祭りは地域社会が求める規範を地域住民に課す格好の機会として活用された。すなわち、祭りを取り巻く外部社会の構造が持つ規範を祝祭活動の内部構造に埋め込み、活動を通じて地域住民に体得させる社会教育を行っていたのである。博多祇園山笠の場合、その規範は「年齢階梯制」であった。

ところが現代では、祝祭の社会教育システムを外部社会の構造に埋め込み、担い手の養成メカニズムが範域を広げて拡充していく逆の潮流が存在している。祝祭活動が新しい社会教育機能を地域社会に産出していくのである。この逆の潮流が成立する背景には、第7章の冒頭で述べたように、過剰な個人主義的欲望が蔓延する外部社会の構造のなかで、相互主義的な価値観を内部構造に持つ地域活動が継続・成長するという構図がある。学校や会社の教育機能が減退した現在において、広範な道徳的・政治的責務を負う「負荷ある自己」(1)を鍛錬、あるいは経験させてくれる中間集団が希求されるのである。ここに、祝祭活動が果たす社会教育機能の現代的意義が確認できる。

この動きを色濃く見せてくれるのが、おかげ祭りである。おかげ祭りの事例から、負荷ある自己を鍛練する場として社会教育システムが成立する条件を、二つ提示しておきたい。

(1) 役割を与える

祝祭を執り行う組織は、役割体系を基本構造として持つ。伝統的な祝祭の厳格な秩序のなかで、参加者がそれぞれの役割を担当し、共同作業によって一つの祝祭を遂行していく過程で、社会性・公共性を身につけていく。この役割は前項でも指摘したとおり、生得的で個人的なものではなく、代替可能でなければならない。すなわちその人がいないと成り立たないような個人色の強いものではなく、内部構造に埋め込まれて全体を構成する一部でなければならない。それゆえに、役割を与えられた者は必要とされることを実感して、祭りをとおして社会に位置づけられた自己として成長していく。また、祭りで学んだ規範やしくみをほかの地域活動で実践することにより、「負荷ある自己」の経験範囲を広げていく。そこで継続的な活動が担保されれば、新たな「信頼、規範、ネットワーク」の形成によるソーシャル・キャピタルが蓄積され、地域ガバナンスを支える担い手がリーダー・フォロワーともに増えていく。

(2) 個人の追求と集団の追求を重ね合わせる

上述(1)の社会教育システムを継続的に機能させるには、条件が一つある。それは次節2項でも触れることであるが、参加者は地域活動を通じて自分史を創っていきたい、自己革新を遂げたいなどの自己実現を希求している。そのため参加者個人の追求と、地域活動の集団の追求を重ね合わせるしくみづくりが要請される。集団の利益ばかりを追求せず、参加者の私益と重ね合わせられるようなリーダーを育てる人材育成活動、あるいはそれを支援し活性化する活動をコーディネートしていくことが必要である。

1.3 中心市街地の持続可能性――集積効果、地縁的空間、「記憶の共同体」

祇園様の事例をみると、中心市街地が衰退していくなかでもしっかりと地元に根づき、市街地が保有してきたソーシャル・キャピタルを維持・形成して、永々と受け継がれてきた伝統的な都市祝祭を守り続ける人々の存在が確認できる。とはいえ、とめどない衰退の潮流は、確実にそれらをむしばんでいく。今後の維持・形成を持続可能にするにはどうすればよいか、祇園様の事例を改めて整理して提示したい。

(1) 商業店舗の集積効果を維持する

祇園様では商業集積効果として、①地域内の集金力の強さ、②中心市街地を代表する二つの町のライバル関係の形成、③地域を代表するリーダーの存在、④活動を支える町の人たちの存在をあげた（第6章第5節）。これらは、この地域におけるソーシャル・キャピタルとしていわば地層に埋め込まれ、二つの町の祇園山車の存続を支えてきた。それぞれの集積効果が低下しても、どれも見落とすことなく維持・形成に尽力するしかない。それは中心市街地の持続可能性にもつながることでもある。そのためにも新規出店条件の改善などを図り、店舗数を確保することが要請されよう。また、中町祇園様の場合、自治公民館の支援があったが、それ以外に地域内で育んできたソーシャル・キャピタルはないか、持続可能性につながる外的・内的資産の発掘と活用が望まれる。

(2) 活動範囲と参加者の居住範囲をできる限り近づける

地域活動が代表する地縁的な空間性と、参加者の保有する地縁的な空間性の一致が、活動の成長・継続には重要であることを、都城市の三つの祝祭活動は示唆している。祇園様は祭りが代表する地縁的空間性は都城地方の市街地全体であるのに対して、参加者は中央通り商店街の関係者であるため、前者が後者よりも大きいという不一致が生じている。第7章第2節3項で述べたように、前夜祭などのイベント出演者を多彩化することにより、参加者の地縁的空間性を拡大させ、活動が代表する地縁的空間性に少しでも近づける試みを継続すべきであろう。

(3) 「記憶の共同体」へのコミットメントの実践

祇園様が永々と受け継がれてきた内在的な原動力は、歴史を有する共同体のなかで守り抜いてきた活動を何とか継続しようとする後継者の使命感であった。彼らは、先人たちが地域のために損得抜きで働いてきた同じ実践に参加して、地域社会で生き抜く術を学び、「空虚でない」自己アイデンティティを築いてきたのである（第6章第5節3項）。

後継者の育成が望まれるが、人口自体が減少し、親子の世代間継承のないケースもあり厳しい環境下にある。これから地域社会で豊かに生きていくための「信頼、規範、ネットワーク」を内部構造に埋め込んだ祇園様の意義を再確認する必要がある。これは活動の運営主体である地域内住民だけではなく、地域外の住民にもあてはまる。すなわち、祇園様の事例でいえば、なぜ中心市街地から離れた地域まで山車が回ってくるのか。都城地方の住民の無病息災・家内安全・商売繁盛を祈願する祭りの意味を理解するよう促していかなければならない。

第2節　現代日本の都市社会学と都市コミュニティ論への示唆

本書では、地方都市研究に再照射して、祝祭に照準するコミュニティ論を展開してきたが、現代日本の都市社会学や都市コミュニティ論にどのような批判的・積極的な視野を開く可能性があるのかを本節で示唆して、本書を締めくくることとしたい。

2.1　方法論からの示唆——事例分析の重層性と内部構造の掘り下げ

調査当初、地方都市の内発的な自立化を実現するには地域経済の基盤の確立が最優先課題であると考え、探求の方法論として地域産業論からアプローチしたことを序章で述べた。考察が進むにつれ、地域ガバナンスを実現する有効な地域政策を立案するにはもっと基底的な視座をおくこと、そのためにまずは地域の生活者群が創り上げる社会構造の把握が重要であると認識するに至ったことも記した。この過程から、地域住民による地域活動の分析には、外部の社会構造を明らかにすることと、活動自体の内部構造を明らかにする二方向からのアプローチが必要であることを確定した。効果的な地域政策を立案するためにこの方法は不可欠であり、三つの事例分析を行ったが、事例の差異から六月灯は外部の社会構造との関係分析、おかげ祭りは内部の組織分析に比重をおくことになった。祇園様は中心市街地との関係性に比重をおいて二方向から同等の分析を行った。三者三様の結果になったが、その効果として重層性のある事例分析を行うことができたと自負している。

上記の事例分析の重層性は、つぎの方法論とも呼応するものである。中筋直哉は日本の都市社会学の今後の課題を「都市社会構造の現代的変容の解明……と、それに対応する新しい都市コミュニティ論、都市社会形成論（その理論的核心は、都市社会の共同性の現代的位相の解明）の構築が急がれるべきなのである」（中筋 2005：228）と提起する。マクロレベルの分析論としての都市社会構造論と、メゾーミクロレベルの規範論・政策論としての都市コミュニティ論という方法論的・論理的重層性を構築する必要がある（中筋 2005：223）。本書においても、都城市自体の都市社会構造をはじめ三つの地域活動を取り巻く地域社会構造の解明に力点をおくとともに、規範論・政策論としてのコミュニティ論の展開、とりわけ今後の地域活動の規範的方向性を提示することに注力した。ただ方法として科学的な都市社会調査法を駆使したわけではないので、解明度の水準において、到底多くの先行研究に及ばないかもしれない。しかし、このような重層的アプローチが今後の地方都市研究の方法論に欠かすことのできない条件であることを、実証研究として示すことができたのではないかと思っている。

また、現代コミュニティ論の方法論で最後に強調しておきたいのは、コミュニティ（地域）活動論の展開である。これはコミュニティ政策論とのリンケージを前提におくが、有用な政策立案に向けて適切な情報を付与するために、活動の内部構造を掘り下げていくものである。第3章第1節3項で住民対集団間の社会関係の分析に力点をおくことに言及したが、それに通じるものである。

第3章では都市祝祭研究を想定しているが、コミュニティ研究への置き換えは可能であり、コミュニティ活動論における地域活動と個人との関係性の解明を含意する。それは、最終的にまちを創る人々の主体性を探り出すこと、活動の成功の原動力を明らかにすること、住民の地域活動のもつ潜勢力とその意味をとらえることを企図している。そこでは、共同化する人間の諸活動に着目して、活動のなかで育つ心の世界・成長する精神、現代社会における人間存在の積極的意味を掘り下げていくものである。その探求が、これからのコミュニティ活動の継続要因を解明し、政策立案への提言と示唆につながると考えている。

2.2　祝祭に照準するコミュニティ論からの示唆——異質的なコミュニティ・ビロンギング

現代的な共同性の可能性として、「異質的なコミュニティ・ビロンギング」という概念を提示したい。共同性はコミュニティへの所属を前提とするが、そこでは決して同質ではない集合体が生まれ、異質なものが共同性を形成する可能性がある。等質性を強調してきた日本の村落や町内会の体制に比べると、まさに現代的な概念であると考えられる。三つの祝祭活動から抽出された共通の知見として、自己の追求と集団の追求を重ね合わせるような地域活動の性格があげられる。この性格が特に色濃く滲み出ていたのが、参加・継続の自由度がもっとも高いおかげ祭りである。参加者は自分の利益を捨てて共同の利益に献身しているわけではないため、何かを強制されると辞めていく。参加者は活動を通じて自分史を創っていきたい、自己革新を遂げたいなどの希望を持っており、その意味では個人的（異質的）である。それが、伝統的祝祭に埋め込まれた相互主義的な価値観に触れ、市場化された日常生活との往来のなかでその価値（素晴らしさ）を理解し祝祭を継続的に支えていく。ここに自己の追求を集団の追求に重ねる——アソシエーションからコミュニティへ移行する——瞬間が訪れる。

分権型の地域ガバナンスを構想するうえで、市場社会の存在はこれからも否定するわけにはいかない。それゆえに、私性というものに根ざしながら、そのうえに内発的な公共性を構築していくような担い手が必要とされる。その担い手を地域自らがコミュニティ活動を通じて供給していく。あるべき活動の規範的な内部構造が外部に向けて開放されて構造化され、地域ガバナンスの実現可能性が広がっていく過程である。ゆえに政策提言としては、前節2項の繰り返しになるが、参加者の私益と集団の公益を重ね合わせられるようなリーダー・フォロワーの人材を育てる地域活動、それを支援し活性化する活動をコーディネートしていくことがあげられる。

2.3 地方都市研究からの示唆——地方都市への新たなまなざし

本書で地方都市を取り上げる契機となったのは、国家的課題である地方の自立を実現するために、地方都市の内発的な自立化を優先的に解決すべきであるという前提にある。地方都市は、従来から地方における社会的結節としての役割を担ってきた。そのため地方都市を対象とする研究の貢献度は高いと考えたが、「小盆地宇宙」を形成する地方都市は、停滞型と語られることが多い。本研究の基本的姿勢には、停滞型という見方を反証し再評価する企図がある。その延長線上に「遅れてきたことの特権」という概念を導いて、これまでの地域の外的・内的資産を価値中立的に見直し、「生活の論理」からこれを再評価していった。裏返していえば、この過程は、定着型社会への新たなまなざしによる地方都市復権の試みといえるかもしれない。

日本では高度経済成長期に進んだ都市化による都市社会構造の解明と都市コミュニティ論を構築するために、一九六〇～七〇年代に定着（定住）型社会と移動型社会という概念提起がなされ、二者間の比較あるいは関係性の分析が進められた。その分析は、前者が後者へ移行していく流動化過程を前提においていた。本書における「定着型社会への新たなまなざし」は、その成果を回帰的に焼き直すものではない。現代および将来の流動化過程としては、移動型社会から定着型社会へという逆の移行が想定される。人口構成の変動によって少子高齢化社会が到来し、二一世紀に入って日本社会はついに人口減少社会に突入した。今後縮小社会化が進み、東京・大阪などは一時的滞在地となり、地方都市でそれなりに豊かに住み続ける人口が増えてくると、定着型社会の拠点としての現代的意義が浮かび上がってくる。

この論点をコミュニティ論に引き戻せば、再埋め込み期の現代コミュニティ論が浮上する。戦後の工業社会化にもっとも顕著に現れた脱埋め込みと再埋め込みの両義的な構図が改めて顕現化したのは、バブル崩壊後の「帰属先の揺らぎ」の問題が表出した後である。しかしそこでは、脱埋め込みは進んでも、その受け皿となる再埋め込み先は国家主導で手当てされていない（第7章第1節3項）。

二〇世紀の初頭の社会ではナチズムやスターリニズム、軍国主義などの権威主義・専制主義が帰属先として主役に躍り出た。戦後はそれに代わるものとして、市場社会が帰属先としてあてがわれた。その諸問題が露呈した現在において、われわれは何に帰属先を求めればよいのか。地域社会をその一つに想定し、存在論的不安を解消するための再埋め込みの可能性を探求する現代コミュニティ論が要請されるのである。この新たな社会探求に当たっては、具体的な場におけるフィールドワークが不可欠である。それは、大都会で行われている先鋭的で政治的な社会活動であろうか。移動型社会で行われている行政主導のコミュニティ創出活動であろうか。否、本書の事例分析でみたように「遅れてきたことの特権」を相対的に保有している地方都市に、そのフィールドをみいだせるのではないだろうか。それは決して「遅れている」事例ではなく、再埋め込みを可能にする定着型社会を構想する先端的な事例研究となる。ここに、新たなまなざしから地方都市が照射されるのである。

注

（1）「負荷ある自己」とは、「負荷なき自己」の反対語である。マイケル・サンデルがジョン・ロールズとの論争のなかで定義した「負荷なき自己」とは、一つの理論類型あるいは理念型である。サンデルはつぎのようにリベラリズムを批判する。

「この種のリベラリズムと密接に連結しているのは、自由で独立した自我としての人格の構想であり、それは、自らが選択しない道徳的・政治的責務には拘束されないというものである。『リベラリズムと正義の限界』では、この種のリベラリズムとともに、これを生み出す、そのような人格の構想にも、私は挑戦しようとした。私の議論では、自分自身をまったく負荷なき自我として構想することは、われわれが通常認めている、広範囲な道徳的・政治的責務の意味を理解できなくなることである。その責務によって、われわれは、特定のコミュニティ・生活史・伝統における成員であることに結びついている」（Sandel 1998＝2009：iii）。

個人主義は「負荷なき自己（制約のない自己 an unencumbered self）」という観念を基礎とする。それは「目的とか目標よりも先に存在し、かつそれらの支配を受けない独立の自己」というように理解される。この種の自己観念への批判として、反対の観念である「根源的に〈社会に〉位置づけられた自己（負荷ある自己 radically situated subject）」が設定される（Sandel 1998＝2009; Etzioni 1996＝2001）。

参考文献

相蘇一弘 1996「御師・伊勢講・おかげ参り」『歴史の道・再発見第三巻　家持から野麦峠まで――中山道・北陸道をあるく』フォーラム・A.

天野正子 1996『「生活者」とはだれか』（中公新書1323）中央公論社.

姉崎洋一・鈴木敏正編 2002『公民館実践と「地域をつくる学び」』（叢書 地域をつくる学びXI）北樹出版.

有末賢 1999『現代大都市の重層的構造』ミネルヴァ書房.

―――― 1983「都市祭礼の重層的構造――佃・月島の祭祀組織の事例研究」『社会学評論』132（第33巻第4号）: 37-62.

浅見清一郎編 1960『秩父神社例大祭屋台とその沿革』秩父屋台保存委員会.

―――― 1970『秩父――祭りと民間信仰』有峰書店.

Bauman, Zygmunt, 2000, *Liquid Modernity*, Cambridge, Polity Press. =2001 森田典正訳『リキッド・モダニティー』大月書店.

Beck, Urlich, 1986, *Risikogesellschaft auf dem Weg in eine anderne Moderne*, Frankfurt am Main: Suhrkamp Verlag. =1998 東廉・伊藤美登里訳『危険社会――新しい近代への道』法政大学出版局.

Beck, Urlich, Anthony Giddens, and Scott Lash, 1994, *Reflexive Modernization: Politics, Tradition and Aesthetics in the Modern Social Order*, Cambridge: Polity Press. =1997 松尾精文・小幡正敏・叶堂隆三訳『再帰的近代化――近現代の社会秩序における政治、伝統、美的原理』而立書房.

Bellah, Robert N., Richard Madsen, William M. Sullivan, Ann Swidler, and Steven M. Tipton, 1985, *Habits of the Heart: Individualism and Commitment in American Life*, Berkeley, Calif.: University of California. =1991 島薗進・中村圭志訳『心の習慣――アメリカ個人主義のゆくえ』みすず書房.

中鉢正美 1956『生活構造論』好学社.

Coleman, James S., 1988, "Social Capital in the Creation of Human Capital", *American Journal of Sociology*, 94: 95-120. = 2006 金光淳訳「人間資本の形成における社会関係資本」野沢慎司編・監訳『リーディングス　ネットワーク論――家族・コミュニティ・社会関係資本』勁草書房 205-41.

――――, 1990, *Foundations of Social Theory*, Cambridge, Massachusetts: The Belknap Press of Harvard University Press. = 2004 久慈利武監訳『社会理論の基礎（上）』（社会学の思想４）青木書店.

Delanty, Gerard, 2003, *Community*, London: Routledge. =2006 山之内靖・伊藤茂訳『コミュニティ――グローバル化と社会理論の変容』ＮＴＴ出版.

Durkheim, Emile, 1893, *De la division du travail social*, Paris: Alcan. =1971 田原音和訳『社会分業論』青木書店.

江上渉 2000「コミュニティ論」地域社会学会編『キーワード地域社会学』ハーベスト社 26-7.

―――― 2002「コミュニティとその可能性」高橋勇悦監修、菊池美代志・江上渉編『二一世紀の都市社会学』学文社 143-56.

Etzioni, Amitai, 1996, *The New Golden Rule: Community and Morality in a Democratic Society*, New York: Basic Books, A Division of Harper Collins Publishers. =2001 永安幸正監訳『新しい黄金律――「善き社会」を実現するためのコミュニタリアン宣言』麗澤大学出版会.

Fischer, Claude S., 1975, "Toward a Subcultural Theory of Urbanism," *American Journal of Sociology*, Vol. 80 No.6. =1983 奥田道大・広田康生編訳「アーバニズムの下位文化理論に向けて」『都市の理論のために』多賀出版：50-94.

――――, 1976, *The Urban Experience*, 2nd ed., 1984, San Diego; Tokyo: Harcourt Brace Jovanovich. =1996 松本康・前田尚子訳『都市的体験――都市生活の社会心理学』未来社.

Fromm, Erich, 1941, *Escape from Freedom*, New York: Reinehart and Winston. =1951 日高六郎訳『自由からの逃走』東京創元社.

Gans, Herbert J., 1962, *The Urban Villagers : Group and Class in the Life of Italian-Americans*, Updated and Expanded ed.,1982, New York: Free Press. =2006 松本康訳『都市の村人たち――イタリア系アメリカ人の階級分化と都市再開発』ハーベスト社.

Giddens, Anthony, 1990, *The Consequences of Modernity*, Cambridge：Polity Press. ＝1993 松尾精文・小幡正敏訳『近代とはいかなる時代か？――モダニティの帰結』而立書房.
――――, 1991, *Modernity and Self-Identity: Self and Society in the Late Modern Age*, Cambridge：Polity Press. ＝2005 秋吉美都・安藤太郎・筒井淳也訳『モダニティと自己アイデンティティ――後期近代における自己と社会』ハーベスト社.
郷田實・郷田美紀子 2005『増補版　結いの心』評言社.
濱英彦・山口喜一 1997『地域人口分析の基礎』古今書院.
浜日出夫 2007「相互行為と自己」長谷川公一・浜日出夫・藤村正之・町村敬志『社会学』有斐閣 47-74.
浜田倫紀 2002『綾の共育論』評言社.
蓮見音彦 1978「地域主義――その論理の飛躍」『社会科学の方法　9月号』第11巻第9号（通巻111号）.
肥田木重文編 1979『〈84〉ふるさとの思い出　写真集　明治・大正・昭和　都城』図書刊行会.
Hillery, George A., Jr., 1955, "Definitions of Community：Areas of Agreement," *Rural Sociology*, Vol.20. ＝1978 山口弘光訳「コミュニティの定義――合意の範囲をめぐって」鈴木広訳編『都市化の社会学（増補）』誠信書房 303-21.
広井良典 2001『定常型社会――新しい「豊かさ」の構想』（岩波新書733）岩波書店.
Hobsbawm, Eric and Terence Ranger (eds), 1983, *The Invention of Tradition*, Cambridge, Mass.：The Press of the University of Cambridge. ＝1992 前川啓治・梶原景昭他訳『創られた伝統』紀伊國屋書店.
本間義人 1992『国土計画の思想』日本経済評論社.
―― 1999『国土計画を考える』（中公新書 1461）中央公論新社.
Illich, Ivan, 1981, *Shadow Work*, Boston：Marion Boyars. ＝2006 玉野井芳郎・栗原彬訳『シャドウ・ワーク――生活のあり方を問う』（岩波現代文庫　社会138）岩波書店.
伊藤美登里 2008「U・ベックの個人化論――再帰的近代における個人と社会」『社会学評論』234（第59巻第2号）：316-30.
自治省行政局編 1980『全国人口・世帯数表（昭和55年版）』国土地理協会.
―――― 1981『全国人口・世帯数表　人口動態表（昭和56年版）』国土地理協会.
鹿児島市史編さん委員会編 1969『鹿児島市史Ⅰ』鹿児島市.

鹿児島市史調査会編 1955『鹿児島のおいたち』鹿児島市.
鹿児島商工会議所編 2008 鹿児島商工会議所会報 『アイム』 鹿児島商工会議所.
籠山京 1943『国民生活の構造』長問屋書房.
甲斐亮典監修 2007『図説　西諸・北諸の歴史』郷土出版社.
菊池美代志 1990「町内会の機能」倉沢進・秋元律郎編『町内会と地域集団』ミネルヴァ書房 217-38.
小島道裕・千田嘉博 1994「城と都市」『岩波講座　日本通史』第10巻　岩波書店.
古城利明 1977『地方政治の社会学』東京大学出版会.
倉沢進 1967「団地住民と地元住民」『都市問題』第58巻第12号：55-65.
——— 1968『日本の都市社会』福村出版.
黒田由彦 2005「分野別研究動向（地域）——『公共性』と地域社会」『社会学評論』221（第56巻第1号）：232-47.
Lash, Scott, 1993, “Reflexive modernization: the aesthetic dimension,” *Theory, Culture & Society*, Vol.10, No.1, London, SAGE Publications：1-23.
Latouche, Serge, 2004, *Survivre au développement*, Mille et une nuits: 2007, *Petit traité de la décroissance sereine*, Paris: Mille et une nuits. =2010 中野佳裕訳『経済成長なき社会発展は可能か?——〈脱成長〉と〈ポスト開発〉の経済学』作品社.
町村敬志 1984「全体社会と都市」鈴木広・倉沢進編著『都市社会学』アカデミア出版会 119-46.
MacIntyre, Alasdair, 1984, *After Virtue: A Study in Moral Theory*, Notre Dame, Indi.: University of Notre Dame Press, 2nd ed. =1993 篠崎栄訳『美徳なき時代』みすず書房.
MacIver, Robert Morrison, 1917, *Community: A Sociological Study; Being an Attempt to Set Out the Nature and Fundamental Laws of Social Life*, 3rd ed., 1924, London: Macmillan and Co., Limited. =1975 中久郎・松本通晴監訳『コミュニティ』ミネルヴァ書房.
MacIver, R. M. and Charles H. Page, 1949, *Society: An Introductory Analysis*, New York: Farrar & Rinehart, 8-11, 291-6. =1973 若林敬子・武内清訳「コミュニティと地域社会感情」松原治郎編『現代のエスプリ——コミュニティ』（至文堂）No.68 22-30.

松原治朗・似田貝香門編 1972『住民運動の論理――運動の展開過程・課題と展望』学陽書房.
松平誠 1980『祭の社会学』(講談社現代新書 582) 講談社.
―― 1990『都市祝祭の社会学』有斐閣.
―― 1994『現代ニッポン祭り考――都市祭りの伝統を創る人びと』小学館.
―― 2008『祭りのゆくえ――都市祝祭新論』中央公論新社.
松本康 1995「現代都市の変容とコミュニティ、ネットワーク」松本康編『増殖するネットワーク』(二一世紀の都市社会学1) 勁草書房 1-90.
―― 2002「社会的ネットワークと下位文化」高橋勇悦監修、菊池美代志・江上渉編『二一世紀の都市社会学』学文社 41-53.
皆川勇一 1997「地域人口の経済構造」濱英彦・山口喜一編『地域人口分析の基礎』古今書院 111-41.
南日本新聞社編 1990『鹿児島市史Ⅳ』鹿児島市.
南日本新聞社鹿児島大百科事典編さん室編 1981『鹿児島大百科事典』南日本新聞社.
見田宗介 1996『現代社会の理論――情報化・消費化社会の現在と未来』(岩波新書465) 岩波書店.
―― 2006『社会学入門――人間と社会の未来』(岩波新書1009) 岩波書店.
都城市郷土歴史読本編集委員会編 2008『〝みやこんじょ〟を知ろう!! 都城の歴史と人物』都城市教育委員会.
都城市企画部秘書広報課編 2007『広報都城 October. 2007 (Vol. 22)』都城市.
都城市教育委員会中央公民館編 2009『平成21年度 都城市公民館経営案』都城市.
都城市おかげ祭り振興会 2006「平成18年都城六月灯おかげ祭り」説明書.
都城市史編さん委員会編 1996『都城市史 別編 民俗・文化財』都城市.
―― 1997『都城市史 通史編 自然・原始・古代』都城市.
―― 2005『都城市史 通史編 中世・近世』都城市.
―― 2006『都城市史 通史編 近現代』都城市.
都城市商工部商業観光課編 1999『ウエルネス都城心(TOSIN)づくり――都城市中心市街地活性化基本計画』都城市.
―― 2004『ウエルネス都城心(TOSIN)づくり――都城市中心市街地活性化基本計画(改訂版)』都城市.

都城市総務部編 2002『統計からみた都城2001』都城市.
――― 2003『都城市統計書　平成15年版』都城市.
――― 2005『統計からみた都城 2004』都城市.
――― 2009『統計からみた都城 2008』都城市.
――― 2010『統計からみた都城 2009』都城市.
都城市都市整備部編 1998『都城市の都市整備――計画と整備の変遷』都城市.
都城商工会議所編 2002『商店街マネジメント対策事業――商店街等活性化事業報告書』都城商工会議所.
都城商工会議所創立七〇年史編集委員会編 2002『都城商工会議所創立七〇年史』都城商工会議所.
宮崎県県民政策部統計調査課 2003.10～2005.9「宮崎県の推計人口と世帯数」宮崎県ホームページ「5歳階級別移動数（市町村別）」「宮崎県の推計人口と世帯数（年報）」「人口動態」http://www.pref.miyazaki.lg.jp/contents/org/honbu/toukei/jinko-setai/kako2.html
――― 2009『１２５回　宮崎県統計年鑑』宮崎県.
――― 2010『１２６回　宮崎県統計年鑑』宮崎県.
宮崎県企画調整部地域振興課企画発行 1989『ふるさとまつり歳時記』鉱脈社.
宮崎県総合政策本部編 2007『１２３回　宮崎県統計年鑑』宮崎県.
――― 2008『１２４回　宮崎県統計年鑑』宮崎県.
森岡清美・塩原勉・本間康平編 1993『新社会学辞典』有斐閣.
中村孚美 1972a「都市と祭り――川越祭りをめぐって」『現代諸民俗の宗教と文化――社会人類学的研究』社会思想社 353-84.
――― 1972b「秩父祭り――都市の祭りの社会人類学」『季刊人類学』第3巻第4号：149-92.
中村剛治郎 1990「地域経済学の潮流」宮本憲一・横田茂・中村剛治郎編『地域経済学』有斐閣 141-94.
中筋直哉 2005「分野別研究動向（都市）――日本の都市社会学の動向と課題」『社会学評論』221（第56巻第1号）：217-31.
――― 2008「地域が歴史を創り出す　歴史が地域を造り出す」森岡清志編『地域の社会学』有斐閣 93-116.
仁平典宏 2005「ボランティア活動とネオリベラリズムの共振問題を再考する」『社会学評論』222（第56巻第2号）：485-99.

――― 2011『「ボランティア」の誕生と終焉』名古屋大学出版会.
二宮哲雄・中藤康俊・橋本和幸編 1985『混住化社会とコミュニティ』御茶の水書房.
西澤晃彦 1996「『地域』という神話」『社会学評論』185（第47巻第1号）：47-62.
小川全夫 1979『よだきぼの世界――宮崎の社会学的プロフィール』鉱脈社.
奥田道大 1971「コミュニティ形成の論理と住民意識」磯村英一・鵜飼信成・川野重任編『都市形成の論理と住民』東京大学出版会 135-77.
――― 1973a「地域社会と市民運動」編『岩波講座　現代都市政策Ⅱ　市民参加』岩波書店 83-110.
――― 1973b「社会的性格と市民意識」倉沢進編『社会学講座5　都市社会学』東京大学出版会 197-219.
――― 1983『都市コミュニティの理論』東京大学出版会.
――― 1993『都市と地域の文脈を求めて』有信堂高文社.
奥田道大・副田義也・高橋勇悦 1975『都市化社会と人間』日本放送出版協会.
奥田憲昭 1989『現代地方都市論』恒星社厚生閣.
小内透 1996『戦後日本の地域社会変動と地域社会類型』東信堂.
――― 2005『戦後日本の地域的不均等発展と地域社会類型の新段階』（『調査と社会理論』・研究報告書20）北海道大学大学院教育学研究科教育社会学研究室.
大友篤 1996『日本の人口移動』大蔵省印刷局.
Putnam, Robert D., 1993, *Making Democracy Work: Civic Traditions in Modern Italy*, Princeton, N.J.: Princeton University Press. = 2001 河田潤一訳『哲学する民主主義――伝統と改革の市民的構造』NTT出版.
Sahlins, Marshall D. and Elman R. Service（eds.）, 1960, *Evolution and Cultur*, Ann Arbor, Mich.: University of Michigan Press. = 1976 山田隆治訳『進化と文化』新泉社.
佐々木綱洋 2009『都城唐人町　海に開く南九州』鉱脈社.
佐藤慶幸編 1988『女性たちの生活ネットワーク――生活クラブに集う人々』文眞堂.
Sandel, Michael J., 1998, *Liberalism and the Limits of Justice*, 2nd edition, Cambridge: Cambridge University Press. = 2009

菊池理夫訳『リベラリズムと正義の限界』（原著第二版）勁草書房．
島崎稔編 1978『現代日本の都市と農村』大月書店．
社会教育推進全国協議会編 1999『現代日本の社会教育――社会教育運動の展開』エイデル研究所．
総務省（総務庁・総理府）統計局編 1947～2005『国勢調査報告』http://www.stat.go.jp/data/kokusei/2010/index.htm
――― 2007『平成17年国勢調査　人口概観シリーズNo．3都道府県の人口その45　宮崎県の人口』日本統計協会．
鈴木榮太郎 1968『日本農村社会学原理（上）』（鈴木榮太郎著作集Ⅰ）未来社．
――― 1969『都市社会学原理』（鈴木榮太郎著作集Ⅳ）未来社．
鈴木広編 1978『コミュニティ・モラールと社会移動の研究』アカデミア出版会．
高橋勇悦 1984『都市化社会の生活様式』学文社．
武川正吾 2004「福祉国家と個人化」『社会学評論』216（第54巻第4号）：322-40．
竹元秀樹 2008「自発的地域活動の生起・成長要因と現代的意義」『地域社会学会年報』20号：89-102．
――― 2010「地域社会における地縁的な共同性形成の現代的解明」『法政大学大学院紀要』第64号：127-45．
竹沢尚一郎 1998「博多祇園山笠―都市祭礼としての博多祇園山笠」木村滋編『季刊民族学』84号（第22巻第2号通巻84号）千里文化財団．
竹沢尚一郎編 1999『九州の祭りⅠ　博多の祭り』九州大学文学部人間科学科比較宗教学研究室．
玉野和志 1993『近代日本の都市化と町内会の成立』行人社．
――― 2006「九〇年代以降の分権改革と地域ガバナンス」岩崎信彦・矢澤澄子監修『地域社会の政策とガバナンス』（地域社会学講座第3巻）東信堂：135-53．
玉野井芳郎・清成忠男・中村尚司編 1978『地域主義』学陽書房．
田中重好 1979「大都市における町内会の組織化」慶応義塾大学大学院法学研究科『論文集』．
――― 1986「都市祭礼としてのネブタ祭り」『人間行動研究1　ネブタ祭り調査報告』弘前大学人文学部人間行動コース．
――― 2002「地域社会における公共性――公共性と共同性の交点を求めて(1)」『地域社会学会年報』14：10-35．
――― 2007『共同性の地域社会学――祭り・雪処理・交通・災害』ハーベスト社．

田中重好・池上良正・丹野正・田中二郎 1983「弘前ネプタ祭りの研究」『文教論叢』18（3）：33-72.
所崎平 2001「六月灯考㊤㊦」『南日本新聞』（㊤：7月23日10面、㊦：7月27日号15面）南日本新聞社.
鶴見和子 1977『漂泊と定住と　柳田国男の社会変動論』筑摩書房.
内田隆三 2002『国土論』筑摩書房.
植木豊 2000「ローカル・ガヴァメントからローカル・ガヴァナンスへ」吉原直樹編『都市経営の思想――モダニティ・分権・自治』青木書店 281-309.
宇野功一 1999「藩政期の博多と祭礼」竹沢尚一郎編『九州の祭りⅠ　博多の祭り』九州大学文学部人間科学科比較宗教学研究室.
和崎春日 1987『左大文字の都市人類学』弘文堂.
Wellman, Barry, 1979, "The Community Question: The Intimate Network of East Yorkers," *American Journal of Sociology*, vol.84 :1201-31. ＝2006 野沢慎司・立山徳子訳「コミュニティ問題――イースト・ヨーク住民の親密なネットワーク」野沢慎司編・監訳『リーディングス　ネットワーク論――家族・コミュニティ・社会関係資本』勁草書房 159-204.
Whyte, William Foote, 1943, *Street Corner Society: The Social Structure of an Italian Slum*, 4th ed., 1993, The University of Chicago Press. ＝2000 奥田道大・有里典三訳『ストリート・コーナー・ソサエティ』有斐閣.
Wirth, Louis, 1938, "Urbanism as a Way of Life," *American Journal of Sociology*, vol.44: 3-24. ＝1978 高橋勇悦訳「生活様式としてのアーバニズム」鈴木広訳編『都市化の社会学（増補）』誠信書房 127-47.
山口恵一郎 1952「形成次第による日本の都市の分類」『都市問題』第43巻第1号：33-56.
山下真一 2004「中近世移行期における島津氏の権力編成と北郷氏」『立正史学』第95号：71-95.
―― 2007「近世大名家における『私領』領主家の形成――鹿児島藩入来院家を中心として」『地方史研究』325：20-42.
山下祐介 2001「都市の創発性―都市的共同性のゆくえ」金子勇・森岡清志編著『都市化とコミュニティの社会学』（都市社会学研究叢書⑨）ミネルヴァ書房 48-69.
柳田國男 1990「現代科学ということ」『柳田國男全集26』（ちくま文庫）筑摩書房 567-84.
―― 1965「民俗学から民族学へ」『民俗学について――第二柳田國男対談集』筑摩書房 49-86.

矢澤澄子編 1993『都市と女性の社会学――性役割の揺らぎを超えて』サイエンス社．
米山俊直 1974『祇園祭――都市人類学ことはじめ』（中公新書363）中央公論社．
―――― 1979『天神祭――大阪の祭礼』中央公論社．
―――― 1986『都市と祭りの人類学』河出書房新社．
―――― 1989『小盆地宇宙と日本文化』岩波書店．
吉見俊哉 2009『ポスト戦後社会』（シリーズ日本近現代史⑨）岩波書店．
Young, Jock, 1999, *The Exclusive Society: Social Exclusion, Crime and Difference in Late Modernity*, London: SAGE Publications. ＝2007 青木秀男・伊藤泰郎・岸政彦・村澤真保呂訳『排除型社会――後期近代における犯罪・雇用・差異』洛北出版．
全国神社名鑑刊行会編 1977a『全国神社名鑑〈上巻〉』史学センター．
―――― 1977b『全国神社名鑑〈下巻〉』史学センター．

あとがき

本書は、二〇一二年九月に法政大学より博士（政策科学）の学位を授与された論文「地域社会における地縁的な共同性形成の現代的解明」を、「二〇一三年度　法政大学大学院博士論文出版助成金対象」の採択を受けて刊行するものである。刊行にあたっては博士論文を全面的に加除訂正した。本書各章のもとになった論文は次の通りである。各論文とも加除訂正を施したので、初出通りのものはない。ここに記載のない章は博士論文において書き下ろした。なお、本書の中の関連する箇所に一部同一の記述があるが、強調のための反復であることをお断りしておく。

第2章、第3章、第7章
「地域社会における地縁的な共同性形成の現代的解明」『法政大学大学院紀要』第六四号　二〇一〇年

第4章
「地方都市における近隣祭りの持続と変容」『法政大学大学院紀要』第六七号　二〇一一年

第5章
「自発的地域活動の生起・成長要因と現代的意義」『地域社会学会年報』第二〇集　二〇〇八年

本書の舞台となった都城市は私の故郷である。とはいっても小学校までしか暮らしていない。中学・高校は宮崎市の学校に進学し、大学は東京へ出て東京で就職し、それ以来ずっと東京・横浜で暮らし今日に至っている。したがって、自分の故郷と三五年ぶりに研究の対象として向き合うことになったわけだが、フィールドワークを進めていくうちにまず気づいたことは、いかにそれまでの地域特性の理解が表面的であったかということである。

地域社会の出来事を研究の対象とするからには、まずはその出来事に影響を与える地域特性の正確な把握が要請される。本書における三つの事例は、すべて都城市で毎年繰り広げられる出来事である。それゆえに、第1章で都市の社会構造を明らかにする方法論の問題も含め、都城市の地域特性を空間的記述、統計的記述、歴史的記述の三側面から、できる限り分厚く記述することに注力した。とくに歴史的側面からの一貫性のある記述については、多くの資料の参照・比較を要したため苦戦を強いられたが、これらの記述により都城市の社会構造を明らかにすることについては、一応の目的は達成できたと考えている。しかし、それは市域内の内部要因（人口動態・産業構成・歴史的系譜など）の解明に限定されており、都城市の社会構造の形成に影響を与える外部要因の解明は必ずしも十分でない。

この外部要因の解明分析の目指すところは、その地方都市を支えている広域的な外部構造との関係性を明らかにすることであろう。そこでは、地方都市がおかれている状況と市域外の外部構造とを結びつける理論装置の追求がなされなければならない。本書の三つの祝祭活動は、それぞれに内在的な継続要因を保有していた。しかし、そもそも祝祭が生起・継続しやすい地域特性を都城市がもつとしたら、内在的な要因の解明だけで十分であろうか。また、他の地方都市で同様の（祝祭的）地域活動の研究をする場合に、都城市がおかれている外部構造を明らかにしておくことが、都市間比較を可能にするためには必要である。本書が先行研究としての資格を得るためには、その解明が要請されることは認識している。ただ、これは地域経済学や都市地理学の領域も要請される地域社会研究の性格を持っており、現時点で筆者にはその研究蓄積は十分でないため、今後の課題としたい。

本書における事例分析や理論構築は、私の力だけで成しえたものではない。修士課程・博士後期課程を通じてのフィールドワークで、いろいろと教えていただいた地域の方々との合作であることは、言うまでのないことである。とくに本書で取り上げている三つの事例――「おかげ祭り」「六月灯」「祇園様」――の関係者の方々に実施したインタビューの録音データは、これまでも、そしてこれからも、私の大事な財産であることに変わりはない。この方たちから教わったことを分析し理論化を図り、それを社会に還元して、少しでも地域活動の生起・継続に寄与することが、この方々への恩返しになると考えている。まだまだ力不足との指摘を受けるかもしれないが、本書の刊行によって、少しはその責任が果たせたのではないかと思っている。

刊行に際しては、大学院修士課程・博士後期課程を通じてご指導いただいた指導教官の中筋直哉教授、時間がないなかでご検討いただき出版を引き受けてくださった新曜社の塩浦暲社長・編集部の小田亜佐子氏、出版助成をいただいた法政大学、それから原稿の確認や写真の提供をいただいた都城市・鹿児島市の方々に大変お世話になった。とくに新曜社の小田氏には、本の出版に関して数々のアドバイスをいただいた。改めて御礼申し上げたい。

私の研究者としてのスタートは四七歳である。大学卒業後、金融関係の民間会社に勤務し、マーケティング業務を中心に様々な職務を経験した。四〇代半ば頃から、社会貢献に直接つながることに関わりたいという思いに駆られ、地域政策を学ぶために法政大学大学院社会科学研究科政策科学専攻修士課程の門をたたいた。このときから中筋先生には、一〇歳年上の変わり者の私を、今日に至るまでの約一〇年間一貫して懇切丁寧にご指導いただいた。

「地方都市を良くしたいという、熱い気持ちはどこへいったのですか」。

この一喝は、私が修士課程二年生のとき、深い理解なくして統計学の手法を使い、稚拙な地方都市の分類を行ったときの中筋先生の言葉である。現地での社会調査を重視する先生の研究スタンスからすれば、全く教えに反する研究手法であった。この言葉が、いまでも私の研究を支える座右の銘となっている。

修士課程のとき、中筋先生の知識の広さと深さに驚嘆した。その知識を少しでも多く学び取りたく、博士後期課程のときに、岩手県安代町調査、熊本県あさぎり町・人吉市調査、広島県福山市調査など先生の社会調査に数回にわたり同行させていただいた。移動時の新幹線や車のなかが、私にとっては個別指導の研究室の空間へと早変わりして、そこでの先生との会話から多くのことを学んだ。今日まで導いてくださった先生の御恩に深く感謝を申し上げたい。

博士論文の審査にあたっては、法政大学池田寛二教授、慶應義塾大学有末賢教授、中筋先生にご指導をたまわった。的確なご指摘や修正要求に対応することが、博士論文の質的向上につながったことはもちろんのこと、本書を刊行するうえでも大変参考になった。また自分の研究がどのような立ち位置にあって、どのような可能性が開かれているのかを客観的に認識する契機を提供いただいた。貴重なご指導をたまわり、改めて御礼申し上げたい。

そのほか、大学院・学会・研究会などで、多くの先生から、博士論文を書くにあたってあるいは研究を進めていくうえで参考となる示唆を与えていただいた。このような示唆から得られた知見の積み重ねが、本書の刊行につながっていることは言うまでもないことである。一人一人のお名前をあげることは控えさせていただくが、この場をお借りして厚く感謝を申し述べたい。

また、苦しい研究生活を乗り越えて何とか刊行まで漕ぎつけたのも、学生時代の友人、前勤務先の同僚、研究生活の苦楽を共にした大学院のゼミの仲間など、多くの知人の助言や激励があってのことである。向こう岸の見えない暗く深い川を渡りきる勇気を何回も与えてくれた。心より御礼を述べたい。

最後になるが、約一〇年におよぶ研究生活を続けられたのは、何といっても家族、父母、兄姉、親戚の支えがあったからである。母は、小さい頃からやりたいことに対していつも挑戦をさせてくれた。そして達成するまで励ましてくれた。その母は今もういない。二〇〇九年に他界した。本書をみせることができないことが悔やまれてしようがない。そして、妻と三人の子供に感謝したい。この家族なくして、今の自分は存在しえない。本書は、やはり最も心配をかけた妻に捧げたい。

二〇一四年二月

著　者

人名索引

や行

ら行

わ行

事項索引

さ行

た行

な行

は行

ま行

や行

ら行

わ行

著者紹介

竹元　秀樹（たけもと・ひでき）

1955年　宮崎県都城市生まれ
1978年　慶應義塾大学法学部法律学科卒業
1978年　株式会社ディーシーカード勤務
2002年　法政大学大学院社会科学研究科政策科学専攻修士課程入学
2012年　法政大学大学院政策科学研究科政策科学専攻博士後期課程修了
現　在　法政大学社会学部・同大学院公共政策研究科兼任講師
博士（政策科学）
専　攻　地域社会学，都市社会学
論　文
「地方都市における近隣祭りの持続と変容」『法政大学大学院紀要』第67号，2011年
「地域社会における地縁的な共同性形成の現代的解明」『法政大学大学院紀要』第64号，2010年
「自発的地域活動の生起・成長要因と現代的意義」『地域社会学会年報』第20集，2008年

新曜社

祭りと地方都市
都市コミュニティ論の再興

初版第1刷発行　2014年4月20日

著　者　竹元　秀樹
発行者　塩浦　暲
発行所　株式会社　新曜社
〒101-0051　東京都千代田区神田神保町3-9　第一丸三ビル
電話　03(3264)4973(代)・FAX　03(3239)2958
E-mail:info@shin-yo-sha.co.jp
URL:http://www.shin-yo-sha.co.jp/
印　刷　星野精版印刷
製　本　イマキ製本

ISBN978-4-7885-1383-9 C3036